KB008754

위기의 경제학

위기의 경제학

경제 위기의 시대에 다시 읽는 현대 경제 사상

이매진 컨텍스트 40

위기의 경제학

경제 위기의 시대에 다시 읽는 현대 경제 사상

◉지은이 신희영 ◉펴낸곳 이매진 ◉펴낸이 정철수 ◉편집 최예원 기인선 김성현 ◉디자인 오혜진 ◉마케팅 김둘미 ◉첫 번째 찍은 날 2013년 4월 8일 ◉등록 2003년 5월 14일 제313-2003-0183호 ◉주소 서울시 마포구 성지5길 17, 301호(합정동) ◉전화 02-3141-1917 ◉팩스 02-3141-0917 ◉이메일 imaginepub@naver.com ◉블로그 blog.naver.com/imaginepub ◉ ISBN 978-89-93985-94-8 (93320)

◉환경을 생각하는 재생 종이로 만들고 콩기름 잉크로 찍은 책입니다. 표지 종이는 앙코르 190그램이고, 본문 종이는 그린라이트 70그램입니다.
◉값은 뒤표지에 있습니다.

일러두기

◉참고 문헌 중 단행본과 잡지명은 '《 》'로 표기하고 논문과 기타 자료는 '〈 〉' 안에 표기했습니다.

◉저자는 참고 문헌을 인용하는 과정에서 되도록 일차 문헌을 사용하려고 했고, 원문에는 없지만 맥락을 이해하는 데 도움이 될 만한 부가적인 표현들은 '[ ]' 표기했습니다.

긴 시간을 함께 인내해준 아내 정연에게

차례

추천의 글 | 위기로 돌아보는 경제학, 경제학으로 돌아보는 위기

손호철_서강대학교 정치외교학과 교수

한국의 1990년대는 이념의 시대였다. 87년 민주화와 함께 그동안 억눌려 있던 진보적 이념들이 폭발했고, 그 결과 대학가에는 공안 사건이 끊이지 않았다. 당연히 많은 학생들이 감옥을 가야 했다. 내 제자였던 신희영도 그중 한 명이었다.

그러나 신희영은 학생운동에서도 주류, 반미자주화와 통일을 내세운 민족해방NL 진영과 거리가 먼, 이른바 계급적 관점에 천착한 '좌파'였다. 게다가 실천이라는 이름 아래 공부를 멀리하던 많은 운동권 학생들과 다르게 너무나, 아니 지나칠 정도로 진지하고 학구적이었다. 그래서 소련과 동구의 몰락에 가슴 아파하며 이 문제에 천착했다. 사회주의의 소유 문제를 다룬 좋은 석사 논문을 내 지도 아래 쓸 수 있었다. 그러던 중 신희영은 병역 의무를 다하기 위해 장교 시험을 봐서 군에 입대했다. 그러나 대학 시절의 학생운동이 문제가 돼 군사재판을 받아야 했다. 모든 은사들이 나서서 싸워줬고, 그 덕인지 집행 유예에 불명예 제대를 해 감옥을 나왔다. 감옥 생활은 힘들었지만 보람도 있었다. 옥바라지를 하던 연상의 어여쁜 대학원 선배와 사랑을 불태워 결혼을 할 수 있었다.

전역 뒤 출판사에서 일을 하며 열심히 돈을 모은 신희영은 2000년대 초 홀연히 세계 자본주의의 심장, 세계 금융의 중심지인 뉴욕으로 떠났다. 물론 신희영이 향한 곳이 월스트리트는 아니었다. 신희영이 향한 곳은 중요한 좌파 이론인 '비판 이론'을 만든 독일의 프랑크푸르트학파가 나치를 피해 뉴욕으로 망명해서 만든 진보적 대학인 뉴스쿨New School for Social Research이었다. 신희영은 그곳에서 자신이 그전부터 가장 관심을 갖고 있던 정치경제학(정확히 말해 '정치경제학 비판')을 더 깊이 공부하기 위해 경제학으로 전공을 바꿔 공부를 다시 시작했다.

그러면서 세계 자본주의의 심장인 월스트리트를 예의 주시했다. 특히 2008년 세계를 경제 위기로 몰아넣은 월스트리트발 금융 위기, 그 속에서 피어난 '월스트리트를 점령하라'라는 대중의 저항을 냉철하게 바라보며 분석했다. 그리고 금융 위기로 초토화된 세계 경제를 보면서 한 권의 책을 우리에게 보내왔다. 박사 학위를 끝내자마자 밤을 새며 써내려간 《위기의 경제학》이라는, 500쪽에 가까운 방대한 분량의 바로 이 책이다.

이 책은 특이하다. 먼저 금융 위기를 구체적인 사건의 전개 과정을 추적하며 시계열적으로 분석하고 있다. 이 책은 일반적 통념하고 다르게 월스트리트의 금융 위기가 2008년이 아니라 클린턴 시절인 2006년에 시작됐다는 사실을 부각하면서 그 뒤 5단계를 거치며 위기가 어떻게 확산됐는지, 나아가 이런 위기가 어떻게 유로존의 위기로 발전하는지를 잘 보여주고 있다. 이 점에서 이 책은 뛰어난 경제사 서적, 특히 금융 위기 분석서다. 더 나아가 이 책은 미국이 적극적인 국가 개입 등 1997년 동아시아 경제 위기 때 한국을 비롯한 동아시아 국가에게 강요한 긴축 등 신자유주의 정책하고는 얼마나 다른 정책들을 2008년 자신들의 경제 위기에 처방했는가를 대비시켜 미국의 위선을 폭로하는 한편 앞으로 다가올 더블 딥 같은 경제 위기에 대비해 무엇을 해야 하는지를 제언하고 있다.

그러나 동시에 이 책은 경제사상사에 관한 책이자 경제 이론서이다. 먼저 이 책은 유동성 공급 등 금융 위기에 관한 미국 연방준비제도이사회 등 주요 국가 중앙은행들의 대응과 관련해 리카도와 존 스튜어트 밀의 고전적 화폐수량설에 기반을 둔 주류 경제학의 통화주의적 물가 이론과 화폐 이론부터 여기에 비판적인 마르크스와 케인스의 유동성 선호 이론과 물가 이론에 이르는 이론들을 추적한 뒤, 현재 금융 위기를 극복할 처방과 관련해 이 이론들이 어떤 함의를 갖는지 분석하고 있다. 나아가 2008년 경제 위기, 구체적으로 경제 위기의 원인과 해법에 관련해 시장 신화에 기초한 신고전파 주류 경제학이 얼마나 무능했으며 그 결과 침묵할 수밖에 없었다는 사실을 고발한다. 그러나 이런 무능한 주류 경제학이 유로존 위기를 계기로 긴축이라는 신자유주의적 처방을 통해 채 1년도 되지 않아 다시 한 번 기사회생한 사실에도 날카로운 비판을 가하고 있다.

이 책은 단순한 통화 이론을 넘어서 경제 사상 전반에 메스를 대고 있다. 구체적으로 주류 경제학의 국제교역의 규범이 되고 있는 리카도의 비교생산비설 뒤에 숨겨진 자유 무역이라는 제국주의의 논리를 비판해 후발 산업국의 경제 정책에 사상적 기반을 제공한 리스트의 산업정책론을 한국의 산업화 경험을 토대로 새롭게 평가하고 있다. 그러나 리스트의 산업정책론이 후발 산업국의 산업화가 가져온 과실을 사회적으로 분배하는 문제에는 침묵했다는 사실과 관련해, 마르크스의 경제 사상을 조망한다. 특히 이번 경제 위기로 극명하게 나타난 자본주의의 한계와 대안 체제를 향한 관심과 관련해 대안 체제로서 사회주의 경제 체제의 경제 원리를 깊이 분석한 알렉 노브의 '실현 가능한 사회주의'라는 노선을 수용한다. 사회주의 경제 체제란 생산수단의 측면에서 생산자 협동조합과 규제된 주식회사적 소유가 다른 기업 소유 형태들에 견줘 지배적인 것으로 나타나며, 시장을 통해 경제가 조절되지만 시장의 실패를 보완하기 위해 국가가 거시 조정 정책이나 투자 정책을 국가가 수행하는 체제라고 주장하고 있는 것이다.

이어 이 책은 케인스의 대표작인 《고용, 이자, 화폐의 일반 이론》을 중심으로 케인스가 왜 그리고 어떻게 신고전파의 주류 경제학을 비판함으로써 정부가 시장에 개입해야 한다는 점을 증명했는지 살펴보고, 케인스주의 주장들 가운데 핵심적인 한계점이 무엇인가를 살펴보고 있다. 또 케인스의 문제의식을 계승하고 발전시킨 포스트 케인스주의의 대표 주자인 하이먼 민스키를 통해 금융 시장의 근본적인 불안전성 문제를 파헤치며 현재 한국에서도 가시화되고 있는 금융 부문의 비대화 또는 금융화 문제를 분석하고 있다. 이 책이 마지막으로 주목하는 경제학자는 케인스와 비슷한 시기에 활동했고, 국내총생산을 비롯해 소득의 생산과 분배 메커니즘을 연구한 미하우 칼레츠키다. 특히 칼레츠키가 발전시킨 개방 경제 체제하의 소득분배론을 원용해 수출 주도 경제 체제인 한국 경제의 문제점을 해부한다.

마지막으로 저자는 시선을 한국으로 돌려 장하준부터 김상조, 김성구, 이병천, 김상봉, 곽노완에 이르는 다양한 진보 개혁 논객들의 한국 경제 민주화를 둘러싼 논쟁들을 비판적으로 평가하고 있다.

한마디로, 이 책은 다양한 경제 사상을 통해 이번 경제 위기를 분석하고 돌아보면서, 동시에 경제 위기를 통해 다양한 경제 사상들을 비판적으로 돌아보고 평가하는 독특한 책이다. 이론을 통해 현실을, 현실을 통해 이론을 평가하고 공부하는 책이다. 복잡한 수식을 동원한 전문적인 논의도 있지만 전반적으로는 이런 전문적 지식이 없어도 쉽게 읽을 수 있게 잘 쓴 책이다. 따라서 전문가들은 물론 일반인들도 읽어봐야 할 책이다. 특히 대선이 끝난 현재 시점에서 차기 정권의 경제 정책을 평가하는 데 중요한 준거가 될 수 있는 책이다.

추천사를 끝내며 저자에게 한마디 하고 싶다. "신 박사, 이제 좀 놀고 재충전해. 인생과 학문은 단거리 경주가 아니라 마라톤이기 때문에 적당한 유희 정신도 필요한 거야."

서문

이 책에 실린 원고는 대부분 2007년 말부터 본격적으로 시작돼 지금까지 계속되고 있는 미국발 국제 금융 위기를 이해하려고 작성한 개인적인 연구 노트들을 기반으로 하고 있다.

지난 30여 년 동안 세계 자본주의의 견고한 중심축으로 실제적으로 기능해왔고 이론적인 차원에서도 국제 표준global standard인 양 설파돼온 미국식 금융 주도 자본주의 모델이 그 중심부터 무너져 내리던 바로 그때, 나는 우연히 월스트리트의 중심부에서 그 광경을 목격하고 있었다. 리만 브라더스의 파산 선언과 연일 최저치를 경신해 가며 곤두박질치던 미국계 거대 은행들의 주가가 한여름 밤 수직으로 내리꽂히는 번개가 남기는 깊은 잔영처럼 뇌리를 스치고 있을 때, 나는 다시 한 번 전세계가 국제 금융이라는 이 '멋진 신세계'의 실타래를 통해 과연 어느 정도까지 깊숙이 얽히고설켜 있는지를 실감할 수 있었다.

그 뒤에 일어난 일들은 마치 전광석화 같은 것들이었다. 미 연준과 재무부의 이율배반적이고 위선적인 금융, 재정 정책들과 전례 없는 국제적 차원의 공조가 뒤를 이었다. 전세계의 정치 지도자들은 어느 순간 세계 경제를 구원하려는 신성한 동맹을 맺기 시작했고, 지도자들이 높이 치켜든 십자가의 한복판에는 놀랍게도 존 메이너드 케인스의 이름이 새겨져 있었다. 그 십자가 아래서 흥미롭게도 미 연준과 재무부는 자신들이 지난 30여 년간 전세계를 상대로 설교해온 자유방임주의라는 신성불가침의 교리들을 결정적인 국면에서는 얼마나 쉽게 내던져버릴 수 있는지, 얼마나 쉽게 이 신성한 교리의 배교자가 될 수 있는지를 여실히 보여줬다. 그 자유방임주의와 효율적 자본 시장이라는 교리는 어째서 그 교리의 탄생국인 이 미국이라는 나라에는 적용되지 않는 것일까? 우리는 과연 미 연준과 재무부가 몸소 보여준 국제적 이중 잣대에서 어떤 의미 있는 교훈을 얻어낼 수 있을까?

그러나 이런 질문을 궁구할 수 있던 것도 잠시. 어느 순간 이 세계의 절반은 '재정 기반의 공고화'를 은밀하게 또는 공공연하게 거론하면서 예의 그 낡고도 낡은 '신고전파적 긴축'으로 선회하기 시작했다. 미국발 금융 위기가 남유럽의 재정 위기로 변모하는 순간이었고, 전세계 정치 지도자들을 일시적으로 연합시켰던 '케인스주의' 동맹이 요란한 굉음을 내며 해체되는 국면이었다. 그렇다면 왜 케인즈주의의 원리는 그토록 짧은 시간 안에 신고전파의 교리로 대체돼야 했던 것일까? 불과 채 일 년도 되지 않은 사이 세계의 정신과학계는 전례 없이 획기적인 새로운 '과학적 발견'을 해내기라도 했다는 말인가? 동아시의 변방에 위치한 한국 같은 나라들은 이처럼 급격하게 변모하는 국제 경제 질서와 표리의 부동 또는 급격한 변동에서 과연 의미 있는 교훈을 찾을 수 있을까? 아니면 지금까지 한국의 지배 엘리트들이 그래온 것처럼, 그저 대세를 따르기만 하면 될 일일까?

상대적으로 조용하지만 근본적인 분열과 붕괴의 조짐은 여기서 끝나지 않는다. 사회과학의 다른 학문 분과들에 견줘 훨씬 더 과학적이고 고결한 학문인 양 스스로 표상해온 경제학은 어떤가? 지난 5년 동안 미국식 주류 경제학은 미국발 금융 위기에 관해, 유럽의 재정 위기에 관해 거의 아무것도 말하지 못하고 있다. 지난 30여 년간 학계와 언론계를 통해 재생산되고 지탱돼온 합리적 기대 가설과 금융 시장의 효율성에 관한 거의 모든 요설들은 맥없이 곤두박질치는 주가 지수 앞에서, 순차적으로 국유화되는 거대 은행과 금융 기관들 앞에서 어느 순간 흔적 없이 자취를 감추기 시작했다. 자격을 갖추지 않은 사람들에게 주택 구입 융자금을 대출해주고 그 사람들이 되갚아가기로 약정한 명목상의 채무 계약을 도매금으로 다른 금융 기관들에게 팔아넘기거나, 아예 주택 담보부 채권이라는 기괴한 2~3차 파생 금융 상품을 만들어 팔아대던 최첨단 금융 기관들의 자산 관리사들과 트레이더들처럼, 미국식 금융 시스템의 우월성과 효율성을 전 세계를 향해 선전해대던 학자와 언론인이라는 이름의 이데올로그들은 '사태가 불거지자마자, 잽싸게 앞다투어 발을 빼기 시작했다.'

도대체 무슨 일이 벌어진 것일까? 지난 5년 동안 뉴욕의 월스트리트와 런던 시내의 금융 중심가에서 사시사철 검은 양복에 넥타이를 매고 젠체하며 거리를 활보하던 그 많은 사람들은 도대체 무슨 연금술을 벌인 것일까? 그리하여 5년이 훨씬 지난 지금, 이 세상은 국제적 차원의 '대량 살상 금융 무기들'로부터 더 안전해진 것일까? 한-미 FTA라는 이름으로, 또는 금융 서비스 시장의 발전이라는 이름으로 무식할 정도로 단순하게 '침몰하는 난파선 위에 성큼 뛰어오른' 한국은 과연 다가올 험난한 국제 경제의 파고를 슬기롭게 헤쳐 나갈 수 있을까?

—

이 책에 실린 글은 대부분 이런 의문들을 떠올려보고 문제 해결의 실마리를 찾아보려는 내 나름의 분투를 담고 있다. 그러나 나는 이 책에 실린 글들이 스스로 확정한 문제들을 모두 해명했다고 생각하지 않는다. 오히려 그 정반대다. 이 책은 우선 무엇이 문제인지를 함께 생각해보자는 취지에서 쓰였다. 우리가 당연하게 생각하는 지배적인 사회 현실과 구조 안에 수많은 문제들이 내재해 있다는 것을 자각하는 것이야말로 그 다음 단계를 생각하게 해주는 단초가 될 것이기 때문이다. 그러기 위해 이 책의 1부는 미국발 국제 금융 위기의 기원과 전개, 그리고 현재 상태를 조감해보는 일련의 글들에 할애됐다. 이 책의 2부에서 나는 미국식 주류 경제학에 의해 순치되거나 무시돼온, 그렇지만 현재의 금융 주도 자본주의의 동학과 내재적인 문제점들을 파악하고 문제 해결의 실마리를 제공하는 데 매우 중요한 몇몇 비판 경제학자들의 논의를 살펴보려고 한다. 그리고 그 비판 경제학자들의 논의가 현재 한국 사회를 휘감고 있는 금융 불안정성과 취약성, 소득 분배 구조의 악화와 가계 부채 문제 등을 분석하고 해결하는 데 어떤 함의를 지닐 수 있는지를 추적하려 한다. 경제 사상사에 흥미를 가지고 있는 독자들, 그리고 한국 사회 현실의 문제를 근본적으로 분석하려고 하는 독자들에게 조금이나마 도움이 될 수 있기를 바란다.

—

이 책을 쓰고 출간하는 데에는 많은 분들의 도움이 있었다. 무엇보다도 늦은 나이에, 그것도 전공 분야까지 바꿔가며 미래가 불투명한 유학의 길을 떠나올 수 있게 허락해준 부모님과 형제들에게 감사의 말을 전하고 싶다. 서강대학교 정치학과라는 공간에서 사회과학적 문제들을 함께 분석하고 고민하며 자연스럽게 내 사고를 훈련시켜준 옛 친구들과 은사들에게도 한없는 빚을 지고 있다. 유학을 떠나와 뉴욕이라는 낯선 환경과 문화적 차이 때문에 힘들어 하는 나를 마다하지 않고 나름의 문제의식을 벼릴 수 있도록 북돋아준 뉴스쿨의 동료 대학원생들과 교수들도 이 책에 실린 글 일부를 완성하는 데 큰 도움이 됐다. 물론 그 사람들 중에서 그 누구도 이 책에 있을지 모르는 오류와 문제점들에 관해서 책임이 없다. 출판사 이매진의 정철수 대표와 최예원 편집자는 이 책의 원고를 집필할 수 있게 북돋아줬으며, 난삽할 뿐만 아니라 거북스러울 정도로 딱딱하기까지 하던 초고를 더 많은 독자들에게 선보일 수 있게 유려하게 편집해줬다. 이 모든 분들께 감사의 말씀을 전한다. 그리고 마지막으로 나와 보낸 긴 시간을 감내해준 아내에게 특별한 고마움을 표시하고 싶다. 아내는 '한번 무언가에 빠지면 초가삼간을 다 태울지도 모르는' 위험이 있는 내가 한여름의 소중한 시간을 내서 집중적으로 원고를 쓰고 정리할 수 있게끔 허락해줬다. 이 책을 아내에게 전하며 감사의 말을 대신하려 한다.

1부

국제 금융 위기와 한국 경제

1장
서론
응답하라 2013

미국 주택 시장의 거품 붕괴와 여기에 연동된 각종 파생 금융 상품들의 부실화에서 시작된 현재의 국제 금융 위기는 1930년대의 대공황 이후 가장 심각한 자본주의 경제의 장기 침체 양상을 띠면서 전개되고 있다. 이 책은 2007년부터 본격적으로 시작된 미국발 국제 금융 위기가 전개되는 과정을 추적하고, 다양한 비판 경제학 이론을 통해 오늘날의 세계 경제와 한국 경제가 직면한 문제점들을 분석하기 위해 쓰인다.

1부에서 우리는 미국 주택 시장과 금융 시장이 어떤 문제점을 안고 있었는지, 미 연방 정부의 금융 시장 규제책들이 왜 그리고 어떻게 지금 같은 금융 위기와 경제 위기를 불러왔는지 추적할 것이다. 더불어 자국의 금융 위기에 대처하려고 미 연방준비제도이사회Federal Reserve Bank(연준)와 재무부가 취한 예외적인 조치들이 아시아와 라틴아메리카에서 외환 위기와 금융 위기가 발생할 때마다 그들이 그토록 강력하게 설파하던 정책들과 어떻게 다른지 비판적으로 살펴볼 것이다.

이것을 위해 우리는 2장에서 미국 금융 위기가 어떤 국면을 거치면서 지속적으로 악화했는지, 그리고 각 국면마다 미국의 금융과 재정 정책 당국자들이 어떻게 대응했는지, 그리고 이 대응책들이 동아시아 외환 위기 국면에서 국제통화기금IMF이 강요한 정책들과 어떻게 구별되는지를 분석한다.

이어서 3장에서는 미 연준의 예외적 유동성 정책을 기존의 주요 금융 이론을 통해 분석할 것이다. 우리는 밀과 리카도로 대변되는 고전적 통화주의에서 시작해 빅셀과 케인스의 통화 이론, 프리드먼Milton Friedman의 현대판 통화주의 이론과 합리적 기대 가설 옹호자들의 문제의식, 테일러류의 금융 정책 규칙 등에 관한 최근의 논의를 살펴보고, 이 이론들을 바탕으로 현재의 금융 위기 국면에서 미 연준이 취한 다양한 정책의 의미와 한계를 평가해볼 생각이다.

2009년 중반 무렵부터 미국의 금융 위기는 각종 금융 거래 채널을 통해 남유럽 국가들의 재정 위기로 변모하기 시작했다. 유로존 재정 위기와 관련된 4장을 통해 우리는 아직도 그 향방이 묘연한 남유럽의 재정 위기, 그리고 유로 통화권의 해체 위기가 발생하게 된 역사를 추적할 것이다.

미국의 주류 경제학자들은 유로 통화권이 처음 출범할 때부터 유로존 내부의 산업적 또는 지역적 격차를 거론하며 단일 통화권이 제대로 운영되지 못할 것이라는 비관적인 전망을 내놓았다. 그러나 최근 몇 년 동안 전개된 남유럽 재정 위기의 몇 가지 특징적인 양상들은 '최적 통화권'에 관한 과거의 논쟁하고는 별개로 정세와 정책에 관련된 문제들이 사태를 더욱 악화시킬 수 있다는 사실을 보여줬다. 따라서 주택 시장의 거품이 붕괴하면서 시작된 미국 금융 위기가 어떻게 유로존의 재정 위기로 번져나가게 됐는지, 그리고 이 과정에서 독일을 중심으로 한 유로존 내부의 채권국 정부들이 어떻게 잘못된 대응을 해 사태가 악화했는지를 살펴보려고 한다.

이 책의 2부에서는 현대 경제 사상사의 발전 과정에서 매우 중요한 위치를 차지하고 있는 경제학자들의 이론을 살펴본다. 현대 경제학의 역사, 흐름, 동향을 간략하게 소개하는 5장에 이어, 프리드리히 리스트(6장)와 칼 마르크스(7장), 존 메이너드 케인스(8장)와 하이먼 민스키(9장), 그리고 미하우 칼레츠키(10장)의 핵심 사상을 살펴볼 것이다.

먼저 프리드리히 리스트Friedrich List는 오늘날 '유치산업 보호론infant industry protection'으로 잘 알려져 있는 인물이다. 우리는 6장에서 리스트가 추구한 후발 국가들의 급속한 산업화 전략이 지닌 핵심 문제의식이 무엇이었는지, 그리고 이것이 한국을 포함한 동아시아 국가들의 경제 성장의 역사와 문제점을 파악하는 데 어떤 시사점을 줄 수 있는지 살펴볼 것이다.

리스트는 데이비드 리카도가 설파한 비교 우위설comparative advantage hypothesis에 기반을 둔 자유 무역 옹호론자들을 '자유 무역 제국주의자free trade imperialist'라고 부르면서 철저히 비판했다. 리스트는 애덤 스미스, 장 바티스트 세이, 리카도 등이 설파한 '보편주의 경제학 논리'는 자유 무역을 통해서도 열위에 있는 나라들의 산업 기반이 잠식되지 않으리라는 가정, 그리고 자유 무역에 관여하는 국가들 사이에는 무역 수지가 장기적으로 균형에 이른다는 근거 없는 가정에 기반을 두고 있다고 비판했다. 그리고 그 시대의 산업 강국들이 보편주의적 자유 무역이 아니라 실제로는 국가의 강력한 보호주의 정책을 통해 산업화의 반열에 오를 수 있었다는 사실을 지적한다.

결국 리스트는 개별 국민 국가의 상이한 산업 발전 단계를 고려하지 않고 자유 무역의 이점만 강변하거나 강요하는 행위는 자본주의적 산업화 과정의 실제 역사를 속이는 일일 뿐 아니라 자국의 산업화를 달성하려고 뒤쫓아 오는 나라들이 더는 따라오지 못하게 자신들이 이용한 '사다리(보호주의 정책)'를 눈앞에서 '차버리는' 야비한 행태에 지나지 않는다고 주장한다.

이런 주장은 2차 대전을 거친 뒤 신생 독립국이 된 나라들 중 거의 유일한 성공 사례가 된 것처럼 보이는 한국과 동아시아 국가들의 자본주의적 발전 과정을 회고하는 데 상당한 의미가 있다. 또한 자국에서 경제 위기가 일어나거나 심각한 무역 적자가 발생할 때마다 평소 다른 나라들을 상대로 설파하던 자유 무역이나 자유방임의 원리를 헌신짝처럼 내다버리고 보호주의와 강력한 국가 개입을 실행하는 미국과 영국 등 선진 자본주의 국가들의 냉혹한 국가 전략의 본질을 파악하는 데에도 리스트의 논의는 여전히 주목할 만한 혜안을 제공해준다. 마지막으로 우리는 오늘날 한국 사회에서 리스트의 산업 정책론이 어느 정도 의미가 있는지, 그리고 그것이 현대 민주주의 정치 체제의 운영 원리에 걸맞게 어떻게 재조정될 수 있는지 논의할 것이다.

7장에서 다루는 사상가는 언제나 논란의 여지가 많은 칼 마르크스Karl Marx다. 칼 마르크스의 사상은 독일 관념 철학에 관한 급진적인 비판과 전복, 자본주의 생산양식의 본질과 자본 축적 메커니즘에 관한 과학적 분석, 프랑스와 영국에서 존재하던 사회주의 사상에 관한 과학적 체계화를 특징으로 한다. 이 책에서 우리는 특히 마르크스가 '과학적 사회주의'라고 부른 사회주의 경제 체제의 운영 원리를 상세하게 고찰할 것이다. 이미 잘 알려져 있지만 마르크스는 자신이 사회주의라고 부른 사회경제 체제의 운영 방식을 상세히 분석하지 않았다. 이론적 적수들을 비판하는 과정에서 간헐적으로 자본주의 이후의 경제 체제에 관해 모순적인 방식으로 언급했을 뿐이다.

우리는 주요 정치경제학 (비판) 저작들에 담긴 사회주의 경제에 관한 진술들을 재구성해 마르크스가 암묵적으로 전제한 자본주의 이후 사회에 관한 구상을 비판적으로 살펴보려고 한다. 마르크스는 한편으로는 생산 수단의 공동 소유(국가 소유)를 기반으로 한 중앙 계획적 분배 체제를 자본주의 이후 사회의 운영 원리로 제시하면서도, 다른 한편으로는 자본주의 생산 양식 내부에서 벌어지는 생산 수단 소유 관계의 변동에 많은 주의를 기울였을 뿐 아니라 상품과 화폐, 시장을 통한 교환의 문제에 관해서도 지극히 모순된 태도를 유지하고 있었다.

이렇게 주요 저작을 대상으로 하는 문헌 분석을 바탕으로 우리는 대안적인 경제 체제에 관한 마르크스의 구상을 생산 수단에 관한 소유 관계의 변동과 사회적 생산물에 관한 사회적 조정 양식의 문제로 재정의하고, 어떻게 하면 구소련과 동유럽 사회 체제의 역사적 붕괴, 개혁 사회주의 체제 아래에서 실험된 다양한 시장 사회주의 개혁의 실패를 넘어 '실현 가능한 사회주의'론을 재구성할 수 있는지 살펴보려고 한다.

결론부터 말하자면 '실현 가능한 사회주의'는 생산수단에 대한 생산자 협동조합 기업들과 규제된 주식회사적 소유가 다른 소유 형태들에 견줘 지배적으로 나타나는 사회경제 체제로, 민주적으로 선출되는 정부가 다양한 시장 실패를 보완하려고 거시 조정 정책이나 투자 정책 등을 실시하는 체제로 특징될 것이다. 우리는 이런 구상이 영미권의 시장 사회주의론 또는 간헐적으로 제안된 대안적인 사회주의 경제론과 어떻게 구별될 수 있는지도 살펴볼 것이다.

마르크스와 함께 현대 경제 사상의 역사에 획을 그은 사상가는 존 메이너드 케인스John Maynard Keynes다. 8장에서 우리는 케인스의 대표 저작 《고용, 이자,

화폐의 일반 이론》의 핵심 주장이 무엇인지, 그리고 그런 주장이 자본주의 경제 체제가 야기하는 많은 문제점들을 어느 정도까지 줄일 수 있는지 살펴볼 것이다.

케인스는 《일반 이론》에서 신고전파 경제학자들이 공유하고 있던 여러 가지 이론적 가정들을 신랄하게 비판하면서, 자본주의 시장 경제가 자동으로 경제를 완전 고용 상태에 이르게 할 것이라는 신념을 공박했다. 대공황 국면에서 명확히 드러난 것처럼, 국가의 인위적인 경제 개입을 통한 유효 수요 진작 정책이 없을 때 노동 시장에서 명목 임금이 하락하면 기업 이윤율이 하락하면서 투자와 산출의 추가적인 감소로 이어져 경제 전체가 파국으로 치닫는 악순환에 빠져들 수 있다. 이런 상황에서 나타나는 비자발적 실업은 신고전파 경제학자들이 전혀 인식하지 못한 자본주의 경제 체제의 병폐를 드러내고 정부의 정책적 개입의 필요성을 제시해준다.

신고전파 경제학자들은 금융 시장에서 자본의 수요와 공급이 이자율의 조정을 매개로 원활하게 균형 상태에 도달할 것이라는 믿음을 갖고 있었다. 정부나 중앙은행이 인위적으로 개입해 통화량을 증대시키면 이자율과 화폐 가치가 떨어져 인플레이션이라는 왜곡 현상이 발생한다는 것이다.

그러나 케인스는 다양한 화폐 보유 동기에 따라 통화량이 증대하더라도 이자율에 거의 아무런 영향을 미치지 않을 수 있으며, 통화량의 증대가 실물 경제에는 아무런 영향도 미치지 못하고 물가 상승만 불러올 것이라는 신고전파 경제학자들의 주장도 전혀 근거가 없다고 통박한다. 경제 운영에 필요한 다양한 생산 요소들이 불완전 고용 상태에 놓여 있을 때 화폐량의 증가는 투자와 고용을 가져올 수 있고, 경기 팽창에 커다란 영향을 미칠 수도 있다. 그리고 역시 다양한 화폐 보유 동기가 어떻게 편제되느냐에 따라 물가가 상승할 수도 있고 그렇지 않을 수도 있다는 것이다.

신고전파 경제학의 기본 공리와 가설에 관한 케인스의 이런 비판은 결국 국가가 적극적인 재정 정책, 금융 정책, 소득 보장 정책 등을 통해 경기 순환의 고통을 줄이고, 나아가 민간 자본의 자율적인 투자율 증대만으로는 결코 달성될 수 없는 완전 고용을 달성하고 유지하려면 정부가 시장에 적극 개입해야 한다는 주장으로 연결된다.

이렇게 우리는 케인스가 경제학계에서 지배적인 지위를 차지하고 있던 신고전파 경제학자들을 왜, 어떻게 비판했는지, 그리고 그 과정에서 케인스가 이룩한 획기적인 이론적 업적은 무엇인지 추적할 것이다. 그리고 혹시 케인스의 이론 안에 모순되는 주장들이 존재하는 것은 아닌지 살펴볼 생각이다.

9장에서는 케인스 사후 《일반 이론》에 나타난 케인스의 경기 순환에 관한 문제의식을 급진적으로 확대하고 발전시키려 한 저명한 포스트 케인스주의 경제학자 하이먼 민스키Hyman P. Minsky의 경제 사상을 살펴본다. 민스키는 현대 자본주의의 경기 순환 과정에서 은행과 주식 시장 등 금융 부문이 차지하는 중요한 비중을 이론으로 구성한 학자다. 민스키는 실물 기업의 투자 규모와 속도를 결정하는 과정에서 다양한 경제 주체들이 보유하고 있는 자산과 부채가 경기 순환 국면을 지나며 어떻게 변화하는지, 그리고 경제 주체 사이에 자산과 부채를 매개하는 주체인 은행이 경기 순환의 증폭에 어떤 구실을 하는지를 '금융 불안정성financial instability 가설'을 통해 보여주려 했다.

민스키의 이런 문제의식이 어떻게 시작됐는지 살펴보려고 우리는 민스키의 케인스 재해석 작업을 분석할 것이다. 민스키는 주류 경제학자들의 지배적인 해석, 곧 신고전파-케인스주의 종합이라고 불리는 흐름에 맞서 케인스가 《일반 이론》에서 '생산의 금융 이론' 또는 '자본주의 경기 순환에서 금융 부문이 하는 구실과 영향'을 체계적으로 분석하려 했다고 주장한다. 그리고 이 주장을 뒷받침하려고 민스키는 금융 시장의 근본적 불확실성 아래에서 경제 주체들이 내리는 자산 부채에 관한 결정의 중요성을 강조했다. 또한 현대 금융 시장, 특히 주식 시장을 매개로 진행되는 자본 자산에 관한 가치 평가가 어떻게 실물 기업들의 투자 결정과 투자 속도에 영향을 미쳐 경기 순환의 진폭을 결정할 수 있는지 설명하려 했다.

8장에서 살펴본 《일반 이론》에 관한 소개와 함께 케인스에 관한 민스키의 해석을 다루는 9장은 현대 자본주의의 동학을 설명하려 한 케인스와 포스트케인스주의 경제 사상의 핵심을 파악하는 데 도움이 될 것이다. 더불어 동아시아 외환 위기 이후 한국 사회에서 점점 더 강화되고 있는 금융 부문의 비대화와 금융화 현상을 이해하고 분석하는 데 일정한 시사점을 제공할 것이다.

10장의 주인공은 미하우 칼레츠키Michał Kalecki다. 칼레츠키는 한국의 경제학계는 물론 영미권의 주류 경제학계에서도 지극히 주변화된 존재로 남아 있는 사람이다. 그러나 폴란드 태생의 이 경제학자는 케인스와 거의 비슷한 시기에 독립적으로 유효 수요의 원리를 발견했다. 더 나아가 케인스를 포함한 다수 경제학자들과 다르게 어떤 한계 생산성 개념에도 의거하지 않고, 국내 총생산과 소득의 생산과 분배 메커니즘을 이론으로 구성한 점에서 마르크스의 계급 분석과 유효 수요의 원리를 결합하려 하는 많은 좌파 경제학자들에게 커다란 영향을 미치기도 했다.

우리는 10장에서 칼레츠키가 단기 거시 경제 모형을 통해 소득 분배 이론을 정초한 과정을 체계적으로 분석하려 한다. 처음에는 정부 부문이 존재하지 않는 폐쇄 경제 모형에서 출발해 정부 부문이 존재하는 경제 모형, 그리고 더 나아가 개방 경제 체제 모형에 관한 분석으로 점차 논의를 발전시키면서, 한국처럼 소규모 개방 경제 체제인 나라에서 정부 지출과 수출입의 변동 등이 국내의 소득 분배에 어떤 효과를 미칠 수 있는지를 추적할 것이다.

이런 논의는 동아시아 외환 위기 이후 점점 더 깊숙이 세계 무역 체제에 통합되고 있는 한국 경제의 현재 상황을 진단하는 데 매우 유용할 것이다. 지금 한국 경제의 문제는 노동 시장의 분절화 또는 이중 구조화와 가계 부채의 폭증으로 대표된다. 이 글에서는 칼레츠키가 분석한 개방 경제 체제 아래의 소득 분배론을 원용할 때 한국 경제의 문제들을 가장 잘 해명할 수 있고, 이 문제들을 극복하려면 내수와 수출입의 규모가 적절하게 균형 잡히고, 실질 임금을 올려 유효 수요를 증대시키고 이것이 다시 기업의 투자와 산출의 증대에 긍정적으로 영향을 미치는 선순환 구조를 형성해야 한다는 점을 강조할 것이다.

마지막으로 11장에서는 이 책에 소개된 경제학자들의 문제의식이 현재 한국 경제의 구조적 문제점을 진단하고 해결 방향을 모색하는 데 어떤 함의가 있는지를 논의할 것이다. 최근 국내외 진보 개혁 성향의 경제학자들은 재벌 체제를 개혁하고 경제 민주화를 달성할 방법을 둘러싸고 다양한 논쟁을 벌이고 있다. 이 장에서는 지금까지 진행된 논쟁이 암묵적으로 전제하고 있던 이념적 지반을 더욱 확장해, 재벌 체제(거버넌스 문제)를 개혁할 방안뿐만 아니라 독점과 경제력 집중 문제를 해결할 방안을 모색하고, 영미식 주주 자본주의 대 이해관계자 자본주의라는 이항 대립을 넘어서서 기업의 소유와 지배 구조를 어떻게 사회화할 것인지, 내수와 수출입의 균형은 왜 필요하고 어떻게 달성할 것인지, 유효 수요의 원리에 바탕을 둔 소득 재분배 정책이 왜 필요하고 어떻게 실현될 수 있는지, 금융 부문과 실물 부문은 어떻게 새롭게 관계를 맺어야 하는지 등에 관한 대안적인 논의를 제시하려고 한다.

—

이 글을 쓰고 있는 지금 세계 경제는 한치 앞을 내다볼 수 없는 상황으로 치닫고 있다. 전체 국내 총생산의 세 배에 가까운 달러화를 찍어내 거대 금융 기업들의 호주머니에 공짜로 돈을 집어넣었는데도 미국 경제는 점점 더 이중 경기 침체의 늪으로 빠져들고 있고, 다른 나라의 역사는 물론이고 제 나라의 역사에서도 미처 교훈을 찾지 못한 것처럼 보이는 아둔한 정치가와 정책 결정자들이 강요해온 긴축 위주의 구조 개혁 노선 때문에 유로존은 존폐의 위기에서 벗어나지 못하는 상황이다.

한국 경제도 이 모든 위기의 여파에서 결코 자유로울 수 없는 상황에 놓여 있다. 이 책 곳곳에서 여러 차례 지적하고 있는 것처럼, 한국 경제는 이미 너무나도 깊숙이 국제 금융 체제와 무역 체제에 통합돼 있기 때문이다. 유로존의 존폐에 따라, 미국발 이중 경기 침체의 영향 정도에 따라 한국 경제는 각종 금융 또는 무역 채널을 통해 크고 작은 사건들의 영향을 직접 받게 될 것이다. 그리고 이런 절체절명의 경제적 조건에서 한국과 미국은 모두 대통령 선거라는 중요한 정치적 사건을 맞이하고 있다.

한국 경제는 세계적인 차원의 경제 위기 국면에서 제대로 버텨낼 수 있을까? 한국의 경제 정책 담당자들은 세계 경제의 장기 위험 요인들과 충격에서 슬기롭게 벗어나려고 지혜를 모을 수 있을까? 그리고 그 사람들이 마련한 단기 거시 경제 안정화 정책들은 한국 경제가 안고 있는 구조적 문제점들을 해결하는 중장기 구조 개혁 방향과 자연스럽게 연계될 수 있을까? 그리하여 내수 부문과 수출입을 통한 대외 경제 부문이 적절하게 균형을 잡고, 독점 재벌과 다수 중소기업의 관계가 민주화되며, 독점 재벌의 사사화된 이익을 사회 전체의 복리를 향상시키는 재원으로 사용하며, 민주적이고 책임성 있는 정부가 각종 산업 정책과 소득 안정 정책을 집행하고 성장 잠재력과 유효 수요의 증대를 핵심 가치로 삼는 경제 체제, 그리고 이 체제 아래에서 노동자와 다수의 근로 대중이 분산된 소유권을 매개로 해서 기업 경영에 직접 참여하고, 기업에 관한 이런 소유 지배 원리가 한 사회의 지배적인 기업 소유와 경영의 원리로 관철되는 경제 체제로 우리는 한발 더 다가설 수 있을까?

2장
또다시 닥쳐올 위기에 대비하자
미국발 금융 위기와 한국 경제

1. 4169억 7100만 달러

2008년 가을부터 본격 확산되기 시작한 미국발 경제 위기에 대처한다는 명목으로 세계 경제에서 중요한 구실을 하는 주요 국가들의 중앙은행들은 역사상 전례가 없는 규모의 막대한 유동성을 금융 시장에 투입해왔다. 특히 미국의 연방준비제도이사회Federal Reserve Board, FRB는 2009년 3월 말 기준으로 총 7765억 6400만 달러에 이르는 긴급 유동성 투입을 고려했으며, 이 중 1678억 7100만 달러에 이르는 액수를 실제로 금융 시장을 통해 시중에 유통시켰다. 이것은 미 재무부US Department of Treasury와 미 연방예금보험공사FDIC가 금융 시장 안정을 위해 각각 공언한 2694억 달러와 2038억 5000만 달러를 제외한 숫자다. 이 액수 중 각종 명목으로 실제로 시장에 투입된 금액이 각각 1833억 5000만 달러와 357억 5000만 달러라는 사실을 고려할 때, 지난 2008년 10월부터 5개월 동안 미국 금융 시장에 투입된 긴급 유동성의 규모는 무려 4169억 7100만 달러에 이른다(Pittman and Ivry 2009).

이런 조치들은 전통적으로 단기 이자율을 결정해 경제 성장과 물가 상승률을 일괄 조정한다는 전통적인 중앙은행의 공언에 비춰볼 때 지극히 예외적인 현상이다. 또한 라틴아메리카와 아시아, 그리고 동유럽 국가들에서 주기적으로 외환, 금융 위기가 발생할 때마다 미국이 국제통화기금과 세계은행을 통해 강요한 일련의 긴축 재정, 금융 정책 기조와 비교할 때에도 지극히 상반된 성격을 지니고 있다.

이 글에서 우리는 미국발 금융 위기의 국제적 전개 과정을 간략하게 되짚어보고, 사태의 파국을 막기 위해 미 연준과 재무부가 취해온 예외적인 긴급 유동성 조치들을 개괄적으로 고찰해보려 한다. 특히 이 긴급 유동성 투입 조치들의 예외적인 성격을 분석하기 위해 1990년대 말 동아시아 외환 위기 당시 미국이 국제통화기금과 세계은행을 통해 강요한 일련의 긴축 재정, 금융 정책을 회고하고, 더 나아가 미 연준의 조치들이 지금까지 미국의 금융 시장의 안정화와 비금융 기업의 투자와 고용에 어떤 효과를 야기했는지 실증적으로 분석해보려 한다. 마지막으로 이 모든 논의들이 한국 사회의 당면한 금융, 재정 정책 집행에 어떤 함의를 지니는지 살펴볼 것이다.

2. 미국발 금융 위기 2012

비우량 주택 담보 대출의 부실화와 이것을 기반으로 만들어진 파생 금융 상품 가격의 폭락으로 시작된 미국발 금융 위기는 일련의 획기적인 국면적 변화를 수반하며 지금 같은 국제 경제 위기와 경기 침체 상황을 야기해왔다. 이 절에서는 미국 주택 시장의 거품 형성과 그 거품의 붕괴에서 시작된 미국 금융 위기가 어떤 채널을 통해 미국의 실물 경제 위기로, 더 나아가 유럽 재정 위기와 세계 경제 전체의 침체 국면으로 파급돼왔는지 살펴보려 한다. 이 과정은 아래에서 살펴볼 것처럼 크게 5가지의 중요한 단계들을 거치면서 조금씩 변모 또는 악화돼 왔다.

1) 초기 국면 — 2006년 3분기에서 2007년 2분기

우선 세간의 통상적인 지적하고는 달리 미국 주택 시장 붕괴의 전조는 이미 2006년 3분기까지 거슬러 올라간다는 점을 지적할 필요가 있다. 이미 잘 알려져 있는 것처럼, 제2기 클린턴 행정부 말기 시작된 정보통신기업들의 주식 가격

거품과 연이은 폭락과 여기서 오는 경기 침체 위협을 막으려고 앨런 그린스펀Alan Greenspan 아래의 미 연준은 연방 기준 금리를 대폭 인하했다. 이런 조치를 통해 마련된 저이자율 환경은 금융 시장의 유동성이 새로운 금융 자산 시장으로 급속하게 옮아가는 기반이 됐다. 그 이후 미국은 물론 영국과 일부 서유럽 국가, 그리고 남유럽 국가들에서 공통적으로 나타난 현상 중 하나가 바로 투기적인 수요에 기반을 둔 주택 시장의 거품 형성이었다.

2006년 3분기에서 2007년 2분기까지 미국의 주택 시장에서는 이런 투기적 거품이 더는 지속될 수 없다는 것을 보여주는 일련의 조짐들이 나타났다. 예를 들어, 비우량 주택 구입 융자금을 더 갚지 못해서 개인 파산을 신청하는 가계의 수가 증가하기 시작했다. 이 문제가 불거지기 시작하자 미 재무부는 미 연방 준 정부 모기지 기업들에게 주택 구입용 대출 기준을 점차 엄격하게 강화하는 방향으로 정책을 선회하라고 지시했다. 더불어 연방 정부와 주 정부 산하의 금융 감독 기관들은 모기지 시장에서 이른바 '약탈적 대출 행위'가 존재한 것은 아닌지, 주택 구입용 대출금을 바탕으로 한 파생 금융 상품을 만드는 과정에서 각종 비리와 정실주의가 작용한 것은 아닌지 조사하겠다고 발표했다.

2) 주택 시장 내부의 금융 위기 국면 — 2007년 3분기에서 2008년 1분기

그러나 이런 선제적인 조치에도 미국 주택 시장의 여건은 더욱 악화되기 시작했다. 2007년 3분기에서 2008년 1분기 사이 미 연방 정부는 미 연방 주택청의 자산 관리를 더욱 엄격하게 시행하고 외부 감사의 권한을 강화하는 내용을 골자로 한 법안(Federal Housing Administration Modernization bill as of Aug. 31, 2007)을 통과시키고, 주택 가압류를 줄이기 위한 일련의 조치들에 관해 논의하기 시작했다.

더불어 별다른 자체 자본(예를 들어, 저축성 예금)이 없이 다른 민간 은행에서 값싸게 돈을 빌려 주택 구입용 대출만을 전문적으로 해주고, 파생 금융 상품을 만들어 자산 유동화securitization에 골몰한 모기지 전문 업체들(인디맥, 컨트리와이드 등)이 자체적으로 기업 구조 조정에 돌입해 자산을 매각한다거나 노동자들을 대대적으로 감원하는 조치를 취하기 시작한 것도 바로 이 시기였다.

그런데도 처음부터 대출금을 갚아 나갈 여력이 없던 가계들을 대상으로 한 돈놀이는 더는 지속되지 못했고, 비우량 주택 담보 대출자들의 파산율은 지속적으로 높아지기 시작했다. 그리고 대출자들이 되갚기로 한 대출 원리금과 이자율의 지속적인 납부 흐름을 바탕으로 해서 만들어진 각종 연쇄 파생 금융 상품(주택 담보부 채권과 2~3차 파생 상품들)의 가격이 폭락하기 시작했다.

사태가 걷잡을 수 없이 확산되자, 그 이전까지 '비우량 주택 담보 대출금은 전체 모기지 시장에서 매우 낮은 비율에 머물러 있고, 이 문제가 금융 시장 전체로 확산될 일은 없을 것'이라고 공언하던 미 연준은 2007년 9월 중순을 기점으로 당시까지 취하던 금융 정책의 방향을 급속하게 선회하기 시작했다. 미 연준은 우선 연방 기준 금리를 순차적으로 낮추기 시작했고, 2009년 초에 이르러 저점에 다다른 0.25퍼센트 수준의 이자율을 2012년 현재까지 유지하고 있다.

미 재무부는 부실화된 주택 담보부 채권을 민간 은행과 금융 기관들에게서 사들여 이 부실 채권이 정상적인 금융 중개 기능을 위협하지 않게 유도한다는 기대를 가지고 민간 금융 기업들이 자발적으로 참여하는 특별 금융 기구(일명 '수퍼 펀드')를 설치한다는 방안을 내놓았다.

미 연방 의회는 민주당 의원들의 발의로 약탈적 대출 행위를 일삼던 모기지 관련 금융 회사들을 피해 당사자인 가계가 직접 고소해 약탈적 대출 관행에서 비롯된 금융 피해를 보전하고 해당 금융 회사들과 주택 가압류에 관한 절차와 일정을 합의할 수 있게 하는 법안을 통과시키기도 했다. 그러나 이 모든 임시변통 조치들이 너무 때늦었다는 점이 판명되는 데는 그리 오랜 시간이 걸리지 않았다.

3) 금융 위기의 확산 국면 — 2008년 2분기에서 2009년 1분기

2008년 2분기에서 2009년 1분기에 이르는 시기는 미국 주택 시장의 거품 붕괴 문제가 더는 비우량 주택 융자금 대출자들에 국한되지 않고 다양한 신용 채널을 통해 미국의 금융, 실물 경제의 다른 분야와 국제 경제, 특히 유럽과 일본 경제에 본격적으로 영향을 미치는 시기로 볼 수 있다.

미국 주택 시장에서 비롯된 금융 위기가 전세계로 파급된 이유는 비우량 주택 담보부 채권과 파생 금융 상품들이 국제적으로 거래됐기 때문이다. 비우량 주택 융자 대출자들이 파산하고, 이 대출자들의 예정된 현금 납부 흐름이 중단되자, 주택 융자금 대출을 바탕으로 만들어진 담보부 채권이 부실화되고, 다시 이것에 기반을 둔 2~3차 파생 금융 상품들의 가격이 폭락하는 상황이 벌어졌다. 각종 금융 회사들은 거래 당사자들 중에서 누가 얼마만큼 이 부실 금융 자산에 노출됐는지 알 수 없는 상태가 지속됐고, 이것은 다시 단기 자본 시장에서 민간 금융 회사들 사이의 거래를 중단시키는 요인으로 작용하기 시작했다.

미국의 주요 투자 은행들과 민간 은행의 금융 투자 전담 부서들은 몇몇 신용 평가 회사들의 높은 신용 등급을 활용해 이 파생 금융 상품을 사고팔았으며, 거대 보험 회사의 전담 부서들은 이 금융 상품의 잠재적인 부실화에 대비한 보험 상품을 신용 부도 스왑credit default swap, CDS이라는 이름으로 아무런 거리낌 없이 사고팔았다.

그러나 사태가 악화하자 미국은 물론 전세계적으로 준 독점적인 지위를 누리고 있던 미국 신용 평가사들은 언제 그랬냐는 식으로 주택 담보부 채권을 많이 만들어내거나(인디맥, 컨트리와이드 등), 보유 채권들을 국제 금융 시장에 내다 판 금융 회사들(MBIA, AMBAC, 리만 브라더스, 베어 스턴스, 와코비아 등), 그리고 이 채권에 관련된 신용 부도 스왑이라는 보험 상품을 만들어 판 보험 회사들(AIG)의 신용 등급을 급격하게 낮추기 시작했다.

미 연준은 연방 기준 금리를 추가로 낮추는 데에서 멈추지 않고, 단기 자본 시장의 운영 중단 사태를 막기 위한 조치로 긴급 유동성 투입 프로그램을 대대적으로 시행하기 시작했다. 미 재무부는 나름대로 2008년 봄부터 가계의 소비를 진작시키고, 소비 감소가 전체 실물 경제의 침체로 연결되는 고리를 차단하기 위한 일련의 확대 재정 조치들을 구상하기 시작했다. 예를 들어 가계의 주택 융자금 대출 부담을 줄이기 위해서 연방 주택청을 통해 준 정부 모기지 회사들이 융자금 이자율을 낮추게 유도하고, 이것이 다시 개별 민간 은행들의 모기지 전담 부서의 이자율 부담을 조정해 일반 가계의 주택 융자금 부담률이 하락하게 유도하기 시작했다.

그러나 2008년 3분기에 접어들자 이 모든 조치들이 효과가 없다는 것이 드러났다. 금융 위기가 발생하기 전 4.5퍼센트대에 머물던 공식 실업률은 2008년 중반 6.1퍼센트로 치솟았고, 많은 사람들은 2009년 말에는 10퍼센트대를 넘어서 오랜 기간 동안 두 자릿수를 유지할 것이라고 예측했다.

이 시기에 접어들자 미 연준은 이미 이전부터 지속적으로 내리던 연방 기준 금리 이자율을 0.2퍼센트까지 내렸고, 적어도 2009년 말까지는 이 이자율을 유지하겠다고 공언했다. 미 연준은 급기야 2008년 9월에 접어들면서 형식적으로는 독립 법인으로 존재하던 준 정부 모기지 금융 회사들인 파니매Fannie Mae와 프레디 맥Freddie Mac을 실질적으로 국유화하는 조치를 취했다(2008년 9월 7일). 이 조치가 시행된 3일 뒤 리만 브라더스는 미 연준과 재무부의 묵인하에 공식적으로 파산을 선언했다(2008년 9월 10일). 시장 점유율에서 수위를 달리고 있던 뱅크 오브 아메리카Bank of America는 미 연준의 돈(브리지 론)을 빌려 미국계 투자 은행 메릴 린치Merrill Lynch를 인수 합병하는 조치를 취했다(2008년 9월 15일).

동시에 미 연준은 80퍼센트의 주식을 보유하는 조건으로 850억 달러에 상당하는 긴급 융자금을 AIG에 대부하면서 이 보험 회사를 사실상 국유화했다(2008년 9월 16일). 골드만 삭스Goldman Sachs와 모건 스탠리Morgan Stanley 같은 투자 은행들은 미 연준이 마련한 긴급 유동성 투입 조치들의 혜택을 보기 위해서 '투자 은행investment bank'이라는 법적인 지위(따라서 미 연준의 관리 감독에서 벗어난)를 버리고 '은행 지주회사bank-holding company'로 탈바꿈했고, 미 연준도 지주회사 지위 신청을 재빠르게 승인했다.

미 재무부는 7000억 달러에 상당하는 액수의 구제 금융 법안을 의회에 신청했다. 두 번에 걸친 의회 신청 끝에 미 재무부가 마련한 이 금융 회사 구제 금융 법안은 '부실 자산 정리 프로그램Troubled Asset Relief Program, Tarp'이라는 이름으로 같은 해 10월부터 시행돼 미국의 거의 모든 거대 민간 은행, 은행 지주회사, 보험 회사 등에 긴급 자금을 제공하는 창구로 활용됐다.

앞서 언급한 것처럼 이 시기는 미국발 금융 위기가 급속하게 국제 금융 위기로 확산된 시기이기도 하다. 유럽의 기관 투자가들, 특히 각 주와 시 정부의 연기금은 미국 주택 시장의 거품에서 비롯된 파생 금융 상품을 무분별하게 사들여 투자를 해오다가 미국에서 이 문제가 터지자마자 막대한 자산 손실을 입고 즉각 파산을 신청하기 시작했다. 서유럽과 북유럽의 많은 지역 은행들 중 미국발 주택 담보부 채권에 대한 노출된 정도가 컸던 은행들은 각 나라의 연방 정부와 중앙은행에 긴급 지원금을 요청했고, 해당 중앙은행들은 이 지역 은행들을 국유화하고 통폐합하기 시작했다.

영국 중앙은행과 유럽 중앙은행은 기준 정책 금리를 0.25퍼센트로 내리고, 특히 영국 중앙은행의 경우는 미 연준과 마찬가지로 긴급 유동성 투입 조치들을 취하기 시작했다. 독일과 프랑스 정부는 자국의 지역 은행과 비은행 금융 회사들의 자본 계정에서 부실 주택 담보부 채권을 흡수하고 자본 건전성을 확충한다는 명목으로 특별 기금을 조성하는 데 합의했다. 이 기금은 나중에 미국발 금융 위기가 남유럽의 재정 위기로 변모, 확산되는 국면에서 유럽 안정 기금European Stability Fund 또는 금융 안정 메커니즘Financial Stability Mechanism이라는 상시 구제 금융 기금으로 확대될 것이었다.

그러나 이런 일련의 조치를 취했는데도, 비우량 주택 담보부 채권의 부실화에서 비롯된 금융 위기는 경제의 다른 영역에서 심각한 위기를 불러일으키기 시작했다. 조세 감면과 추가 환급 혜택, 주택 구입 융자금 이자율 재조정 등 미 재무부가 취한 각종 확대 재정 정책에도, 소비 지출은 급격하게 줄어들기 시작했고, 금융, 비금융 회사들은 투자를 줄이고 고용 노동자들을 대대적으로 감원하는 조치를 취하기 시작했다. 미국 경제는 물론 전세계 경제가 유효 수요의 급격한 축소에서 오는 경기 침체, 그리고 그 경기 침체가 다시 기업의 투자와 가계의 소비를 축소시키는 악순환의 고리에 빠져들기 시작한 것이다.

4) 국제적 확산과 재정 위기의 시작 — 2009년 2분기에서 2010년 2분기

미국발 금융 위기의 네 번째 단계는 2009년 2분기에서 이듬해 2분기에 해당되는 시기로, 이 시기는 미국발 금융 위기가 유럽 주변부 국가들의 재정 위기로 변모하는 양상을 보여줬다.

이 시기에 미국의 제조업 가동률은 지속적으로 낮아지고, 공식 실업률로 집계된 노동 시장 상황은 악화일로를 걸었다. 미국의 주택 시장과 재건축 시장은 전혀 호전될 기미를 보이지 않았고, 주택 가압류 탓에 매물로 나온 주택들 때문에 집값은 계속해서 떨어지고 있었다.

신규 실업자 수는 줄어들 기미를 보이지 않고, 54주 이상 장기 실업자의 비중도 계속해서 늘어났다. 전통적인 비우량 주택 담보 대출자들은 물론 이른바 우량 주택 융자금 대출자들도 주택 가격 폭락 때문에 더는 계속해서 융자금을 갚을 경제적 인센티브를 갖지 못했다. 그나마 여력이 있는데도 전략적으로 개인 파산을 신청하는 경우도 빈번하게 나타났다. 이런 사태에 직면해 미 재무부는 본격적으로 금융 회사 구제 기금을 집행하기 시작했다. 미 연준은 연준 차원에서 나중에 이른바 '양적 완화Quantitative Easing, QE'라고 불리게 될 일련의 긴급 유동성 투입과 자산 부채 관리 정책을 취하기 시작했다.

오바마 행정부는 2009년 초 상하 양원에서 근소한 차이로 승인된 전미 부흥과 재투자 법안American Recovery and Reinvestment Act of 2009, ARRA에 따라 대대적인 공공사업을 집행하기 시작했고, 경제 위기로 재정 적자와 부채 위기를 경험하던 각 주와 시 정부에 다양한 형태의 보조금을 지급하기 시작했다. 국제적으로도 유럽(독일과 프랑스)과 아시아(중국과 일본 그리고 한국)의 정부들은 G20 정상회담의 암묵적인 합의에 따라 긴급하게 확대 재정 정책을 편성하기 시작했다.

그런데도 2009년 2분기에 접어들면서 세계 금융 위기는 실물 경제의 침체를 야기할 뿐만 아니라 남유럽의 재정 위기로 변모돼 나타나기 시작했다. 국제 금융 투자자들이 남유럽과 동유럽 그리고 아시아와 라틴아메리카 여러 나라들에 분산 투자한 금융 자본을 빠르게 회수하기 시작하면서 해외 단기 부채 비중이 높던 이 지역의 민간과 정부 기관들이 순차적으로 또는 거의 동시에 채무 위기를 경험하기 시작한 것이다.

그 결과 아이슬란드와 아일랜드 정부는 일찌감치 국제통화기금의 구제 금융안을 수용할 수밖에 없었으며, 자국의 민간 은행이 지닌 높은 부채를 지급 보증해 주기 시작하면서 정부의 재정 적자 폭을 키울 수밖에 없던 그리스 정부도 서유럽 정부와 국제통화기금의 구제 금융을 지원받는 대가로 전례 없는 긴축 정책 개혁안을 수용해야 하는 처지로 내몰리게 됐다.

5) 미국의 장기 경기 침체, 유럽의 만성적 재정 위기, 국제적 차원의 고조된 금융 불안정성 — 2010년 3분기에서 지금까지

2010년 2분기 말과 3분기 초부터 미국의 경제 위기 상황은 조금씩 진정되는 기미를 보였다. 비우량 주택 융자금 대출자들의 파산 비율과 횟수도 점차 줄어들기 시작했고, 제조업과 서비스 산업 활동 지수도 더 나빠지지 않는 상황이었다.

그러나 다음과 같은 극명하게 대조되는 양상들이 새롭게 나타나기 시작했다. 첫째, 유럽연합 차원의 재정 위기가 통제할 수 없을 정도로 악화됐다. 둘째, 아시아와 라틴아메리카 여러 나라들의 환율(통화 가치)이 급속하게 낮아지기(높아지기) 시작했다. 셋째, 미국 경제의 다양한 산업 영역에서 상충되는 징후들이 나타나기 시작했다.

무엇보다도 국제 금융 투자자들과 그 대리인들은 남유럽과 동유럽 등지에서 계속해서 투자금을 회수했다. 그리고 이것은 아이슬란드와 아일랜드, 그리스의 재정 위기와 구제 금융 신청을 야기했다. 남유럽의 다른 나라들, 특히 스페인과 포르투갈, 이탈리아도 국제 금융 자본 흐름의 변동성의 희생양이 됐다.

이런 상황을 지켜보면서 독일과 프랑스 그리고 영국의 정부 수반들은 정부 재정 적자 폭을 대대적으로 줄이는 방향으로 경제 정책의 기조를 바꾸기 시작했다. 영국과 미국에서 긴박하게 펼쳐지던 금융 위기에 대처한다는 명목으로 지극히 예외적으로 시행되던 '케인스주의'적 확대 재정, 금융 정책 기조가 어느 순간부터 '신고전파적 긴축' 정책으로 회귀하는 국면이 펼쳐지기 시작한 것이다.

물론 독일 중심의 유럽 중앙은행의 통제권에서 상대적으로 벗어나 있던 영국 중앙은행은 계속해서 초저금리의 이자율 정책과 긴급 유동성 투입 정책을 집행하고 있다. 더불어 유럽 중앙은행과 유럽연합 차원의 금융 안정 기금도 여전히 확대 금융 정책을 꾸준히 집행하고 있다.

그러나 남유럽 국가들의 재정 위기가 유럽 통화 동맹의 근간을 뒤흔드는 사태로 비화되기 시작하자 유럽연합 안에서 헤게모니를 장악하고 있던 독일과 프랑스의 보수적 정책 결정자들은 '케인스주의'적 확대 재정, 금융 정책과 근본적으로 구별되는 보수적 경제 정책(긴축 정책)을 주변부 국가들에게 강요하기 시작한 것이다. 이런 정책 기조의 전환이 남유럽 국가들은 물론 유럽연합 그리고 세계 경제 전체의 경기 회복과 성장에 어떤 부정적인 영향을 줄 것인지가 초미의 관심사다.

또 다른 모순적인 양상은 아시아와 라틴아메리카 신흥 시장 국가들의 화폐 가치가 지속적으로 평가 절상되고, 이 절상 압력에 대처하기 위해서 신흥국 중앙 은행들이 외환 시장에 상시적으로 개입하는 현상이다. 신흥국의 화폐 가치가 높아지는 것은 미국을 중심으로 한 중심부 국가들의 양적 완화 정책의 직접적인 결과다. 자국 금융 시장에서 지속되고 있는 초저금리의 이자율 환경은 미국과 일본의 금융 투자자들이 더 높은 수익률을 찾아 해외 시장으로 나가게 내모는 기제로 작동하고 있다.[1] 더불어 남유럽과 동유럽에서 유출된 금융 자본이 상대적으로 안정된 것처럼 보이는 라틴아메리카와 아시아 여러 나라들로 흘러들어와 이곳에서 금융 자산에 막대한 투기 행각을 벌이기 시작했기 때문이기도 하다.

실제로 국제결제은행Bank for International Settlement, BIS이 보고한 것처럼, 2010년 2분기를 기준으로 그리스와 아일랜드, 포르투갈과 스페인 등지에 유입된 해외 자본 중 1070억 달러에 상당하는 자본이 유출돼 아시아와 라틴아메리카의 은행과 비금융 기업 대상의 대출로 재활용되고 있다.

그리고 그 직접적인 결과는 한국과 브라질, 말레이시아, 필리핀, 인도네시아,

---

1 벤 버냉키(Ben Bernanke) 연준 의장은 미국 중앙은행의 양적 완화 정책이 중앙은행의 정상적인 금융 정책의 일부이며 국내의 투자와 성장은 물론 국제 경제에도 활력을 도모하는 정책이라고 주장했다(Bernanke 2009a). 그러나 버냉키는 이 양적 완화 정책이 신흥국의 금융 시장으로 흘러드는 단기 자본의 양을 급격하게 늘릴 것이고, 그 결과 신흥국들의 금융 자산에 거품을 형성할지도 모른다는 정당한 염려에 관해서는 어떤 견해도 표명하지 않았다. 게다가 미 연준의 양적 완화 조치가 자국의 기업 투자를 촉진하고 경제 성장을 달성할 것이라는 주장도 근거 없는 신념에 기초해 있다. 그 주장과 달리 미 연준이 각종 기괴한 조치를 통해서 유지하고 있는 낮은 장기 이자율 환경이 반드시 민간 기업의 투자를 촉진할 것이라는 보장이 없다. 가계 부문의 실질 임금이 향상되고 가계의 소비가 기업의 투자와 생산 활동을 자극하지 않는다면, 예외적일 정도로 장기간 유지되는 낮은 이자율 환경은 또 다른 형태의 금융 자산 거품을 형성하거나 경제 주체들을 유동성 함정에 빠뜨릴 위험성이 있기 때문이다. 이 경우 기업 경영자들은 고정 자산에 투자하거나 신규 고용을 늘리기보다는 점증하는 불확실성에 대비하려고 화폐와 유동 자산에 관한 예비적 수요 동기를 극대화할 것이다. 마지막으로 미국의 은행과 비은행 금융 기업들은 자국의 낮은 수익률을 피해 해외의 투자처로 자산 구성을 다변화할 것이다. 다시 말해 양적 완화 정책을 취하는 미 연준의 계정에서 거의 공짜로 돈을 빌려 해외의 원자재와 기초 자원과 식량 등에 투기를 일삼고, 최악의 경우 신흥국의 금융, 재정 위기를 불러일으킬 수 있다. 이런 측면에서 독일과 중국, 브라질의 금융 정책 당국자들이 미 연준의 양적 완화 조치가 '단기 자본을 신흥국들에 유입시켜 경제를 불안정하게 할 수 있다'고 염려한 것은 지극히 정당한 비판이다(Dyer 2009; Muenchau 2009).

태국, 대만의 환율이 지속적으로 낮아지고, 이 나라들의 정책 당국자들이 외환 시장에 지속적으로 개입해 환율 인하 압력을 조절하는 현상이다. 물론 이 과정에서 이전과 달리 많은 아시아와 라틴아메리카 정부의 정책 당국자들은 여전히 미흡하기는 하지만 다양한 형태의 금융 통제 장치들을 도입하고 있는 것처럼 보인다.[2]

마지막으로 거론할 수 있는 현상은 미국 국내에서 나타나고 있다. 미국 경제는 심각할 정도로 비대칭적이고 불균등한 회복 양상을 보인다. 2010년 2분기 이후부터 미국의 주요 금융 회사들은 점증하는 금융 자산 회전과 비금융 기업의 채권 발행 수익 등에 힘입어 예상 밖의 수입과 이윤 실적을 달성한 반면, 비금융 기업, 특히 제조업 분야의 중소기업들은 여기에 맞먹는 정도의 수익률을 내지 못하고 있다.

미국의 거대 금융 기업들의 주요 이윤의 원천은 미 연준에서 빌리는 돈의 이자율과 대출 이자율의 차이(예대마진), 막대한 금융 자산 회전 비율, 금융 자산 투자 그리고 미국은 물론 전세계의 비금융 기업들이 미국 달러화로 발행하는 기업 채권을 대신 거래해주고 얻는 수익 등이다.

그러나 이런 잠재 수익을 공유할 수 있는 금융 기업들은 지극히 한정돼 있다. 미 연준과 재무부에서 막대한 양의 구제 금융을 아무런 조건 없이 빌린 소수의 거대 금융 기업을 제외하면, 여전히 압도적인 다수의 지역 은행과 특수 목적 법인 공동체 은행community banks들이 파산 위협에 노출돼 있는 상황이다.[3]

---

2 브라질 정부는 2009년 10월 2일을 기점으로 브라질 정부 또는 민간 기업 발행 채권과 주식을 외국인들이 매매하는 데 자본 거래세를 도입하고, 이 거래세 세율을 처음 2퍼센트에서 4퍼센트 그리고 6퍼센트로 점진적으로 상향 조정했다. 한국 정부도 비록 때늦은 감이 없지 않지만 국내 민간 은행들의 해외 단기 채무 비중을 줄이는 것을 골자로 하는 행정 명령을 내렸으며(2010년 6월 11일), 민간 은행들의 외환 파생 상품 거래에 관한 관리 감독을 강화하겠다고 발표했다(2010년 10월 5일). 태국 정부는 2010년 10월 12일을 기점으로 국내 금융 자산을 외국인들이 거래할 때 15퍼센트에 상당하는 취득 보유세를 내게 했다. 인도네시아와 대만 정부도 2010년 상반기 급격한 환율 급등을 경험한 이후 2차 금융 시장에서 거래되는 정부 발행 채권의 매매에 엄격한 규제 조치를 취하기 시작했다(Brown 2010; Gallagher 2010; Oliver 2010).

3 연방예금보험공사(Federal Deposit Insurance Corporation, FDIC)의 통계 자료에 따르면 2010년 한 해에만 167개의 민간 지역 은행들이 파산했고, 2010년 3분기까지 파산 위험이 높은 '문제 은행'의 수가 860여 개에 이른다. 이 수치는

미국의 주요 거대 비금융 기업들도 2010년 2분기를 기점으로 금융 위기 이전에 맞먹는 이윤율을 회복하고 있다. 그러나 이 거대 비금융 기업들은 고정 자본에 투자하거나 일자리를 늘리는 대신 기업 수입의 압도적인 부분을 현금이나 현금과 다름없는 유동성 높은 금융 자산의 형태로 비축해놓거나 장기 기업 채권을 발행해 기업의 자산 구조를 변화시키는 일에 골몰하고 있다. 따라서 2010년 2분기를 기점으로 평균 사내 유보금 비율은 기업 총자산의 6.2퍼센트에 해당될 만큼 높아졌고, 2010년 상반기에 신규 발행된 기업 채권도 4880억 달러에 이르고 있다(Bowley 2010; Harris 2010).

이 모든 개별적 행태들은 기업 이윤과 임금 분배 간의 간극이 점점 더 커지고, 경제 성장률이 획기적으로 반전되지 못한 채 지극히 미미한 수준에 머물며, 실업률과 장기 실업률이 지속적으로 높아지는 등의 결과로 나타나고 있다.

3. 연준, 긴급 유동성을 투입하다

이런 비대칭적이고 불균등한 효과를 종합적으로 진단하려면 미 연준이 지금까지 취해온 긴급 유동성 투입과 양적 완화 정책의 성격을 더 구체적으로 살펴볼 필요가 있다.

전통적으로 현대 선진 자본주의 국가의 중앙은행들은 단기 통화량이나 이자율을 결정해 인플레이션과 실질 경제 성장률을 일괄 조정한다는 태도를 취해왔

전년 동기의 수치에서 3.7퍼센트 증가한 숫자이고, 전체 자본액은 2010년 9월을 기준으로 할 때 3792억 달러에 이른다(FDIC 2010). 급기야 연방예금보험공사는 파산 은행 처리에 드는 비용을 조달하기 위해서 미 의회에 특별 예비금을 편성해줄 것을 요구했고, 나중에는 이것도 모자라 거대 민간 은행이 납부하기로 예정돼 있던 부담금을 미리 당겨쓰는 임기응변의 조치를 취했다.

다. 통화 총량제monetary targeting나 인플레이션 목표제inflation targeting[4]라고 불리는 이런 전통적인 조치들은 현대 경제 사상사의 발전 과정에서 존 스튜어트 밀(Mill 1990; 1874)과 데이비드 리카도(Ricardo 1962), 그리고 밀턴 프리드먼(Friedman 1960; 1968) 등으로 대변되는 화폐 수량설에 입각한 통화주의 물가 이론과 빅셀(Wicksell 1936)과 초기 케인스 등으로 대변되는 이자율 조정 이론에 크게 힘입었다.

미 연준의 경우 1970년대 중반 이후부터 1980년대 초반까지 연준 의장을 지낸 폴 볼커Paul Volcker가 프리드먼의 통화주의를 공식 방침으로 내걸면서 반인플레이션 정책을 실험했고, 그 뒤 공식적으로 통화 총량을 조정해서 물가를 관리하는 것을 대표적인 정책 방안인 양 공식적으로 표방해왔다(Greider 1989; Meulendyke 1989).[5]

그런데 비우량 주택 담보 대출을 바탕으로 한 파생 금융 자산들이 급격하게 부실화되면서 나타나기 시작한 국제 금융 시장의 위기에 직면해 각국의 중앙은행들은 전통적으로 공언해오던 정책하고는 근본적으로 구별되는 긴급 유동성 투입 조치들을 취해왔다.

미 연준의 경우, 연방 기준 금리를 지속적으로 낮춰 민간 은행들의 이자 부담을 줄여주는 한편, 더 직접적으로는 각종 특별 대출 방안들을 마련해 은행은

---

4 '인플레이션 목표제'라는 표현은 현실적으로 중앙은행이 조정하는 것이 인플레이션이 아니라 단기 이자율이라는 측면에서 그 정책 수단을 지칭할 때에는 '이자율 목표제(interest rate targeting)'라는 말로 이해되고 또 그렇게 대체돼야 한다. 이 글에서는 편의를 위해 중앙은행 관리들과 관련 연구자들이 보통 쓰는 용법을 그대로 따라 인플레이션 목표제라는 표현을 사용했다.

5 물론 당연하게도 미 연준의 이런 공식 목표와 기술적 방침을 둘러싸고 많은 논쟁이 있었다. 예를 들어 지속적으로 변화하는 화폐 순환율을 고려할 때, 명목적으로만 구별 가능한 통화를 대상으로 하는 총량 규제가 어느 정도까지 물가 정책에 안정적인 준거점을 제공해줄 수 있는 것인지, 또는 단기 이자율의 조정이 기업의 투자율 등에 지대한 영향을 미치는 장기 이자율의 변동에도 의도한 대로 영향을 미치는지 여부 등 정책 수단의 효과성을 둘러싼 논쟁은 계속돼왔다. 더불어 '경제 성장과 물가 안정'이라는 공식 목표와 달리, 각 나라의 역사적 경험과 금융 정책을 둘러싼 전반적인 경제 환경이 강요하는 경로 의존성 때문에 각국 중앙은행들이 경제 성장보다는 물가 안정이라는 목표에 배타적으로 매달리고 있다는 지극히 타당한 비판부터 시작해서, 그렇다면 경제 성장을 위해 중앙은행이 현실적으로 강구할 수 있는 금융 정책적 수단이 과연 무엇이냐를 둘러싼 논쟁(예를 들어 인플레이션 목표제에 대비되는 고용 안정 목표제라는 구상)에 이르기까지 중앙은행의 실제 구실과 정책 과제를 둘러싼 많은 논란은 좀처럼 수그러들지 않고 있다. 표준적인 금융 정책 이론하고는 구별되는 비판적인 시각, 특히 포스트 케인스주의 경제학의 시각에서 이 문제를 다룬 글로는 Epstein(2003)과 Wray(2007)를 참조할 것.

물론 2차 금융권의 주요 금융 기업들에게도 사실상 거의 무료로 유동성을 공급하는 정책을 취했다. 미 연준이 현재까지 취하고 있는 이 비전통적 금융 정책은 미 재무부가 발행하는 국채의 이자율을 적절한 범위 안에서 통제하려고 만기일이 다른 국채를 사들이던 일상적인 채무 관리 업무에서도 벗어나는 것이고, 사실상 미 의회를 우회해 시중 은행의 자본 계정에 유동성을 추가로 투입하는 정책이라고 말할 수 있다.

아래의 그림과 표는 미국발 금융 위기가 실물 경제 위기로 파급되는 과정에서 미 연준이 취한 일련의 긴급 유동성 조치들과 금융 지원액을 요약하고 있다. 먼저 **그림 2-1**은 미 연준이 취한 금리 정책의 방향을 보여준다. 2004년 말부터 대내외적으로 유가 상승에 따른 인플레이션 압력이 고조되자 미 연준은 여기에 선제적으로 대응한다는 미명하에 연방 기준 금리를 최고 5.25퍼센트까지 올렸다. 비우량 주택 융자금 대출을 바탕으로 만들어진 파생 금융 채권의 문제가 불거지기 시작한 2006년 하반기까지만 해도 미 연준의 최고 정책 결정자들은 이 문제의 심각성을 별로 인식하지 못하다가 2007년 말이 돼서야 어떤 식으로건 이 문제에 대처해야 한다고 판단했다. 그런데도 초반에 미 연준의 정책 결정자들은 여전히 이자율 조정을 통해 이 문제에 대처할 수 있다고 안이하게 생각했다. 그렇지만 사태의 심각성이 분명해지자 연준은 급격하게 이자율을 낮추기 시작했다.

더불어 **표 2-1**에 나와 있는 것처럼 미 연준은 다양한 명목의 긴급 유동성 투입 방안들을 집행하기 시작했다. 이 방안들은 지금까지 미 연준이 전통적으로 담당해오던 재무부 발행 채권 관리 업무하고는 별도로, 첫째, 준 정부 주택 구입 융자 대부 업체 대상의 긴급 자금 지원, 둘째, 은행 간 단기 대출 시장 대상의 긴급 지원, 셋째, 기업 어음 등이 거래되는 단기 자본 시장에 관한 각종 긴급 지원, 넷째, 주택 담보부 채권의 부실화와 주요 금융, 보험 회사들의 파산이 야기하는 급격한 혼란을 막기 위해 개별 기업들의 채무에 지급 보증을 해주는 방안,

그림 2-1. 연방 기준 금리의 변동(2004년 1월부터 2012년 9월까지)

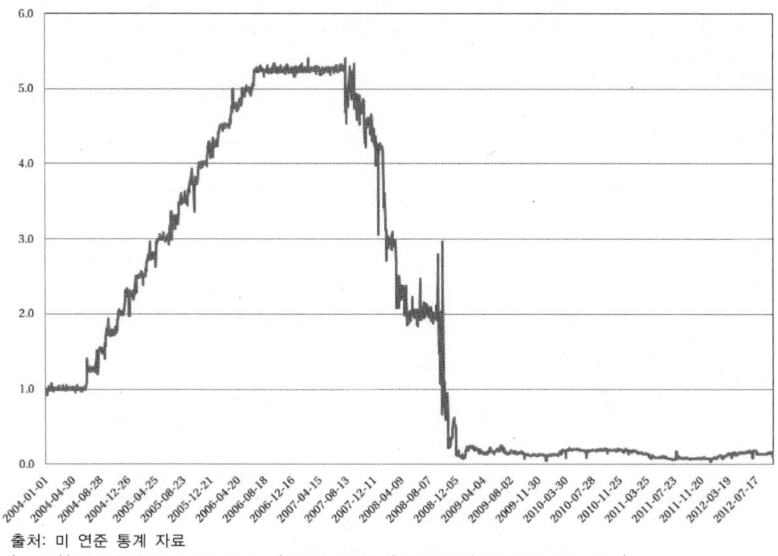

출처: 미 연준 통계 자료
(http://www.federalreserve.gov/econresdata/releases/statisticsdata.htm)

그리고 마지막으로 미국 금융 시장의 혼란이 전세계 금융 시장의 파국으로 연결되는 것을 막는다는 명목으로 몇몇 주요 중앙은행들과 확대된 규모로 긴급 통화스왑을 실시하는 것 등이었다.

이런 긴급 유동성 투입 조치들은 실제로 어느 정도까지 집행됐을까? **그림 2-2**와 **그림 2-3**은 2008년 1월부터 2009년 말까지 각종 명목으로 미국 금융 시장에 투입된 미 연준의 긴급 지원금의 규모를 잘 보여준다. 미 연준의 긴급 유동성 투입 장치들이 본격적으로 가동된 2008년 9월과 2009년 1분기를 기점으로 미 중앙은행의 자산 규모가 어느 정도까지 폭증했는지 알 수 있다. 이렇게 증대된 자산은 전부 미국 내 금융 시장을 통해 거대 금융 기업들에게 대부됐다.

표 2-1. 미 연준의 긴급 유동성 투입 조치와 지원 규모

미 연준의 전통적인 구실 대비 긴급 대응 방안	새로운 긴급 유동성 지원 방안의 내용	실시일과 2009년 10월 14일 기준 총 지원 규모 등에 관한 부연 설명
미 재무부 발행 채권의 구입		2009년 10월 14일 기준 총 771 억 달러. 재무부 채권 구입은 미 연준의 전통적인 업무 중 하나, 그렇지만 그 규모는 전례 없는 것임
연방 주택 관련 준 정부 기업들이 발행한 채권과 주택 담보부 채권의 구입(신규)	파니매와 프레디맥이 발행한 채권을 사들임	2008년 9월 14일 개시. 총 600억 달러를 편성해 놓은 상태. 이 중 2009년 10월 14일 현재 총 134억 6000만 달러어치의 채권을 구입. 이 조치는 이 기관들의 파산을 방지하고 장기 주택 융자 금리를 낮추기 위한 것
	파니매와 프레디맥이 발행한 주택 담보부 채권의 구입	2009년 1월 4일 개시. 총 1000억 달러를 편성해 놓은 상태. 이 중 총 702억 6000만 달러어치의 채권을 구입함. 장기 주택 융자 금리를 낮추기 위한 조치
환매조건부 채권의 구입	미 연준과 민간 금융 회사들이 일정한 시간이 지난 뒤에 되사들이겠다고 약정을 한 후 채권을 사고 팖, 이것을 통해 민간 금융 회사들은 저평가된 기업 자산들을 담보물로 내걸고 미 연준에게 긴급 유동성을 지급받음	
일시 옥션 신용 대출(신규)	일시 옥션 신용 대출(Term auction credit facility, TAF) — 미 연준이 경매 방식을 통해 주택 담보부 채권을 담보물로 삼아 일정한 기간 동안 민간 금융 회사들에게 신용을 대부하는 프로그램	2007년 12월 26일 개시. 2009년 10월 14일 기준 총 155억 4000만 달러 회전. 은행 간 대출 시장의 신용 경색을 완화하기 위해 미 연준이 단기 자금을 제공
기타 신용 대부 1. 일차 신용 2. 이차 신용(신규) 3. 계절적 신용 4. 우수 딜러-브로커 신용 대출(신규) 5. 자산담보부 기업 어음 단기 금융 시장 뮤추얼 펀드 유동성 증대 방안(신규) 6. AIG에 긴급 신용 지원 (신규) 7. 일시 자산담보부 채권 저당	2. 이차 신용	2009년 10월 14일 기준 총 5000만 달러
	4. 우수 딜러-브로커 신용 대출(Primary dealer and other broker-dealer credit facility, PDCF)	2008년 9월 17일 시작돼 2009년 3월 13일에 종료됨. 우수 딜러-브로커로 간주된 회사들(사실상 골드만 삭스 등의 파산을 면한 투자 은행들)이 자신이 소유한 투자 적격 기업 채권, 시 정부 발행 채권, 주택 담보부 채권 그리고 그밖에 자산담보부 채권 등을 담보물로 맡기고 미 연준에게 단기 자금을 빌릴 수 있게 한 제도
	5. 자산담보부 기업 어음 단기 금융	2008년 9월 24일 개시. 2009년 10월 14일

융자(신규) 8. 기타 신용 공급	시장 뮤추얼 펀드 유동성 증대 방안(Asset-Backed Commercial Paper Money Market Mutual Fund Liquidity Facility, AMLF)	기준 총 500만 달러가 회전
	6. AIG에 긴급 신용 지원	2008년 9월 17일 개시. 2009년 10월 14일 기준 총 40억 2000만 달러가 투입됨
	7. 미 연준이 일정 기간 동안 기업의 자산 담보부 채권을 담보로 삼아 기업에 대출을 해줌(Term Asset-Backed Securities Loan Facility, TALF)	2009년 3월 25일 개시. 총 200억 달러를 편성해놓은 상태. 이 중 2009년 10월 14일 기준 총 43억 2000만 달러가 유통됨. 주택 담보부 채권 이외의 모든 자산 담보부 채권 시장(특히 상업용 부동산 담보부 채권 시장 등)의 안정화를 위해 3년간 저리로 융자를 해줌
특정 금융 기관들에 준 특별 신용 대부(신규)	기업 어음을 통한 자금 조달 대상 지원(Net portfolio holdings of Commercial Paper Funding Facility LLC, CPFF)	2008년 10월 29 개시. 2009년 10월 14일 기준 총 40억 8000만 달러의 자금 공여. 기업 어음 발행을 지원하기 위해 편성된 특별 기금
	단기 자본 시장 투자를 통한 자금 조달 지원(Net portfolio holdings of LLCs funded through the Money Market Investor Funding Facility, MMIFF)	단기 자본 시장 안정화 대책
	제이피 모건 체이스의 베어 스턴스 인수 합병 지원(Net portfolio holdings of Maiden Lane LLC)	2008년 7월 2일 개시. 2009년 10월 14일 기준 총 26억 3000만 달러 지원. 제이피 모건 체이스 은행이 파산 위기에 놓여 있던 투자 은행 베어 스턴스를 인수 합병하게 자금을 빌려줌
	AIG가 구입한 주택 담보부 채권을 구입하고 신용 부도 스왑 관련 지급을 보증해줌(Net portfolio holdings of Maiden Lane II LLC)	2008년 12월 17일 개시. 총 14억 5000만 달러의 자금 공여. AIG가 자회사를 통해 구입한 부실 자산-주택 담보부 채권과 이 채권에 관한 신용 보증을 대신 구입하고 지급을 보증해 줌
중앙은행 간 통화 스왑	주요 중앙은행들과 무료로 통화를 교환하기로 약정함(Central bank currency swap)	2008년 12월 26일 개시. 2009년 10월 14일 기준 총 43억 7000만 달러를 지원. 보통 유럽 중앙은행과 체결하던 것을 이번에는 브라질, 멕시코, 한국 등의 중앙은행들로 확대함

출처: US FRB(2009b)과 미 연준 통계 자료
(http://www.federalreserve.gov/econresdata/releases/statisticsdata.htm)

그림 2-2. 미 연준의 자산과 부채 현황(5개 주요 범주), 2008년 1월부터 2009년 10월까지

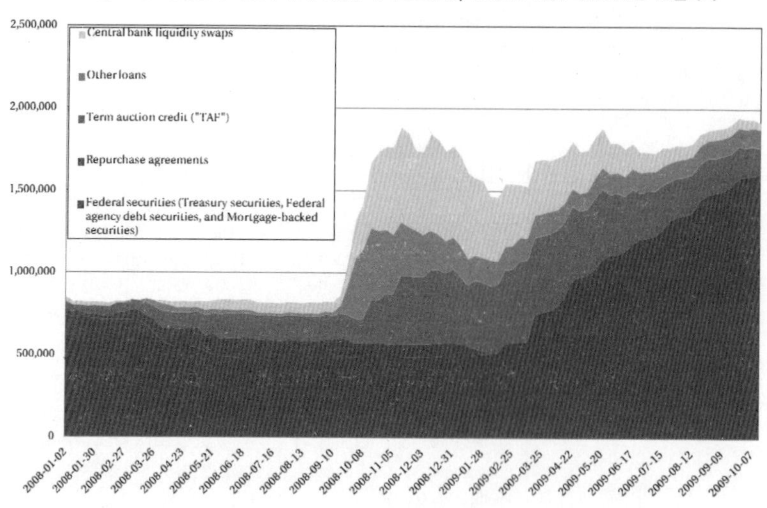

출처: 미 연준 통계 자료
(http://www.federalreserve.gov/econresdata/releases/statisticsdata.htm)

그림 2-3. 미 연준의 자산과 부채 현황(주요 신규 유동성 장치들), 2008년 1월부터 2009년 10월까지

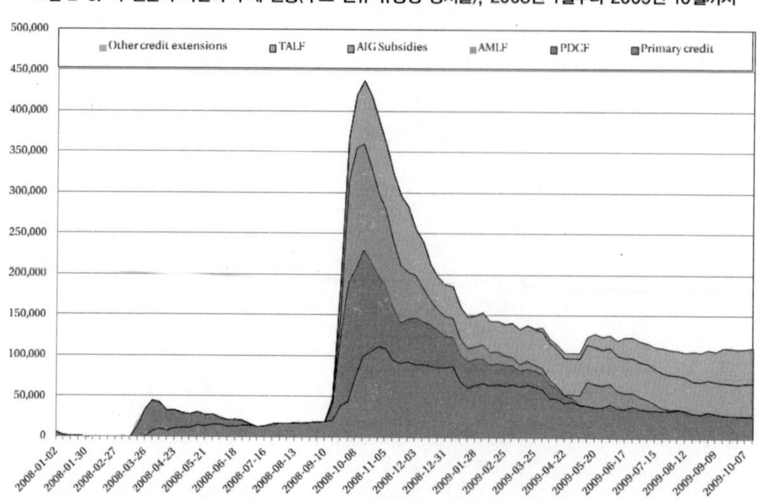

출처: 미 연준 통계 자료
(http://www.federalreserve.gov/econresdata/releases/statisticsdata.htm)

미 연방 정부와 연준이 자국의 금융 위기 국면에서 취한 이런 재정, 금융 정책은 10여 년 전 동아시아에서 외환 위기가 발생했을 때 미 재무부와 국제통화기금이 구제 금융을 지원하는 대가로 동아시아 국가들에게 강요한 일련의 정책들과 극명하게 대조된다.

1990년대 후반 외환, 금융 위기에 직면한 아시아 국가들은 국제통화기금이 요구하는 구제 금융 지원 조건을 만족시키려고 정부 예산을 대폭 삭감해야 했다. 다라서 동남아시아 각국 정부들은 외환 위기가 발생하기 이전부터 수년 동안 야심차게 준비해온 공공 인프라 투자(나중에 경제 성장의 중요한 견인차 구실을 담당할 공적 투자)를 중단해야만 했다.

인도네시아 정부는 국제통화기금이 강요하는 흑자 재정 목표치를 달성하려고 식료품과 식용 기름에 주는 정부 보조금을 대폭 축소하고 관련 상품의 가격을 올리는 정책을 취했다. 그 결과 인도네시아의 많은 빈민들이 생존을 위협받게 됐고, 궁극적으로는 수하르토 정부와 국제통화기금에 맞서는 전국적인 저항 운동이 촉발됐다. 동아시아 외환 위기가 파급되는 과정에서 많은 사람들이 실업자가 됐고 절대 빈곤률도 폭증했다. 이 모든 부정적인 결과들은 금융 위기 국면에서 정부가 마땅히 취해야 할 케인스주의적 확대 재정, 금융 정책을 편성하지 못하도록 국제통화기금이 강력한 압력을 행사한 탓에 발생한 것이었다.

금융 위기를 경험하던 동아시아 여러 나라의 중앙은행들은 자국 금융 시장에 긴급 유동성을 투입하는 것을 저지당했다. 외환 위기의 여파로 해외에서 단기로 돈을 빌린 금융 기업들의 재산성이 악화되고 해외 채무 부담이 증대하자 은행과 금융 기업들은 서로 신용 대출을 꺼리게 됐다. 그 결과 은행 간 단기 자본 시장이 급속도로 얼어붙고 단기 자본 시장 이자율이 폭등하기 시작했다. 중앙은행가라면 당연히 이 시장의 신용 경색을 완화하기 위해 주요 은행들의 채무에 지급 보증을 해주거나 긴급 유동성을 투입해 얼어붙은 단기 자본 시장이 금융 시장 전체의 붕괴로 연결되지 않게 조치를 취해야 한다.

그렇지만 미 재무부와 국제통화기금은 인도네시아와 태국 중앙은행이 긴급 유동성을 투입하려고 하자 '아시아 정실주의'의 징후라고 비난하면서, 그런 금융 시장 구제 조치는 심각한 '도덕적 해이'를 야기할 것이라고 공격했다. 결국 국제 통화기금의 반대에 부딪혀 인도네시아 중앙은행은 긴급 유동성 투입 조치를 중단했고, 그 결과 단기 금융 시장의 경색이 실물 경기의 침체로 파급 확산되도록 방치할 수밖에 없었다.

미 재무부와 국제통화기금은 인도네시아 정부가 민간 은행에 예금을 들어 둔 사람들을 보호하기 위해 도입하려고 한 최소한의 예금자 보호 조치도 허락하지 않았다. 한 나라의 금융 시장에 적절한 예금자 보호 조치가 없다는 것은 그 나라의 금융 시스템이 덜 발전됐다는 것을 보여줄 뿐이다. 따라서 금융 위기 국면이라도 정부가 나서서 예금자 보호 조치를 취하는 것은 당연한 의무다. 이것은 미 연방 정부가 대공황을 경험한 뒤에야 비로소 미 연방예금보험공사를 만든 전례에 비춰봐도 너무나 당연한 일이었다.

2008년 금융 위기 때 미 연준과 재무부는 연방예금보험공사에 무제한의 자금을 공급하겠다고 선언했다. 미국인들이 언제 어떻게 파산할지 모른다는 염려 때문에 예금을 대량으로 인출하는 사태를 사전에 막기 위한 조치였다. 그리고 실제로 연방예금보험공사는 연준과 재무부의 재정 지원을 바탕으로 시티 은행과 뱅크 오브 아메리카가 발행한 채권에 지급을 보증하고, 민관 공동의 투자 자금을 조성해 부실 자산을 흡수하고 일사불란하게 파산 은행들의 구조 조정을 단행하기도 했다.

그러나 1998년 동아시아 외환 위기 당시 국제통화기금은 인도네시아 정부 당국자들이 거듭 요구하던 예금자 보호 조치를 정실주의라고 비난하는 한편,

그런 조치가 부실 금융 기업들을 신속하게 구조 조정하는 데 걸림돌이 될 것이라고 주장하면서 이 조치를 끝내 허용하지 않았다. 만약 국제통화기금의 이런 진단과 처방이 옳았다면 국제통화기금은 미 연준이 자국 금융 시장에 무제한으로 쏟아부은 긴급 유동성 투입 장치를 같은 이유로 비난해야 했다. 미 재무부와 모기지 관련 준 정부 기업들이 발행한 채권과 주택 담보부 채권을 미 연준이 액수 제한 없이 사들인 행위는 분명 이 기관들의 '도덕적 해이'를 야기했고, '부실 금융 기관들의 신속한 구조 조정'을 '지체'시켰기 때문이다.

그러나 지금까지 미 정부 당국자는 물론이고 국제통화기금의 그 어떤 관리들도 미 연준과 재무부의 정실주의를 비난한 적이 없다. 1998년 말 미 재무부와 국제통화기금의 거부 때문에 어떤 예금자 보호 조치도 도입할 수 없던 인도네시아 정부 당국자들은 자국 민간 은행들이 대량 예금 인출 사태에 직면해 파산하고 결과적으로 자국 금융 시장 전체가 붕괴하는 모습을 그대로 지켜봐야만 했다.

동아시아 외환 위기 때 동아시아 국가들은 파산 위험이 높은 금융 기관들의 자산과 부채를 인수해 구조 조정을 실시할 전담 기구를 설치했다. 파산한 은행과 비은행 금융 기관들의 운영을 정지하고 정부가 운영하는 자산 관리 공사에 해당 은행들을 인수 합병했다. 국제통화기금은 동아시아 정부가 신속하게 부실 자산을 정리한 뒤 정부의 보증하에 되도록 빨리 해외 금융 기관에 내다 팔 것을 주문했다. 공기업과 준 정부 기업들을 사영화하고 외국인들의 소유 지분 한도를 철폐할 것을 구제 금융 지원의 기본 조건 중 하나로 강요했다. 그리고 이 사영화 조치는 동아시아 국가들이 외환 위기를 극복하고, 국제통화기금의 감시에서 풀려난 뒤에도 몇 년 동안 철저하게 집행됐다.

물론 국제통화기금과 세계은행이 이런 사영화 조치를 강요한 데는 나름의 이유가 있었다. 국제통화기금과 세계은행은 공기업들을 내다 팔아서 대외 채무를 갚을 추가 재원을 마련할 수 있을 것이고, 이 과정에서 공공 부문의 효율성과 투명성을 증진할 수 있다고 주장했다. 그러나 자국에서 금융 위기가 발생하자 미국의 재무부 관리들은 파니매와 프레디맥을 포함한 준 정부 기업들을 사영화하는 방안을 조직적으로 거부했다. 그리고 금융 위기가 발생한 이후 5년이 되는 지금까지 어떤 공기업도 해외에 매각되거나 철저한 구조 조정의 대상이 된 적이 없다.

오히려 미 연방 금융 당국자들은 파산한 투자 은행과 상업 은행들을 다른 상업 은행들이 인수 합병할 수 있도록 은밀하게 자금을 제공했다. 미 연준이 제공한 거의 아무런 조건 없는 현금 지원을 바탕으로 뱅크 오브 아메리카는 메릴린치의 부채와 자산을 모조리 인수했으며, 파산한 주택 융자금 대출 전문 기업 컨트리와이드를 사들였다. 제이피 모건 체이스 은행도 미 연준이 제공한 공짜 지원금을 가지고 워싱턴 뮤추얼과 파산한 투자 은행 베어 스턴스를 인수 합병했다.[6]

이 모든 조치들은 미 재무부와 국제통화기금이 10여 년 전 외환 위기를 겪고 있던 동아시아 국가들에게 강요한 일련의 정책들과 정확하게 대조된다. 아무리 미국 경제가 세계 경제 안에서 중심적인 위치를 차지하고 미국발 금융 위기가 다른 어떤 금융 위기보다 심각하다 해도, 미국과 국제통화기금이 지난 수십 년 동안 전세계에 설파해온 정책 처방과 자국의 금융 위기 국면에서 실제로 취한 정책 사이의 근본적인 차이를 화해시킬 수는 없을 것이다.

미국발 금융 위기가 발생하고 점차 악화되는 과정에서 국제통화기금이 취해온 모습도 철저히 비판해야 한다. 국제통화기금은 금융 위기 이전에 미국 정부에게 금융 시장을 규제하라는 어떤 권고도 하지 않았다. 국제통화기금 소속 경제학자들이 미국 부동산 시장의 거품에 관해서 경고를 하는 모양새를 취한 시점은,

---

6 한 논평가는 미 연준의 긴급 유동성 투입 조치와 다른 비전통적 정책을 '정실 자본주의'라고 혹평했다. "미 연준의 새로운 유동성 조치들은 미 연준이 공식적으로 표방해온 종래의 정책을 완전히 포기하는 것이다(이제 미 연준은 월스트리트의 투자 은행들이 경상비로 지출하는 비용까지도 대부해주고 있다). 이런 조치들은 미 연준이 과연 얼마만큼 정실주의에 물들어 있는지를 여실히 보여준다"(Palley 2008).

이미 비우량 주택 구입 융자금 부실화 문제가 미국의 실물 경제는 물론 전세계로 확산되던 때였다.

나중에 밝혀진 사실이지만, 국제통화기금은 미국 경제의 기초와 금융 부문의 취약성 문제를 단 한 번도 체계적으로 분석한 적이 없었고, 미국 정부는 국제통화기금이 미국 경제를 평가하려는 시도를 줄곧 거부해왔다.[7] 심지어 미국 주택 시장의 거품 붕괴가 주요 금융 기업들의 도미노 파산을 야기했을 때도 국제통화기금은 이 문제에 대처할 방법에 관련된 정책적 논쟁에 단 한 번도 끼어들지 못했다. 긴 침묵을 뒤로하고 국제통화기금이 마침내 G20 국가들의 정책 공조와 확대된 재정 투자에 관한 처방을 내렸을 때도 국제통화기금의 제안은 미 연방 정부가 이미 집행하기 시작한 일련의 조치들을 사후 추인하는 것에 머물렀을 뿐이다.

그런데 흥미롭게도 국제통화기금이 미국발 금융 위기에 정책 처방을 내릴 때마다 그것은 한때 국제통화기금이 동아시아 국가들에게 설교한 것하고는 정반대되는 내용을 담고 있었다. 국제통화기금은 미국 금융 위기 국면에서 한때 동아시아 국가들에게 강요한 긴축 재정과 금융 정책을 처방하는 대신에, 금융 시장 개입에 관련된 정책 공조와 국제적인 규모의 확대 재정 정책 편성을 옹호했다. 국제통화기금은 예컨대 인도네시아 정부 경우하고는 정반대로 미국 금융 시장에 만연한 기업 지배 구조상의 각종 비리와 전횡을 전혀 문제 삼지 않았다. 국제통화

---

7 국제통화기금이 국제 경제 위기를 예측하거나 대비하지 못했다는 비판이 고조되자, 지금은 성추문 혐의로 자리에서 물러난 도미니크 스트로스칸 전 사무총장은 국제통화기금이 모든 비난을 뒤집어쓰는 것은 부당하다고 반박했다. 스트로스칸 전 사무총장은 국제통화기금과 세계은행이 이미 1999년에 공동으로 제안한 금융 부문 안전성 진단 프로그램 (Financial Sector Assessment Program)에 가입하는 것을 미국 정부가 계속 미뤄왔다고 비난했다. 이 평가 프로그램의 핵심적인 목적은 금융 산업 부문의 안전성을 정기적으로 평가하고 회원국의 금융 시장에 잠재적으로 존재하는 취약성을 일깨우는 데 있었다. 스트로스칸 전 사무총장은 미국 정부가 이 프로그램에 가입하는 것을 계속 미루다가 2006년이 돼서야 겨우 부분적으로 시행을 검토하기 시작했다고 설명했다. 그리고 때늦은 가입 때문에 미국 금융 시장의 안정성에 관해 국제통화기금은 2009년에야 최초로 평가하기로 예정돼 있었다고 주장했다. 물론 미국발 금융 위기 때문에 이마저도 물거품이 됐지만 말이다. "미 행정부는 이 진단 프로그램을 계속 거부해왔다. [나는] 국제통화기금이 이 나라[미국]에서 국제통화기금이 수행할 수조차 없던 관리 감독 기능의 부재 때문에 [부당한] 비난을 받아서는 안 된다고 생각한다"(Bryant and Guha 2008; Torres 2008).

기금은 1990년대 말 외환 위기 때 동아시아 국가들에게 강요한 일련의 긴축 재정, 금융 정책이 왜 옳았는지, 그런데 왜 미국발 금융 위기 국면에서는 정반대되는 정책을 취하는 것인지에 관해서 어떤 체계적인 설명도 하지 않았다. 다시 말해 국제통화기금은 동아시아 국가들의 경우와 정반대로, 경제 위기에 대처하는 데 필요한 어떤 단순화된 정책 처방도 미국 정부에 제시하거나 강요하지 않았다.[8]

미 연방 정부와 국제통화기금은 마치 신성불가침한 경제 원리인 양 전세계를 상대로 설교해온 금융 위기 국면의 정책 처방을 아무런 주저 없이 내던져버렸다. 미 정부와 국제통화기금이 보여준 이런 위선적인 행위가 19세기 초 독일에서 활동하던 정치경제학자 프리드리히 리스트가 '사다리 걷어차기'라고 비난하며 기각한 선진국들의 위선적인 행동과 똑같다고 지적할 수 있을지 모른다(Chang 2002; List 1983). 다시 말해 그때나 지금이나 세계 자본주의 체제 안에서 헤게모니를 장악하고 있는 국가들이 겉으로는 보편적인 경제 원리인 양 강요한 일련의 준칙들이 실제로는 자국 지배 계급의 이익을 보장하는 특수 이념에 불과하다는 것이 그것이다.

물론 지금 같은 금융 위기 국면에서 미국 정부와 국제통화기금이 걷어찬 '사다리'는, 자국의 산업 자본가 계급을 정상의 반열 위에 올려놓기 위해 영국과 미국이 취한 산업 정책이나 국내 유치 산업을 보호하려는 수단이 아니라 미국 금융

---

8 지금 같은 국제 경제 위기가 지속되는 국면에서 국제통화기금의 연구원들은 2010년 초 매우 중요한 정책 보고서를 두 편 발표했다. 첫 번째 보고서는 전통적인 금융 경제학의 공리를 재검토하면서 금융 위기가 야기한 경기 침체 국면에서 벗어나기 위해 필요한 확대 재정 정책 편성에 관해서 논하고 있다. 이 보고서의 저자들은 전통적인 금리 정책보다 재정 정책이 경기 진작에 훨씬 더 효과적이며, 각 중앙은행이 염두에 두고 있는 이자율 조정 한도도 대폭 상향돼야 한다고 주장했다(Blanchard et al. 2010). 두 번째 정책 보고서에서 국제통화기금 연구진은 자본 통제가 신흥국 경제에 급격하게 유입되는 단기 자본의 흐름을 관리하는 매우 유용한 정책 수단이라고 주장했다(Ostry et al. 2010; 2011). 비록 이 보고서의 저자들이 자본 통제 조치의 효과가 현실에서는 매우 제한적일 수 있고, 의도하지 않은 외부성을 야기할 수 있다는 단서를 달기는 했지만, 국제통화기금 소속 연구원들의 이런 태도 변화는 그 기구가 종래에 유지하던 태도에 견줘 훨씬 더 개선된 것이다. 물론 경제정책연구센터(CEPR) 소속 경제학자들이 정확하게 지적한 것처럼 국제통화기금의 구제 금융 조건은 여전히 사태를 악화시키는 일련의 긴축 정책을 포함하고 있으며, 아이슬란드와 아일랜드, 그리고 최근 그리스에 강요된 정책에 이르기까지 조금도 변하지 않고 있다(Weisbrot 2009).

산업의 이익을 보장하고 미국 금융 산업의 세계 패권을 보장하기 위해서 간교하게 채택된 재정, 금융 정책의 혼합이라는 점에서 차이가 있기는 하지만 말이다.

5. 미국 경제의 오늘
— 양적 완화 정책의 비대칭적 효과와 한계

그렇다면 지금까지 미 연준과 재무부가 취한 확대 금융, 재정 정책들은 어떤 효과를 가져왔는가? 금융 위기와 경기 침체로 고통받고 있는 압도적인 다수의 노동자들과 가계의 고통을 줄여주고, 미국 경제 회복의 선순환 구조를 만들었는가? 결론부터 말하자면 대답은 지극히 부정적이다. 그럼 몇 가지 중요한 지표들을 통해 미국 경제의 현 상황을 진단해보자.

먼저 미 연준의 긴급 유동성 투입 정책은 은행, 비은행 금융 기업들의 유동성 부담을 줄여서 이 기업들도 각종 금융 자산들에 더 많은 투자할 수 있었다. 그 결과 애초 금융 위기가 시작된 주택 시장을 제외한 거의 모든 자산 시장의 가격 지표가 오르고 있다.

그림 2-4와 **그림 2-5**는 미국 주식 시장의 현황을 파악하는 데 주로 사용되는 주요 지수의 변화를 추적한 것이다. 2008년 가을 미국의 투자 은행 리먼 브라더스가 파산한 이후 주식 시장은 지속적으로 침체의 길로 빠져들었다가, 2009년 2월을 지나면서 급반등세로 돌아섰다(**그림 2-4** 참조).

그리고 바로 이것 때문에 뉴욕 월스트리트에 있는 거대 금융 기업들의 이윤도 급속하게 회복됐다. **그림 2-5**가 보여주는 것처럼 2007년과 2008년 사상 초유의 막대한 손실을 경험한 주요 금융 기업들은 미 연준의 긴급 유동성 조치에 힘입어 2009년에는 금융 위기 이후 최대의 실적을 거뒀다. 이런 주식 시장 지표와 금융

그림 2-4. 주요 주식 시장 지수의 월별 변화

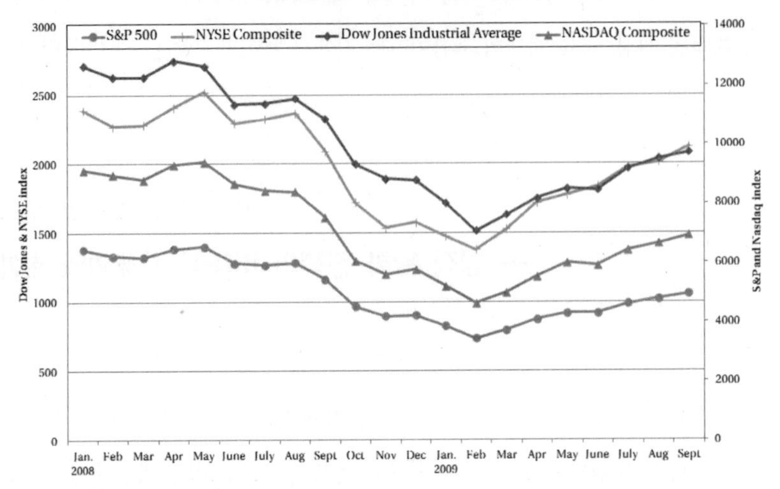

출처: 미국 투자은행 및 금융 시장 연합회(Securities Industry and Financial Market Association; http://www.sifma.org/) 통계 자료

기업 수익률의 반등은 미국의 금융 정책 당국자들과 각종 금융 관련 언론 매체들이 조기 경기 회복 가능성을 점치는 유력한 근거로 자주 사용되고 있다.

그러나 금융 시장이 이렇게 호전됐는데도 기업과 가계에 내준 은행의 대출은 거의 회복되지 않고, 고점 대비 3.3퍼센트가 하락한 상황이 지속되고 있다. 게다가 연방 기준 금리가 사실상 제로 퍼센트에 가까운데도 은행들의 가계 대출 이자율은 전혀 낮아지지 않고 있다. 특히 민간 상업 은행들의 개인 대출과 신용카드 이자율은 중앙은행의 단기 이자율 조정에도 오히려 최근 들어 높아지고 있는 추세다.

물론 이것은 실업과 실업에 따른 가계 자산의 부실화로 개인 파산율이 높아지고 신용 카드 연체자들이 증가하는 상황에 따른 은행 차원의 대처인 것처럼 보인다. 그러나 개별 은행들의 이런 사적 이윤 추구는 사회 전체적으로 채무 디플레이션을 가속화해 경기 침체를 더욱 깊게 하고 경기 회복을 지연시킨다.

그림 2-5. 미국 뉴욕 소재 주요 금융 기업들의 이윤과 보너스의 연간 변화(단위: 천만 달러)

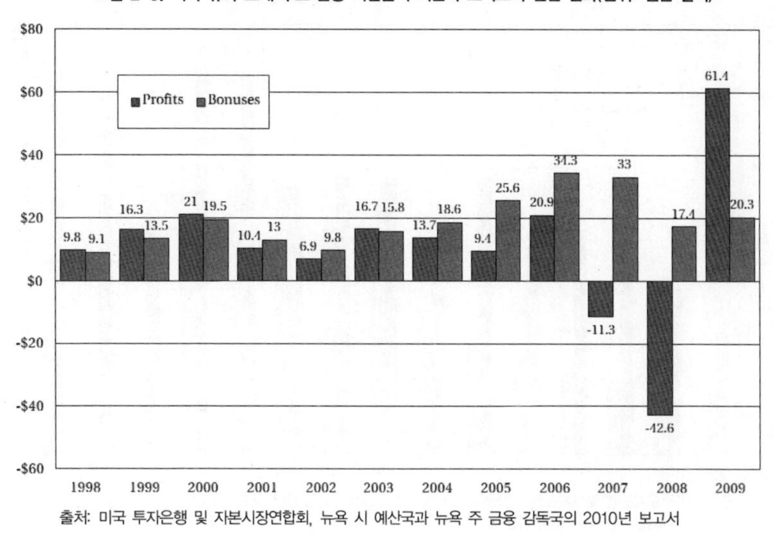

출처: 미국 투자은행 및 자본시장연합회, 뉴욕 시 예산국과 뉴욕 주 금융 감독국의 2010년 보고서

가계 신용과 관련해 유일하게 낮은 대출 이자율을 보이고 있는 자동차 구입 관련 대출은 중앙은행의 금융 정책보다는 에너지 효율이 높은 자동차를 새로 구입하는 사람들에게 미 재무부가 한때 지급한 보조금(일명 중고차 현금 보상 프로그램)의 영향 때문이다.

따라서 장기 자본 투자를 염두하고 있는 미국 기업들은 은행 대출이 아니라 채권과 주식의 발행이라는 수단을 사용하도록 내몰리고 있다. 거대 민간 기업들의 신규 채권 발행량은 2008년 급격하게 줄어들었다가 2009년 말부터는 금융 위기 이전의 정점을 향해 다시 치솟고 있다. 그러나 문제는 채권 발행을 통해 투자 자금을 조달하는 대기업이 평균 100여 개 정도뿐이고, 중소기업들이 주식 상장을 통해 자금을 조달하는 것이 사실상 불가능하다는 점을 고려할 때 채권 발행률의 변화가 기업 투자 환경이 호전되고 있다는 것을 의미하지는 않는다는 데 있다. 거대 민간 기업들의 신규 채권 발행량 증대는 저이자율 환경에서 이

그림 2-6. 기업 신규 채권 발행률의 변화, 1996~2010(단위: 천만 달러)

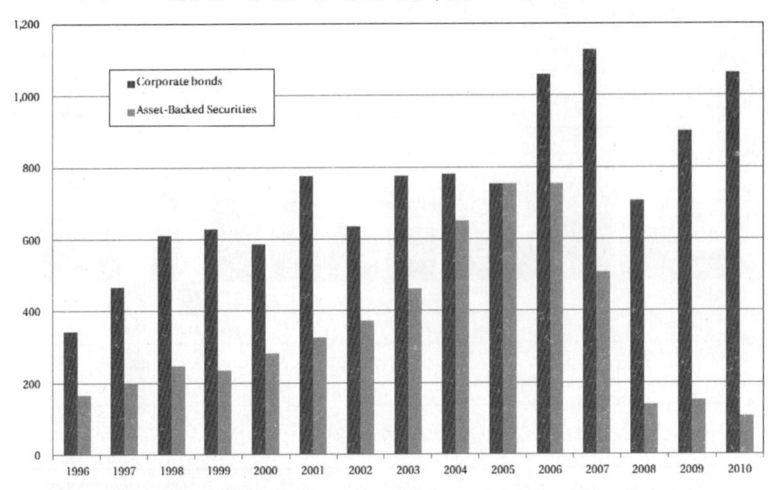

출처: 미국 투자은행 및 금융시장연합회(Securities Industry and Financial Market Association; http://www.sifma.org) 통계 자료

기업들이 과거에 발행한 고금리 채권이나 주식을 되사들이는 방식으로 기업 재무 구조를 변경하고 있다는 점을 보여줄 뿐이다.

이것은 내구재 소비를 통한 기업과 가계의 투자율과 기업 채권 이자율의 변화를 통해서 다시 확인된다. 장래의 불확실성 때문에 비금융 기업과 가계의 내구재 소비율은 2008년 3분기에 고점 대비 각각 8.1퍼센트와 41.5퍼센트 하락한 수준에서 머물고 있고, 자료의 제약 때문에 여기서 살펴보지 못하는 2009년 이후 시기에는 더욱 떨어질 것으로 예상되고 있다(**그림 2-7** 참조).

또한 은행의 기업 우대 대출 금리는 8퍼센트에 육박했다가 미 연준이 실시한 지급 보증 등에 힘입어 2009년 1월에 접어들면서 간신히 3.5퍼센트로 내려섰다. 2008년 말 금융 위기의 정점에서 민간 기업들의 장단기 채무 부담률은 급속도로 높아졌다. 미 연준의 유동성 투입과 각종 지급 보증 등에 힘입어 거의 모든 단기 자본 시장에서 신용 경색이 줄어들기 시작했다. 그러나 사실상의 제로 금리 정책

그림 2-7. 민간 실질 투자율의 분기별 변화(단위: 천만 달러)

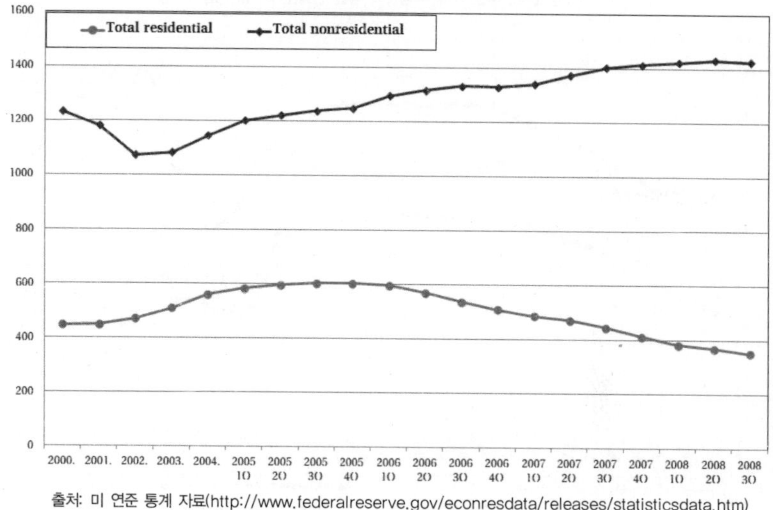

출처: 미 연준 통계 자료(http://www.federalreserve.gov/econresdata/releases/statisticsdata.htm)

에도 불구하고 보통 기업의 채권 이자 부담률Moody's BAA rate은 여전히 높은 수준으로 유지되고 있다(**그림 2-8** 참조). 이 모든 자료들은 미 연준의 예외적인 저금리 정책과 유동성 공급이 적어도 현재까지는 비금융 기업의 실질 투자나 가계 소비의 증대로 연결되지 않고 있다는 사실을 여실히 보여준다.

따라서 경기 후퇴가 끝나가고 있는 것처럼 보인다는 버냉키 미 연준 의장의 말과 달리, 여전히 제조업 분야 투자와 생산 가동률은 실제 성장률 최고점 대비 13~26.3퍼센트 정도 하락한 상태에서 유지되고 있다. 특히 내구재 분야 제조업의 경우는 다른 분야보다 하락률이 커서 2009년 7월 기준 2005년 1월부터 2008년 4월까지 평균 가동률보다 무려 23.4퍼센트 하락한 상태다.

주식 시장의 활황이 상대적으로 주식 시장을 통한 자산 증식 비율이 높은 미국 가계의 부를 증대시켜 조만간 소비를 진작시킬 것이고, 이것이 다시 실물 경제의 위기를 극복하는 지렛대 구실을 할 것이라는 주장도 있다. 그러나 지금부

그림 2-8. 주요 이자 부담률의 월별 변화(단위: 월 평균 연리)

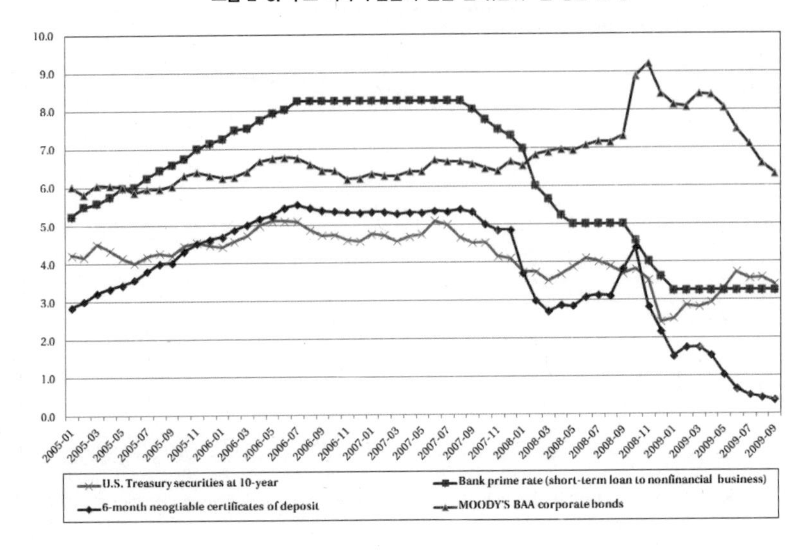

터 살펴볼 표들이 보여주는 것처럼 미국의 경제 구조는 부의 증대 효과만으로는 경기 회복을 점칠 수 없을 정도로 심각한 구조적 문제점들을 안고 있다.

먼저 예외적일 정도로 높은 소득 격차의 문제다. **그림 2-9**는 1914년부터 금융 위기가 파급된 2008년까지 소득 분배 상황을 나타낸다. 1930년대 대공황의 고통을 수습하면서 미 연방 정부는 최고 90퍼센트대의 소득세율을 적용해 진보적 조세 정책을 실시했고, 덕분에 대공황이 발생하기 직전(1929년 기준) 미국의 상위 1퍼센트 소득 계층이 국내총수입에서 차지하는 비율을 24퍼센트에서 10퍼센트까지 끌어내렸다.

그러나 이 계층의 소득 점유율은 현재의 금융 위기가 발생한 2007년을 기점으로 대공황 직전 수준을 회복했다. 상위 소득 계층의 절대 소득은 금융 위기 국면에서 일시적으로 떨어지겠지만, 많은 경제학자들이 예측하는 것처럼 소득 분배율은 더욱 악화될 것이다.

그림 2-9. 미국과 뉴욕주 그리고 뉴욕시의 상위 1퍼센트의 소득 분배 비율

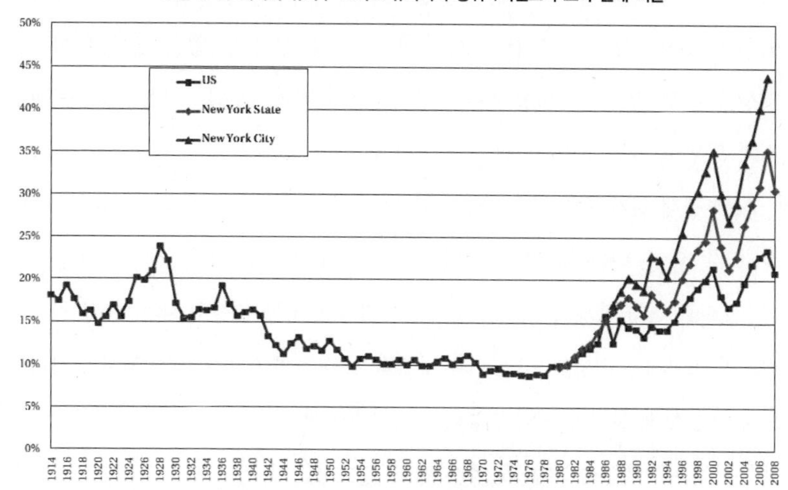

출처: 미국의 소득 분배 상황에 관해서는 피케티와 사에즈 교수의 분석 자료(http://elsa.berkeley.edu~saez); 뉴욕 주와 뉴욕 시의 소득 분배 상황은 뉴욕 주 조세 자료를 바탕으로 한 저자의 추계

소득 분배율뿐만 아니라 상위 10퍼센트 소득 계층의 금융 자산 보유율도 계속 높아지고 있다. 2009년 말을 기준으로 상위 10퍼센트 소득 계층은 미국 내 금융 자산 중 90퍼센트 이상을 소유하고 있다(O'Conner 2009; Slaughter 2009; Wade 2009).

악화될 대로 악화된 소득과 부의 분배 상황을 고려할 때 금융 자산 가격의 상승을 통해서 실제로 직접적인 이익을 볼 수 있는 사람들의 수가 지극히 제한돼 있다는 것은 불을 보듯 명확하다. 따라서 금융 자산 가격의 상승만으로는 결코 한계 소비 성향이 높은 압도적인 다수 가계들의 소비를 진작시키지 못할 것이고, 이 증대된 유효 수요를 기반으로 한 실물 기업의 투자와 고용의 증대라는 선순환도 달성하지 못할 것이다.

이런 상황에서 실물 경기의 침체로 파급된 금융 위기의 충격은 미국 내 노동 시장이 빠른 시간 안에 진정되지 못할 것이라는 추론을 가능하게 한다. **그림 2-10**과 **2-11**은 현재의 금융 위기가 노동 시장에 미친 영향을 가장 선명하게

보여준다. 이번 경제 위기 국면에서 상실된 일자리의 규모와 누적 비율은 대공황 이후 미국에서 발생한 어떤 경기 순환하고도 비교할 수 없을 정도로 심각한 양상을 띠고 있고, 고용 상황만을 고려한다면 미국 경제는 사실상 이중 경기 침체 국면에 빠져 있다고 봐도 무방하다.

이런 경제 위기 국면에서 그나마 일자리를 가지고 있는 사람들의 사정도 그리 좋지만은 않다. 다른 조건이 같다면 대체로 경기 후퇴기에 노동 생산성이 증대한다. 그리고 경기 팽창기에는 누적되거나 지체된 노동 생산성 대비 실질 임금의 간극이 좁아지는 경향이 있다. 그러나 **그림 2-12**는 경기 순환 국면에서 나타나는 노동 생산성과 실질 임금의 변동하고는 무관하게 미국 노동자들의 실질 임금이 생산성에 대비해 지속적으로 하락해왔다는 것을 보여준다.

금융 당국의 정책 지원에 힘입어 파산을 면한 대규모 은행들은 미 행정부의 권고에도 기업 투자와 가계를 대상으로 신용 대출을 전혀 늘리지 않고 있다. 그 결과 연쇄적으로 파산하는 비금융 기업의 도산율은 평균 12 퍼센트에 이르고, 이번 금융 위기가 발생하지 않았다면 건전한 신용을 바탕으로 우대 금리를 적용받았을 우량 모기지 대출자들이 실업과 임금 하락에 직면해 대출금을 갚지 못하고 자산을 압류당하는 사례도 전혀 줄어들지 않고 있다. 이런 상황 때문에 2009년 8월 한 달 동안만 30만 가구가 집을 차압당한 것으로 집계됐고, 이 기간 동안 대출금을 갚지 못해 파산이나 경매 통보를 받은 가구도 35만 8471건에 이른다. 7월 대비 0.6퍼센트 줄어든 것이지만, 2008년 같은 달 대비 13퍼센트가 증가한 수치다(Taub 2009).

더불어 각 주와 시 차원의 지역 경제에서 중요한 구실을 담당하는 중소 규모의 상업 은행들과 저축 은행들은 계속 도산하고 있다. 미 연방예금보험공사 자료에 따르면 2008년 10월부터 2009년 2분기 말까지 100여 개의 은행이 도산했고, 잠재적으로 파산할 위험에 노출된 은행만 해도 2007년 81개에서 2009년 초 416개로 늘어났다. 이 은행들이 파산할 경우 보험공사가 감당해야 하는 직접 손실만

그림 2-10. 미국의 주요 경기 순환 국면에서
비농업 일자리 수의 누진적 변화 양태와 고용 회복에 걸리는 시간

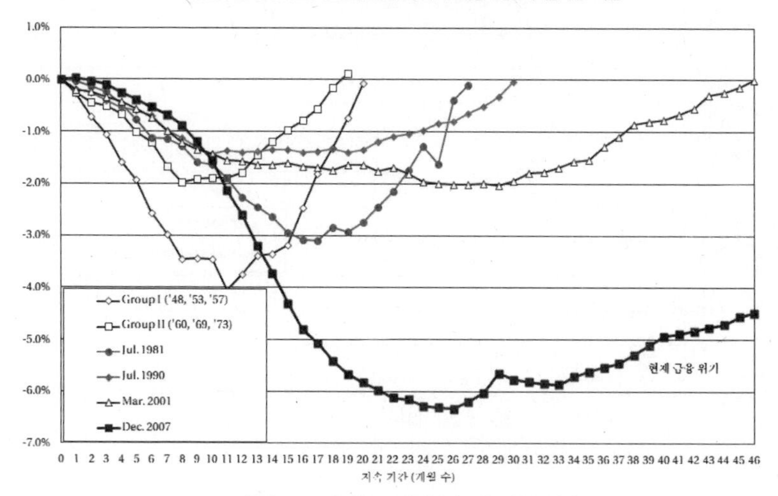

출처: NBER과 미국 노동통계국의 고용 관련 데이터

그림 2-11. 미국과 뉴욕 주의 공식 실업률의 월별 변화

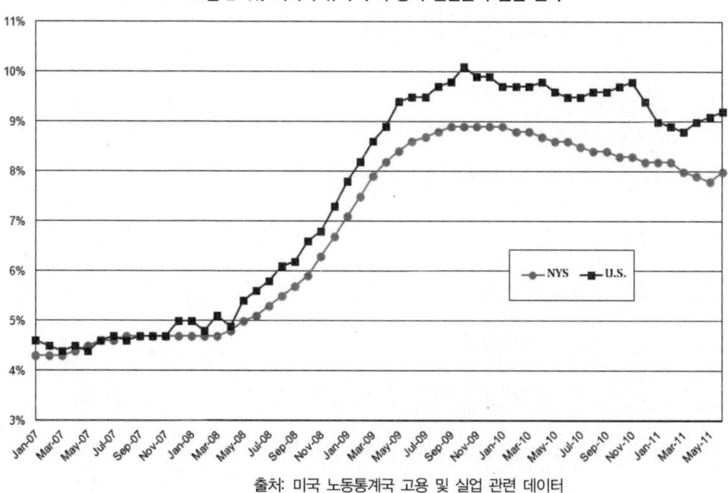

출처: 미국 노동통계국 고용 및 실업 관련 데이터

그림 2-12. 미국 비금융 기업의 노동 생산성 대비 실질 임금의 연간 변화

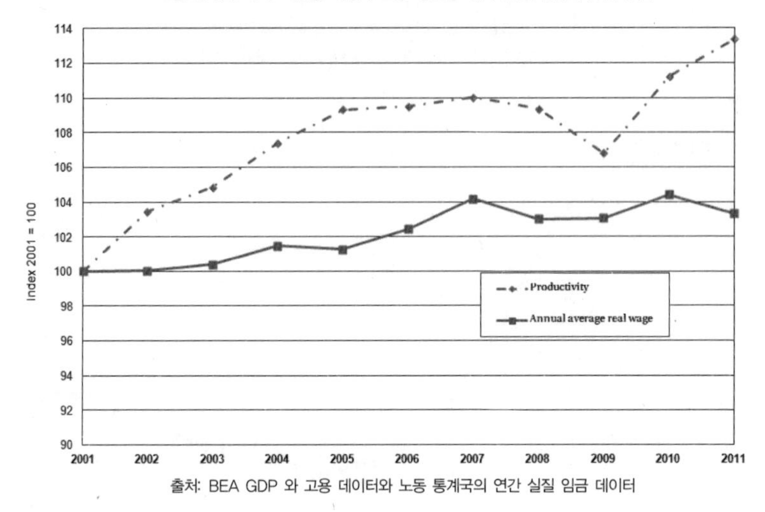

출처: BEA GDP 와 고용 데이터와 노동 통계국의 연간 실질 임금 데이터

299억 8000만 달러에 육박하는 것으로 예측되고 있다(US FDIC 2009).

이런 전반적인 사태를 고려할 때 미 연준의 전례 없는 유동성 투입 정책이 현재까지 일부 은행을 포함한 금융 기업들이 손실된 자본을 재확충하고 부분적으로는 단기 자본 시장의 신용 경색을 완화하는 데 도움이 됐을지는 몰라도, 은행이 금융 자본에 관련된 수요와 공급을 매개하고 이것을 통해 궁극적으로는 비금융 기업의 투자와 가계의 소비를 진작시키도록 유도하지는 못했다고 할 수 있다. 또한 미 연준의 양적 완화 정책들이 위험 자산의 가격을 올리는 것 말고 실물 경제의 회복과 고용 창출에 직접적으로 의미 있는 구실을 하지 못할 것이라는 점도 분명해 보인다.

이론 차원에서 볼 때 이것은 케인스가 80여 년 전에 언급한, 예비적 수요와 투기적 수요에 따른 유동성 선호가 증대하는 현상에 부합한다. 다시 말해 현재의 경제 상황은 경제 위기에 대처하기 위해 막대한 규모로 투입된 유동성이 부분적으로는 '유동성 함정'에 빠지고 부분적으로는 '투기적 동기에 따른 화폐 보유

증가' 현상을 일으켜 애초의 기대하고는 다르게 거시 경제의 선순환 구조 바깥으로 계속 빠져나가는 상태라고 규정할 수 있다(Keynes 1997, 170, 195~197, 198).

따라서 만약 미국의 경제 정책 결정자들이 조만간 자산 가격의 상승을 실물 경기의 선순환 구조로 연결시키지 못할 경우 미국 경제는 물론 세계 경제 전체가 추가적인 자산 가격 폭락에서 시작되는 이중 경기 침체로 빠져들 가능성이 높다. 그리고 그 경우 추가적인 자산 가치의 하락은, 이런 사태를 역전시킬 금융 또는 재정 정책상의 재원이 더는 존재하지 않는다는 점에서 최악의 경우 1930년대 유형의 대공황과 유사한 파국으로 악화될 가능성이 높다(Palley 2009; Roubini 2009).

6. 한국 경제의 내일을 위해 필요한 것들

지금까지 우리는 미국 주택 시장의 거품 붕괴에서 시작된 금융 위기가 어떤 과정을 거쳐 점차 악화했고, 여기에 대응한다는 미명 아래 미 연준과 재무부가 어떤 정책을 취했는지 비교하는 시각에서 살펴봤다. 그리고 몇 가지 지표들을 통해 미국 경제의 현재 상황을 진단했다.

미 연준의 양적 완화 정책은 결과적으로 실물 경제의 회복과 활성화에 지극히 제한된 영향만 끼쳤다. 미 연준이 취한 예외적인 유동성 투입 조치들은 금융 기업들의 자본을 재확충하고 파산 위험을 줄이는 데 기여했을지는 몰라도, 정책 당국이 애초에 기대(또는 간과)했을 법한 비금융 기업의 투자 진작과 고용 증대, 이것을 통한 임금 소득 증대라는 선순환 구조를 창출하지는 못하고 있다.

지금까지 한 분석과 진단은 한국 경제의 거시 경제적 안정성과 금융 시장 관리 감독 기준의 확립이라는 측면에서 몇 가지 중요한 시사점을 제공해준다. 무엇보다도 앞으로도 당분간 지속될 미국발 국제 경제 위기 상황에 대처하기 위해서 중장기적으로 한국은 수출입 구조를 다변화하고 수출과 내수, 대기업과 중소기업이 동반 성장하는 구조를 만들어야 한다. 확대 재정 정책 편성의 방향도 압도적인 다수의 국민들에게 실질적인 이익이 돌아갈 수 있게 바꿔야 한다.

이명박 정부는 국제 금융 위기에 대처한다는 이름으로 뉴타운 개발과 4대강 사업 등 추가적인 자산 가격 폭등과 폭락으로 이어질 비생산적인 재정 투자만을 해왔다. 이런 사업이 야기할 환경 재앙 문제를 잠시 접어둔다고 하더라도, 정작 확대 재정을 투입해서 해야 하는 일은 해고와 임금 하락 압력 때문에 나타나는 가계 재정의 추가적인 부실화를 막아 국내의 유효 수요를 진작시키는 것이다.

한국처럼 대외 의존도가 지나치게 높아서 미국 소비자들의 가처분 소득에 따라 거시 경제의 운용 방향이 결정되는 나라라면 당연히 수출 주도형 정책에서 내수를 진작시키는, 국내 유효 수요를 바탕으로 기업 투자를 촉진하는 방향으로 정책을 전환해야 할 것이다. 그리고 이 과정에서 필요하다면 해고와 실업을 회피하기 위한 목적으로 일시적으로 중소기업에 적용될 수 있는 조세 특례 제도(기업이 노동자를 해고하는 대신 일자리 늘리기를 통해 고용을 유지하는 경우 정부가 세금을 줄여주는 제도)를 실시하고, 기업 법인세와 개인 자본 소득세를 누진적으로 상향 조정해야 한다.

미국발 금융 위기는 금융 시장 관리와 감독의 측면에서도 몇 가지 중요한 교훈을 준다. 먼저 동아시아 외환 위기를 수습하는 과정에서 대폭 수용했고, 각종 자유 무역 협정을 통해 더욱 공고해진 것처럼 보이는 추가적인 자본 시장 개방 조치를 어떤 식으로건 수정해야 한다. 또한 각종 파생 금융 상품들을 대상으로 하는 일괄 규제책을 마련하고, 금융 상품 투자자(소비자)의 권한을 보장하는 방향으로 금융 시장 감독 체계를 개편해야 한다.

중단기적으로는 지금 같은 금융 위기 국면에서 은행은 물론 비은행 금융 기관들의 자산과 채무, 특히 해외 차입금을 일상적으로 점검해야 하고, 긴급 상황이 발생할 경우 금융 시장 전반을 관리 감독하는 정부와 금융 감독 기관의 권한을 더욱 강화해야 한다.

동아시아 외환 위기 이후 국내 은행들의 외국인 소유 지분 관련 규제는 사실상 철폐됐고, 국민은행과 신한은행 등 거대 은행들의 외국인 지분이 대폭 늘어났다. 특히 외국인 지분이 높은 은행의 경우 한국은행의 감독과 지시에 불응하며 해외 단기 차입금을 높이는 경향이 있다. 한국 정부와 한국은행은 필요하다면 공적 자금을 투입하거나 연기금을 동원해서 이 은행들의 소유 지분을 장기적으로 높이고, 긴급 상황이 발생할 때 정부의 행정 명령 권한을 강력하게 집행할 수 있는 법적 근거를 확보해야 한다.

한국의 시민단체들은 세계은행과 국제통화기금의 개혁 방안에 관해서도 다른 나라의 압력 단체들과 연대해서 일관된 견해를 보여야 한다. 한국 정부는 선진국 금융 기관들의 무분별한 대출 행위와 급격한 자본 유출입이 상대적으로 취약한 자본 시장 제도를 가지고 있는 신흥 공업국과 개발도상국들을 외환 위기에 빠뜨리는 것을 막기 위해 국제통화기금이 사전에 주도적인 구실을 해야 하며, 그리고 이 과정에서 국제적 금융 거래에 조세를 부과하고 추가적인 조세 회피나 자본 유출을 감시하는 국제적 수준의 감시망을 구축하자고 제안할 수 있다.

더불어 현재 분담금을 기준으로 결정되는 특별 인출권을 저개발 국가들에게 더 많이 부여해 이 나라들이 다른 재원으로 활용할 수도 있는 외환 보유고를 아깝게 쌓아두지 않아도 외환 위기에 충분히 대처할 수 있게 제도를 개선하자고 제안할 수도 있다. 또한 지금까지 외환 위기를 맞은 나라들에 국제통화기금이 긴급 경제 지원을 대가로 강요하던 불필요한 요구 조건들이 사실상 경제 위기를 더욱 심화시켰다는 점을 고려할 때, 한국의 시민단체들은 국제통화기금이 더는 낡은 거시 경제 모형을 기반으로 불필요한 구조 조정 조치들을 강요하지 못하도록 강력하게 비판할 수도 있을 것이다(Eurodad 2009; BWP 2009 참조).

3장

연방준비제도는 무엇을 준비하는가

금융 이론의 시각에서 본 예외적 유동성 정책

1. 화폐와 물가 그리고 경제 위기

2007년 가을부터 확산되기 시작한 경제 위기에 대처하기 위해서 세계 경제에서 중요한 위치를 점하고 있는 주요국 중앙은행들은 역사상 전례가 없는 규모의 막대한 유동성을 금융 시장에 투입해왔다. 미국의 경우 연방준비제도이사회는 2009년 3월 말 현재까지 1678억 7100만 달러에 이르는 액수를 금융 시장을 통해 시중에 유통시켰다. 여기에 재무부와 연방예금보험공사가 금융 시장 안정을 위해 투입한 1833억 5000만 달러와 357억 5000만 달러를 더하면, 지난 2008년 10월부터 5개월 동안 미국 정책 당국이 금융 시장에 실제로 투입한 긴급 유동성의 규모는 무려 4169억 71만 달러에 이른다(Pittman and Ivry 2009).

특히 미 연준은 최종 대부자로서 전통적으로 담당해오던 단기 유동성 공급을 시중 상업 은행뿐만 아니라 투자 은행과 사모펀드까지 확대했고, 단기 신용 시장의 경색을 풀기 위해 다양한 명목으로 이 시장 참가자들에게 자금을 대출하거나 지급 보증을 해줬다. 그리고 장기 모기지 금리를 낮춘다는 명목으로 파니매와 프레디맥 등이 발행한 100억 달러어치의 기업 채권과 이 기관들을 통해 발행된 500억 달러에 이르는 모기지를 담보로 한 부채담보부 채권을 사들였다.

이런 전례 없는 금융 정책은 향후 미국 금융 시장은 물론 세계 경제에 어떤 영향을 미칠 것인가? 이 문제와 관련해 최근 어떤 학자들은 조만간 급격한 인플레이션이 시작될 것이라고 염려하고 있다. 또한 미 연준의 유동성 투입 정책 때문에 조만간 달러화의 가치가 급속하게 떨어질 것이라고 전망하는 사람들도 있다. 그러나 몇몇 금융 시장 참가자들이 제기하는 이런 전망에 근거가 있는지는 차분하게 검토할 필요가 있다. 과연 그 사람들이 말하는 것처럼 통화량의 증대가 고스란히 물가 상승으로 이어지는 것일까? 또한 그동안 국제 결제 기능을 담당해 온 달러화가 제3의 화폐로 대체될 가능성이 있는가?

이 장에서는 최근 국내외에서 벌어지는 이런 논쟁을 이론적 차원에서 분석해 보고, 다양한 시사점을 찾아보려 한다. 서구 경제 사상의 발전 과정에서 나타난 몇 가지 대표적인 통화와 물가 이론을 간략하게 살펴보는 일을 출발점으로 삼을 것이다. 서구의 경제 사상가들은 화폐의 기능과 특성, 화폐량과 이자율 사이의 상관관계, 물가 변동의 궁극적 원인, 물가를 적절하게 조절하기 위한 정책 방향과 수단을 둘러싸고 멀리는 통화학파currency school와 은행학파banking school, 가깝게는 통화주의자monetarist와 포스트 케인스주의적 구조주의자Post-Keynesian structuralist들 사이의 논쟁을 거치면서 논의를 발전시켰다.

먼저 데이비드 리카도와 존 스튜어트 밀 등으로 대변되는 고전적 화폐수량설에 기반을 둔 통화주의적 물가와 화폐 이론에서 출발해, 마르크스와 케인스의 유동성 선호 이론과 물가 이론을 추적한 다음, 최근 몇 년 사이에 벌어지고 있는 국제 금융 위기의 현재 상태를 이해하고 적절한 정책 수단을 강구하는 데 이 이론들이 어떤 의미와 한계를 지니는지 살펴보려 한다.

이런 이론적 논의는 최근 전개되고 있는 국제 경제 위기의 현황을 파악하는 것뿐만 아니라 유사한 금융 위기를 방지하고 장기적으로 지속 가능한 경제 체제를 모색하는 데도 중요한 함의를 지닌다. 더불어 중앙은행의 제도적 독립성과 바람직한 금융 정책 방향을 둘러싸고 한국 사회에서 전개되고 있는 논쟁에도 중요한 시사점을 제공할 수 있기를 기대한다.

2. 밀과 리카도의 화폐 수량설 그리고 빅셀의 이자율 이론

각국 중앙은행의 양적 완화 정책과 이런 정책에 따른 유동성 증가가 머지않아 물가 상승을 초래할 것이라는 주장은 경제 이론적으로 화폐 수량설에 입각한 통화주의적 화폐와 물가 이론에 기반을 두고 있다. 물가 변동에 관한 이런 통화주의적 시각은 역사적으로 존 스튜어트 밀과 데이비드 리카도가 제창한 물가 이론까지 거슬러 올라간다.

1) 화폐 수량설

밀과 리카도는 유럽에서 보편적인 화폐와 통화 체제로 받아들여지던 금본위제 아래에서 화폐가 지닌 특성을 논의하면서 고전적 화폐 수량설을 확립했다. 금본위제 아래에서는 실제 경제의 원활한 작동에 필요한 적정 규모의 화폐량이 제때에 공급되지 못하는 경우가 잦았고, 이것이 다시 급격한 물가 변동을 불러와 기존의 산업 기반을 잠식하는 등 심각한 경제 문제가 나타났다.

밀과 리카도는 이런 상태에서 만약 금 태환을 보장하는 각종 신용 증서가 은행을 통해 과도하게 발행되면, 경기 순환에 조응하는 적정한 화폐량보다 많은 신용 화폐가 시장에 유통되면서 경기 순환의 변동을 더욱 조장할 염려가 있고, 조만간 불가피하게 인플레이션이 나타날 수밖에 없다고 주장했다.

물론 밀은 나중에 케인스가 더욱 발전시킨 상이한 화폐 보유 동기에 관해서 간략하게 언급하면서,[1] 실제 거래를 성사시키는 데 필요한 화폐량보다 더 많은

1 앞으로 살펴볼 것처럼 케인스는 경제 행위자들이 크게는 순수한 거래 동기, 불안정한 미래의 경제 상황에 대비하기 위한다는 예비적 동기, 그리고 투기적 목적을 위해 화폐를 보유하려 한다는 세 가지 화폐 보유 동기를 거론했다. 특히 케인스는 투기적 동기를 만족시키기 위해서 보유된 화폐량의 변화는 그 자체로 물가나 이자율에 직접 영향을 미치지 않는다고 주장했다. 여기서 밀은 나중에 케인스가 미세하게 발전시킨 다양한 화폐 보유 동기를 간략하게나마 기술하고 있는 것이다. 한 가지 더욱 흥미로운 사실은 당대의 천재 사회과학자인 밀이 역시 마르크스와 케인스를 통해서 나중에 충분히 발전하는 유효 수요 개념을 예비적인 수준에서 언급하고 있다는 점이다. 예를 들어 《정치경제학의 원리》보다 10여 년 전에 쓰인 한 논고에서 밀은 당시는 물론 오늘날까지 주류 경제학자들 사이에서 공유되는 세의 법칙(Say's Law)에 관해 비판적으로 논평하면서, 소비의 증대가 개별 자본의 효율적인 활용은 물론 국민 경제 전체적으로 부를 증대시키는 구실을 한다고 강조하고 있다(Mill 1874).

화폐량이 시중에 유통된다고 해도 이 중 일부가 가치의 담지자로서 은행의 보유 잔고 또는 축장의 수단으로 활용될 경우에는 물가에 직접 영향을 미치지는 않을 것이라고 조심스럽게 진단하기도 했다.

예를 들어 외국에서 온 여행가가 각종 재화와 용역, 자본재를 구입하는 대신 자신이 가지고 온 돈을 주식이나 채권 등을 구입하는 데 사용할 경우 물가에 영향을 미치는 대신 국내의 이자율을 낮추는 효과가 있을 것이다. 이 경우 화폐량의 증가는 국내 물가 수준에 아무런 영향도 미치지 않는다는 것이다(Mill 1990, 18~21).

그러나 이런 몇 가지 선구적인 논의를 제외한다면 밀은 화폐량의 추가적인 증가가 그만큼의 물가 상승을 야기할 것이라는 주장을 단 한 번도 의심하지 않고 있다. 이런 화폐 수량설에 기반을 둔 물가 이론의 전형은 이론적인 차원에서 참으로 다양한 면모를 지닌 데이비드 리카도가 강력하게 주창했다.[2]

리카도는《경치경제학과 과세의 원리Principles of Political Economy and Taxation》7장에서 그 유명한 국제 무역상의 비교 우위에 관한 가설을 개진하면서, 국제 무역을 통한 귀금속 화폐의 유입과 유출이 각 나라의 물가 수준에 어떤 영향을 미치는지를 설명하고 있다(Ricardo 1962, Ch. 7).

리카도에 따르면 영국과 포르투갈이 각각 의복과 포도주 생산에 주력하고

---

2 '참으로 다양한 면모'라는 표현은 리카도가 도저히 화해할 수 없는 상반되는 학설의 주창자라는 사실을 지적하기 위해서 사용한 말이다. 리카도가 농업 생산을 분석하면서 암암리에 전개한 수확 체감의 법칙은 당시 한계주의 학파(Marginalism)를 통해 근대의 모든 산업 생산 영역을 포괄하고 소비자의 기호와 효용에 관한 일반화된 법칙을 지칭하는 것인 양 받아들여졌고, 국제 무역상의 비교 우위설과 함께 현대의 주류 신고전파 경제학자들이 주창하는 모든 논의의 기본 공리로 수용돼 유지되고 있다. 그러나 동시에 리카도가 정확히 국제 무역에 관한 입론을 개진하기 이전의 장들에서 일관되게 분석한 노동 가치 이론은 얼마 뒤 칼 마르크스의 비판적인 수용을 거쳐 잉여 가치설로 재탄생하게 된다. 1960년대 피에로 스라파(Piero Sraffa)가《상품을 수단으로 하는 상품 생산 — 경제 이론 비판 서설(Production of Commodities by Means of Commodities: Prelude to a Critique of Economic Theory)》을 뒤늦게나마 출간하면서 리카도를 포함한 고전파 정치경제학자들에 관한 주류 경제학자들의 해석(한계주의 학파의 해석)을 근본적으로 비판한 뒤로, 스라파가 문을 연 (주류 신고전파 경제학과는 대비되는) 고전파 정치경제학에 관한 새로운 연구의 흐름은 세대를 이어 지금도 지속되고 있다(Sraffa 1960; Harcourt 1972). 어쨌든 리카도의 자기 분열적인 이론적 면모는 이처럼 노동 가치설에 따른 가격 결정 이론과 국제 무역 이론(비교 우위설)의 조정 메커니즘으로 강조된 화폐 수량설 사이에서, 그리고 노동 가치설에 따른 가치 결정에 관한 논의와 농업 생산의 한계주의적 요소 사이에서 극명하게 드러나고 있다.

생산품을 국제 무역을 통해 교류할 때, 이 무역에 따른 지급 결제 또는 귀금속 화폐의 유입은 각 나라의 전반적인 물가 수준을 변동시키고, 이런 물가 수준의 변화는 다시 어느 한 나라가 무역을 통해 지속적으로 이익을 얻거나(무역 수지 흑자) 손해를 보는(무역 수지 적자) 경향을 장기적으로 상쇄할 것이라고 주장하고 있다.

좀더 구체적으로 살펴보자. 먼저 영국이 값싼 의류 제품을 포도주 수입량보다 많이 수출하는 경우를 상정해보자. 이 경우 포르투갈은 일시적으로 무역 수지 적자를 경험하게 될 것이다. 그러면 일정량의 금(은)이 영국으로 유입될 것이다. 리카도는 이렇게 새로 유입된 금이나 은이 영국의 전반적인 물가 수준을 그만큼 상승시키게 될 테고, 자연스럽게 영국이 전문화하고 있는 의류의 가격에도 영향을 미칠 것이라고 주장한다. 이제 새로운 화폐가 유입되기 전 상태보다 더욱 비싸진 영국의 의류는 포르투갈에 적게 수출될 테고, 따라서 영국과 포르투갈의 무역 수지 관계는 조만간 역전될 것이다.

이제 포르투갈이 무역 수지 흑자를 경험하는 반면 영국은 무역 수지 적자를 경험하고, 그 차이에 해당하는 양만큼의 귀금속 화폐를 포르투갈에 이전해야 할 것이다. 그런데 포르투갈에 새로 유입된 화폐는 다시 이 나라의 전반적인 물가 상승을 초래하게 될 테고, 무역 수지 관계의 변모는 역전될 것이다. 리카도는 이렇게 화폐량의 국제적 변동에 상응하는 물가 변동이 장기적으로는 국제 무역 수지를 균형 상태에 도달하게 만들 것이라고 주장했다. 이런 장기적 균형 상태를 달성하는 데 화폐량의 변동과 여기에 상응하는 물가 수준의 변화라는 가설이 가장 중요한 조정 메커니즘으로 거론되고 있는 것이다(Ricardo 1962, 72~74).

여기서 리카도는 화폐량의 변화가 전반적인 물가 변동하고 다른 방식으로 국제 무역에 관계하는 나라들의 경제 환경에 영향을 미칠 가능성을 전혀 고려하지 않고 있다. 예를 들어 우리는 금융 시장과 금융 감독 기구가 일정한 수준까지 제도적 독립성을 확보하고 발전된 나라에서는 통화량의 변동이 직접 물가 변동을 야기하는 게 아니라 이자율의 변동을 가져와 거시 경제의 재조정을 수반할 가능성을 염두에 둘 수 있을 것이다. 리카도의 논법을 빌리자면 무역 수지 흑자(적자)를 경험하는 한 나라가 그것에 상응하는 화폐의 유입(유출) 때문에 이자율을 낮게(높게) 재조정할 압력에 놓이게 되는 상황을 고려해보자.

만약 추가로 유입된 화폐량이 이자율을 낮추는 요인이 된다면, 우리는 (투기적 수요의 증감을 포함한 다른 조건이 동일하게 유지된다는 가정 아래) 낮은 이자율이 신규 신용의 창출과 증대를 통해 그 나라의 소비와 생산을 진작하고, 더 나아가 더욱 낮은 가격으로 그 나라가 전문화하고 있는 산업 생산물을 생산할 수 있게 만들 가능성을 떠올려볼 수 있을 것이다. 이 경우 '화폐량 증대 → 낮은 이자율 → 신용의 팽창 → 투자와 산업 생산의 증대'라는 고리는 이 나라가 지속적으로 국제 무역상의 흑자를 유지할 수 있는 기반이 된다.

이런 가능성이 현실로 나타난다면 '통화량 증대 → 물가 수준의 전반적인 상승 → 투자와 산업 생산의 축소 그리고 생산물 가격의 고양 → 무역 수지 흑자의 퇴조 → 국제무역상의 장기적 균형 상태 도달'이라는 순환 고리만을 염두한 리카도의 논의는 금세 타당성을 잃게 될 것이고, 이 논의를 지지하는 화폐 수량설에 기초한 물가 이론과 거시 경제적 재조정 메커니즘도 더는 지지받을 수 없게 될 것이다.

그러나 리카도는 안타깝게도, 자신보다 200여 년 전에 금은의 유출입과 물가 변동에 관해 동일한 가설을 제창한 흄David Hume의 논의를 따라 화폐 수량설에 기반을 둔 물가 이론 이외의 다른 가능성을 철저하게 도외시하고 있다.

물론 밀과 리카도가 화폐 수량설에 기반을 둔 물가 이론을 단 한 치의 의심도 없이 강력하게 주장한 데는 여러 이론적, 사회적 배경이 자리 잡고 있었다. 무엇보다도 화폐량의 증대를 전반적인 물가 상승 압력의 증대 이외의 방식으로 재조정할 적절한 제도적 기관들이 발전하지 않았고, 따라서 은행을 포함한 금융 기관과 중앙은행이 이런 구실을 할 수 없던 당시의 경제 상황이 지닌 한계 때문이었다.

더불어 나중에 케인스가 엄밀하게 분석한 것처럼, 밀과 리카도는 경제 규모와 상관없이 모든 나라의 경제가 가용한 생산 요소들을 그 극한까지 활용하는 완전 고용 상태에 놓여 있다고 가정했다. 만약 생산 요소들의 완전한 활용이 단순한 이론적 가설이 아니라 실제 경제 상황에서 나타난다고 가정한다면, 이 상태에서 추가적인 화폐량의 증대는 더는 생산적인 투자와 자원의 활용으로 나타나지 않을 것이고, 총생산 활동과 산출량에 대비해 화폐량만 늘어나는 효과, 다시 말해 인플레이션만을 불러올 것이다.

2) 빅셀의 자연 이자율 가설

리카도와 밀이 이론적으로 정초한 이런 물가 이론은 이후 스웨덴 경제학자 크누트 빅셀Knut Wicksell을 거치면서 앨프리드 마셜(Marshall 1982; Humplrey 2005)과 피구Arthur Pigou 등, 나중에 케인스가 '고전파 경제학자'라고 부른 일련의 학자들이 집대성했다.

흥미롭게도 1890년대부터 1900년대 초반 활약한 빅셀은 리카도로 대변되는 화폐에 관한 고전적 통화주의 이론(화폐 수량설)을 비판하는 것을 자신의 출발점으로 삼고 있었다. 빅셀은 파격적이게도 화폐의 수요와 공급 자체는 명목 물가 수준에 아무런 직접적인 영향을 미치지 않는다고 주장했다(Wicksell 1936).

빅셀이 이런 비판을 수행한 데는 고전적 통화주의자들이 한 가정하고 다르게 화폐의 회전률이 고정돼 있지 않고 경기 순환의 주요 변곡점마다 늘 변화한다는 것을 관찰했기 때문이다. 더 나아가 빅셀은 당시의 금융 시스템이 과거 금본위제 아래의 금융 체제하고는 질적으로 다른 변화를 경험하고 있었기 때문에 금 태환을 준거로 한 은행의 신용 증서의 증감에서 인플레이션의 원인을 찾은 고전파 통화주의자들의 논의는 타당성이 없다고 비판했다(Wicksell 1936, 41~42).

이런 비판을 출발점으로 삼아 빅셀은 물가 수준의 변화는 통화량 자체보다는 이자율의 변동에 더욱 직접적인 영향을 받는다고 주장한다. 빅셀에 따르면 중앙 금융 당국을 포함해 상업 은행들이 적정한 이자율보다 낮은 이자율 정책을 고수할 경우 생산과 교역이 활발해지고, 따라서 자연스럽게 물가가 전반적으로 상승할 것이다.[3] 다시 말해 "신용 기관이 항구적으로 이자율을 낮게 조정하면 물가가 일반적으로 상승하고, 이자율의 상승은 물가의 지속적인 하락을 가져올 것이다"(Wicksell 1936, 88~101).

그렇다면 급격한 물가 상승을 야기하지 않는 적정한 범위의 이자율 정책이 존재하는 것일까? 빅셀은 중앙 금융 당국이 단기 이자율을 자신이 '자연 이자율 natural rate of interest'이라고 부른 것에 맞춰 적정하게 조정할 경우 급격한 물가 변동과 거기에 뒤따르는 위험을 줄일 수 있을 것이라고 기대하고 있다. 빅셀에 따르면 이 자연 이자율은 "생산의 효율성, 고정 자본과 유동 자본의 양, 노동과 토지 그리고 자본의 공급과 경제 공동체의 전반적인 상태" 등에 조응한다(Wicksell 1936, 106~107).

그렇다면 이 자연 이자율은 사전에 적절하게 계산될 수 있는 것일까? 만약 중앙 은행가들이 자연 이자율이라는 것을 사전에 미리 파악할 수 있다면, 중앙 은행가들은 물가의 전반적인 상승 또는 디플레이션을 사전에 막을 수 있는 일련의 정책 결정의 도식을 만들어낼 수 있을지 모른다. 그러나 안타깝게도 빅셀은 자신이 만들어낸 자연 이자율이라는 가설적 개념을 현실에서 미리 발견하는 일은 사실상 불가능하다고 말하고 있다. 빅셀이 제안한 차선의 대책은 물가가

3 여기서 빅셀은 이자율의 하락이 구체적으로 어떤 경로를 거쳐 생산과 교역을 활성화하고 물가를 상승시키는지는 구체적으로 설명하지 않고 있다. 예를 들어 이자율의 하락이 소비자들의 저축 욕구를 둔화시켜 소비를 진작시키고, 이렇게 진작된 소비가 다시 기업의 투자와 국제 무역의 활성화를 야기할 수도 있고, 아니면 직접적으로 기업의 금융 비용을 줄여서 실제 투자를 증진시키는 효과를 야기할 수 있기 때문이다. 케인스는 자신이 비판하려 한 당대의 신고전파 경제학자들을 설득하려는 목적으로 《일반 이론》의 서두에서 이자율이 기업 투자에 지대한 영향을 미친다는 가설을 수용하고 있는 것처럼 보였지만, 아래에서 자세하게 살펴볼 것처럼 화폐량의 변화와 이자율의 상관관계 그리고 이자율의 변동과 물가 변동의 상관관계에 관해서 좀더 포괄적인 이론을 제시하고 있었다. 이 책의 8장에서 케인스의 《일반 이론》을 더 구체적으로 살펴볼 것이다.

상승할 조짐이 보일 때마다 중앙은행이 선제적으로 이자율을 올리고, 반대의 경우에는 미리 이자율을 낮춰서 급격한 물가 변동에 따른 불안정성을 줄이는 것이었다(Wicksell 1936, 189, 120).

이런 논지를 전개하면서 빅셀은 이후 케인스가 전폭 수용할 거시 경제 조정 메커니즘에 주의를 기울이고 있다. 만약 경제가 주어진 조건 아래 완전 고용에 근접한 상태에서 운영된다면, 낮은 이자율을 통한 추가적인 신용의 창출은 물가 상승을 유발하고, 다시 물가 상승에 따른 실질 소득의 감소와 뒤따르는 소비의 감축으로 나타날 것이라는 주장이다. 빅셀이 '강요된 저축'이나 '물가 상승에 따른 조세 부담 효과'라고 부른 것은 바로 '자연 이자율보다 낮은 이자율 → 신용 팽창 → 생산과 교역의 증대 또는 완전 고용 아래에서의 물가 상승 → 실질 소득의 감소와 소비 감축'으로 진행되는 과정을 가리킨 것이었다.[4]

더불어 이자율을 통한 물가 조정이라는 빅셀의 논의에는 꼭 지적하고 넘어가야 할 중요한 논점이 포함돼 있다. 흄과 밀, 그리고 리카도하고 다르게 물가 상승의 핵심 동인이 화폐량의 증대가 아니라 이자율의 하락이라고 주장한 점이다. 금이나 은 등 귀금속 화폐를 본위로 하는 금융 체제에서 대체로 화폐량의 증대가 곧 이자율의 하락을 가져오리라고 추론하는 것은 그리 큰 이론적 노력을 필요로 하지 않는 듯하다. 따라서 피상적으로 관찰하면 물가가 화폐량의 변동보다는 이자율 변동에 영향을 받는다고 강조하는 빅셀의 논의는 (강조점의 차이 말고도) 리카도류의 화폐 수량론자들과 근본적인 차이가 없는 것처럼 보인다.

4 다음 절에서 살펴볼 것처럼 케인스는《고용, 화폐, 이자에 관한 일반 이론》에서 빅셀의 이런 논의를 전적으로 수용하면서도 불완전 고용과 완전 고용 상태를 구별하면서, 상이한 경제 상황에서는 통화량의 증대나 신용 팽창이 상이한 결과를 가져올 것이라고 논지를 교정했다.《일반 이론》이전의 저작인《화폐론(Treaties on Money)》은 케인스가 빅셀의 영향을 얼마나 많이 받고 있는지를 잘 보여준다. 그러나 첫째, 화폐 수량설에 기초한 물가 이론가들을 비판하는 빅셀의 논의를 수용하고, 둘째, 물가 상승에 따른 상이한 거시 경제 조정 양식(강요된 저축과 조세 부담 효과)에 관한 빅셀의 논의를 암묵적으로 수용하면서도, 케인스는 빅셀이 자연 이자율이라고 부른 가설적 개념에 상응하는 현실은 결코 존재하지 않는다고 비판했다. 케인스는 빅셀의 이 개념이 현실적으로는 실물 경제의 완전 고용 상태에 상응하는 금융 시장 안의 '최적 이자율' 또는 완전 고용 상태에서 물가 상승 압력을 증대시키지 않는 범위 안의 이자율이라는 의미에서 '중립 이자율'이라는 개념으로 대체돼야 한다고 주장했다(Keynes 1997, Ch. 17, 특히 242~243).

그러나 이자율 변동의 영향에 관한 빅셀의 강조는 리카도류의 화폐 수량론자들이 전제하는 고정된 화폐 순환율이라는 협소한 가정을 올바르게 비판했을 뿐만 아니라, 제도적으로 분화하고 발전하기 시작한 은행 기관들과 이 기관들을 통한 신용의 창조가 생산과 교역의 증대는 물론 물가 변동에 직접 영향을 미친다는 관찰에 기초했다. 이런 맥락에서 리카도가 외재적으로 주어진 화폐 공급이 추가적인 생산 증대의 여지가 없는 완전 고용 상태에서 운영되는 경제 시스템에서 물가 상승의 요인으로만 기능한다고 봤다면(외생 화폐론), 빅셀은 금융 기관들의 이자율 정책이 신용을 증대시키거나 축소시켜 결과적으로 물가 변동을 야기한다고 봤다(내생적 화폐와 신용 이론)는 점에서 큰 차이가 있다.

3. 마르크스 그리고 케인스의 유동성 선호와 물가 이론

고전파 정치경제학은 물론 현대의 주류 거시경제학과 금융경제학에서 합의된 공론처럼 받아들여지던 화폐 수량설에 기반을 둔 통화주의적 물가 이론은 시차를 두고 많은 논란을 불러일으켜왔다.

밀과 리카도로 대변되는 고전파 정치경제학의 한계를 비판적으로 수용하고 발전시키려고 한 마르크스는 궁극적으로 물가 상승의 원인을 초과 이윤을 얻으려는 자본 간 경쟁과 노동자들의 임금 인상을 위한 투쟁이 역동적으로 맞물리면서 만들어지는 자본 분파 간, 노동과 자본 간 계급 역학 관계의 산물로 간주했다.

물론 마르크스는 리카도가 정식화한 'MV=PY'(M: 화폐량(Money), V: 화폐의 회전률 또는 한 단위의 화폐가 상품 거래를 중재하는 데 걸리는 시간(Velocity), P: 물가(Price), Y: 총산출(Output))라는 등식을 《자본》 1권의 상품에 관한 장에서 암묵적으로 사용한 적이 있다.

그러나 마르크스는 그 어디에서도 화폐 회전률과 총산출량을 고정된 것으로 간주한 적이 없고, 화폐량의 증대가 고스란히 물가의 상승으로 이어진다는 주장을 한 적도 없다. 다만 마르크스는 이 등식을 한 나라 안에서 생산된 총재화를 유통하는 데 필요한 화폐의 총량을 산술적으로 계산하기 위한 사례로 인용했을 뿐이다(Marx 1986, Ch.3).

따라서 리카도의 화폐 수량론이 전제하는 완전 고용에 관한 가설이나 화폐량의 변동이 물가 상승을 가져올 것이라는 가설하고 다르게, 마르크스는 자본주의 체제 안의 이윤율의 증감에서 비롯되는 자본 축적 규모의 변동이 총산출량과 화폐량을 결정한다고 주장하고 있는 것이다.

스라파를 통해 고전파 정치경제학의 생산 비용 결정 이론을 접한 케인스는 《고용, 화폐, 이자에 관한 일반 이론》에서 물가 상승은 총생산 비용에 영향을 미치는 각종 생산 요소의 투입이 생산 설비 가동률의 변화에 영향을 미치면서 나타나는 결과라고 설명하고 있다. 케인스도 국제 무역에 관한 입론을 펼치기 이전의 리카도와 마르크스가 공유하던 물가 변동에 관한 생산 비용 이론을 따르게 된 것이다.

물론 그 세부적인 내용에서 케인스는 초기 리카도나 마르크스가 취한 견해와 구별되는 몇 가지 특징적인 개념을 발전시키고 있다. 예를 들어 케인스는 생산 요소의 활용과 투입이 경제 전체를 완전 고용 상태에 근접시켰느냐에 따라, 또는 현재의 경제가 완전 고용 상태에 근접했는지 아니면 불완전 고용 상태에 머물러 있는지에 따라 추가적인 생산 요소의 투입이 물가 상승을 야기할 수도 있고 그렇지 않을 수도 있다고 진단하고 있다.

다시 말해 케인스는 실제의 경제가 완전 고용 상태에 근접했거나 이 상태에 놓여 있을 경우에 한해서만 추가적인 화폐량의 증대가 (실제 경제의 생산 설비 가동률에 긍정적인 영향을 미치는 대신) 추가적인 물가 상승 압력으로 되돌아온다고 주장했다. 이런 시각에서 케인스는 신고전파 경제학자들의 물가 이론이 늘 현실 경제의 완전 고용을 전제하고 있다고 비판했다.

그럼 현실의 경제가 불완전 고용의 상태에 놓여 있다면 화폐량의 증대는 어떤 효과를 지니게 될까? 그 해답을 얻으려면 케인스가 어떻게 화폐량과 이자율의 상관관계를 설명했는지를 이론적으로 추적할 필요가 있다.

케인스는 먼저 기존의 화폐 이론하고는 근본적으로 구별되는 유동성 선호 이론liquidity preference theory을 제창했다. 케인스는 화폐가 단순한 교환 수단일 뿐만 아니라 가치를 축장하는 수단이 된다는 점을 강조했다. 그렇지만 화폐가 유일한 가치의 축장 수단인 것은 아니다. 다시 말해 다른 가치 축장 수단에 견줘 화폐가 갖는 고유한 특성을 밝힐 필요가 있다. 이것과 관련해 케인스는 경제 행위자들이 현실 경제의 근본적 불확실성 때문에 화폐로 대변되는 유동성, 또는 손쉽게 다른 자산으로 바꿀 수 있는 금융 자산을 선호하게 된다고 주장한다(Keynes 1997, 169; Taylor 2004, 138~139).

더 나아가 케인스는 경제 행위자들의 유동성 선호의 정도가 크게 거래에 필요한 현금 보유 동기transaction motive, 미래의 불안정성을 대비하기 위한 예비적 동기precautionary motive, 투기적 동기speculative motive에 따라서 결정된다고 말한다(Keynes 1997, 170, 195~197, 198).

케인스는 이런 다양한 화폐 보유 동기가 이자율과 맺는 관계에 관해서 세 가지 가능성을 제시하고 있다. 첫째 가능성은 화폐량의 증대가 일차적으로 이자율의 하락을 가져오지만 거래에 필요한 현금 보유 동기 때문에 증대된 화폐량이 전부 다시 경제 활동 영역으로 흡수되는 경우다. 화폐량의 증대가 유효 수요의 증대를 가져오고 이것을 통해 투자량과 국민 소득이 증대하는 경우에 해당한다(Keynes 1997, 171).

둘째 가능성은 화폐량의 증대가 이자율의 하락을 가져오지만 유효 수요의 창출과 증대로 이어지지 않고 경제 행위자들이 투기적인 동기를 위해 이 증대된 화폐량을 거의 또는 전부 흡수하는 경우다. 금융 정책 당국의 유동성 투입과 뒤따르는 낮은 이자율이 기업의 투자와 고용을 창출하는 대신 부동산이나 주식 시장으로 흘러들어가 자산 가격을 앙등시키는 경우가 여기에 해당된다.

마지막으로 케인스는 통화량의 증대가 이자율의 변동에 거의 아무런 영향을 미치지 않을 수도 있다고 주장하는데, 급격한 통화량의 증가가 경제적 불확실성을 더욱 증대시켜서 경제 행위자들이 미래의 불안정성에 대비하기 위한 예비적 동기를 가지고 이 증대된 통화량을 지속적으로 흡수해버리는 경우다(Keynes 1997, 172). 이 경우 금융 당국이 투입한 유동성은 그 양이 아무리 막대하다고 해도 실제 경제 행위에 긍정적인 영향을 미치지 못하고 끊임없는 축장의 대상이 된다. 경제 행위자들은 이 유동성을 무조건 쌓아두려는 성향을 보이는 것이다.

케인스가 다만 논리적인 가능성일 뿐이라고 치부하면서 간략하게 '유동성 함정liquidity trap'이라고 부른 이 마지막 가능성은, 예를 들어 1990년대 이후 부동산 자산 가치가 급락한 이후 일본 사회가 경험하고 있는 경제 현실이나 2008년 금융 위기 이후 미 연준이 퍼부어댄 전례 없는 유동성 투입 조치로도 여전히 이중 경기 침체의 위험을 떨쳐내지 못하고 있는 미국 경제의 현실을 고려할 때, 지극히 현실적인 가능성이다(Taylor 2004, 139~145, 147~152).

이런 논의를 바탕으로 케인스는 화폐량의 변화에 상응하는 유동성 선호 함수를 제안하고 있다. 케인스의 용법을 따라 우리도 M1이 실제 거래에 필요한 현금 보유 동기를 만족시키는 화폐량과 예비적 동기를 만족시키는 화폐량을 가리킨다고 가정하고, M2가 투기적 동기에 따른 화폐 보유량을 가리킨다고 가정해보자. 더 나아가 L1과 L2가 각각 M1과 M2를 결정하는 유동성 선호 함수를 가리킨다고 가정하자.

그렇다면 화폐의 총량 M은 M1과 M2의 합계가 될 것이고, 이것은 다시 M1과 M2를 결정하는 유동성 선호 함수들의 합계와 마찬가지가 될 것이다. 다시 말해 '$M=M1+M2=L1+L2$'. 여기서 케인스는 M1의 양을 결정하는 유동성 선호 함수는 주로 주어진 시간 동안의 총산출량(Y)에 따라서 결정된다고 하고, M2의 양은 이자율(r)의 변동에 직접적으로 영향을 받는다고 가정하고 있다. 다시 말해 'M=M1+M2=L1(Y)+L2(r)'(Keynes 1997, 199~200).

이런 예비적 함수 관계를 설정한 뒤 케인스는 화폐량과 총산출량, 이자율의 상관관계에 관한 일반 이론을 제시하려고 노력했다. 먼저 케인스는 총화폐량(M)의 변동이 이자율과 총산출량의 변동을 야기하고, 이 과정에서 이자율의 변동이 부분적으로는 투기적 용도로 사용되는 화폐량(M2)과 총산출량(Y)의 변화를 뒷받침하는 화폐량(M1)의 수요를 변동시킨다고 주장한다(Keynes 1997, 200).

물론 이런 변화는 여러 차례의 순환을 거치면서 다시 총화폐량을 변화시키고, 변화된 총화폐량이 각각 어떻게 M1과 M2로 분할되는지를 결정할 것이다. 특히 추가적인 화폐 총량이 어떻게 M1과 M2로 분할되는지는 일반적으로 비금융 기업가들이 어떻게 이자율의 하락에 반응하고 개별 소비자들이 어떻게 투자율의 증대에 반응하느냐에 달려 있다(Keynes 1997, 201).[5]

그렇다면 구체적으로 M1은 투기적 목적을 만족시키기 위해 보유하게 되는 화폐량과 어떻게 다르고, 총산출량 Y와 어떤 관계를 맺고 있는가? 이 문제와 관련해 케인스는 전통적인 통화 등식 'M1×V=P×Y'를 잠시 원용하고 있다. 만약 화폐의 순환율(V)을 일시적으로는 고정된 것으로 간주할 경우, 우리는 M1이 총소득 Y와 맺는 관계를 화폐의 소득 회전율income-velocity of money이라는 개념으로 정의할 수 있다.

다시 말해 이 화폐량의 변동은 부분적으로는 이자율 변동을 매개로 기업의

5 이런 시각에서 케인스는 신고전파 경제학자들이 이자율의 본질을 잘못 이해하고 있다고 비판하고 있다. 예를 들어 마셜이 "이자율은 자본을 사용하는 대가로 지불하는 가격"(《경제학의 원리》)이라고 정의했다면, 카셀 등은 이자를 "기다림의 수요와 공급을 등치시키는 하나의 가격"(《이자의 본질과 필요성》)이라고 정의하기도 했다. 발라의 경우는 이자율을 "저축과 투자를 일치시키는 유일한 변수"(《순수 경제학의 공리》)로 정의했다. 케인스에 따르면, 고전파 경제학자들은 저축과 투자의 상관관계 그리고 이 양자에 따라서 결정되는 이자율의 관계를 너무나 결정론적으로 이해한 나머지 소득 수준이 늘 고정돼 있을 것이라고 전제했다. 저축이 투자를 결정하는 게 아니라 투자가 소득의 변화를 매개로 저축의 총량을 결정한다면, 그리고 더 나아가 단순한 화폐량의 증감이 직접적으로 이자율을 결정하는 게 아니라 경제 행위자들의 유동성 선호와 자본의 한계 효율성의 변화가 이자율을 결정한다면 고전파 경제학자들의 '단순 이자율' 이론은 타당성을 상실하게 된다(Keynes 1997, 178~179, 181).

투자와 고용의 변화에 영향을 미치고, 이 과정에서 경제 활동에 참가하는 행위자들의 상대 소득을 결정하게 된다. 이 점에서 M1의 변화가 어느 정도까지 총소득 Y의 변동에 영향을 미치는지를 추정할 수 있다. 또한 거꾸로 이 M1의 수요는 주어진 화폐 순환율을 고려할 때 총산출량 대비 화폐 순환율의 관계, 곧 총산출량과 정비례 관계를 갖는 M1에 관한 유동성 선호 함수와 일치하게 될 것이다. 다시 말해 'M1=Y/V=L1(Y)'. 물론 여기서 일시적으로 주어진 것으로 가정된 화폐의 순환율은 다시 은행 조직과 산업 조직의 특성, 소득의 분배 방식, 현금을 보유하는 데 드는 비용 등에 따라서 결정될 것이다(Keynes 1997, 201).

그렇다면 투기적 동기를 만족시키기 위해서 보유된 화폐량 M2은 이자율 r과 어떤 관계를 맺고 있는가? 이 양자의 관계와 관련해 케인스는 M2의 총량은 미래의 이자율에 관한 근본적 불확실성에 따라서 결정되는 까닭에 주어진 이자율과 고정된 양적 관계를 맺지 않는다고 주장한다. 물론 이것이 투기적 동기를 만족시키는 화폐량이 이자율과 아무런 상관이 없다는 것을 뜻하지는 않는다. 케인스는 현실에서 거래와 예비적 동기를 만족시키는 것 이상으로 유동성을 확보하려고 하는 경제 행위자들의 움직임이 존재하므로, 화폐량과 이자율의 관계는 금융 당국이 일련의 이자율들을 규제하는 구체적인 맥락 속에서 분석돼야 한다고 주장하고 있다(Keynes 1997, 202, 205).[6]

이런 시각에서 볼 때, 고전파 경제학자들의 화폐 수량설은 지극히 협소한 가정에 바탕을 둔 특수 이론에 불과하다. 고전파 경제학자들의 화폐 수량설 모델

---

6 케인스의 유동성 선호 이론은 하이먼 민스키로 대변되는 포스트 케인스주의자들이 더욱 세련되게 발전시켰다. 포스트 케인스주의자들은 케인스에 관한 영국과 미국 주류 경제학자들의 보수적 해석(이른바 케인스주의에 관한 신고전파적 종합)을 비판하면서 《일반 이론》의 핵심은 현대 자본주의 경제 체제에서 주식 시장을 중심으로 한 자본 시장의 역학 관계가 기업의 투자를 포함한 유효 수요의 변동에 영향을 미치는 과정과, 이것이 경제 체제 전반의 불안정성을 증대시키는 과정을 비판하는 데 있었다고 주장한다(Minsky 1975). 물론 포스트 케인스주의자들이 미국 학계에 본격 등장하기 전부터 조안 로빈슨과 니컬러스 칼도 등 케인스 직계 제자들(이 학자들을 1970년대 중반 이후에 등장한 포스트 케인스주의자들과 구별 짓기 위해 '케임브리지 케인지언'이라고도 부르기도 한다)은 특히 미국에서 케인스주의적 복지국가 이념이 군산 복합체를 장려하는 이념적 기초로 악용되는 것에 관해 처절히 비판하려고 노력하기도 했다. 더 자세한 논의는 Minsky(1975; 1984)와 Robinson(1969)을 참조할 것.

에서는 투기적 동기에 따라 보유하는 화폐량(M2)과 그것에 상응하는 유동성 함수(L2)는 존재하지 않는 것으로 가정된다. 다시 말해 어떤 투기적 화폐 보유 동기도 존재하지 않는다. 이 낡은 이론의 옹호자들은 총화폐량(M)을 실제 거래와 예비적 동기를 만족시키는 데 필요한 화폐량(M1)과 등치시키고, 따라서 투기를 목적으로 한 화폐 보유와 그 행위가 잠재적으로 야기할 수 있는 금융 불안정성의 문제를 관심의 대상에서 제외시킨다. 총화폐량의 변화가 직접적으로 이자율의 변동과 물가 변동을 야기한다고 여전히 강변하고 있는 셈이다.

미국 주식 시장에서 벌어진 가격 폭락이 유럽 각국으로 번져나가면서 시작된 전무후무한 대공황의 정점에서 글을 쓰고 있던 케인스는 통화량, 이자율, 물가 변동에 관한 이런 논의를 바탕으로 투자의 포괄적인 사회화와 금리 생활자 계급의 안락사를 자본주의 체제의 부조리를 줄이고 바람직한 사회 경제 체제를 구축할 대안으로 제시한다(Keynes 1997, 372~387).

여기서 투자의 사회화를 통해 케인스가 제시한 방안은 중앙 정부가 자본주의 경제 체제의 경기 변동에 대처하는 방식으로 노동자들의 명목 임금 상실분을 보전해주고, 국가 개입에도 여전히 존재하게 될 경기 순환 국면에서 민간 자본 투자의 상실분을 정부의 직접 투자를 통해 보충하는 것을 핵심으로 한다.

다른 한편 금리 생활자 계급의 안락사라는 조금은 과격한 표현을 통해 케인스는 정부의 이자율 조정 정책과 금융 시장 규제 조치를 매개로 생산적 투자에 기여하지 않고 이자 수익을 얻으며 생활하면서도 비금융 실물 경제에 지대한 영향력을 행사하고 있던 비생산적 금융 자산가 계급의 물질적 존재 기반을 서서히 잠식하자고 강조했다.

4. 프리드먼의 자연 실업률과 합리적 기대 학파의 통화주의 이론

그러나 빅셀과 케인스의 이런 비판 속에서도 현대 경제학의 발전 과정에서 화폐 수량설에 기반을 둔 전통적인 통화주의적 화폐와 물가 이론은 강력하게 살아남았다. 밀과 리카도류의 고전파 통화주의는 1960년대 중반 이후부터 미국의 밀턴 프리드먼이 다시 꺼내들었고, 정책 결정의 영역에서는 1970년대 후반과 1980년대 초반 폴 볼커가 이끈 미 연준의 반인플레이션 정책을 통해 대대적으로 실험되기도 했다.

더 나아가 국제 경제 영역에서도 이런 반인플레이션 정책은 세계은행과 국제통화기금을 통해 외환 위기에 직면하게 된 나라들이 긴급 구제 금융을 받는 중요한 조건 중 하나로 자리매김해왔다. 실제로 동아시아 외환 위기 때 한국 정부가 수용해야 한 첫째 조건 중 하나가 소득 보전을 위한 정부 개입을 축소하는 한편(긴축 재정 편성), 이자율을 높여서(긴축 금융 정책) 인플레이션을 적정한 수준 이하로 끌어내려야 한다는 것이었다.

1) 자연 실업률 가설과 통화주의 이론의 전개

흥미롭게도 빅셀과 케인스, 그리고 전후 케인스주의 경제학자들의 논의를 완전히 뒤집고 리카도와 밀의 논의로 논쟁을 되돌리는 신호탄 구실을 한 프리드먼 자신은 한때 미국식으로 이해된 케인스주의, 특히 케인스의 초기 저작《화폐론》에 지대한 영향을 받은 사람이었다. 이런 까닭에 프리드먼은 케인스주의와 대척점에 서 있으면서도 빅셀과 케인스의 용어법을 즐겨 사용했다. 예를 들어 '기대'나 '자연 실업률' 등 같은 용어들은 전혀 다른 맥락에서 사용된 것이기는 하지만, 케인스가 강조한 개념들 중 하나였다.

처음에 프리드먼은 경제 행위자들이 지니는 '적응적 기대adaptive expectations'라는 용어를 가지고 인플레이션 압력을 설명하려고 했다. 전미경제학회 회장 취임 연설에서 프리드먼은 정부의 이자율 조정 정책이 장기적으로는 실물 경제에 아무런 영향을 미치지 못한다는, 당시로서는 충격적인 발언을 쏟아냈다.

프리드먼에 따르면 정부가 완전 고용을 겨냥하면서 통화량을 증대시킬 경우, 일시적으로는 이자율을 낮춰서 소비와 생산을 진작시키는 효과를 발휘할지 몰라도 조만간 과도한 소비 지출과 여기에 따른 전반적인 물가 상승이라는 악영향을 끼칠 것이다. 이런 상황에도 만약 정부가 계속해서 통화량을 증대시키는 정책을 고수한다면 경제 행위자들은 물가가 지속적으로 상승할 것이라는 기대 심리를 갖게 될 것이고, 어느 순간 이 기대가 추가적인 물가 상승 압력으로 되돌아온다고 프리드먼은 주장했다(Friedman 1968, 5~7).

똑같은 논리로 프리드먼은 만약 정부가 완전 고용을 달성하려고 적자 재정을 편성할 경우에는 경제 전체에 확대 금융 정책과 마찬가지의 악영향을 끼치게 될 것이라고 경고했다. 프리드먼은 경제의 균형 상태에 조응하는 일정한 수준의 실업률인 '자연 실업률'이 있어서 정부가 아무리 재정 정책이나 금융 정책을 통해 완전 고용 상태를 유지하려고 해도 장기적으로는 결코 벗어날 수 없는 구조적 제약을 마주하게 된다고 주장했다(Friedman 1968, 7~8).

다시 말해 프리드먼은 정부가 팽창적 금융 정책을 통해 실제 실업률을 자연 실업률보다 낮게 유지하려고 하는 순간 물가 상승 압력이 증대할 것이고, 물가 상승 압력에 직면한 노동자들은 더 많은 명목 임금을 받으려고 투쟁할 것이라고 주장했다. 그리고 이것은 다시 추가적인 물가 상승 압력을 야기해 아무도 의도하지 않은 임금 인상-물가 상승의 악순환이나 초인플레이션을 야기할 수 있다고 경고한다(Friedman 1968, 9~10).

이런 논리에 근거해 프리드먼은 전후 영미 경제는 물론 서유럽 각국에서 그때까지 보편적인 거시 경제 정책 운용의 지침으로 사용돼온 케인스주의적 국가 개입주의 정책을 비판했다. 이제 정부의 전통적인 케인스주의적 금융 정책은 효력이 없고 근본적으로 수정돼야 한다는 것이다. 중앙 정부가 실질 이자율이나 자연 실업률 또는 실질 통화량을 통제할 수 없는 상황이 왔으므로, 금융 정책 당국은 전반적인 물가 안정에 정책의 초점을 맞춰야 한다는 게 프리드먼의 결론이다. 이제 중앙은행이 할 일은 실질 총생산과 바람직한 물가 수준에 조응하는 통화량을 적정하게 공급하는 데 국한돼야 한다는 것이다(Friedman 1960).

그러나 언뜻 그럴듯해 보이는 프리드먼의 제안은 금융 정책 당국이 현실적으로 정책을 구상하고 집행하는 데 전혀 도움이 되지 않는다. 무엇보다도 프리드먼이 언급한 통화량을 어떻게 규정할 것인가 하는 문제가 있다. 물론 미 연준의 경우 통화량을 규정하기 위해 M1에서 M3에 이르는 다양한 화폐 총량에 관한 정의 방식을 채택하고 있다. 그러나 문제는 이런 화폐 총량에 관한 정의가 어디까지나 명목적인 것일 뿐 실제 금융 정책을 집행할 때 염두할 수 있는 안정된 준거가 되지 못한다는 점이다.

더 나아가 프리드먼을 포함한 대다수 화폐 수량론자들이 하는 가정하고는 다르게 화폐의 순환율은 시기적으로 결코 고정돼 있지 않다. 논의를 전개하기 위해 분석적 차원에서 '단기적으로 고정된 화폐 순환율'이라는 가정을 도입할 수는 있지만, 실제 금융 정책을 수립하고 집행하는 과정에서 화폐 순환율이 변함이 없고 또 앞으로도 그렇게 유지될 것이라고 가정할 근거는 전혀 없다.

기업의 투자와 고용의 변화 그리고 그 변화에 따른 거시 경제적 성과의 변화는 경제 행위자들의 미래에 관한 예측을 변화시키고(그 반대도 마찬가지로 성립한다), 이것은 다시 경제 행위자들의 소비 유형과 현금 보유 동기를 변화시킨다. 이런 변화 중에서 화폐의 순환율은 당연히 시공간의 변화와 더불어 거시 경제 상황의 변화에 따라 바뀌기 마련이다. 따라서 미래의 거시 경제적 성과는 물론이고 화폐 순환율의 변동을 예측하고 그 예측을 통해 적정 화폐량을 공급해 나중에

도래할지도 모르는 인플레이션의 압력에 대처한다는 가정은 전혀 실현 불가능한 시도가 될 것이다.

흥미롭게도 이런 치명적인 난점을 지닌 프리드먼의 통화주의적 물가 이론은 1970년대 중후반에서 1980년대 중반까지 이어진 '스테그플래이션' 시기에 미 연준이 대담하게 실험한 반인플레이션 정책을 합리화해주는 주된 이념적 근거가 됐다. 더불어 학문적인 차원에서 프리드먼의 논의는 실업률의 변화와 물가 상승률의 변화에 관한 필립스의 분석(Phillips 1958; Lipsey 1960; 1974)을 어떻게 해석할 것인가를 둘러싼 영국과 미국의 전통적 케인스주의자들과 프리드먼을 중심으로 한 통화주의자, 그리고 합리적 기대 가설을 동원해 거시경제학 전체를 재구성하려고 한 일련의 보수주의적 급진 이론가들 사이의 논쟁을 거치면서 애초에 의도하지 않은 방향으로 급격하게 재정식화된다. 특히 루카스R. Lucas와 사전트T. Sargent로 대변되는 합리적 기대 학파Rational Expectations School가 출현한 이후 현대의 통화주의 이론은 더욱 급격하게 보수주의적인 담론으로 귀착됐다.

2) 화폐의 중립성과 합리적 기대 가설

루카스(Lucas 1972a; 1972b)와 사전트(Sargent 1973; Sargent & Wallace 1973)는 프리드먼의 적응적 기대 개념에서 한걸음 더 나아가 경제 행위자들이 형성하는 기대의 합리성을 강조하려고 했다.

루카스와 사전트는 만약 주요 경제 행위자들이 현재와 미래의 경제 상태에 관한 모든 정보를 취급하고 분석할 수 있는 능력이 있다면, 정부가 의도하는 일체의 인위적인 경기 부양 정책의 잠재적 효과를 (사후가 아니라) 모든 시점에서 정확하게 예측하고 미리 대처할 수 있을 것이라고 주장한다.

또한 프리드먼의 주장과 달리 경제 행위자들은 적응적 기대를 통해서 오로지 사후적으로만 실질 이윤과 임금의 하락 경향을 체감하는 바보가 아니라고 주장한다. 경제 행위자들은 아무런 지체 없이 매 순간 정확하게 정부의 인위적인 경제 개입이 야기할 결과를 예측하고 그 예측을 현재의 경제적 활동에 고려하는 합리적 행위자다. 그리고 경제 행위자들이 형성하는 합리적 기대에 관한 이런 가설이 입증될 수 있다면, 필립스 곡선에 관한 영미의 전통적인 해석(프리드먼 자신도 부분적으로 영향을 받은)과 다르게 실업률의 조정과 물가 안정 사이에는 처음부터 어떤 양자택일의 선택도 존재하지 않게 될 것이다.

처음에 루카스는 래핑과 함께 1904년과 1965년 사이 미국 경제의 상황을 수리경제학적으로 분석하면서 과연 영국에서 필립스가 발견한 것과 유사한 형태의 실업률과 물가 상승률 사이의 역관계(필립스 곡선)가 존재하는지 여부를 판명하려고 노력했다. 루카스의 연구에 따르면, 해당 시기에 미국 경제에서도 필립스 곡선이 존재한 것은 사실이지만 영국하고는 다르게 그 관계가 결코 장기적이나 안정적이지 않았다. 루카스와 래핑은 미국의 경우 실업률과 물가 상승률의 관계를 규정하는 안정적인 양상을 찾을 수 없기 때문에 이 양자 사이의 중간 지점에서 적절한 정책 목표를 설정하는 것은 섣부른 판단이라고 주장했다(Lucas & Rapping 1969).

그런데 루카스는 불완전 시장과 경제 행위자들이 위험을 회피하려고 추구하는 헤지 전략이 어떻게 물가 상승에 영향을 미칠 수 있는지 살펴본 〈기대와 화폐의 중립성Expectation and Neutrality of Money〉이라는 논문을 통해서 그 이전 논문의 결론과 근본적으로 구별되는 급진적인 가설을 전개하게 된다.

이 논문에서 루카스는 전통적인 필립스 곡선의 주요 변수이던 실업률의 변화와 물가 상승률의 변화 대신에 명목 물가의 변화와 실제 산출량이라는 변수를 도입하고, 이 둘 사이에 어떤 체계적인 관계가 존재하는지 탐구하겠다고 주장한다. 루카스에 따르면 어째서 통화량의 증가와 나란히 실제 산출량도 증가하는지 해명해야 한다. 만약 프리드먼이 주장한 대로 화폐가 장기적으로 거시 경제 변동에 아무런 영향을 미치지 않는다는 의미에서 '중립적'이라면, 그리고 경제 행위자들이 루카스 자신이 말한 것처럼 합리적 기대를 형성한다면, 어째서 통화량의 증대가 실제 산출물의 증대를 가져오는 것처럼 보이는지 해명해야 하기 때문이다(Lucas 1972a, 66~67).

이런 의문에 관한 루카스 자신의 결론은 과거에는 거시 경제 상황에 관련된 정보가 완벽하지 않았다는 것이다. 다시 말해 정보가 특정한 조건하의 시장 가격의 변동을 통해서 간접적으로만 경제 행위자들에게 전달되기 때문에, 경제 행위자들은 실제 경제 상황과 일시적으로 나타나는 화폐적 변동성을 구별하지 못하고 있었다(Lucas 1972a, 84).

이런 논의의 함의를 루카스가 의도한 대로 더욱 급진적으로 몰고 가면, 필립스 곡선의 존재 자체나 당시 대부분의 경제학자들이 실업률과 물가 상승률 사이에서 어느 한 가지를 우선순위에 두고 정책을 펼칠 수밖에 없다고 주장한 필립스 곡선의 함의는 이제 존재하지 않게 된다. 흥미롭게도 루카스가 암묵적으로 지지하고 이론적으로 더욱 정교화하려 한 프리드먼의 자연 실업률이라는 가설도 이제 필요 없게 된다. 왜냐하면 이 모든 불필요한 개념과 논쟁들은 시장의 불완전 정보가 팽배해 있던 과거의 일시적인 상황의 산물에 불과하기 때문이다. 시장을 통한 정보의 흐름이 완벽해졌고, 경제 행위자들은 그런 완전 정보를 바탕으로 합리적 기대를 형성하며 미래의 경제 상황을 예측하고 대처하고 있다. 이런 상황에서 시장의 불완전 정보 때문에 나타난 일시적인 필립스 곡선과 그것을 둘러싼 많은 불필요한 개념들은 역사 속으로 사라져야 할 것이다(Lucas 1972b, 90~91, 100).

루카스가 미시경제학 모델을 동원해 필립스 곡선의 존재를 부정하는 방식으로 나아갔다면, 사전트는 케이건Phillips Cagan의 초인플레이션 모델을 원용하면서 자신의 논의를 발전시켰다. 케이건의 모델은 정부의 재정 적자와 초인플레이션을 주기적으로 경험하고 있던 개발도상국들의 경험을 일반화하면서 이 양자 사이의 인과 관계를 설정하려고 한 시도였다. 정부가 재정 적자를 메꾸기 위해 화폐를 무분별하게 발행해 시중에 유통시키면 머지않아 전반적인 물가 상승을 야기하게 되는데, 더 심각한 문제는 어느 순간 공중이 앞으로도 계속해서 인플레이션 압력이 도래하리라는 기대를 형성하게 된다는 것이다(Sargent & Wallace 1973, 333).

사전트는 만약 공중이 모종의 합리적 기대를 형성할 수 있다면, 현재의 인플레이션이 현 시점에서 끝나는 게 아니라 나중의 인플레이션에 관한 현재의 예측에 영향을 줄 것이라고 주장한다. 그런데 동시에 다음 시점의 인플레이션은 그 다음 다음 시점의 인플레이션에 관한 예측에도 영향을 주고받게 된다. 이런 방식으로 합리적 기대를 통해 제시되는 미래의 인플레이션에 관한 공중의 예측은 더 나아간 미래를 향한 투사로 지속적으로 연결된다. 이런 합리적 기대를 염두할 때, 만약 공중이 정부가 계속해서 통화량을 증대시킬 것이라는 예측을 하게 된다면 공중의 이런 기대와 정부의 교차적 통화량 증대는 머지않아 초인플레이션을 야기하면서 악순환의 고리에 빠져들게 될 것이다(Sargent & Wallace 1973, 331~33, 336~37, 349~50).

따라서 만약 정부가 경기 부양을 위해 팽창적 금융 정책을 취하면서 경제에 개입하면 경제 행위자들은 인플레이션이 증대할 것이라는 합리적 기대를 형성하게 되고, 이런 상황은 실업률과 물가 상승의 역관계라고 하는 필립스 곡선을 더더욱 원래의 축선에서 멀어지게 만들 것이다. 그리고 이런 분석이 일반화될 수 있다면, 정부가 물가 안정을 위해 사회적으로 감수할 만한 실업률을 선택하거나 또는 그 반대로 일정한 고용률을 유지하기 위해 인플레이션을 특정한 범위 안에서 용인하는 정책을 선택할 수 있는 선택의 여지는 처음부터 존재하지 않게 된다. 왜냐하면 정부가 확대 금융 정책을 취하는 순간 실업률과 물가 상승률 사이의 기존의 관계 자체가 사라져버릴 것이기 때문이다.

흥미롭게도 필립스 곡선을 둘러싼 논쟁을 진행하는 과정에서 루카스는 단 한 번도 자신이 언표한 합리적 기대와 대표적 행위자의 합리성이 무엇을 뜻하는지 규정하지 않고 있다. 루카스하고 다르게 사전트는 매우 과감하게도 경제 행위자들의 합리적 기대 형성은 수리경제학자들이 즐겨 사용하는 경기 예측 모델과 사실상 동일한 것이라고 주장했다(Sargent & Wallace 1973, 331). 합리적 기대 가설은 "공중의 기대 형성 과정이 경제 모델을 통한 예측과 근본적으로 다르지 않거나 [최소한] 그것보다 더 나쁘지 않다는 것을 전제"한다는 것이다(Sargent 1973, 431).

그러나 이런 정의는 분석자와 행위자 사이에 필연적으로 존재할 수밖에 없는 인식론적 거리를 급진적으로 해체하는 논법이다. 실제로 다양한 경제 활동에 참가하는 행위자들이 직업적 경제학자나 자산 관리사들이 하는 것처럼 각종 데이터를 수집하고 적절한 수리 경제 모형을 만들어서 미래의 경제 상황을 예측하며 대처한다는 발상은 현실적으로 증명될 수 없는 지극히 협소한 가정이기 때문이다.

더 나아가 설사 합리적 기대 가설의 주창자들이 말하는 대표적 행위자들이 나름대로 합리적으로 견해를 형성하고 대처한다는 의미에서 '합리성'에 관한 느슨한 정의를 수용한다고 해도, 늘 사태 변화에 적합한 의견을 수립하고 행동할 것이라고 말할 수 있는 근거는 존재하지 않는다. 하물며 수리경제학들의 경기 예측 모델도 빈번하게 틀린 것으로 판명나기 때문이다.

또한 루카스가 언급한 정보의 불완전성이라는 현상도 주의 깊게 해석해야 한다. 루카스는 시장 정보의 불완전성이 과거 한때 나타난 지배적인 현상이라고 주장하면서 이 문제를 역사적인 산물로 취급하려고 했다. 그러나 루카스는 어디에서도 시장 정보의 완전성이 구현되는 과정에 관해 언급하지 않고 있다.

이 문제와 관련해 시장 정보의 (불)완전성이라는 개념이 시장 정보의 비대칭성과 자유로운 접근성이라는 함의를 그 안에 내포하지 않는다면 지극히 편협한 용어에 불과하다는 점을 지적할 필요가 있다. 시장 정보의 완전성 여부보다도 시장 정보의 대칭성 여부 그리고 추가 비용을 들이지 않고 그 시장 정보에 개별 경제 행위자들이 자유롭게 접근할 수 있는지 여부가 개별 경제 행위자들의 판단과 대처는 물론 거시 경제 상황의 변화를 야기하는 결정적인 변수들이기 때문이다. 안타깝게도 우리는 합리적 기대 가설의 옹호자들의 논의에서 이런 의문들에 관한 해답을 전혀 찾아볼 수 없다.

이런 의문들이 있기는 하지만, 결과적으로 미국 경제학계 안에서 루카스로 대변되는 합리적 기대 학파의 영향력은 더욱 확대됐고, 합리적 기대 학파의 논의는 인플레이션과 재정, 금융 정책을 둘러싼 영역에 국한되지 않고 거시경제학 전반의 다양한 연구 영역으로 확대됐다. 루카스는 전통적인 거시경제학의 분석 대상과 연구 의제를 뒤집어, 이윤과 효용을 극대화하는 대표적 행위자들이 합리적 기대를 형성하고 그 행위의 결과가 사회 전체의 효용을 증진시키는 과정을 분석해야 한다는 지극히 당파적인 연구 의제를 부각시키기 시작했다. '거시 경제의 미시적 기초'를 분석한다는 기치 아래 미시적 기초란 합리적 기대 가설이 전제하는 이윤과 효용을 극대화하는 대표적 행위자에 관한 수학적 모형을 발전시키는 것이었다.

이론사적으로 합리적 기대 가설을 바탕으로 한 이런 논의는 2차 대전 이후부터 1970년대 중반까지 거의 아무런 도전도 받지 않고 거시 경제 정책 수립과 집행에 지대한 영향을 미친 이른바 '케인스주의'적 정책에 관한 보수주의자들의 급진적인 비판으로 간주될 수 있다.

물론 이런 논의가 추동한 미국 경제학계 안의 패러다임 변화가 당시와 그 이후 현실 경제의 급격한 불안정성 속에서 선택적으로 수용된 방식에 관해서는 별도의 논의가 필요하다. 더 나아가 이런 논의가 중앙은행의 제도적 독립성과 이것을 기반으로 한 언뜻 과학적인 것처럼 보이는 최신 금융 정책 수단의 확립에 어떤 영향을 미쳤는지 이해하려면 1970년대 중후반부터 1980중반 사이에 미 연준이 취한 금융 정책상의 충격 요법과 뒤이은 금융 정책 수단을 둘러싼 논쟁을 살펴볼 필요가 있다.

5. 1980년대 반인플레이션 정책 실험과 금융 정책 이론의 전개

1) 레이건-볼커의 반인플레이션 정책

1970년대 중반 이후 미국 경제는 중동 산유국들의 인위적인 가격 담합과 수출 통제로 발생한 원유가의 상승과 오랜 기간 동안 지속된 '케인스주의적' 확대 재정 정책 편성의 결과로 나타난 급격한 물가 상승 압력에 직면해 있었다.

카터 행정부에서 임명된 뒤 레이건의 재임 기간 동안에도 미 연준 의장직을 유지하고 있던 폴 볼커는 식을 줄 모르는 인플레이션 압력에 대처한다는 미명하에 다음 세 가지 정책을 실행했다. 첫째, 연준이 통제할 수 있는 통화량 발행을 억제해 단기 정책 금리(연방 기준 금리)를 대폭 상승시키고, 둘째, 민간 은행의 지급 준비금 비율을 대폭 상향 조정하며, 셋째, 재무부와 암묵적인 협의하에 달러 가치를 높게 책정했다.

그 결과 연방 기준 금리와 여기에 직접 연동된 단기 이자율은 최고 20퍼센트까지 치솟았고, 기업이나 가계가 내구재 소비를 위해 은행에서 돈을 빌리는 게 사실상 불가능해졌다. 이런 조치에 힘입어 결과적으로 1979년 연 13퍼센트에 이르던 일반 물가 상승률이 1983년을 기점으로 3.5퍼센트로 대폭 떨어졌다. 이때 불어닥친 경제적 손실은 미국 역사상 전무후무한 것이었다. 1979년에 미국 내 실질 국민총생산은 그 전의 최고점에서 무려 82억 달러나 감소했고, 1979년에서 1983년 사이까지 따지면 경제적 손실은 600억 달러에 이르렀다(Greider 1989, 507).

그러나 직접적으로 계산 가능한 이런 경제적 손실 말고도 정책 당국의 반인플레이션 정책은 장기적으로 미국 경제의 구조를 재편성하는 데 커다란 영향을 미쳤다. 무엇보다도 미 연준의 고이자율 정책은 다양한 산업 영역에 고르게 영향을 미친 것이 아니었다. 이런 급격한 고이자율 정책이 도입되기 이전에 경작

가능한 토지나 생산 설비를 구입하기 위해 은행에서 대출을 받은 대다수 기업가들이 파산할 수밖에 없었다. 물론 생산적 투자를 목적으로 돈을 빌린 사람들 말고도 자동차나 주택을 구입하려고 대출을 받은 평범한 사람들도 고이자율 정책의 결과로 나타난 불경기 때문에 실업을 당하거나 줄어든 임금 소득에 견줘 늘어난 이자율 부담 때문에 극심한 어려움을 겪어야 했다.

그러나 소수의 독점 기업들은 중소기업들이 파산한 결과로 자체의 시장 점유율을 높일 수 있었다. 고이자율과 저환율 덕분에 예상 밖의 이윤을 얻은 금융 산업 부문의 거대 은행들을 제외하더라도, 예를 들어 독점적인 지위를 누리고 있던 군수 산업체들과 연관 기업들은 레이건 행정부가 취한 군사화 정책의 최고 수혜자가 됐다. 이 점에서 레이건-볼커의 정책 조합은 중화학 공업과 제조업 분야의 군사화와 경제 전반의 금융화를 초래하는 결정적인 지렛대 구실을 했다고 말할 수 있다.

둘째, 미 연준의 물가 안정 정책은 1980년대 내내 지속된 기업 인수와 합병의 물결을 일으키는 물질적 토양을 제공했다. 고이자율 정책은 비금융 기업의 채산성을 악화시켰고, 채산성이 악화된 기업들은 은행을 통해 추가 대출을 받을 수 없는 위치로 내몰렸다. 그런 기업이 마지막으로 의존할 수 있는 수단 중 하나가 기업 채권을 발행하는 것이었다. 그러나 다른 이자율이 전반적으로 높은 상황에서 기업은 더 높은 채권 수익률을 보장하지 않으면 안 된다. 고이자율과 경기 상황의 불확실성 증대로 소비자들의 구매력이 감소된 상황에서 자신이 발행한 채권의 이자율을 상회하는 이윤을 얻을 수 있는 기업은, 예를 들어 예외적으로 독점적인 지위를 누리던 군수 산업체를 제외하고는 그리 많지 않다. 결국 채권 발행은 기업 투자 자금을 조달하는 것이 아니라 기업의 파산과 적대적인 인수 합병에 이르는 가장 손쉬운 길이 됐다(Greider 1989, 661).

셋째, 미 연준의 물가 안정화 정책은 미국 가계의 소비 유형에 커다란 영향을 미치게 됐다. 전후 케인스주의적 복지 국가 정책과 산업화 정책을 통해 두텁게 형성된 미국의 중산층은 한편으로는 인플레이션 압력 아래 실질 소득의 하락을 경험할 수밖에 없었고, 다른 한편으로는 고이자율 정책이 야기한 인위적인 불경기 때문에 실직하거나 추가 소득원을 상실하는 처지로 내몰리게 됐다. 이런 상황에 직면한 사람들이 선택할 수 있는 거의 유일한 방안은 고이자율에도 '버틸 수 있을 때까지' 끊임없이 빚을 내 소비를 하는 것이었다. 그 결과 1984년 말 미국의 총부채는 7.1조 달러에 이르게 된다. 이것은 1977년 대비 두 배 이상 증가한 수치이고, 1983년과 1984년 사이에만 무려 25퍼센트나 증가한 결과이기도 하다. 이 시점을 기준으로 미국의 총부채는 국내총생산의 60퍼센트에 이르게 된다. '빚을 내서 소비를 하는 미국 소비자'라는 행위 유형이 구조화된 것은 바로 레이건 정부 시기에 취해진 급격한 반인플레이션 정책 때문이었다(Greider 1989, 656).

마지막으로 레이건-볼커의 정책은 미국 내 소득 분배에 심각한 악영향을 끼쳤다. 1981년 도입된 조세 감면 혜택은 고이자율 정책과 맞물려 부를 역진적으로 재분배하는 결과를 낳았다. 1930년대 루스벨트 행정부는 한편으로는 대공황의 파국에서 미국 경제를 재건하고 다른 한편으로는 국내외적 차원의 사회주의의 압력에 대처하는 수단으로 진보적인 조세 체제(90퍼센트에 이르는 최고 소득세율을 포함한)를 도입했다. 그 결과 상위 1퍼센트와 10퍼센트의 부자들이 미국 내 전체 부의 40퍼센트와 75퍼센트를 각각 장악하고 있던 대공황 전의 상황이 반전돼 전후에는 비교적 공평하게 경제 활동의 과실이 분배되는 시스템을 갖추게 됐다.

그러나 레이건이 '위대한 미 제국의 건설'이라는 이름으로 도입한 역진적 조세 제도는 대공황 이후 1970년대 말까지 지속된 이런 경제 시스템의 근간을 뒤흔드는 것이었다. 미국 인구 조사 통계US Census에 따르면, 1980년에서 1983년 사이 상위 20퍼센트의 소득 집단만이 레이건 행정부가 도입한 조세 감면 정책의 실질적인 수혜자로 판명됐다. 상위 15퍼센트에 속하는 소득 집단, 당시 기준으로 연간 3만 8000달러나 그 이상의 수입을 얻고 있던 집단이 가계당 1480달러의 실질 소득 증대를 효과를 누렸고, 상위 5퍼센트에 속하는 소득 집단, 당시 기준으로는 연평균 6만 달러 이상의 소득을 얻고 있던 집단이 가계당 3320달러의 실질 소득 증대 효과를 누린 반면, 중간 계층과 노동 빈민들은 사실상 각각 560달러와 250달러의 손실을 보게 됐다(Greider 1989, 401).

지금까지 살펴본 것처럼 레이건-볼커의 반인플레이션 정책이 직접적인 경제적 손실 말고도 산업 구조와 시장 구조의 분절화, 소득 분배 구조의 악화와 여기에 따른 부채의 증가 등 악영향을 국내적으로 초래했다면, 국제적으로 이 정책이 끼친 악영향도 결코 간과할 수 없을 것이다.

무엇보다도 레이건-볼커의 고이자율 정책은 미국은 물론 미국 시장을 겨냥해 수출을 통해 경제를 발전시키고 있던 거의 모든 나라들에서도 인위적인 불경기를 초래했다. 세계 경제에 지대한 영향력을 행사하고 있던 미국 행정부와 중앙은행이 취한 고이자율 정책에서 자유로울 수 있는 유럽 국가는 없었다. 이미 금융시장이라는 통로를 통해 복잡한 상호 연계를 맺고 있던 상황에서 만약 유럽의 어느 한 나라가 국내적인 차원의 경기 부양을 위해 낮은 이자율 정책을 고수하려고 했다면, 그 나라는 고이자율에 따른 수익을 쫓아서 급격하게 움직이는 자본의 유출을 경험하지 않을 수 없었을 것이다.

실제로 프랑스 대통령이던 사회당 출신의 미테랑은 집권 초기에 케인스주의 노선을 따라 확대 금융, 재정 정책을 통해 정체된 국내 경기를 부양하려고 했다가 급격한 자본 유출 사태에 직면해 국내 이자율을 높이지 않을 수 없었다. 금융시장을 통한 연관 관계가 조금 미약하던 동아시아 국가들의 경우에도 인위적으로 야기된 불경기 때문에 불가피하게 줄어든 수출 시장 안에서 더욱 치열하게 경쟁해야 하는 상황으로 내몰리지 않을 수 없었다.

또한 고이자율 정책과 더불어 관철된 강한 달러화 정책은 라틴아메리카의 개발도상국에서 일련의 외채 위기를 불러일으켰다. 일차적으로는 이 나라들이 개방된 자본 시장을 통해 미국의 은행들에서 막대한 자금을 빌린 때문이었다. 이 중 많은 자본은 채무국들이 상응하는 수익률을 보장하지 않는 한 언제라도 미국의 금융 시장으로 환류될 것이었다. 더불어 달러화가 강세를 유지하고 자국의 화폐 가치가 하락하면서 이 나라들이 이전에 빌린 채무 부담을 급속도로 증대시키게 됐다. 이런 상황에서 미국의 경기 침체는 대미 수출을 통해서 거시 경제의 안정책을 마련한 이 나라들에게 치명적인 악영향을 끼치게 됐다. 이제 브라질과 멕시코는 단기 금융 자본의 급격한 유출을 막기 위해 국내 이자율을 극한까지 높이는 상황으로 내몰리고, 이것이 다시 중장기적으로 국내 산업 기반의 건전성을 악화시키는 악순환에 빠지게 된다. 그렇지 않아도 무역 수지가 악화되고 있는 상태에서 이번에는 정부의 인위적인 이자율 조정 정책이 국내의 탈산업화를 더욱 조장하는 상황으로 나아가게 된 것이다.

결국 1970년대 후반부터 1980년대 초반에 걸쳐 멕시코와 브라질에서 시작된 외환 위기는 라틴아메리카 전역을 휩쓸고 지나갔다. 라틴아메리카 각국이 1970년대 초반부터 부분적으로는 미국 재무부의 강요와 국제 금융 기관들의 정책적 권고를 수용해 자국의 자본 시장을 개방하고 그렇게 유입된 미국계 자본을 활용해 국내 산업을 육성시키려고 했다는 점에서, 이 시기에 폭발적으로 나타난 채무 위기의 씨앗은 이미 오래전부터 미국의 금융 정책 당국과 상업 은행들이 의도적으로 뿌려둔 것인지도 모른다. 그러나 미 연준과 재무부가 추진한 급격한 고이자율 정책이 없었다면 이 나라들이 굳이 채무 위기를 경험할 필요는 없었을 것이다 (Greider 1989, 521).

이론적인 차원에서 레이건-볼커가 실험한 경제 정책은 나중에 '시장 근본주의 market fundamentalism'나 '신자유주의neoliberalism'라고 불리게 될 보수적인 이념 신조와 프리드먼이 주장한 통화주의적 반인플레이션 정책이 결합된 것이라고 말할 수 있다. 이것이 시장 근본주의라고 불리게 된 이유는 정책 결정자들이 그 이전 시기까지 영국과 미국의 거시 경제 정책을 조정하는 데 결정적인 준거점이 된 전후 케인스주의적 국가 개입 노선을 근본적으로 부정하려는 인식론적 지향을 가지고 있었기 때문이다.

그러나 레이건 행정부가 군수 산업체에 선택적 지원을 집중한 데에서 나타나는 것처럼, 미국이 실제로 군사주의적 케인스주의 노선에서 결정적으로 벗어난 것은 아니었다. 또한 '자유 시장 질서를 복원한다'는 미명 아래 역설적으로 강력한 국가 권력을 동원해 각종 사회적 안정망과 규범들을 파괴한 데서 잘 드러나듯이 미국의 신자유주의가 일관되게 '시장 지향적인 정책 수단'을 동원했던 것도 아니다.

이런 측면에서 레이건-볼커의 경제 정책은 케인스주의적 개입주의 국가 정책 아래에서 제약을 느끼고 있던 독점 자본가와 금융 자산가 계급이 '자유 시장 질서의 복원'이라는 이데올로기를 내걸고 국가 권력을 동원해 자신들의 이익을 극대화하기 위한 전략을 추진한 결과라고 말할 수 있다.

물론 이 과정에서 프리드먼의 통화주의 이론이 정확히 어떤 구실을 했는지 파악하는 것은 결코 쉬운 일이 아니다. 왜냐하면 심지어 겉으로는 통화주의 이론을 수용한다고 말한 볼커도 통화량 자체의 조정이 현실적으로는 불가능하다는 것을 알고 있었고, 실제로는 통화량 조절이 아니라 단기 이자율을 겨냥하는 방식으로 물가 안정화 정책을 취했기 때문이다. 그 과정에서 볼커와 연준 이사회의 구성원들은 자신들이 취하는 고이자율 정책이 사실상 (고정된 화폐 회전율이라는 통화주의자들의 가정하고 다르게) 화폐의 회전율을 급격하게 떨어뜨리고 있을 뿐만 아니라 결과적으로는 유효 수요의 기반을 잠식해 경제 전반을 극심한 경기 침체 상황으로 몰아가고 있다는 것을 잘 알고 있었다. 과연 이것이 프리드먼이 정작 의도한 결과인지는 쉽게 판단할 수 없다.[7]

---

7 통화주의자의 시각에서 레이건-볼커의 정책 실험을 평가한 글로는 Macesich(1984)와 Johnson(1998, Ch. 5) 참조. 합리적 기대 이론의 시각에서 이 시기의 경험을 이론화한 글로는 Sargent(1999)가 있고, 포스트 케인스주의의 시각에서 이 시기를 분석한 글 중 내가 참고한 글로는 Davidson(1978; 1982)이 있다.

2) 테일러 규칙과 인플레이션 목표제

1990년대에 접어들면서 미국의 금융 시장은 그 이전과 비교할 수 없을 정도로 상대적인 안정성을 유지했고, 자본 시장의 고도화와 금융 자산의 복잡화 정도도 더욱 높아졌다. 경제 구조 차원에서 비금융 기업보다 금융 기업, 그리고 제조업보다 금융과 보험, 부동산 산업 영역을 바탕으로 한 서비스업이 전체 국내총생산에 기여하는 정도도 커지게 됐다. 볼커가 이끄는 미 연준이 악명 높게 쌓아올린 제도적 독립성이라는 관념도 재정 정책과 구별되는 금융 정책의 자율적인 구실과 여기에 따른 체계적인 금융 정책 수립의 가능성을 보장해주는 기초가 된 것처럼 보였다.

이런 제도적 환경 속에서 몇몇 학자들이 과연 정부의 금융 정책이 중앙은행장의 자의적인 선택이 아니라 일련의 명확한 규칙에 입각해서 입안되고 집행될 수 있는지 논의하기 시작했다. 이 중 특히 테일러John B. Taylor의 금융 정책 규칙에 관한 주장은 적어도 2007년 말 미국발 금융 위기가 발생하기 이전까지는 상당히 영향력 있게 받아들여졌다.

테일러는 미 연준은 암암리에 이자율 조정 정책을 통해 인플레이션과 실질 산출량으로 대변되는 거시 경제 활동을 일관되게 조정하려고 노력해 왔다고 주장했다. 브루킹스 연구소의 연구원들이 진행한 금융 정책에 관한 각국 간 비교 연구의 성과(Bryant, Hooper and Mann 1993)를 바탕으로 테일러는 미 연준이 취한 이자율의 변화와 정책 목표가 되는 변수들 간의 상관관계를 다양한 방식으로 추계할 수 있다고 주장하고, '금융 정책 규칙monetary policy rules'이라고 부른 일련의 추계치를 제시했다.

테일러에 따르면 대략 1980년대 후반과 1990년대 초반에 걸쳐 미 연준이 취한 이자율 조정 정책은 물가 상승률 목표치와 실제 물가 상승률의 차이 그리고 실질 산출량 목표치와 실제량의 차이의 가중평균값weighted average으로 설명될 수 있다. 테일러는 이렇게 해서 계산된 이자율이 미 연준이 실시한 이자율에 어느 정도까지 부합하는지 확인한 뒤 "미 연준의 [이자율] 정책은 …… 사실상 [자신이 설명한 규칙에] 부합한다"고 주장했다(Taylor 1993, 201, 202~203).

테일러는 이 결과가 중앙은행의 금융 정책이 더는 개별 중앙 은행가들의 암묵적인 지식이나 감각에 의존하는 게 아니라 공식화될 수 있는 일련의 규칙을 통해 만들어질 수 있다는 것을 보여주는 사례라고 주장했다. 중앙은행이 다른 정부 기관에서 제도적으로 자율적이고 정책 결정의 영역에서도 상당한 정도의 자율성을 확보하고 있는 나라들에서는, 중앙은행이 물가 안정과 경제 성장이라는 두 가지 과제를 동시에 달성하기 위해 일련의 금융 정책적 규칙을 만들 수 있고, 또 이 규칙들에 의거해 정책을 펼쳐야 한다는 것이다.

그러나 테일러의 금융 정책 규칙이라고 부른 계수들은 "가설적이기는 하지만 [가장 설득력 있는] 대표적인 정책 규칙"(Taylor 1993, 196, 197)을 제시한다는 애초의 목표하고 다르게 어느 시점에서 실제 이자율의 변동에 가까워지는 듯 보이는 이자율을 추계하는 공식을 제시한 것에 불과했다. 따라서 설사 우리가 테일러가 제안한 변수들에 관한 추계치의 타당성을 잠시 받아들인다고 하더라도, 테일러의 공식은 왜 그리고 어떻게 해서 미 연준이 그런 이자율 정책을 취했는지 설명해 주지는 못한다.

더불어 테일러가 제안한 금융 정책 규칙에 관한 공식은 실질 산출량과 그 목표치 사이의 차이가 매 순간 지체 없이 관찰될 수 있거나 최소한 간접적으로 추정될 수 있다는 가정에 바탕을 두고 있다. 그렇지만 매컬럼이 이미 적절하게 지적했듯이 실질 국내총생산에 관한 데이터는 오직 일정 시점이 지난 다음에야 (대체로 1분기 데이터는 2분기에 접어든 뒤에도 한참 뒤에야) 비로소 확보할 수 있기 때문에 중앙은행의 금융 정책 담당자들이 선제적인 수단을 통해 목표치와 실제 변수들의 차이를 사전에 줄일 수 있을 것이라는 가정은 현실적으로 납득할 만한 게 못 된다. 경우에 따라서는 금융 정책가들의 선제적인 대응이 오히려 불필요한 불안정성을 야기하거나 그 변동성을 증폭시킬 가능성도 있다(McCallum 1993, 218; Malikane and Semmler 2007).

또한 테일러가 실제 미 연준의 이자율 곡선에 근접한 유사 곡선을 만들어내려고 사용한 각종 추계치가 어느 정도까지 실제 이자율의 변동과 안정적인 상관관계를 형성하느냐는 의문도 제기될 수 있다. 지극히 예외적이고 일시적인 시점에서 실제 이자율의 변동에 근사한 추계 곡선을 만들어냈다고 해서 이 추계 곡선이 앞으로 일어날 실질 이자율 변동을 예측하거나 분석할 수 있는 지침을 제공한다고 기대하는 것은 너무나 섣부른 행동이기 때문이다. 오히려 테일러의 금융 정책 규칙의 타당성을 실제의 자료들에 비추어 확인해보려 한 많은 실증적인 연구들은 애초의 기대하고 다르게 테일러의 공식을 구성하는 변수들의 실제 값(계수)들이 지속적으로 변화하고 있다는 점을 밝혀냈다(유로 통화권에 관한 실험적 적용과 여기에 근거한 비판으로는 Semmler, Greiner and Zhang 2005, Chs. 4, 6~7).

그러나 테일러가 제안한 금융 정책 규칙을 무비판으로 적용하려 할 때 나타날 가장 심각한 문제는 아마도 테일러의 논의가 환율 정책의 효과성을 아예 도외시하고 있다는 점과 관계돼 있을 것이다. 전통적으로 국제 금융 시장에서 자국의 화폐로 채권을 발행하지 못하는 소규모 개방 국가들은 국내 투자와 국제 교역에 필요한 외환을 얻고 환율을 적정한 수준에서 안정시키려고 많은 재원을 쏟아부어왔다. 따라서 이 나라들에는 어쩌면 금리 조정 정책보다 환율 조정 정책이 거시 경제의 안정성을 유지하는 데 훨씬 더 중요한 구실을 한다고 볼 수 있다.

그런데 테일러가 제안한 규칙은 바로 이 환율 정책에 관해서 거의 아무런 제안도 하지 않고 있다. 테일러 자신은 물론 환율 변동이 국내 이자율의 변동과 총산출량에 일정한 영향을 미친다는 점을 잘 알고 있다고 말한다. 그렇지만 테일러는 여전히 변동 환율제를 유지하고 중앙은행이 인플레이션 목표제를 추구하는 나라들에서는 환율 정책보다 이자율 조정을 통한 미세 조정이 훨씬 더 유효한 수단이라고 강변하고 있다(Taylor 2000).[8]

6. 긴급 구제 금융 정책의 효과를 둘러싼 논란

지금까지 우리는 리카도로 대표되는 19세기 초반의 고전적인 통화주의부터 시작하여 빅셀의 자연 이자율 개념과 금융 정책에 관한 제안, 케인스가 수행한 신고전파 통화주의 이론들에 관한 비판 등을 차례로 살펴봤다. 더 나아가 우리는 케인스의 《일반 이론》에 밀려 전복되는 듯이 보이던 고전적 통화주의 물가 이론과 이자율 이론이 프리드먼을 거쳐 현대에 이르러 재탄생하게 된 과정을 살펴봤다.

지금까지 한 논의를 고려할 때 현재 각국의 중앙은행들은 다양한 금융 이론들을 부분적으로 수용하는 한편, 금융 정책에 관한 금융 공학 전문가들의 기술적 지침들을 바탕으로 나름대로 자체적인 금융 정책 방안들을 마련해가고 있는 것처럼 보인다.

미 연준의 경우 프리드먼의 통화 총량 조정과 빅셀이 언급한 이자율 조정에 관한 논의를 변용시켜 기술적으로는 통화 총량제나 인플레이션 목표제라고 불리는 두 가지 정책 수단을 통해 물가를 안정시키는 것을 공식 방침으로 정하고 있다. 유럽 중앙은행의 금융 정책 결정을 사실상 좌지우지하는 독일의 경우는

---

8 소규모 개방 국가들의 중앙은행이 놓인 이중의 과제, 이자율 조정과 환율 조정이라는 과제와 관련해 안타깝게도 포스트 케인스주의자들도 주류 금융 정책 이론가들과 마찬가지로 많은 한계를 보여주고 있다. 주류 경제학자들과 포스트 케인스주의자들이 다른 점이 있다면 금융 정책의 목표와 우선순위를 어디에 둘 것인가 하는 점일 뿐이다(물가 안정이냐 고용 증대냐). 더불어 전통적인 전후 '케인스주의자들'은 이자율이 기업 투자를 진작하고 이것을 통해 총산출량과 고용을 증대시키는 데 중요한 구실을 한다는(케인스가 《일반 이론》에서 다만 논의의 편의를 위해 잠시 수용한 가정) 근거 없는 주장에 관해 단 한 번도 주의를 환기한 적이 없다. 비록 최근의 몇몇 포스트 케인스주의자들이 나름대로 일관된 금융 정책 규칙을 제안하려고 노력하고 있는 게 사실이라고 해도(예를 들어 Wray 2007), 여전히 소규모 개방 국가 또는 대다수 개발도상국들이 놓인 환율 불안정성에 따른 거시 경제적 불안정성 문제에 많은 주의를 기울이지 못하고 있다. 이런 까닭에 금융 정책 규칙과 관련해서 대안도 대체로 케인스가 《일반 이론》에서 다만 지나가면서 언급한 '자본의 한계 효율성보다 낮게 명목 이자율을 유지할 것'이라는 경구를 반복하는 데 머물러 있는 것처럼 보인다. 안타깝게도 이런 지침은 환율 불안정성이 이자율의 변동을 자극하고(그 반대의 관계도 성립한다), 인플레이션뿐만 아니라 실질 경제 활동 전반을 위축시키는 데 커다란 영향력을 행사하고 있는 모든 개발도상국들의 상황에서는 그리 구체적인 제안이 되지 못한다.

표 3-1. 다양한 금융 정책 이론의 분류

화폐/신용의 주된 효과			
물가 변동		산출과 고용량의 변화	
화폐 채널	신용 채널	화폐 채널	신용 채널
데이비드 흄, 데이비드 리카도, 존 스튜어트 밀, 통화학파, 통화주의자들	크누트 빅셀, (조셉 슘페터, 부분적으로 《화폐론》의 케인스)	은행학파, 《일반 이론》의 케인스, (부분적으로 칼 마르크스와 하이먼 민스키, 그리고 미하우 칼레츠키)	부분적으로 칼 마르크스, 부분적으로 하이먼 민스키

루카스 등의 합리적 기대 가설의 옹호자들은 불완전 정보가 팽배하던 과거에는 통화량의 변동이 산출과 고용량의 변화를 야기한 것처럼 보였지만 오늘날 같은 완전 정보하의 금융 시장에서 경제 주체들은 합리적 기대를 형성하고, 그렇기 때문에 정부의 추가적인 통화 발행이 더는 산출과 고용량의 증대 효과를 가지지 못한다고 주장함(위 분류에 해당되지 않음). 테일러의 금융 정책 규칙에 관한 논의는 화폐나 신용의 효과가 아니라 중앙은행의 금융 정책이 실제로 어떻게 결정되고 집행될 수 있는지에 관한 가설에 불과함(위 분류에 해당되지 않음)

1920년대 중반 바이마르 공화국 시기에 나타난 초인플레이션의 파괴적인 경험 때문에 미국보다도 훨씬 더 강경한 태도로 화폐 총량제를 바탕으로 한 물가 안정 정책을 취하고 있다(Johnson 1998).

물론 당연하게도 이런 현대 중앙은행들의 공식 목표와 기술적 방침을 둘러싸고 많은 논쟁들이 끊임없이 생겨나고 있다. 예를 들어 '경제 성장과 물가 안정'이라는 공식 목표하고 다르게 각국 중앙은행들이 각 나라의 역사적 경험과 금융 정책을 둘러싼 전반적인 경제 환경이 강요하는 경로 의존성 때문에 경제 성장보다는 물가 안정이라는 목표에 배타적으로 매달리고 있다는 지극히 타당한 비판이 제기됐다. 더 나아가 중앙은행이 경제 성장을 위해 중요한 구실을 해야 한다면 현실적으로 강구할 수 있는 금융 정책적 수단은 과연 무엇인지를 둘러싼 논쟁, 예를 들어 인플레이션 목표제에 대비되는 고용 안정 목표제라는 구상에 이르기까지 많은 논란들이 벌어지고 있다(Epstein 2003; Wray 2007).

한국 중앙은행의 경우는 1990년대 말까지 과거의 경제기획원이나 재정경제

부가 주도한 경제 개발 계획에 보조를 맞추려고 사실상 그 기관들의 종속 기관 노릇을 했다. 그러다가 1990년대 말의 동아시아 외환 위기를 거치면서 국제통화기금의 요구 조건 중 하나로 강요된 인플레이션 목표제를 적어도 공식적으로는 금융 정책 운용의 지침으로 수용해왔다.

최근 한국에서 벌어지고 있는 한국은행의 독립성을 둘러싼 논쟁은 김대중, 노무현 정부에서 추진된 한국은행의 독립을 위한 일련의 '개혁 조치'들이 이명박 정권에서 무력화되고 있다는 현실적인 판단과 더불어, 전대미문의 국제적 금융 위기가 초래할지도 모르는 금융 불안정성에 관한 두려움 때문에 더욱 복잡하게 전개되고 있다.

그런데 현실적인 맥락에서 더 중요한 문제는 2007년부터 시작된 미국발 국제 금융 위기가 위에서 소개한 기존의 거의 모든 금융 정책 이론의 타당성을 의심하게 만드는 중요한 계기가 되고 있다는 점이다.

1) 연준의 예외적 유동성 정책과 비대칭적 효과

현재의 금융 위기 국면에서 미 연준은 연방 기준 금리를 지속적으로 낮춰 은행들의 유동성 압력을 낮추는 한편, 더 직접적으로는 각종 특별 대출 방안을 마련해 은행은 물론 2차 금융권의 주요 금융 기업들에게 사실상 무료로 유동성을 확대 공급하는 정책을 취해왔다. 특히 연준은 미 재무부가 긴급하게 돌아가던 경제 상황에 대처하려고 마련한 700억 달러에 이르는 확대 재정 편성 관련 법안이 의회 안에서 논란을 불러일으키고, 이런 논란이 금융 시장의 불안정성을 더욱 증폭시키는 과정을 지켜본 뒤에는 더더욱 국내 자본 시장에 직접 유동성을 투입하는 정책에 기대게 됐다.

이른바 양적 완화 정책이라고 불리는 이 비전통적 금융 정책은 미 재무부가 발행하는 국채의 이자율을 적절한 범위 안에서 통제하려고 만기일이 다른 국채를 사들이던 종래의 일상적인 채무 관리의 범위에서 벗어나고, 사실상 재무부의 묵인하에 의회를 우회한 채 추가로 시중 은행의 자본 계정에 유동성을 투입하는 정책이다.

미 연준 의장 버냉키는 이런 비전통적인 금융과 긴급 유동성 정책들이 국제적인 차원의 비판 대상이 되자 자신들이 지금까지 취해온 조치들이 금융 시장의 안정을 위해 각국 중앙은행이 마땅히 취해야 하는 조치들 중 하나이고 종래의 금융 정책 규칙에서 전혀 벗어나지 않았다고 주장해왔다(FRB 2010).

그러나 이 주장은 전혀 사실이 아니다. 앞에서 살펴본 어떤 화폐 이론이나 금융 이론을 통해서도 미 연준이 추진하고 있는 예외적인 정책들을 정당화할 수는 없기 때문이다. 실제로도 미 연준은 2차 대전 이후 단 한 번도 이것과 유사한 긴급 유동성 정책을 취한 적이 없다. 특히 이른바 국제 표준이라는 이름으로 외환 위기와 금융 위기가 발생한 나라들에게 국제통화기금과 세계은행을 통해 미 연준과 재무부가 강요해온 일련의 긴축 위주 금융 정책들을 고려할 때 자국의 경제 위기 국면에서 미 연준이 취하고 있는 확대 금융과 유동성 정책들은 결코 정당화될 수 없다.

결국 사후적인 정당화 노력이 있었지만 지금까지 미 연준이 취해온 일련의 정책들은 자국의 금융 산업을 구제하기 위해 적어도 주류 경제학 이론에서는 전혀 찾아볼 수 없는 비전통적인 금융 정책을 집행한 것에 다름 아니다. 미 연준의 정책 결정자들은 아시아와 라틴아메리카 국가들에서 외환, 금융 위기가 발생할 때마다 자신들이 그토록 비난해 마지않던 정실 자본주의의 전형을 여과 없이 보여줬으며, 각종 도덕적 해이의 위험을 무릅쓰고 미국 금융 산업을 구제하기 위해 무슨 일이든 벌일 준비가 돼 있다는 사실을 여실히 입증한 것이다.

그런데 문제는 이런 자기 배반적 유동성 정책들에도 확대 금융 정책만으로는 미국 경제를 경기 침체에서 끌어낼 수 없다는 것이 점점 더 명확해지고 있다는 점이다. 미 연준의 긴급 유동성 투입 정책들은 지금까지 지극히 비대칭적이고 불균등한 효과만을 야기했을 뿐이다. 이미 앞 장에서 살펴본 것처럼 미 연준의 확대 금융 정책 덕분에 거대 은행과 금융 기업들은 금융 위기 이전 수준의 이윤율을 회복했고, 금융 위기가 발생하기 전보다 더 많은 보너스를 최고 경영자들에게 지급하면서 돈 잔치를 벌이고 있는 상황이다.

반면 다수의 지역 은행들의 파산 위험은 전혀 줄어들지 않고 있고, 중소기업과 가계는 더욱 가혹해진 신용 위협에 직면해 노동자들을 해고하고 설비 투자를 꺼리는 상황이 지속되고 있다. 거대 금융 기업들의 국내총생산 대비 부가가치는 급속하게 상승하는 반면 미국 경제의 국내총생산과 고용 상황은 전혀 나아지지 않고 있는 상황이 벌써 5년여째 반복되고 있는 것이다.

물론 미 연준의 긴급 유동성 투입 정책이 은행을 포함한 금융 기업의 자본 재확충을 도우면 확충된 자본은 비금융 기업과 가계 대상 대출로 이어지고, 이런 유동성을 바탕으로 투자와 고용의 증대, 임금 소득의 상승, 유효 수요의 증대라는 선순환 구조를 확립할 수 있는 방안이 전혀 없는 것은 아니다.

먼저 쉽게 생각해 볼 수 있는 것은 부의 효과를 통한 소비 진작이 경제 전체를 선순환 구조에 올려놓는 경우다. 주식 시장이 활황세를 지속해서 가계의 자산 가치가 증대하면 가계는 증대된 자산 가치에 상응하는 (비록 일대일의 상응 관계는 아니더라도) 방식으로 소비를 늘릴 가능성이 있다. 미 연준 의장과 금융 정책 결정자들이 겨냥하고 있는 듯한 이런 통로는, 그러나 그 소비 증대가 비금융 기업 대상 대출의 증대, 정부의 확대 재정 집행 등과 맞물려 민간 기업의 투자를 유발하고 다시 이 투자가 고용과 실업 문제를 중단기적으로 해결해나갈 수 있을 때에만 빛을 발할 수 있을 것이다.

또 다른 가능성은 추가적이거나 변용된 형태의 확대 재정 투입을 통해 실업이 장기화되면서 줄어든 민간 소득을 지속적으로 보전하고, 이것이 은행의 비금융 기업을 대상으로 하는 점진적인 대출 증대와 맞물려 기업의 투자 수준과 고용량을 증대시키는 방향으로 나아가는 방법이다. 2009년부터 2011년까지 오바마 행정부가 집행한 '전미 부흥과 재투자 법안ARRA'이나 각종 고용 관련 세제 지원 정책 등은 바로 이런 통로를 통한 경기 회복을 겨냥하고 있었다.

그러나 이런 정책 조합들이 의도한 성과를 달성할 수 있을지는 여전히 불투명하다. 왜냐하면 전미 부흥과 재투자 법안을 통해 집행한 확대 재정 예산 규모도 처음부터 결코 충분하지 않았고, 무엇보다도 이 긴급 재정을 통해서 각 주 정부와 시 정부에 보조한 예산도 너무나 이른 시기에 종결됐기 때문이다. 남유럽 재정 위기 문제가 불거지면서 연방 정부의 재정 적자와 국가 채무 규모를 급속하게 줄여야 한다는 보수주의자들의 선동이 힘을 얻고 있고, 연방 의회 안의 세력 관계도 변화해 오바마 행정부가 추가적인 확대 재정 정책을 집행할 수 있는 여건이 사라진 상황이기 때문이다.

결국 가까운 장래에 우리가 예측할 수 있는 경제 상황은 그나마 부분적으로 진정될 기미를 보이던 비금융 산업 활동 지수가 다시 하락하고, 일시적으로 회복되던 금융 부문의 이윤율도 실물 경제 부문의 정체 때문에 다시 떨어지는 현상, 노동 시장의 고용 사정도 결코 나아지지 않고 장기 실업자의 비중과 빈곤율이 계속 높아지는 현상이 발생하는 것이다.

이 모든 점들을 고려할 때 미 연준이 지금까지 취해온 금융 정책들은 (그 의도하고는 상관없이) 자국의 금융 산업과 이 산업을 통해 재생산되는 금융 자산가들의 이익을 배타적으로 옹호하기 위해 임기응변으로 취한 전략에 불과하다고 할 수 있다. 다시 말해 미 연준의 예외적인 금융과 유동성 정책은 대외적인 측면에서는 미국 금융 산업을 구제하려는 조치였고, 국내적인 차원에서는 금융 자본가 계급과 금리 생활자들의 이익을 다른 사회 집단들의 이익에 앞서 배타적으로 옹호하려 한 철저한 계급 편향적 정책의 산물이라는 것이다.

2) 연준의 유동성 정책은 하이퍼인플레이션을 불러올까

그런데 이런 평가하고 다르게 전통적인 통화주의자들의 시각에서 연준의 통화량 증대 정책을 비판하는 사람들이 있다. 프리드먼과 함께 대공황기 연준의 금리 정책을 연구한 슈워츠Anna J. Schwartz나 금융 정책 규칙을 정리한 테일러 등이 대표적이다. 이 사람들은 연준의 긴급 유동성 투입 정책들이 조만간 하이퍼인플레이션을 야기할 것이라고 염려하고 있다. 시중에 유통된 통화량이 증대한 만큼 물가가 상승할 수 있기 때문이다.

그러나 이미 케인스가 철저하게 비판한 대로 경제가 불완전 고용 상태에 놓여 있는 상황에서는 통화량의 증대가 곧바로 인플레이션 압력으로 되돌아올 이유가 전혀 없다. 오히려 경제 위기가 지속될수록 경제 주체들의 디레버리징deleveraging(급격한 부채 축소 노력)과 유동성 선호 현상, 특히 예비적 화폐 보유 동기는 지속적으로 증대할 것이다.

또한 지금과 같은 경제 위기 국면에서 임금 인상을 둘러싼 미국 노동자들의 협상 능력은 지극히 제한돼 있다. 따라서 명목 임금의 상승이 기업들로 하여금 비용 이전을 통해서라도 이윤 마진을 보전하려는 동기를 자극하고, 이것이 다시 물가를 인상시켜 노동자들의 실질 임금을 하락시키며, 바로 이런 상황 때문에 임금과 물가가 서로 자극해 인플레이션 압력을 가중시킬 위험(임금-물가 악순환)은 전혀 존재하지 않는다. 오히려 현재 국면은 통화량이 엄청나게 증대했지만 미국은 물론 전세계 경제가 디플레이션 국면으로 빠져들 가능성이 커지고 있는 상황이다.

물론 머지않은 장래에 세계 경제 전체적으로 인플레이션 위협이 도래할 가능성이 전혀 없는 것은 아니다. 그러나 그 이유는 미 연준이 긴급 유동성 정책을 통해 통화량을 증대시켰기 때문이 아니라, 그것하고는 근본적으로 구별되는 국제 원자재 시장의 내부 동학 때문일 것이다.

일반적으로 국제 유가의 상승, 금값의 폭등, 각종 공업용 원자재는 물론 기초 식량 가격의 상승은 경제적인 요인들 말고도 정치적이거나 계절적인 요인들의 영향도 받는다. 중국과 인도 등 신흥 공업국에서 지난 몇 년간 지속적으로 이런 원자재 상품의 수요를 늘려가고 있는 것도 중요한 요인 중 하나다.

그러나 다른 모든 조건이 동일하다면 원자재 가격의 상승은 더 많은 선물 시장 참가자들이 앞으로도 원자재 가격이 지속적으로 상승할 것이고 더불어 전반적인 물가 수준도 높아질 것이라는 기대 아래 다른 자산에 하는 금융 투자에 따르는 위험을 상쇄하기 위한 전략의 하나로 원자재의 선물 거래를 늘려서 나타나는 결과라고 볼 수 있다(Kelleher 2009). 다시 말해 국제 선물 시장 참가자들이 막대한 유동성 공급에 따라 조만간 통화 가치가 하락하고 물가가 상승할 것이라고 기대하고, 그 경우에 있을 수 있는 실질 자본 소득의 감소를 만회하는 전략으로 금 또는 기초 원자재들의 투기적 구매에 앞장서며, 이런 움직임이 다시 현물 시장의 가격 앙등으로 나타난 결과라고 할 수 있을 것이다.

앞에서 소개한 이론적 논의를 통해서 살펴볼 때, 이런 현상은 흥미롭게도 합리적 기대 학파의 이론가들이 제안한 기대 형성 이론을 원용할 때 가장 적절하게 설명될 수 있다. 물론 이 경우 우리는 합리적 기대 학파가 한 전제하고는 전혀 다른 행위자들을 고려해야 하고, 그 행위자들이 지닌다는 합리성도 합리적 기대 학설이 전제하는 것하고는 전혀 다른 의미의 합리성 또는 다른 방식의 기대 형성 과정이 될 것이다. 왜냐하면 이 특수 시장에 참가하는 사람들은 효용을 극대화하는 소비자나 이윤을 극대화하는 기업가가 아니라 파생 금융 시장에 참가하는 딜러와 브로커들, 따라서 경제 이론으로 분석하자면 대리인의 자격으로 주인의 이익을 증진시키라는 암묵적 계약을 맺고 행동하는 금융 자산가들의 주구이기 때문이다.

또한 국제 선물 시장 참가자들이 형성하는 적응적 또는 합리적 기대는 합리적 기대 가설의 옹호자들이 하는 주장하고는 다르게 결코 개인적인 수준에서 '합리적'이지 않으며 그 행위의 결과 사회 전체의 효용이 증진되리라는 보장도 없다. 국제 선물 시장에 참가하는 대리인들의 행위는 케인스가 한때 영국 주식 시장을 묘사하면서 언급한 미인 선발 대회의 모습과 유사하다고 말할 수 있다.

이 미인 선발 대회의 심사 위원들은 자신이 생각할 때 가장 아름다운 여성을 뽑는 게 아니라 남들이 가장 아름답다고 생각하는 여성이 미인으로 뽑힐 것이라는 추정하에 그 여성에게 한 표를 던지는 사람들이다. 다시 말해 주식 시장 참가자들과 마찬가지로 원자재를 취급하는 선물 브로커와 딜러들은 앞으로 원자재 가격이 어떻게 형성될 것인가에 관한 근거 있는 '합리적' 계산에 의거하기보다는, 대부분의 동료들이 형성하는 기대와 그 기대에 기반을 둔 무리 행동herd behavior을 통해 자산 거래에 관한 심리적 안정성을 확보하고 이 행위를 통해 수수료를 받는 사람들이다.

그러나 문제는 이 대리인들의 무리 행동이 다른 경제 영역과 행위자들의 판단과 전략적 결정에 커다란 영향을 미칠 수 있다는 점이다. 예를 들어 만약 국제 선물 시장 참가자들이 과잉 공급된 통화량이 조만간 급격한 인플레이션을 야기할 것이라고 근거 없지만 집합적으로 기대한다고 가정하자. 다수의 브로커들은 선물 시장에서 더 높은 원자재 가격에 베팅할 것이다. 그렇게 되면 먼저 원자재 선물 시장의 가격 앙등은 조만간 현물 시장의 가격 앙등으로 나타날 것이고, 만약 이것이 한동안 지속된다면 이 비싸진 원자재를 구입해 최종 상품을 제조하는 비금융 기업들의 생산 비용이 증대될 것이다. 더 나아가 만약 이것이 다시 이윤을 증대시키거나 최소한 증가된 생산 비용을 판매 가격으로 이전시켜 손실을 만회하려는 기업가들의 가격 결정에 영향을 미친다면 실제로 전반적인 소비자 물가의 상승으로 이어질 수 있다. 이런 가능성은 현재 시점에서 통화량의 증대가 실제로 인플레이션 압력을 고조시키느냐 여부하고는 무관하게 진행되는 과정이다.

만약 국제 원자재 선물 시장 참가자들이 실물 경제에 미치는 이런 영향력이 차단되지 않는다면, 거래되는 재화의 상대적 희소성을 반영하는 대신 투기적 활동의 결과로 나타나는 원자재 가격의 변화가 실제 경제 활동에 거꾸로 영향을 미치게 되는 셈이다. 이런 투기적 거래를 규제하지 않을 경우 세계 경제는 지속되는 경기 침체 상황에서 원유를 포함한 원자재 가격의 앙등이 가져온 전반적인 물가 상승이라는 이중고를 경험하게 될 것이다. 원인과 맥락은 전혀 다르지만 사실상 1970년대 중반 미국이 경험한 스테그플래이션과 유사한 상태에 빠지는 것이라고 말할 수 있다.

이 경우 각국 중앙은행들은 전통적인 통화주의자들의 논리대로 물가 상승을 억제하기 위해 이자율을 높이려는 유혹에 빠지기 쉬울 것이고, 그렇지 않아도 취약한 실물 경제의 회복에 찬물을 끼얹는 악영향을 미치게 될지도 모른다.[9] 따라서 이 문제를 해결하는 가장 효과적인 방안은 한계가 많은 단순 금융 정책 도구인 이자율을 변동시키는 게 아니라, 국제 선물 시장 참가자들의 무분별한 투기 활동을 억제하고, 그중 예를 들어 단기 자본의 국제적 유동과 마찬가지로

9 이런 논리 전개가 막연한 추정이 아니라는 사실은 현재 국제 경제 위기의 발단이 된 비우량 주택 담보 대출과 이에 기반을 둔 유동화 자산들이 본격적으로 문제를 일으키기 직전까지, 정확히 말하면 2004년 초반부터 2007년 가을까지 국제 원자재 가격이 폭등할 때 각국 중앙은행들이 어떤 이자율 정책을 펼쳤는지를 살펴보는 것만으로도 충분히 알 수 있다. 예를 들어 미 연준은 오랫동안 고수하던 낮은 이자율 정책을 버리고 원자재 가격 상승에서 비롯된 인플레이션 압력에 대응한다는 미명하에 지속적으로 금리를 올리고 있었다. 각국 중앙은행들의 이런 (인플레이션 압력을 고조시키는 근본적인 원인, 곧 원자재 시장에서 파생 금융 상품을 매개로 한 투기 활동을 정확히 짚어내지 못했다는 의미에서) 어리석은 또는 (제3세계의 무고한 양민들이 굶어죽거나 정치적 갈등에 휘말리는 것을 방치하면서 끝까지 자국의 금융 자산가와 금융 기관들의 이익을 배타적으로 보호하려고 했다는 점에서) 교활한 대응하고 다르게 유엔무역개발위원회는 최근 보고서에서 당시 사태의 전말, 곧 원자재 가격 상승의 근본 원인과 대처 방안을 정확하게 지적하고 있다. "최근 원자재 가격의 상승은 수요와 공급 구조의 근본적인 변화에서 기인한다고 말할 수 있다. 그러나 최근 원자재와 기초 식량 가격이 급격하게 등락을 거듭하고 더욱이 모든 가격이 동시에 올랐다가 떨어지는 현상은 개별 원자재 시장만 아니라 더 폭넓은 거시 경제적, 금융적 요인들을 살펴볼 필요성을 느끼게 한다. [원자재와 기초 식량을 거래하는 데 사용되는] 미국 달러화의 가치가 떨어진 것은, 비록 사소하기는 하지만 분명히 중요한 요인 중 하나다. 그러나 지난 몇 년간 금융 투자자들이 원자재를 일종의 자산 목록으로 취급하고 선물 시장에서 빈번하게 거래하게 된 사실을 고려하는 것이 중요하다. 이 시장 참가자들은 수요와 공급 관계의 변화라는 근본적인 상관관계를 고려해서 원자재를 거래하는 것이 아니라 원자재 [선물 거래] 시장에서 매우 다양한 태도를 취하고, 이것을 통해 원자재 가격의 변화에 지대한 영향을 미치고 있다"(UNCTAD 2009, 54). "금융 투자자들은 위험을 분산시키려는 목적에서 원자재 시장에 투자하고 있다"(UNCTAD 2009, 59). "일시적인 차액을 노리고 거래하려는 금융 투자자들의 행동은 실제적인 거래와 현물의 양도 없이도, 현물 시장 가격이 선물 시장 가격을 따라 앙등하도록 만든다"(UNCTAD 2009, 60). "원자재 상품 거래의 금융화야말로 시장의 근본 구조하고는 상관없이 가격을 변동시키는 중요한 요소이다"(UNCTAD 2009, 61). 따라서 "국제적 차원의 규제"(UNCTAD 2009, 72)가 필요하고, "기초 식량의 재고를 비축"(UNCTAD 2009, 77)해야 한다 등등.

파생 금융 상품을 매개로 한 선물 거래도 철저하게 세금을 부과해 활동을 대폭 규제하는 것이다.

안타깝게도 현실 정치의 여러 여건을 고려할 때 이런 방안이 쉽게 달성되리라고 기대할 수는 없을 것 같다. 미국발 금융 위기가 전개되는 과정에서 영미와 유럽 각국의 정책 담당자들이 여러 차례 거론한 금융 시장 규제에 관한 논의는 지금까지 단 하나도 실시된 것이 없기 때문이다. 예를 들어 미국 상품선물거래위원회Commodity Futures Trading Commission, CFTC가 금융 위기 직전까지 지속된 원자재 가격 폭등의 배후로 국제 선물 시장의 장부 외 파생 금융 상품 거래와 무분별한 투기를 지목하고 관련 조사 보고서를 미 의회에 제출했지만, 2009년 10월까지 선물 시장 규제에 관한 법안은 담당 상임위의 심의도 통과하지 못했다.

또한 영국 금융감독청 의장이 제안한 국제 금융 거래 과세 조치도 영미계 은행과 금융 회사들의 가공할 로비와 강력한 반대에 밀려 G20 회의에서 공식 의제에 오르지도 못했다. 가장 대표적으로는 미 재무부가 의회에 제출한 금융 시장 안정과 규제에 관한 보고서(US Treasury 2009a)가 지금까지 아무런 결실도 맺지 못하고 미 연방 의회에서 먼지를 뒤집어쓰고 있는 사례를 들 수 있을 것이다.

3) 달러화 약세는 '화폐 전쟁'의 신호탄인가

다음으로 미 연준의 양적 완화 정책 이후 잠시 지속되던 달러화 약세 현상에 관해서는 어떻게 말할 수 있을까? 원자재를 주로 취급하는 국제 선물 시장의 거래와 마찬가지로 국제 외환 시장도 참으로 다양한 경제 외적 변수들에 영향을 받는다. 달러화의 가치 변동에 영향을 미치는 다른 모든 조건들이 동일하다고 가정할 때, 최근 달러화가 약세로 반전하고 있는 것은 무엇보다도 금융 자산가들이 달러화 자산 이외의 다른 고수익 금융 상품에 더 투자하고 있기 때문이다.

이렇듯 금융 자산가들의 포트폴리오 다변화 조치의 결과로 나타나고 있는 달러화 가치의 하락은 미국 경제의 위기 상황을 반영하는 게 아니라 역설적으로 금융 시장 상황이 앞으로 호전되리라는 금융 자산가들과 그 대리인의 신념(그것이 옳건 그르건 상관없이)을 반영하는 것이다(Wolf 2009).

더불어 달러화 약세는 국제 외환 시장 참가자들이 집합적으로 형성하는 집단적 기대의 산물이기도 하다. 실제 사태의 전개하고는 무관하게 국제 외환 시장의 딜러들은 통화량 증대 또는 미국의 막대한 재정 적자가 달러화 가치를 낮추는 방향으로 작용하리라는 기대를 형성할 수 있고, 실제로 이 기대를 통해 외환 선물 시장에서 달러 약세에 베팅을 하고 있다. 그리고 선물 시장에서 내부 동학을 통해서 결정되는 달러화의 가치는 현물 시장에서 달러화 가치를 거꾸로 규정하고, 달러화가 거래되는 세계의 주요 시장들로 향하는 정보 흐름을 통해 현재의 달러화 가치가 시공간적으로 결정되고 있다. 이런 측면에서 달러화 약세는 원자재를 거래하는 국제 선물 시장의 가격 결정과 마찬가지로, 외환 시장 참가자들의 집합적 무리 행동과 참가자들이 갖는 자기 충족적 예언이 구현되는 결과라고 할 수 있다.

역사적으로 미국은 전후 브레턴우즈 체제를 통해 자국이 보유하고 있던 막대한 양의 금을 바탕으로 달러화를 발행하고 유럽 각국들이 이 달러화를 준거로 해 일정한 범위 안에서만 등락을 허용하는 방식으로 환율을 고정하는 정책을 취했다. 브레턴우즈 체제가 해체된 이후 국제 외환 시장은 주요 선진국들이 앞으로 달성하게 될 거시 경제적 성과에 관한 전망을 바탕으로 외환 딜러들이 통화를 현물 선물 시장에서 사고팔면서 환율이 결정되는 메커니즘을 유지해왔다(Eichengreen 1996; Strange 1986).

그러나 '국제 환율 시장의 자유로운 환율 결정'이라는 이 메커니즘이 논리적으로나 실제적으로 불가피한 것은 아니다. 과거의 빈번한 사례가 입증하듯이 미국 재무부는 언제든지 자국의 경제적 이익에 따라 필요하다면 외환 시장에 개입해 달러화 가치를 조정해왔고 또 그렇게 할 수 있는 위치에 있다. 따라서 최근의 달러화 약세가 마치 미 정부의 정책 수단이나 각종 조치로는 도저히 어떻게 해볼 도리가 없는 무분별한 통화량 증대에서 비롯되는 불가피한 경제적 재앙의 전조인 양 호들갑을 떠는 것은 현실을 오도하는 속임수에 불과하다.

물론 최근 달러화 가치의 변동에 영향을 미치기 위해 미 재무부가 외환 시장에 직접 개입하고 있는지 여부, 만약 그렇다면 구체적으로 어떤 방식으로 어느 정도까지 개입하는지는 전혀 파악할 방법이 없다. 그런데도 미 재무부에게는 달러화 약세를 한동안 용인하려는 유인이 있다. 약한 달러화가 미국 경제가 디플레이션으로 빠져들 위험을 줄이고 미국 제조업 상품과 농산물의 국제 가격 경쟁력을 높여서 침체된 국내 경기를 활성화하는 기능을 수행할 수 있기 때문이다(Muenchau 2009).

수출을 통한 기업 투자의 확대와 고용 창출이라는 통로는, 만약 부의 효과에 따른 국내 소비의 진작 그리고 소득 안정과 고용 확대를 위한 케인스주의적 재정 확대 정책과 맞물린다면 상상할 수 없는 경기 부양 효과를 가져올 수 있다. 대외적으로는 강한 달러화를 주문하면서도 실제로는 달러화 약세라는 최근의 추세를 방관하고 있는 것처럼 보이는 미국 재무부와 연준의 태도는 바로 이 점을 통해 설명될 수 있다.[10]

이런 관점에서 보면 거꾸로 달러화 약세는 미국 경제가 금융 위기 직전까지 누적해온 무역 적자 규모를 줄이고, 미국 기업들의 수출 경쟁력을 높여 국제

---

10 미 재무부의 이런 태도는 그리 새로울 게 없다. 비우량 주택 담보부 채권의 부실화로 미국 금융 시장은 물론 전 세계의 경제 시스템이 풍전등화의 상황에 놓여 있던 바로 그때도 미국의 전 재무부 장관 폴슨은 미-중 전략 회의 석상에서 중국의 고위 관리에게 중국 위안화의 평가 절상과 대미 무역 흑자의 축소를 요구하고 있었다(Dyer 2008). 물론 미국 행정부가 경제 위기의 확산을 방지하고 조기에 극복하기 위해서 꼭 필요한 중국 정부의 협조를 구하는 자리에서 나온 이 발언은 결과적으로는 자신들의 장기적인 목표와 당면한 실천 과제를 혼동하는 어리석음이 불러온 결과이기도 했다. 그런데도 폴슨이나 미국의 고위급 경제 정책 담당자들의 입을 통해서 여러 차례 거론된 국제적 차원의 재균형 전략의 핵심에는 미국발 금융 위기의 근본 원인이 중국 등 동아시아 국가들의 지속적인 대미 무역 흑자와 여기에 따른 금융 자본의 환류가 미국 내의 이자율을 하락시키는 압력으로 작용해 결과적으로 미국 내의 자산 가격을 앙등시키는 결과를 초래했다는 뿌리 깊은 인식이 전제돼 있다(Guha 2009).

교역에 관계하는 기업들이 투자와 고용을 늘리며, 이런 과정을 통해 다시 전체 임금 소득과 유효 수요를 어느 정도 높이는 효과를 달성할 때까지 미 재무부와 연준을 통해 인위적으로 초래되거나 용인될 것이다.

세계 경제 전체를 시야에 넣을 때, 이런 상황은 전통적으로 무역 흑자를 즐겨 온 중국과 일본 등 아시아 각국과 독일을 대표로 하는 유럽연합 국가들이 앞으로 무역 흑자를 줄이도록 내몰린다는 것을 의미하고, 이 경제권들이 수출보다는 내수를 통해 경제 성장을 달성하는 방안을 마련하게 강요받는다는 것을 뜻한다.

이런 상황에서도 여전히 몇몇 주류 신고전파 경제학자들이 미 연준이 시행하고 있는 양적 완화 정책 때문에 달러화의 가치가 하락하게 됐다고 강변하는 것은 그 사람들이 얼마나 세계 경제의 흐름을 시야에서 놓치고 있는지를 보여줄 뿐이다. 현재의 국제 통화 체제에 관한 규범적인 가치 판단하고는 무관하게, 달러화가 세계 경제에서 대표적인 지급 결제 수단으로 활용되는 한, 그리고 자국의 화폐로 국제 시장에서 빚을 낼 수 없는 나라들이 계속해서 국제 지급 결제 기능을 담당하는 달러화를 외환 보유고의 형태로 축적하려는 경향이 존재하는 한 통화 공급량의 증가가 달러화의 가치를 하락시킬 이유가 전혀 없다.

이 점은 브레턴우즈 체제의 해체 이후 지금까지 지속돼온 국제 경제와 금융 체제의 현실이 역사적으로 가장 잘 보여줬고, 정책적으로는 최근 미 재무부가 발행한 의회 보고서에서도 다시 확인되며(US Treasury 2009c; Dyer 2009), 이론적으로도 소수이기는 하지만 포스트 케인스주의 경제학자들이 체계적으로 고찰한 사항이기도 하다(Wray & Innes 2004; Bell & Nell 2003).

4) 미 정부의 추가 재정 적자는 '쌍둥이 적자'를 야기할 것인가

최근 논란이 되고 있는 마지막 쟁점을 살펴보자. 일군의 금융 경제학자들과 전직 경제 정책 결정자들(대표적으로는 카토 연구소Cato Institute가 주관한 확대 재정 정책 편성 반대 서명 운동에 동참한 200여 명의 미국 경제학자들과 전 재무부 장관 올트먼(Altman 2009), 테일러(J. B. Talyor 2009a; 2009b) 등)은 오바마 행정부가 취하고 있는 확대 재정 정책과 이 정책 때문에 더욱 악화되고 있는 재정 적자가 이자율을 상승시켜 민간 자본 투자를 위축시키면 불가피하게 무역 적자 폭이 늘어나고 그 결과 달러화의 가치가 더욱 폭락하는 사태가 초래될 것이라는 시나리오를 거론한다.

이 사람들이 클린턴 행정부가 2000년대 초반 겨우 달성한 재정 흑자를 불과 1년 반 만에 적자로 돌려놓고 각종 전비 지출과 상위 10퍼센트 자산가들에게 조세 감면 조치를 실시해 연방 정부의 재정 상태를 악화시킨 부시 행정부 시기에 무엇을 하고 있었는지 조사하는 것은 매우 흥미로운 일이다. 그러나 이 점을 잠시 접어두고서라도, 하나 확실한 점은 이 사람들의 논리가 현재의 국제 경제 위기가 도래하기 한참 전부터 미국의 보수주의적 경제학자들이 즐겨 거론하던 구태의연한 '쌍둥이 적자론twin deficit hypothesis'을 반복하는 데 불과하다는 점이다.

그러나 미국의 무역 적자와 재정 적자는 결코 같은 방향으로 움직이지 않았다. 1980년대 중반 레이건 행정부 시기에 일시적으로 무역 적자와 재정 적자가 동시에 나타난 게 사실이라고 하더라도, 그 뒤 미국 경제는 재정 상태의 향방하고 상관없이 지속적으로 무역 적자의 폭을 늘려왔다. 더군다나 쌍둥이 적자론 옹호자들의 신념과 다르게 재정 적자가 무역 직자를 야기했다는 실체적 증거는 단 하나도 없었다. 결국 부동산 자산 가치의 급격한 상승과 폭락에서 비롯된 현재의 경제 위기 국면에서 최소한의 맥락적 타당성도 갖추지 못한 쌍둥이 적자론을 다시 거론하는 것은 시대착오다.

물론 이 사람들이 하는 말처럼 달러화 가치가 폭락하고 미국 재무부와 기업들이 발행하는 채권의 이자율 부담이 늘어날 가능성이 전혀 존재하지 않는 것은 아니다. 동아시아와 라틴아메리카의 신흥 공업국들처럼 미국도 외채 위기를 경험할 가능성을 논리적으로 배제할 수 없다는 말이다.

그러나 그런 시나리오가 현실화되는 상황은 달러화의 과도한 발행 자체하고는 아무런 상관이 없고, 세계 경제 안에서 미국이 최종 소비자로서 더는 기능하지 않게 될 때, 그리고 더불어 미국의 경제적 헤게모니 기능을 다른 국가가 대체할 때 비로소 심각하게 거론될 수 있을 뿐이다. 최근의 양적 완화 정책에 관한 심리적 불안감을 세계사적 차원의 거시 경제 구조 변동과 혼동하는 것이야말로 주류 통화주의 경제학자들이 보여주는 전형적인 오류다.

7. 결론 — 새로운 금융 이론의 출현?

지금까지 우리는 여러 물가 이론과 금융 정책 이론을 역사적으로 추적하고, 미 연준이 금융 위기 국면에서 취한 각종 정책들을 평가하려고 시도했다. 또한 미 연준이 취해온 유동성 정책이 어떤 장기적인 효과를 불러일으킬 것인가를 둘러싸고 최근 거론되고 있는 몇 가지 논란을 비판적으로 검토했다.

이런 논의를 통해 미 연준이 취해온 정책들이 기존의 거의 모든 금융 정책 이론들을 통해서는 도저히 정당화할 수 없는 지극히 예외적인 성격을 지닌 것이었다는 점, 따라서 주류 경제학자들의 금융 이론이 실제의 정책에 맞춰 대폭 수정되거나 미 연준의 정책들을 분석하기 위한 새로운 금융 이론이 만들어져야 한다는 점을 알 수 있었다.

아울러 미 연준의 금융 정책이 지금까지 보여준 성과가 지극히 제한돼 있고 비대칭적이었다는 점, 따라서 그것에 걸맞은 대대적인 확대 재정 정책이 집행되지 않는다면 미국 경제는 이중 경기 침체의 위험에서 결코 벗어날 수 없다는 점을 명확히 확인했다. 이런 시각에서 우리는 미 연준의 정책들이 기껏해야 정실 자본주의의 전형이라는 국내외의 비난을 무릅써가며 자국의 금융 산업만큼은 반드시 구제하려는 연준 차원의 임시방편이었다는 점을 분명히 했다.

한국 경제는 미국발 금융 위기 때문에 직접적인 타격을 받지는 않았지만, 다양한 금융 채널과 무역 채널을 통해서 이제 조만간 부정적인 영향을 받게 될 것이다. 이런 상황에서 어쩌면 지금 현재 재정 위기로 몸살을 앓고 있는 남유럽 국가들의 고통이 남의 일만은 아니라는 사실이 드러나게 될지도 모른다. 이런 상황에서 한국의 금융 정책 당국자들은 과연 어떤 경제 보호 조치들을 취할 수 있을지 진지하게 생각해봐야 할 시점이다.

특히 이 과정에서 한국은행의 제도적 독립성과 금융 정책의 자율성을 어디까지 보장하고, 어느 선까지 민주적이고 절차적인 책임성을 물을 것인지에 관해서 진지하게 생각해야 할 것이다. 과거 개발 독재 아래에서 한국은행이 해온 구실을 무조건 부정적으로 평가하고, 미 연준이 취하고 있는 중앙은행의 독립성과 인플레이션 관리 위주의 통화 정책을 한국은행도 그대로 따라야 한다고 주장하는 사람들은, 제아무리 선한 의도를 가지고 있다고 하더라도, 실물 경제의 선순환 구조를 형성하는 데 무엇이 필요한지 고민하기에 앞서 금융 시장 참가자들과 소수 금융 자산자들의 이익을 우선시하는 시스템을 자기도 모르는 사이에 한국 사회에 이전하려고 하는 것과 다를 바 없다.

4장
변방에서 중심으로
유로존 재정 위기의 기원과 전개

1. 변방 — 위기의 중심

2008년 미국발 금융 위기가 전세계로 확산되는 과정에서 나타난 직접적인 결과들 중 하나는 유럽 변방에 위치한 주요 국가들이 심각한 재정 위기를 경험하게 됐다는 점이다. 이미 2008년 말 아이슬란드와 아일랜드가 국제통화기금에 구제금융을 신청했고, 그 뒤에도 그리스, 스페인, 포르투갈, 이탈리아 등 남유럽 국가들이 부동산 관련 은행 부실 자산의 증대와 국제 투기 자본의 급속한 유출 때문에 심각한 문제를 떠안게 됐다. 이 나라들은 모두 부실화된 국내 은행 산업에 대처하기 위해 정부가 공적 자금을 투입하기 시작하면서 급기야 금융 위기가 재정 위기로 변모하는 과정을 경험했다.

이 중 포르투갈과 이탈리아는 정부의 자구 노력을 통해 구제 금융을 신청하지 않고서도 그럭저럭 버텨냈다. 그러나 그리스와 스페인은 이미 여러 차례 유럽연합 집행위, 유럽 중앙은행, 국제통화기금 등 3자(일명 '트로이카')가 조성한 긴급 구제 금융을 지원받았거나 조만간 지원을 신청할 예정이다. 특히 그리스는 2009년 말부터 지금까지 3차례에 걸쳐 트로이카의 구제 금융을 지원받았는데도 대외 채무 불이행 선언과 유로존 이탈 가능성이 점쳐지는 상태에 놓여 있다.

이 장에서는 남유럽 국가들이 재정 위기를 경험하게 된 이유와 과정을 추적하고, 현재 이 나라들이 어떤 상태에 놓여 있는지 살펴보려 한다. 더 나아가 그동안 트로이카가 구제 금융 지원 조건으로 남유럽 국가들, 특히 그리스에 강요해온 긴축 위주의 구조 개혁 노선이 어떤 문제점을 지니고 있는지 살펴보고, 이 노선과 구별되는 다양한 유로존 재정 위기 극복 방안을 고찰할 것이다. 마지막으로 현재 많은 사람들이 염려하는 것처럼 그리스가 유로존을 이탈하는 일이 발생할 경우 유로존 전체에서 무슨 일이 벌어지고 한국 사회에는 어떤 영향을 미치게 될지 살펴볼 생각이다.

2. 기원 — 미국발 국제 금융 위기의 여파

남유럽 재정 위기의 뿌리는 2007년 말 본격화된 미국발 금융 위기에 있다. 대략 2006년 삼사분기와 2007년 이사분기 사이에 미국의 부동산 시장에서 비우량 주택 융자금 대출자들의 부도율이 급속하게 높아지기 시작했다. 뒤늦게나마 연방 주택청과 연준이 나서서 모기지 대출 승인 심사 절차를 엄격하게 재조정하면서 수습을 하려고 했지만, 2007년 삼사분기와 2008년 일사분기를 거치면서 상황이 쉽게 정리되지 않고 있다는 것이 드러났다.

그래서 주택청이 주택 가압류를 줄인다는 명목으로 은행에 모기지 이자율을 재조정하라는 행정 명령을 내리고, 연준은 정책 금리를 최고 6퍼센트대에서 0.25퍼센트까지 급격하게 내리는 조치를 취했다. 그러나 이 모든 조치들은 서브 프라임 모기지 대출을 기반으로 해서 만들어진 각종 파생 금융 상품이 얽히고설킨 금융 거래를 통해 국내외로 널리 팔려나가고 금융 위기가 확산되는 사태를 막기에 역부족이었다. 금융 기업들은 거래 상대방 중 누가 얼마만큼 이 부실 자산에 노출돼 있는지 알지 못해 서로 거래를 중단했고, 이것은 곧 단기 자본 시장(상업 어음 등)이 동결되는 결과를 낳았다. 그리고 이런 상황은 다시 비금융 기업들이 단기 자본을 조달하는 것을 어렵게 만들었다.

2008년 이사분기에서 2009년 일사분기는 미국 주택 시장발 금융 위기가 결정적인 국면으로 치닫는 시기였다. 이 기간 동안 주택 대출을 전문으로 하거나 신용 부도 스왑 등의 관련 보험 상품을 팔던 비은행 2차 금융 기관들(MBIA, MBAC, 인디맥, 컨트리와이드, AIG 등)이 파산하거나 다른 금융 기관들에 인수 합병되는 사태가 발생했다. 또한 비우량 주택 담보부 채권을 많이 보유하고 있던 투자 은행들이 대부분 파산하거나 합병됐으며(리만 브라더스, 베어 스턴스, 메릴 린치, 와코비아), 미 연준의 긴급 구제 금융에 힘입어 간신히 명맥을 유지하는 사태가 발생했다(금융 지주 회사로 탈바꿈한 골드만 삭스의 경우).

이 시기 미국에서는 미 연준의 각종 긴급 유동성 지원 정책과 금융 산업 지원책 그리고 부시 행정부 아래에서 취해진 조세 환급 조치까지 포함해 모두 3차에 걸친 확대 재정 정책이 집행됐다. 그러나 어디까지나 미국 안의 금융 산업을 보호하기 위한 조치일 뿐이었다. 미국발 불량 주택 담보부 채권을 '분산 투자'라는 명목으로 보유하고 있던 유럽의 각종 연기금과 금융 투자자들은 대거 손실을 보거나 자국 정부의 긴급 구제 금융을 지원받아야 했다. 이런 방식으로 미국발 금융 위기는 유럽으로 확산됐으며, 이 사태에 대처하려고 유럽 정부들은 자국 금융 시장에 공적 자금을 투입하며 대대적으로 개입하기 시작했다. 다시 말해 유럽 은행과 금융 기관들의 위기가 유럽 정부의 재정 위기로 전환되는 현상이 나타나기 시작한 것이다.

더불어 2010년 3분기부터 국제 금융 기관과 민간 투자자들이 단기 투자 자금을 남유럽 국가, 특히 그리스 등에서 빼내 다른 곳에 투자하는 현상이 나타났다. 국제결제은행의 최근 통계에 따르면 2009년 이후 지금까지 그리스와 스페인 등지에서 유출된 금융 자본의 규모는 6400억 달러 이상(스페인의 경우 2012년 일사분기에만 810억 달러가 유출)인 것으로 집계된다. 국내 금융 시장에 투입되는 공적 자금과 구조 조정 비용이 증대하는 바로 그 순간 정부가 사용할 수 있는 세전 재원 조달 비용(국채 이자율)이 증가하는 현상이 나타난 것이다.

물론 남유럽 국가들이 급속한 경제 성장을 달성할 수 있다면 국내 금융 시장의 구조 조정에 필요한 비용을 감당하면서 대외 채무를 갚을 수 있을 것이다. 그러나 재정 적자를 줄인다는 명목으로 집행된 각종 긴축 조치들은 심각한 경기 후퇴를 야기하고, 이것은 다시 정부의 채무 부담을 더욱 증대시키는 악순환을 발생시키고 있는 상태다(Gainsbbury and Whiffin 2011).

3. 그리스 재정 위기와 국제통화기금

애초 그리스 정부의 재정 위기가 불거진 것은 2009년 집권한 범그리스 사회주의 운동당PASOK 관계자들이 전임 보수당 정부가 이중장부를 만들어 실제 재정 적자 규모를 은폐해왔다고 폭로한 데서 비롯됐다.[1]

국제결제은행 집계에 따르면, 2010년 말 기준으로 그리스는 3400억 유로 정도의 부채를 지고 있었다. 그중 프랑스가 대략 420억 유로에 상당하는 민간 부문 부채와 567억 유로에 상당하는 그리스 정부 채권을 보유하고, 독일은 전체 450억 유로의 채권 중 그리스 정부 발행 채권을 339억 유로 정도 보유하고 있는 것으로 나타났다. 나머지 부채는 대부분 영국과 미국, 이탈리아의 민간 부문과 정부가 보유하고 있다(BBC 2011).

그런데 민간 은행과 금융 기관들에 제공하는 지급 보증과 예금 자산 보호 등의 명목으로 그리스 정부가 추가적으로 재원을 마련하고 이것을 은행 부문에 쏟아붓는 사이 정부의 채무 비율은 2007년 GDP 대비 105퍼센트에서 2011년 기준 160퍼센트로 폭증한 상태다(**표 4-1**과 **그림 4-1** 참조).

이 과정에서 국제통화기금은 과연 어떤 구실을 했는가? 국제통화기금은 이런 문제들을 사전에 경고하거나 지적했는가? 전혀 그렇지 않다. 국제통화기금은 그리스의 재정 위기 문제가 불거지자 뒷북을 치면서 오히려 불안감을 가중시키는 구실을 했을 뿐이다.[2]

2007년 1월과 같은 해 12월에 발표한 보고서에서 국제통화기금은 그리스 경

---

1 그리스를 포함한 유로존 재정 위기의 전개 과정에 관한 더 세부적인 정보를 얻으려면 이 장 끝에 실은 '주요 사건 일지'를 참조할 것.

2 아래의 논의는 그리스 경제 상황과 관련된 국제통화기금의 자료 페이지에 소개된 각종 보고서와 구제 금융 지원 조건에 관한 성명서 등을 참조한 것이다. 더 세부적인 출처는 참고 자료에 소개된 자료 목록을 참조할 것.

표 4-1. 유로존 주요국의 주요 경제 지표

국가명	재정 수지(국내총생산 대비 %)			국가 부채(국내총생산 대비 %)			공식 실업률(%)	경제 성장률(%)
	2011	2012	2013	2011	2012	2013	2012년 3월	2011
프랑스	-5.3	-4.6	-3.9	86.3	89	90.8	10	1.7
독일	-1	-0.8	-0.6	81.5	78.9	77.4	5.6	3.1
그리스	-9.2	-7.2	-4.6	160.8	153.2	160.9	21.7	-6.9
이탈리아	-3.9	-2.4	-1.5	120.1	123.4	123.8	9.8	0.4
스페인	-8.5	-6	-5.7	68.5	79	84	24.1	0.7

2012년과 2013년 재정 수지와 국가 부채 규모는 추정치.
출처: IMF, *World Economic Outlook*(2012년 4월 발행)와 유럽연합 통계청.

제가 민간 자본의 유입과 뒤따른 신용 증대에 힘입어 지난 몇 년 동안 지속적으로 성장했다고 긍정적으로 평가하고 있었다. 특히 국제통화기금은 은행과 금융 산업의 안정성도 한층 증대됐다고 분석하고 있었다.

그러나 국제통화기금의 이런 태도는 2009년 초가 되면서 급격하게 반전된다. 2009년 5월에 발표된 그리스 경제에 관한 보고서에서 국제통화기금은 그동안 그리스 경제의 성장을 이끈 국제 신용 대부가 바닥나고 대외 경제 여건이 급속하게 변모하면서 본격적인 경기 침체 국면에 들어갈 것이라고 염려했다. 국제통화기금은 비록 그리스가 주택 담보부 채권 등 해외의 부실 자산에 직접 노출되지는 않았지만, 해외에서 들어온 민간 금융 자본이 감소하는 상황에서 은행의 자산 건전성이 점차 악화될 수밖에 없다고 지적했다.

2010년 3월 초 그리스 정부는 이런 염려를 불식시킨다는 차원에서 재정 적자 감축을 위한 일련의 계획을 발표했다. 그러나 곧이어 4월 그리스 정부는 유럽연합과 유럽 중앙은행, 국제통화기금 3자에게 긴급 구제 금융을 지원해달라고 요청하게 된다. 트로이카는 4월 15일 그리스에 경제 실사단을 파견하고, 5월 2일 1차 구제 금융안을 발표하기에 이른다.

그 결과 그리스는 3년에 걸쳐 1100억 유로(1450억 달러)의 구제 금융을 지원받는 조건으로, 첫째, 2014년까지 정부 재정 적자를 3퍼센트대로 줄이고(참고로

그림 4-1. 유럽 주요국들의 공식 실업률 변화

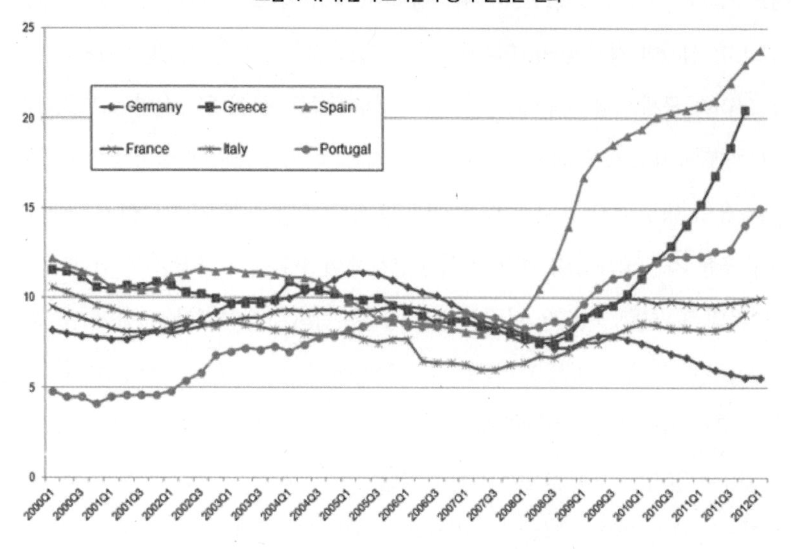

2009의 적자폭은 13.6퍼센트), 둘째, 정부 지출을 대폭 삭감하고, 공무원 연금과 임금을 줄이고, 향후 3년 동안 동결하며, 셋째, 2013년까지 부가가치세와 사치재에 매기는 특별 소비세를 올려 GDP 대비 4퍼센트대의 조세를 더 거두며, 넷째, 연기금을 대폭 개혁하고 정부 조직과 운영을 효율화하며, 더 나아가 각종 사회 안전망에 소요되는 비용을 대폭 삭감한다는 데 합의했다.

그러나 2010년 7월 중순경 그리스 정부는 예상 밖으로 악화되는 경기 후퇴 때문에 애초 트로이카와 약속한 재정 적자 감축 목표를 달성할 수 없을지도 모른다고 발표했다. 그러자 많은 논란 끝에 유럽 재무 장관 회의와 17개 유로 통화권 국가들이 그리스 정부에 1090억 유로에 이르는 신규 자금을 지원하겠다고 발표했다. 동시에 같은 달 유럽연합 가입국 정상들은 유럽 금융 안정 기구를 설치하고 기금을 조성하는 데 합의하기도 했다.

2011년 10월 1일 트로이카는 그리스 경제에 관한 실사 보고서를 발표했다.

애초 기대와 다르게 그리스 정부가 재정 적자 감축 목표를 이행하지 못할 가능성이 크고, 심각한 경기 후퇴 때문에 조세 수입도 점차 줄어들고 있다는 내용이었다. 그러자 국제 금융 시장에서는 그리스 정부가 채무 불이행을 선언하고 유로존에서 이탈할지도 모른다는 염려가 재현됐다. 결국 10월 26일에 접어들어 연이어 열린 유럽 정상 회담과 독일과 프랑스의 정상 회담을 통해 지금까지 조성된 구제 금융 지원에 덧붙여, 서유럽 민간 은행들이 보유한 그리스 정부 발행 국채 액면가의 50퍼센트 이상을 탕감한다는 새로운 합의가 도출됐다(Spiegel 2011). 그리고 2012년 3월에 이르러 90퍼센트 이상의 그리스 정부 발행 국채 보유자들이 보유 채권 액면가의 50퍼센트를 손실 처리하는 데 합의하기도 했다(Boell 2011).

그러나 얼마 지나지 않은 2011년 10월 중순, 그리스의 파판드레우 총리가 이 합의안 수용 여부를 자신의 총리직과 연계해 신임 투표를 받겠다고 선언하면서 다시 국제 금융 시장이 요동쳤다. 독일 총리 메르켈과 프랑스 대통령 사르코지는 파판드레우 총리를 불러 국민투표안을 철회하라고 압력을 행사했다. 그리고 이 압력 때문에 파판드레우는 결국 총리직에서 쫓겨났고, 범그리스 사회주의 운동당이 보수 야당인 신민주당과 함께 임시 과도 정부를 구성하고 기술 관료를 임시 정부 총리로 임명한다는 데 합의했다. 더불어 그리스의 정치 세력들은 2012년 5월에 새로운 정부 구성을 위한 총선을 실시하기로 합의하기도 했다(Spiegle and Barker 2011).

이 합의를 바탕으로 2012년 5월 7일에는 그리스에서 실제로 총선이 실시됐다. 신민주당, 급진좌파연합(시리자), 범그리스 사회주의 운동당 등이 순서대로 1~3당이 됐지만, 어느 정당도 단독으로 과반 의석을 확보하는 데 실패해 연립 정부를 구성해야 하는 상황이 발생했다(Smith 2012a). 제1당인 신민주당과 제2당인 시리자의 의견 차이로 연립 정부를 구성하지 못하고, 2012년 6월 17일에 2차 총선을 치르기로 결정하는 해프닝이 벌어졌다.

한편 5월 중순에 열린 프랑스 대선에서 보수당의 사르코지 전 대통령을 누르

표 4-2. 그리스 주요 정당 분포와 2012년 5~6월 선거 결과

정당명	신민주당	범그리스 사회주의 운동	시리자	독립 그리스당	공산당	황금빛 여명 (Golden Dawn)
당수(취임일)	안토니스 사마라스 (2009년 11월 30일 이후)	에반젤로스 베니젤로스 (2012년 3월 18일 이후)	알렉시스 치프라스 (2008년 2월 9일 이후)	파노스 카메노스 (2012년 4월 3일 이후)	알레카 파파리가 (1991년 2월 27일 이후)	니콜라오스 미할로리아코스 (알려진 바 없음)
2009년 11월 총선 의석 수 (총유효 득표율)	91석 (33.47%)	160석 (43.92%)	13석 (4.6%)	신생정당	21석 (7.64%)	0석 (0.29%)
2012년 5월 총선 의석 수 (총유효 득표율)	108석 (18.85%)	41석 (13.18%)	52석 (16.78%)	33석 (10.60%)	26석 (8.48%)	21석 (6.97%)
2012년 6월 총선 의석 수 (총유효 득표율)	129석 (29.66%)	33석 (12.28%)	71석 (26.89%)	20석 (7.51%)	12석 (4.50%)	18석 (6.92%)

출처: 위키피디아 문서, 그리스 국회의원 선거, 2012년 5~6월 결과,
(http://en.wikipedia.org/wiki/Greek_legislative_election,_May_2012);
(http://en.wikipedia.org/wiki/Greek_legislative_election,_June_2012)

고 사회당 대표 프랑수아 올랑드가 당선하는 일이 벌어졌다. 올랑드 신임 대통령은 긴축 위주의 구조 개혁 노선을 강요할 게 아니라 새로운 성장 동력을 창출해야 한다고 역설해왔다. 특히 올랑드는 2011년 말 독일과 프랑스가 중심이 돼 마련한 유럽연합 차원의 새로운 재정 협약이 유럽의 경제 성장에 관한 비전을 가지고 있지 않으며, 확대 재정 정책과 적극적 산업 정책 등을 포함한 정부의 정책 집행 능력을 재정 안정이라는 미명 아래 과도하게 긴박하고 있다고 비판했다.

그런데 그리스 국내외에 이런 정세의 변화가 일어나자 국제 금융 시장은 다시 요동치기 시작했다. 6월 17일에 열린 그리스의 2차 총선 과정에서 독일과 트로이카는 만약 시리자가 제1당이 되면 그리스는 더는 구제 금융을 지원받지 못하고 유로존에서 쫓겨나게 될 것이라고 노골적으로 압력을 가하기도 했다.

이런 정치경제적 불확실성 아래에서 치러진 2차 총선의 결과 신민주당과 범그

표 4-3. 프랑스 사회당과 올랑드 대통령 당선자의 경제 관련 주요 공약

중소기업 지원	중소기업의 투자를 지원하는 공적 은행 설립, 중소기업 세제 지원 (중기업 30퍼센트, 소기업 15퍼센트 세제 감면 혜택)
금융 시스템	유럽 고유의 신용 평가 기관 설립, 일반 은행과 투자 은행의 분리, 유럽연합 차원에서 논의되는 금융거래세 지지, 중소기업 지원을 위한 공적 은행 설립 지원
조세 정책	연간 100만 유로 이상의 고소득자들에게 75퍼센트 소득세 부과, 소득세와 연기금 기여분(General Social Contribution, GSC)의 통폐합, 자본 이득과 보너스에 누진적으로 일괄적인 세율을 적용함
고용 정책	동일 직종 남녀 임금 차별 시정, 대량 해고 제한, 6만여 명의 숙련된 교사를 채용하고 교육의 수월성을 증대, 청년층 실업을 줄이기 위해 공공 부문 일자리 30만 개 창출
주거와 연금 정책	연간 50만 채 이상의 장기 임대용 공공 주택 건설, 연기금을 41년 이상 납부한 사람들의 경우 퇴직 연한을 60세로 회복
사회 정책	동성 결혼을 지지하고, 동성애자-양성애자-성전환자(LGBT) 커플의 자녀 입양을 지원
대유럽 정책	프랑스-독일 파트너십 강화, 교통, 에너지 또는 환경 분야의 산업 클러스터를 조성하고 지원하기 위한 프랑스-독일 공동의 산업 기금 조성, 지속적인 경제 성장을 위한 유럽연합 차원의 적극적인 구실 수행
대외 군사 정책	아프간 주둔 프랑스 군인 연내(2012) 완전 철수

출처: 프랑스 사회당 홈페이지(http://www.parti—socialiste.fr/)

리스 사회주의 운동당이 각각 제1당과 제3당이 되는 일이 발생했다. 두 당은 시리자를 철저하게 배제한 채 다시 연립 정부를 구성했고, 2012년 9월로 예정된 추가 지원금 지급 여부를 놓고 트로이카 실사단과 협의를 진행했다.

흥미롭게도 2차 선거 운동 과정에서 신민주당과 범사회주의 운동당은 시리자의 압력에 밀려 자신들이 집권하면 트로이카와 기존의 구제 금융 지원 조건에 관해 재협상을 벌일 것이라고 공언했다. 그러나 신민주당과 범그리스 사회주의 운동당은 처음부터 시리자처럼 유로존 탈퇴를 협상 카드로 내걸면서 공격적으로 부채 문제와 구제 금융 지원금에 관한 협상을 벌일 의도를 가지고 있지 않았다. 6월 총선 이후 이 두 정당은, 그 이전까지 그러던 것처럼 이렇다 할 반전의 기회를 갖지 못한 채 트로이카가 강요하는 긴축 위주의 지원금 요구 조건들을 충실하게 이행하는 처지로 전락했다.

4. 구조적 불균형과 재정 긴축의 여파

물론 남유럽 국가들의 재정 위기의 본질을 파악하려면 정치 정세의 변화 이면에 자리 잡고 있는 구조적인 문제점들을 동시에 살펴볼 필요가 있다. 가장 핵심적인 요인 중 하나는 한마디로 유로 통화권이 출범한 이후 지금까지 각국 정부들이 유로존 내부의 지역적 격차를 줄이는 데 실패했다는 것이다.

유럽연합과 유로 통화권이 출범할 때의 중요한 전망 중 하나는 규모의 경제를 실현해 공동 번영을 달성한다는 것이었다. 당연히 유로존 국가들은 그 이전까지 개별 국민국가로 나뉘어 있던 지역들 사이의 산업적, 지역적, 사회문화적 격차를 줄이려고 노력했어야 한다.

그렇지만 남유럽 재정 위기가 불거지는 과정에서 여실히 드러난 것처럼, 그리스, 스페인, 이탈리아, 포르투갈 등 남유럽 국가들은 독일이나 프랑스와 지역간 산업 격차를 줄이는 데 실패하고 사실상 독일과 프랑스의 내부 식민지 또는 중심부에 정치경제적으로 종속된 주변부로 남아 있었다.

남유럽 국가들은 자국 안에 경쟁력 있는 산업 분야를 가지고 있지 않은 상태에서 항상적인 대외 무역 수지 적자를 경험해야 했고, 이것은 다시 정부가 계속해서 빚을 낼 수밖에 없는 심각한 재정 적자로 변이될 수밖에 없었다(**그림 4-2**와 **그림 4-3** 참조).

물론 그동안 남유럽 국가들은 정부 부채가 누적되는데도 계속 돈을 빌릴 수 있었다. 2000년대 중반부터 전세계로 확장된 신용 대부 덕분이었다. 미국뿐만 아니라 남유럽, 특히 스페인과 포르투갈 등은 마치 미국의 플로리다나 네바다 주의 경우처럼 외부에서 흘러든 값싼 돈을 빌려 부동산 개발에 열을 올렸다.

그러나 2008년경 미국 주택 시장의 거품이 붕괴하고 각종 모기지 관련 파생 금융 상품이 헐값으로 시장에 투매되기 시작하자 남유럽 지역에 흘러든 국제

그림 4-2. 유로존 주요국 경상 수지의 분기별 변화(2000~2012)

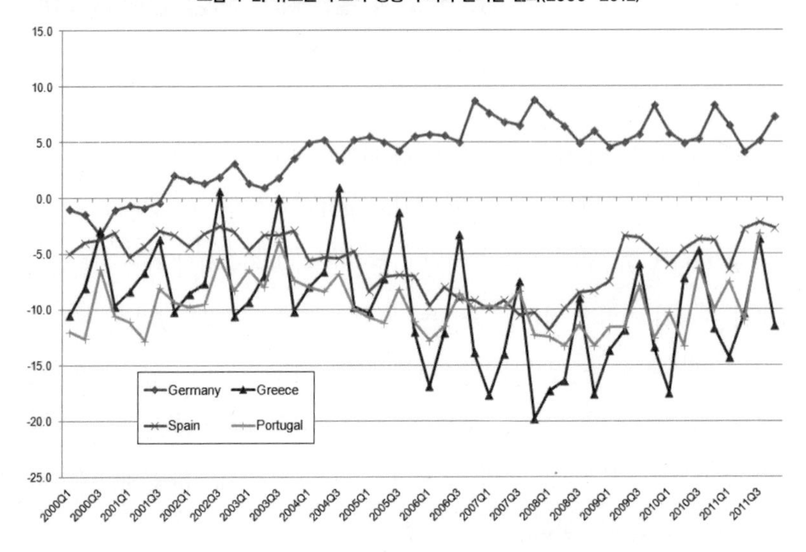

금융 자본이 썰물처럼 빠져나가기 시작했다. 그러자 독일과 프랑스 그리고 오스트리아 등지에서 돈을 빌려 국내 자산 시장에 투자하고 있던 은행과 비금융 기업들이 파산 위협에 노출됐고, 이것을 막으려고 그리스 정부가 시장에 개입해 공적 자금을 퍼부어대기 시작하면서 그리스 재정 문제가 잠재적인 뇌관으로 부각되기 시작한 것이다.

물론 그래도 남유럽 국가들의 재무 건전성 문제가 유로존 전체의 생존을 위협하는 위기로 번져나갈 이유는 전혀 없었다. 정책적인 차원에서 이 문제에 어떻게 대응하느냐에 따라 조기에 수습될 수도 있었기 때문이다.

가장 먼저 떠올릴 수 있는 단기 처방으로는 유럽 중앙은행이 그리스 정부가 발행한 단기 채권을 전부 사들이고, 이것을 통해 그리스 정부가 정부 채권의 만기일을 재조정할 수 있게 유도하는 것이었다. 그리스는 유로존 안에서도 경제 규모가 작은 소규모 개방 경제 체제를 유지하고 있다. 따라서 그리스 정부 부채가

그림 4-3. 유럽 주요국 재정 적자의 연간 변화(2000~2011)

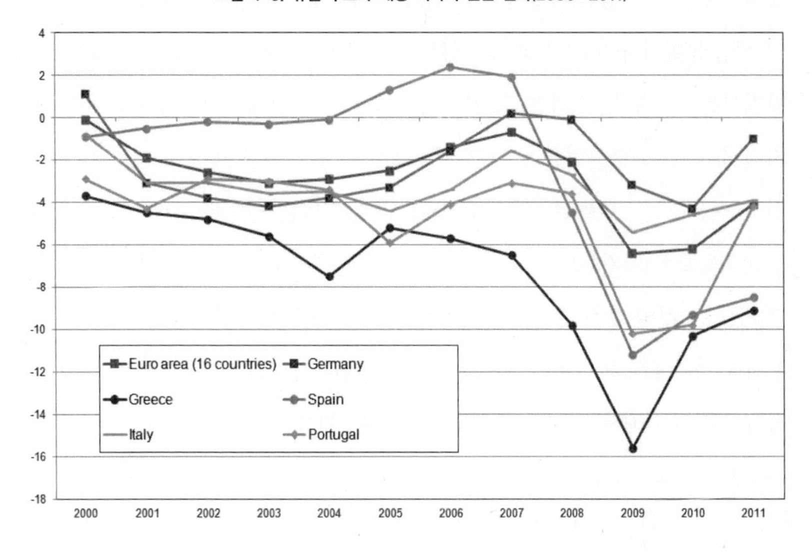

아무리 국내총생산 대비 120퍼센트를 넘는다고 해도 절대 규모라는 측면에서 결코 유로존의 존폐를 위협할 만큼 심각한 정도는 아니었다. 만약 2009년 말 그리스 재정 적자 문제가 처음 불거질 때 유럽 중앙은행이 적극적으로 나서서 단기 채권을 사들이고 그리스 정부가 장단기 채권의 구성을 변화시킬 수 있도록 도와주기만 했다면, 지금까지 악화일로를 걷기만 한 남유럽발 재정 위기는 조기에 차단될 수 있었을지 모른다.

그러나 안타깝게도 유럽 중앙은행은 경제 이론적으로 지극히 보수주의적인 성향을 지닌 독일 중앙은행 관료들의 입김에서 자유롭지 못했고, 영국이나 미국 중앙은행이 금융 위기 발생 초기에 집행한 긴급 유동성 투입 조치나 양적 완화 조치를 인플레이션 위험을 거론하며 거부해왔다(Stiglitz 2012; Spiegel 2012).

물론 이런 단기 처방 말고도 유로존의 지속 가능성을 위해 중장기적으로 추구해야 할 정책 노선이 있다. 독일과 프랑스의 보수주의적 정부 관리들이 말하는 것처럼 유로존 가입 국가들이 더욱 엄격한 재정 통합을 달성하는 것이다. 그러나 이 재정 통합의 목표는 재정 적자 규모를 엄격하게 관리하고 통제하는 데 초점을 맞춰서는 안 된다. 오히려 그 반대가 맞다. 다시 말해 경제 성장을 추구하고 지역별, 산업별 불균형을 줄이기 위해 정부가 적극적인 재정 정책을 편성하는 것을 허용하는 방향으로 재정 통합이 돼야 한다는 말이다.

논리적으로 따져봐도 유로존과 유럽연합 안에서 독일과 프랑스(유로존 중심부)가 계속 무역 수지 흑자를 유지하는 한 누군가(유로존 주변부)는 반드시 무역 수지 적자를 감내해야 한다는 것은 너무나 당연하다. 그리고 만성적인 무역 수지 적자국은 계속해서 민간이나 정부 부문에서 빚을 낼 수밖에 없다. 이 점에서 유로존 내부의 지역 간 산업별 격차 문제를 거론하지 않고 강화된 재정 통합, 다시 말해 엄격한 재정 적자 관리만을 거론하는 것은 유럽 주변부 국가들에게 만성적인 적자국이 되라고 하면서도 동시에 빚을 내지 말라고 하는, 경제 이론적으로 전혀 가당치 않은 목표를 강요하고 있는 셈이다.

결국 독일과 프랑스의 우파 정부가 진정으로 유로존 회원 국가들의 건전 재정을 염두하고 있다면, 이 두 나라가 먼저 남유럽에서 수출되는 상품들을 더 많이 구매해 남유럽 국가들이 대외 무역 수지를 개선할 수 있게 도와주고, 중장기적으로는 상대적으로 낙후된 이 지역의 산업 경쟁력이 강화될 수 있게 재정적, 기술적, 인적 지원을 아끼지 말아야 한다. 이런 측면에서 현재 독일이 주장하는 긴축 위주의 강화된 재정 통합론은 문제 해결하고는 정반대 방향의 노선, 그것도 처음부터 전혀 실현 가능하지 않은 노선을 고집하는 것에 불과하다(El-Erian 2012).

또 하나 거론하지 않으면 안 되는 것은 강화된 재정 통합에 관한 논의가 나온 경제적 맥락이다. 중장기적으로 유로존의 모든 국가들에게 더욱 강력한 재정 집행 단위를 만드는 것은 꼭 달성돼야 할 중요한 과제일지도 모른다. 그렇지만 유로존 주변부 국가들이 재정 위기 때문에 디폴트 가능성을 불식시키지 못하는 상황에서 재정 통합을 거론하는 것은 우선순위를 잘못 설정한 것이다. 오히려 최근 같은 금융 위기 국면에서는 해당 지역 정부가 긴축이 아니라 확대 재정 정책을 편성할 수 있도록 도와주고, 이런 정책을 통해 민간 기업과 노동자들의 투자와 소비가 기업의 확대된 투자, 고용 증대, 소비 증대 등의 순으로 선순환할 수 있도록 유도해야 한다. 장기적으로 재정 통합의 길로 나서더라도 경제 위기 국면에서는 경기 침체의 고통을 줄이기 위해서라도 정부가 적극적인 적자 재정을 편성해야 한다는 말이다.

이 점을 고려할 때 결국 그리스와 남유럽에서 벌어진 사태는 독일과 프랑스가 강요해온, 단기 과제와 장기 과제를 혼동하고 정책의 우선순위를 뒤바꾼 최악의 조합이 야기한 필연적인 결과라고 말할 수 있다. 그러는 사이 우리는 그리스와 스페인에서 발생하는 '사상 초유의 신자유주의적 긴축이라는 생체 실험'(엔티엔 발리바르) 또는 시리자의 대표 알렉시스 치프라스가 언급한 적 있는 '인도주의적인 위기'를 목격하고 있다.

5. 장기 자본 재확충 기금 — 유럽판 양적 완화의 성과와 한계

흥미롭게도 2011년 12월 유럽 중앙은행 신임 총재 마리오 드라기Mario Draghi는 장기 자본 재확충 기금Longer Term Refinancing Operations, LTROs을 운용하기 시작하기 시작했다. 유럽 중앙은행이 유로존 민간 은행들이 원하는 액수의 유로화를 덜 엄격한 담보물을 내걸고서도 거의 아무런 제한 없이 빌릴 수 있도록 허용한 것이었다. 그리고 유럽 중앙은행은 2012년 3월 들어 또 한 차례의 기금 운용을 단행했고, 이 두 차례의 운용을 통해 1조 유로의 장기 유동성이 유로존 민간 은행에 투입됐다. 이른바 유럽판 양적 완화에 해당하는 이 조치들을 어떻게 평가할 수 있을까?

먼저 장 클로드 트리체Jean Claude Trichet가 이끌던 유럽 중앙은행의 태도에 견줄 때 대단히 전향적인 조치라고 평가할 수 있다. 그리고 실제로 이런 조치 덕분에 유로존 중심부에서 은행 간 단기 자본 시장의 신용 경색이 많이 완화됐다. 또한 이 조치가 취해진 뒤 그리스를 포함한 남유럽 국가들이 발행한 정부 채권의 이자 부담률이 일시적으로나마 떨어지고 꽤 오랜 기간 동안 안정화된 효과도 있었다.

그러나 유럽 중앙은행 관리들이 품은 애초의 기대(이 조치들이 유로존 내부 금융 기관들의 부채 축소 노력을 상쇄하고 민간 기업과 가계 대상 신용 대부를 축소하지 않거나 늘릴 것이라는)하고는 달리, 중앙은행에서 막대한 돈을 거의 공짜로 빌린 거대 민간 은행들은 자국 정부가 발행한 채권을 사들이거나(이탈리아, 스페인, 포르투갈 은행들), 아예 빌린 돈을 중앙은행 계정에 다시 예치해 두고 있을 뿐이다(독일과 프랑스 은행들). 다시 말해 만약의 사태에 대비하기 위해 유럽 중앙은행에서 일단 돈을 빌린 다음, 민간 경제 주체들에게 신용 대부를 해주기는커녕 그 돈의 대부분을 안전한 금고(유럽 중앙은행 계정)에 보관하고 있는 것이다.

이런 현상은 2009년부터 미 연준이 3차에 걸친 대대적인 양적 완화 조치를 취한 뒤 지금까지 나타나고 있는 일종의 '유동성 함정' 현상과 대단히 유사하다. 또는 1990년대 부동산 거품이 붕괴된 뒤 일본 중앙은행이 강력한 민간 은행 통폐합과 구조 개혁을 단행하지 않은 채 끊임없이 돈을 찍어 좀비 은행들에 대준 상황에 비교될 수 있다.

미국의 거대 은행들은 미 연준에서 거의 공짜로 돈을 빌려 자국 안 민간 경제 주체들에게 신용 대부를 늘리는 대신 해외 원자재와 식량에 투자하거나 각종 채권과 주식을 사고파는 투기적 행태를 보였다. 정작 기업 운영이나 소비를 위해 신용을 필요로 하는 민간 경제 주체들에게 신용 대부를 해주지 않으니 실물 경기는 계속해서 경기 침체 국면으로 빠져들 수밖에 없고, 그런 상황에서 자산 가격만 오르는 기괴한 현상이 나타나고 있는 것이다.

이 점을 고려할 때 벌써 두 차례에 걸쳐 집행된 장기 자본 재확충 기금 운용이 지극히 제한된 효과만을 지닐 것이라는 점에는 논란의 여지가 없다. 유럽의 개별 정부나 유로존 차원의 단일 재정 정책 집행 기구가 대대적인 경기 부양 정책을 취하고, 민간 은행 주식 보유 지분을 지렛대로 삼아 적극적으로 비금융 기업들에게 대출을 하라고 은행에 행정 명령을 내리지 않는 한, 미래의 불확실성과 각종 금융 시장 규제의 불확실성에 대처한다는 이름으로 막대한 예비 자금을 보유하려고 하는 은행들의 유동성 선호 현상을 막을 수 있는 방법은 거의 없을 것이다.

유럽 중앙은행의 장기 자본 재확충 기금 운용은 그것에 걸맞은 확대 재정 정책이 집행되지 않는 한 영국과 남유럽 국가들이 겪고 있는 이중 경기 침체 또는 장기간 지속되는 극심한 불경기를 역전시킬 수 없다. 이런 상황에서 정치 정세의 변화 때문에 발생한 또 다른 불확실성 앞에서 유럽 금융 시장이 남유럽 국가들의 채무 불이행 가능성에 염려를 떨쳐버리지 못하고 있는 것은 어쩌면 당연한 일일지도 모른다.

6. 안 내놔? 못 내놔! — 그리스와 유로존 채권국들의 치킨 게임

그리고 바로 이런 상황에서 그리스 시민들은 두 차례의 선거에서 지금까지 추진된 일련의 재정 긴축과 구조 개혁 조치들을 비판하고 재협상을 추진할 것을 공언한 급진좌파연합 시리자에 표를 몰아줬다. 시리자는 첫째, 기존 긴축 위주의 구제 금융 조건을 두고 트로이카와 재협상하고 필요할 경우 채무 불이행을 선언하며, 둘째, 민간 은행들을 국유화하는 방안을 공약으로 내걸었다(Smith 2012b). 시리자는 그리스가 유로존에 머물면서도 독일과 프랑스에게 추가적인 양보를 얻어낼 수 있을 것이라고 믿고 있었다.

특히 시리자의 대표 치프라스는 그리스가 유로존에서 이탈할 경우 발생할 파국적인 결과 때문에 독일이 그리스를 유로존 밖으로 강제로 내몰지 못할 것이고, 바로 이 점 때문에 독일과 재협상을 벌여 연금 삭감이나 공무원 임금 동결 같은 몇 가지 조치들을 완화하거나 역전시킬 수 있다고 주장했다.

그러나 문제는 현실적으로 이 두 가지를 모두 얻을 가능성이 그리 높지 않다는 데 있다. 그리스와 프랑스의 정치 정세가 변했다는 이유 하나만으로 독일의 우파 정부 관리들과 중앙은행가들이 지금까지 남유럽 국가들에 강요하던 긴축 정책을 철회할 리 없기 때문이다(Atkins 2012a).

그리스인들이 원하는 대로 긴축 위주의 구제 금융 조치를 바꾸려면 대략 다음과 같은 정치적 조건이 동시에 충족돼야 할 것 같다. 첫째, 올랑드 프랑스 대통령이 이끄는 사회당이 프랑스의 정치 지형을 바꾸고 강력한 힘으로 독일을 압박할 수 있어야 한다.

둘째, 독일의 좌파들이 2013년에 열리는 연방 선거와 지방 선거에서 기독민주연합CDU과 기독사회연합CSU 중심의 보수 연립 정부를 해체시키고 사민당을 중심으로 한 좌파 연립 정부를 구성할 수 있어야 한다.

더 나아가 독일과 프랑스의 차기 좌파 정부들이 일사불란하게 움직여 유로존의 장래와 남유럽 재정 위기 문제를 해결할 획기적인 방안을 제시하고, 동시에 그리스를 포함한 남유럽 국가들의 정치 정세가 급반전해 프랑스와 독일에서 세워질지도 모르는 이 좌파 연합 정부와 구제 금융 조건을 놓고 전면 재협상을 벌일 수 있어야 한다.

마지막으로 유럽연합 정상회담, G7 그리고 G20 등의 각종 정상 회담에서 독일과 프랑스의 우파 정부가 지금까지 추진한 긴축 위주의 경제 정책을 철회할 것을 요구하는 강력한 압력이 행사될 수 있어야 한다.

경제 정책의 차원에서 문제 해결의 지름길은 현재 남유럽 국가들에게 강요되는 긴축 정책에 정반대되는 정책, 다시 말해 재정 정책과 금융 정책 모두 경기 부양을 목표로 하는 정책으로 바뀌어야 한다. 그리고 이것을 통해 단기적으로는 남유럽 국가들이 민간 부문의 투자와 소비를 증진하고 무역 수지를 점차 개선할 수 있게 허용해야 하며, 중장기적으로 남유럽 국가들의 산업 경쟁력을 강화할 수 있게 다양한 금융 지원과 재정 지원을 해야 할 것이다.

그러나 현재 급박하게 돌아가는 정세의 변화, 특히 그리스와 스페인 은행권에서 벌어지는 대규모 인출 사태를 고려할 때, 이 모든 조건들이 이른 시일 안에 그것도 동시에 충족될 가능성은 지극히 낮다(The Economist 2012). 오히려 시리자를 제2당으로 뽑아준 그리스 시민들의 의도하고 다르게, 그리스와 스페인, 포르투갈이 디폴트를 선언하고 유로존에서 벗어날 가능성이 한층 높아진 상황이다(Atkins 2012b; Stevenson 2012; Johnson 2012).

다른 한편 유로존 채권국 정부 관리들은 파판드레우 전 총리가 지난해 11월 말 구제 금융 조건의 수용 여부를 놓고 국민투표를 실시하겠다고 선언한 직후부터 혹시 발생할지 모르는 긴급 상황에 대비했다. 실제로 독일 재무장관 볼프강 쇼이블레는 "정 원한다면 한번 국민투표를 실시해보라"고 말하면서 "도대체 언제까지 계속해서 구제 금융을 대주면서 지루하게 협상을 벌여야 하나?"고 그리스를 비난하기도 했다(Giles et al 2012).

물론 그때만 해도 유로존의 채권국 정부들은 긴급 사태에 대비할 수 있는 재정 수단을 가지고 있지 못했다. 유럽 차원의 금융 안정 기구를 유럽 금융 안정 메커니즘으로 확대 개편하고 기금 규모를 늘려 유로존 안 금융 불안정성에 선제 대응할 수 있는 시스템을 갖추자고 이제 막 뜻을 모은 상태였기 때문이다.

그러나 지금은 그때와 비교할 때 상황이 다르다. 영국과 체코의 반대 때문에 애초 규모보다 적기는 하지만 5000억 유로의 금융 안정 기금을 보유하고 있는 상태고, 이 기금을 통해 그동안 사둔 각국 정부의 유동성 높은 채권 규모도 상당하다. 게다가 2012년 3월에 그리스 정부 발행 채권을 보유하고 있던 민간 투자자들이 그리스 정부와 합의하에 액면가의 상당 부분을 손실 처리하기도 했다. 다시 말해 그리스가 디폴트를 선언한다고 해도 그것 때문에 발생할 직접적인 손실 규모는 과거에 견줘 많이 줄어든 상태다.

바로 이 점 때문에 유로존의 채권국 정부 관리들은 그리스가 유로존에서 이탈하는 긴급 상황이 발생해도 충분히 상황에 대처할 수 있는 금융 수단과 재정 수단을 보유하고 있다고 말하고 있다. 영국계 신문 《파이낸셜 타임스》 기자와 한 인터뷰에서 익명을 요구한 유럽연합의 한 고위 관리가 한 말을 들어보자.

> 2년 전만 해도 그리스가 유로존에서 이탈하는 것은 마치 리만 브라더스 파산처럼 파국적인 영향을 미쳤을 것이다. 1년 전이었다고 해도 그리스의 유로존 이탈은 파급 효과와 은행권에 미칠 연쇄 반응 측면에서 대단히 위험천만한 결과를 야기했을 것이다. 그러나 2년이 지난 지금 유로존 채권국 정부는 만약의 사태에 대비할 만큼 충분히 준비돼 있다고 생각한다.(Giles et al 2012)

그러나 이런 상대적으로 낙관적인 전망하고 다르게 그리스를 뺀 남유럽 민간 은행에서 도대체 무슨 일이 벌어질지는 어느 누구도 예측할 수 없다. 만약 남유럽의 다른 나라 시민들이 그리스의 유로존 이탈을 경험하면서 갑자기 자국 은행에 예치해둔 유로화 예금을 빼내기 시작하면 무슨 일이 벌어질까? 그래서 이탈리아, 스페인, 포르투갈 등지에서 예금 대량 인출 사태가 벌어지면 이 지역 은행들은 부도 위험 앞에서 과연 살아남을 수 있을까?

이런 사태가 발생할 경우 유로존 당국자들은 투자자와 유로존 시민들에게 그리스에서 발생한 일은 지극히 예외적인 사례에 불과하다고 설득하려 할 것이다. 그리고 그리스의 유로존 이탈에서 빚어지고 있는 여러 문제들은 조만간 진정된다고 설득할 것이다. 경우에 따라 유럽 중앙은행이 그리스를 제외한 남유럽 민간 은행의 예금에 지급을 보증한다는 선언을 할지도 모른다. 그러나 만약 유로존 당국자들이 초기 대응에 실패한다면, 다시 말해 그리스의 유로존 이탈 과정에서 발생할 여러 문제들을 질서 있게 통제하는 데 실패한다면 유로존 전체는 파국으로 치닫게 될 것이다(Thomas Jr. 2012).

이런 파국의 국면에서 가장 먼저 거론되는 대상은 아마 스페인과 포르투갈이 될 것이다. 스페인과 포르투갈의 시민들은 자국 은행에서 유로화로 적립돼 있던 예금을 더 늦기 전에 대량으로 인출하려 할 것이고, 대규모 뱅크런 앞에서 거의 모든 은행은 파산을 선언하거나 국유화될 것이다. 개인이나 기관 채권 투자자들은 되도록 빨리 현금 유동성을 확보하려고 그동안 보유해온 양국 정부 발행 국채를 앞다투어 시장에 내다 팔려 할 것이고, 이 사태가 진정되지 않는다면 이 두 나라는 그리스 다음으로 디폴트를 선언하고 유로존 밖으로 밀려나게 될 것이다.

그리고 이런 사태가 발생할 경우 유로존 당국자들은 누구를 버리고 누구를 살릴지 냉혹한 결정을 내려야만 하는 기로에 서게 될 것이다. 정부 부채 규모로 따지면 일본 다음으로 가장 많은 빚을 내면서 버텨온 이탈리아를 구하기 위해 천문학적인 유로화를 찍어낼 것인가, 아니면 유럽연합 안의 단일 통화권이 해체되게 내버려둘 것인가를 결정하는 국면 말이다. 물론 사태가 어디에서 수습될 것인가하고는 무관하게, 유럽연합 소속 국가들 전체가 수출입 규모 축소, 국내총생산 하락 등을 동반하며 극심한 경기 침체 또는 공황 국면으로 빠져들 가능성이 높다.

7. 이탈? — 그리스의 선택이 불러올 과제들

현재로서는 그리스와 유로존의 장래에 관해서 어느 누구도 단정적으로 말할 수 없다. 그러나 만약 그리스가 유로존에서 벗어나는 일이 발생할 경우 그리스 정부는 자국 경제를 회생시키기 위해 일련의 중차대한 과제를 떠안게 될 것이다.

먼저 그리스 정부는 유로 통화권에 진입하기 이전에 사용하던 정부 화폐(드라크마)를 다시 찍어내 유통시켜야 한다. 설사 정부의 행정력과 조세 징수권을 매개로 시중에서 제대로 유통되고, 또 다행히 이전에 유로화로 계약된 거의 모든 거래들을 재환산하는 데 성공하더라도, 드라크마는 유로화에 견줘서 급격하게 가치를 상실하게 된다(급격한 환율 상승).

그리스의 새 화폐가 이렇게 평가 절하되면 그리스가 수출하는 상품의 가격 경쟁력이 회복될지도 모르고, 그동안 그리스 경제를 괴롭히던 만성적인 무역 수지 적자를 개선하는 데 도움이 될 수 있을지 모른다. 또는 반대로 소규모 개방 경제 체제를 유지하고 있어서 자본재는 물론이고 기초 생필품을 해외에서 수입해야 하는 상황을 고려할 때 수출 경쟁력 개선이 무역 수지를 반드시 흑자로 만들지 못할 수도 있다. 다시 말해 수출이 과거에 견줘 늘어난다고 하더라도 그것보다 더 많은 상품을 수입해 결과적으로 무역 수지가 적자 상태로 남아 있을 수 있다는 말이다.

게다가 엎친 데 덮친 격으로 저평가된 자국 화폐 가치 때문에 그리스는 수입 물가 상승에서 비롯되는 인플레이션, 그것도 극심한 하이퍼인플레이션에 직면할지 모른다. 설사 한동안 무역 수지가 흑자를 기록하더라도 그리스 정부가 이렇게 벌어들인 돈을 디폴트 이전의 해외 채무를 조금씩 갚는 데 쓰게 될지, 아니면 다른 용도로 사용할지 여부는 현재로서는 가늠하기 어렵다.

그리스 정부가 자국의 은행과 금융 부문을 어떻게 처리할지도 불투명하다. 복잡다단한 정치 세력 사이의 잠재적인 갈등을 봉합하고 일관되게 경제 성장과 수출 경쟁력 강화 등을 위해 고유의 확대 재정 정책과 금융 정책, 산업 정책 등을 추진할 수 있을지, 그리고 그 과정에서 일시적으로 자국 은행 부문을 국유화하거나 정부 지분을 매개로 국내 산업을 육성하는 일련의 조치들을 취할 수 있을지 현재로서는 가늠하기 어렵기 때문이다.

이 과정에서 그동안 유로화로 잉여 자금을 보유하거나 저축하고 있던 기업과 가계 등의 민간 경제 주체들이 해외로 자본을 빼돌리거나 이체하는 행위 등을 적절한 수준에서 통제할 수 있을지 여부도 금융 시스템의 재건 가능성을 판별하는 중요한 변수가 될 것이다.

이 모든 과제들은 아마 구소련과 동유럽 사회주의 체제가 붕괴한 직후 정책 결정자들이 직면한 경제 현실과 유사할지 모른다. 또는 동아시아 외환 위기의 여파로 2001년 재정 위기를 경험한 아르헨티나 정부가 디폴트를 선언하고 그 이전까지 미 달러화와 일대일 교환 비율을 유지하고 있던 자국 화폐를 평가 절하하면서 발생한 사태에 비교될 수 있을 것이다.

그 이전까지 미 달러화와 동등한 실질 구매력을 가지고 있던 은행 예금이 정부가 단행한 평가 절하 조치 때문에 하루아침에 가치를 상실하자 은퇴자와 전업주부들은 국유화된 은행 지점 앞에서 냄비와 식기를 요란하게 두드리며 항의 시위를 벌였다. 이런 일이 그리스와 남유럽 곳곳에서 벌어지지 않으리라고 아무도 장담할 수 없다.

지난 선거 결과만을 놓고 볼 때 그리스 정치 세력들 중 아무도 과반 이상의 안정된 지지를 확보하지 못할 가능성이 높다. 그런 상황에서 과연 많은 정치 세력들이 중지를 한데 모아 일관된 경제 정책을 구상하고 집행할 수 있을지도 명확하지 않다. 오히려 경제 개혁과 재건에 관련된 잠재적인 과제 앞에서 끊임없이 쿠데타와 정치적 소요만 벌어지는 게 아닐까 염려하지 않을 수 없다.

8. 네 가지
— 트로이카의 긴축 위주 구조 개혁 노선과 재정 위기 극복 방안들

바로 이런 상황에서 현재 유럽연합 정치 지도자들과 유럽 중앙은행 간부들은 서로 앞다투어 유로존 위기를 해결하기 위한 방안을 제안하면서 논쟁을 벌이고 있다. 이 제안들을 크게 4가지로 방안으로 나눠 살펴보자.

1) 재정 긴축을 바탕으로 한 강화된 재정 통합론

먼저 독일의 메르켈 총리와 사르코지 전 프랑스 대통령이 추구한, 건전 재정을 바탕으로 한 더욱 강화된 재정 통합론이었다.

지난 2011년 양국 정상은 유로존 국가들의 재정 적자 폭을 대폭 줄이고 이것을 바탕으로 더욱 강력한 재정 통합을 달성한다는 방안에 원칙적으로 합의했다. 남유럽 재정 위기가 유로존 국가들의 방만한 재정 운영에서 비롯됐다는 인식에 따른 것이었다.

그러나 이 보수주의적 재정 통합론은 유럽 재정 위기의 원인과 결과는 물론이고, 단기적 과제와 장기적 개혁 과제를 근본적으로 혼동한 잘못된 처방이라는 점이 점점 더 명확하게 드러나고 있다. 그리스를 포함한 남유럽 재정 위기는 금융 시장의 무분별한 개방 정책에 원인이 있었고, 미국발 금융 위기가 국제적으로 파급되면서 드러난 은행이나 비은행 금융 기업 부문의 부실화에서 촉발된 것이었다. 따라서 이 문제를 해결하지 않으면서 정부의 재정 적자 폭을 줄이라고 강요하는 것은, 자국 금융 위기 상황에 정부가 개입하지 말고 최악의 경우 은행과 금융 시스템 전체가 붕괴하더라도 그대로 내버려두라고 말하는 것과 다르지 않다.

더구나 지금 같은 금융 위기 국면에서는 전통적인 케인스주의 노선에 따라 정부가 적극적으로 나서서 민간 부문의 급격한 부채 청산 노력이 야기하는 유효 수요 감축을 대폭 보완하거나 대체해야 한다. 그렇지 않고 언제 달성될지도 모르는 강력한 재정 통합이라는 미명 아래 위기 국면에서 정부가 마땅히 수행해야 하는 적극적인 확대 재정 정책 편성을 막는 것은 위기 상황을 더욱 악화시켜 유로존 전체를 심각한 이중 경기 침체에 빠뜨릴 위험이 있다.

2) 유로존 단일 채권 시장 창설 방안

바로 이런 문제점을 고려해 한쪽에서는 유로존 내부에 단일한 채권 시장을 창설해서 유로화로 정산되는 정부 채권을 공동으로 발행하는 안을 제안하기도 했다('유로 본드론' 또는 '단일 채권 시장 창설론').

유로존 단일 채권 시장 창설론자들은 이렇게 해서 발행되는 채권 판매 수익금으로 유럽 금융 안정 기구와 유럽 금융 안정 메커니즘에 쓰이는 기금을 늘리고, 이것을 통해 다시 재정 위기 상황에 빠진 국가들을 지원할 수 있다고 주장했다.

그러나 앞서 언급한 강화된 재정 통합론과 마찬가지로 이 방안도 유로존 내부의 구조적 불균형(경상 수지의 만성적인 불균형, 민간 부문과 정부 부문의 지속적인 채무 관계 형성) 문제를 근본적으로 해소할 수 없다는 비판을 받고 있다.

유로존 내부에서 만성적으로 경상 수지 적자를 경험하는 나라들(그리스, 스페인, 포르투갈 등)은 늘 이 유로 채권 발행에 기대를 걸 수밖에 없을 것이다. 반면 경상 수지 흑자국(독일 등)은 유로화로 정산되는 공동 채권 발행의 필요성을 거의 느끼지 못할 것이고, 이 채권 발행을 통해 얻는 기금을 거의 대부분 '도덕적 해이에 빠진 적자국을 위해 사용하는 것'에 반대할 것이다.

따라서 지속 가능한 성장 정책을 통해서 유로존 내부의 구조적 불균형 문제를 해결할 전망을 제시하지 않는 상황에서 거론되는 유럽 단일 채권 시장 창설 방안은 현재와 같은 문제를, 비록 형식은 달리할 수 있겠지만 그대로 재현할 가능성이 높다.

3) 프랑스 사회당의 유럽연합 신성장론

다음으로 거론되는 방안은 프랑스 사회당이 중심이 돼 제기하는 '유럽연합 신성장론'이다. 2012년 5월 프랑스 대통령 선거에서 프랑수아 올랑드 사회당 후보가 당선했다. 그리고 한 달이 지난 6월 17일 총선 결선 투표에서 프랑스 사회당이 단독으로 과반수 의석을 확보하는 쾌거를 거뒀다.

선거 이후 프랑스 사회당은 유로존의 위기를 극복하기 위해 '새로운 성장 협약'이 필요하다고 주장하고 있다. 프랑스와 독일이 중심이 돼 유로존, 더 나아가 유럽연합 전체를 아우르는 공동 산업 발전 기금을 창설하고, 이 기금을 효과적으로 운용해서 유로존 안의 지역 간, 산업 간 격차를 줄이기 위한 다양한 정책을 취하자는 내용이다.

나는 이 구상이 유럽 단일 채권 시장의 창설이라는 안과 결합돼 실제로 집행될 수 있다면, 어쩌면 가능성의 영역에서 현재의 재정 위기를 극복하는 것은 물론이고 장기적으로 더욱 강력한 유로존과 유럽연합을 만들어낼 수 있을지 모른다고 생각한다.[3] 그러나 아쉽게도 이 구상이 제대로 실현되려면 독일은 물론이고 네덜란드 등 그동안 보수주의적 경제 정책을 강요해온 채권국에서 조만간 사민당이나 다른 좌파 정당이 집권해야만 한다.

4) 금융 동맹론 또는 금융 시장 일괄 규제론

한편 스페인 민간 은행권에서 2012년 1분기 동안 대규모로 자본이 이탈하고

---

3 이런 차원에서 최근 독일 사민당이 유로존 단일 채권 시장 창설을 통해서 더욱 강력한 재정 통합을 달성하자는 취지의 제안을 한 것은 매우 흥미롭다. 독일의 저명한 사회철학자 위르겐 하버마스가 기초하고 사민당이 수용한 이 방안은 프랑스 사회당의 신성장 협약안과 큰 틀에서는 동일한 전망을 담고 있다(Peel 2012; Haberams et al 2012).

해외로 빼돌려졌다는 사실이 보도되자 유럽 중앙은행 관리들 중 일부가 유로존 민간 은행들의 자산 건전성 사전 심의와 규제, 은행 파산 때 체계적인 인수 합병 유도와 예금자 보호 등을 핵심으로 하는 민간 은행 통합 관리, 규제론을 거론하기 시작했다('금융 동맹론').

이런 주장을 하는 사람들은 민간 은행들의 부실화와 급속한 자본 유출이 결과적으로 정부의 재정 위기로 비화됐다는 사실을 정확하게 지적했고, 은행들에 관한 유럽연합 차원의 통합적인 관리와 감독 없이는 언제라도 유사한 문제가 발생하게 될 것이라는 점도 잘 알고 있다.

그러나 이 주장대로 유럽연합 차원에서 공동의 예금보험공사를 설립하고 유럽 중앙은행 등과 함께 민간 은행들을 관리, 감독, 규제하는 시스템이 구현되려면 금융 산업 영역에서 협력과 통합이 한층 강화돼야 한다. 그리고 그것은 장기간에 걸쳐 서서히 달성돼야 할, 아니 어쩌면 영원히 달성되지 못할 수도 있는 과제이기도 하다. 다시 말해 남유럽 국가들의 금융 위기와 재정 위기를 돌파할 수 있는 중단기적 해결 방안은 되지 못한다는 것이다.

5) 유럽 중앙은행의 유동성 정책과 국제적 압력

마지막으로 유로존 내부의 제도 변화 또는 구조적 이행기 국면에서 유럽 중앙은행이 취할 수 있는 적극적인 유동성 투입 정책이나 G20 등을 통한 외부의 압력도 중요한 변수로 작용할 수 있다는 점을 지적해야 한다.

이미 유럽 중앙은행은 두 차례에 걸쳐 유로존 민간 은행들을 대상으로 장기 자본 재확충 기금을 운용한 적이 있다. 한마디로 민간 은행들이 값싼 담보물을 내걸고 저리의 유로화 현금을 장기간 빌릴 수 있게 허용한 것이다. 더불어 스페인과 이탈리아 등이 발행한 정부 채권을 인위적으로 사들여 국채 이자율을 낮추는 조치 등을 취했다.

물론 이런 조치들만으로 점점 더 유동성 함정에 빠져드는 민간 은행들의 신용 대부 행태를 바꾸지는 못했지만, 적어도 일시적으로나마 단기 자본 시장의 신용 경색을 완화하는 효과를 거뒀다. 긴급한 사태가 발생할 경우 또는 제도의 변화를 구현하거나 안착시키는 데 필요한 시간을 벌기 위해서 유럽 중앙은행은 이런 조치를 거듭 취할 가능성이 있고, 또 실제로 취해야 한다.

더불어 미국과 G20 정상들의 압력도 독일 중심의 보수주의적 경제 정책을 누그러뜨리거나 완화하는 데 도움을 줄 수 있을 것이다. 2012년 6월 말에 열린 G20 정상회담에서 회의 참석자들은 적어도 겉으로는 '긴축 위주에서 성장'으로 경제 정책 방향을 바꿔야 한다는 데 원칙적으로 합의를 했다. 남부 유럽의 위기 국가들을 지원하기 위한 구체적인 실행 계획을 발표한 것은 아니지만 상징적으로는 올랑드의 손을 들어준 것이라고 말할 수 있다.

그리스와 스페인의 운명을 결정하는 주체는 그리스와 스페인 사람들이다. 그러나 적어도 일시적으로는 세계 경제 전체가 파국으로 치닫는 것을 막기 위해 독일에 국제적으로 압력을 행사하는 것이 그리스와 스페인에게도 이로운 일일 테고, 또 이렇게 조성된 국제적 환경을 그리스와 스페인의 좌파 정치 세력들이 어떻게 활용할 것인지도 유심히 살펴볼 필요가 있다.

9. 악순환에 대비하라 — 유로존 재정 위기와 한국 경제

이런 다양한 유로존 위기 해법에도 불구하고 그리스가 그동안의 구제 금융 조건을 철회하고 재협상을 요구할 가능성은 여전히 있다. 그리고 이 경우 트로이카는 구제 금융 지원금을 그리스에 제공하지 않을 가능성이 있다. 이런 일이 발생할 경우 그리스가 유로존에서 이탈하는 사태는 불가피할 것이다.

만약 유로존 붕괴가 가시화되면 한국을 포함한 동아시아 각국도 심각한 악영향을 받게 될 것이다. 먼저 쉽게 떠올려볼 수 있는 것은 금융 채널이다. 유로존 붕괴에 따라 엔 캐리 트레이드(일본의 값싼 엔화를 빌려 한국을 포함한 동아시아의 신흥 국가들의 금융 자산에 단기적으로 투자해 손익을 취한 다음 급속하게 역외로 빠져나가는 외국계 은행들의 투자 전략)가 빠른 속도로 청산되고 원화 환율이 상승하면서 동시에 국내 금융 자산 가치가 폭락하는 사태가 생길 수 있다. 이런 사태는 다시 금융과 비금융 기업들의 재무 건전성을 악화시키고, 가계 대출의 연체 또는 파산 비율을 높이게 될 것이다. 그리고 다시 부메랑이 돼 금융 기관들의 재무 건전성이 악화되는 일이 발생할 수 있다.

다음으로 생각할 수 있는 것은 무역을 통한 영향력의 전파다. 유로존 붕괴와 더불어 유럽연합은 물론 미국의 실물 경기가 더욱 침체하는 상황이 발생하면 수출 물량이 자연스럽게 감소하게 될 것이다. 경우에 따라서는 지난 몇 년 동안 한국이 누려오던 무역 수지 흑자도 적자로 뒤바뀔 가능성이 있다. 한국의 경상 수지 적자는 다시 실물 경기를 위축시키고 금융 채널을 통해 들어오는 악영향과 더불어 한국 경제 전체를 악순환의 고리에 빠져들게 할 수 있다.

따라서 한국 정부는 이런 긴급 상황에 대비하기 위해 민간 은행과 제2금융권의 해외 단기 채무 비중을 상시적으로 모니터링하고, 특히 국내 금융 기관들이 유럽계 금융 자산에 노출되는 규모를 축소하게 유도해야 한다. 또한 위급 상황이 벌어질 때 일시적인 자본 통제나 금융 거래세 도입 등을 검토하고, 확대 재정 정책 편성을 통해 외부 충격을 완화해야 할 것이다. 이 경우 재정 정책의 방향은 저소득층의 실질 임금과 소득을 보충하거나 상승시키는 것이어야 하며, 그러기 위해 기본 소득 제도 등을 도입해야 할 것이다. 마지막으로 장기적으로는 수출 위주의 경제 성장 노선이 아니라 수출과 내수, 대기업과 중소기업이 동반 성장할 수 있는 구조를 만들어야 한다.

[참고] 유로존 경제 위기 일지

- 1999년 1월 1일 — 유로화 공식 출범.
- 2001년 — 그리스가 유로 통화권(유로존)에 가입함.
- 2009년 5월 — 국제통화기금이 그리스 경제 상황에 관한 보고서 발표. 그리스 경제의 성장을 이끈 국제 신용 대부가 줄어들고 대외 경제 여건이 급속하게 악화돼 경기 침체에 빠질 것이라고 전망.
- 2009년 10월 4일 — 게오르게 파판드레우가 이끄는 범그리스 사회주의 운동당이 집권 보수당을 누르고 집권함.
- 2009년 10월 18일 — 파판드레우 정부 재무장관은 전임 정부가 재정 적자 폭을 은폐했다고 비난하면서 실제 재정 적자가 국내총생산의 12퍼센트 이상이 될 것이라고 발표함(실제 재정 적자 폭은 15.6퍼센트에 이르는 것으로 밝혀짐).
- 2009년 12월 8일 — 미국계 신용 평가 회사인 피치가 그리스 정부의 신용 등급을 A-에서 BBB+로 강등함. 스탠더드 앤 푸어스와 무디스 등도 유사한 조치를 취했고, 그리스 정부가 발행한 국채들을 모두 채무 불이행 가능성이 높은 자산으로 평가함.
- 2010년 1월 초 — 유럽연합이 그리스 정부 부채 규모에 관한 실사에 나서기 시작함.
- 2010년 3월 3일 — 그리스 정부가 재정 위기 극복을 위해 1차 긴축 재정 계획을 발표(그리스 정부는 나중에 트로이카의 압력에 밀려 유사한 형태의 긴축 재정안을 추가 발표하게 됨). 1차 긴축 재정안의 핵심 내용은 담배와 술 소비에 매기는 부가가치세를 인상하고, 연금 지급 수준과 공무원 임금 수준을 동결하는 것. 그렇지만 국제 금융 시장에서 그리스 발행 국채의 이자율이 치솟는 상태가 지속됨.

• 2010년 3월 중순 — 그리스뿐만 아니라 인접한 남유럽 국가들인 포르투갈과 스페인 정부 발행 채권 이자율이 급등하면서 유로존의 금융 안정이 위태롭게 되자 유럽 주요 정상들이 금융 안정 기구의 예비 자금을 2500억 유로에서 4400억 유로로 확대하기로 함. 더불어 유로존 가입 국가들이 300억 유로 정도의 긴급 자금을 빌려주겠다고 발표함.

• 2010년 4월 23일 — 파판드레우 총리가 유로존과 국제통화기금에서 구제 금융을 받지 않을 수 없다고 선언함.

• 2010년 4월 27일 — 미국 신용 평가 회사 스탠더드 앤 푸어스가 그리스의 장기 신용 등급을 BBB-에서 BB+로 세 단계 강등한다고 발표, 더불어 포르투갈의 신용 등급도 A+에서 A-로 강등함.

• 2010년 5월 2일 — 유로존 재무장관들이 그리스 정부에 3년에 걸쳐 1100억 유로의 구제 금융을 지원하기로 합의하고 첫 인도분 300억 유로를 지급함. 국제통화기금의 부담액은 총 300억 유로. 구제 금융 조건으로 그리스 정부는 첫째, 2014년까지 정부 재정 적자를 3퍼센트대로 줄일 것(참고로 2009년 적자 폭은 13.6퍼센트), 둘째, 정부 지출을 대폭 삭감하고, 공무원 연금과 임금을 줄인 뒤 3년 동안 동결할 것, 셋째, 재정 적자 폭을 줄이기 위해 2013년까지 부가가치세와 사치재에 매기는 특별 소비세를 올려 GDP 대비 4퍼센트대의 조세를 더 거둘 것, 넷째, 연기금을 대폭 개혁하고 정부 조직과 운영을 효율화하며, 더 나아가 각종 사회 안전망에 소요되는 비용을 대폭 삭감할 것 등을 약속함.

• 2010년 5월 5일 — 그리스 정부의 긴축 정책에 항의하는 대규모 시위가 발생하고, 시위대 중 일부가 은행 지점에 불을 지름. 이 과정에서 세 명의 경찰관이 사망하는 사건이 발생함.

• 2010년 5월 10일 — 유로존 재무 장관들은 유로존 재정 안정 기금을 창설하기로 합의하고 약 1조 유로에 이르는 기금을 조성하기로 함.

• 2010년 5월 18일 — 그리스 정부는 전체 1100억 유로의 구제 금융 중 2차

인도분 145억 유로를 지급받고 만기일이 도래한 주요 채무를 갚기 시작함.

• 2010년 6월 14일 — 미국 신용 평가 회사 무디스가 피치, 스탠더드 앤 푸어스에 이어 그리스 정부 발행 장기 채권의 신용 등급을 A3에서 Ba1으로 네 단계 강등함. 이것으로 그리스 정부 발행 장기 국채는 미국의 3대 신용 평가 회사에서 모두 채무 불이행 가능성이 높은 투기 자산으로 평가됨.

• 2010년 7월 8일 — 그리스 노총이 주관한 6번째 대규모 총파업이 발생, 철도와 항만 시설 등이 가동을 중단하고 공공 병원과 학교 등이 폐쇄됨.

• 2010년 7월 13일 — 2010년 5월 초 구제 금융안이 합의된 이래 처음으로 그리스 정부가 단기 채권을 발행함. 26주의 만기일을 지닌 채권을 4.65퍼센트의 이자율로 발행해 12억 5000만 유로(16억 2000만 달러)의 재원을 마련하는 데 성공함.

• 2010년 8월 5일 — 국제통화기금과 유럽연합은 그리스 정부가 일관되게 구조 개혁 정책을 추진하고 있다고 평가하고, 9월 초에 전체 구제 금융액 중 90억 유로를 2차 인도분으로 지급할 예정이라고 발표함.

• 2010년 8월 2일 — 그리스 정부가 공식 통계를 발표함. 2010년 이사분기 국내총생산은 전년 같은 기간 대비 3.5퍼센트 하락했고, 공식 실업률은 2010년 5월 말을 기준으로 12퍼센트로 상승함(2009년 5월 말 8.5퍼센트).

• 2010년 11월 14일 — 범그리스 사회주의 운동당이 낮은 투표율과 근소한 표 차이에도 주요 지역 선거에서 승리함.

• 2010년 12월 15일 — 그리스 노총이 이끄는 7번째 전국 총파업 발생, 아테네 곳곳에서 시위대와 경찰이 충돌.

• 2011년 1월 14일 — 미국 신용 평가 회사 피치가 그리스 정부 발행 채권의 신용 등급을 또 한 단계 강등함(BBB-에서 BB+로).

• 2011년 2월 중순 — 유로존 재무장관들이 5000억 유로 상당의 재원을 가지고 운영되는 유럽연합 차원의 금융 안정 기구 설립에 합의.

• 2011년 2월 21일 — 그리스 정부가 1100억 유로의 구제 금융 수급 조건 중 하나로 유럽연합, 유럽 중앙은행, 국제통화기금 등과 합의한 적이 있는 세무 개혁안을 발표함.

• 2011년 4월 23일 — 유럽연합이 파견한 그리스 경제 실사단이 주요 언론과 브리핑을 가짐. 그리스 정부의 재정 적자가 2009년 국내총생산 대비 13.6퍼센트에 이른다고 발표함.

• 2011년 5월 24일 — 그리스 정부가 구제 금융 수급 조건의 하나로 강요받은 국영 기업 사영화 방안을 발표함. 유럽연합과 국제통화기금이 780억 유로의 긴급 구제 금융을 포르투갈에 지원하겠다고 발표함.

• 2011년 5월 25일 — 그리스 의회 의사당 앞 신타그마 공원에서 정부의 긴축 정책 집행에 항의하는 노숙 시위가 발생함. 시위대는 연일 항의 시위를 벌이고 '민중 회의People's Assembly'를 주관함. 7월 30일 그리스 정부는 이 노숙 시위 시설을 철거하고 시위대를 연행함.

• 2011년 6월 2일 — 미국 신용 평가 회사 무디스가 그리스 정부 발행 국채의 신용도를 B1에서 Caa1로 강등함. 10년 만기 그리스 국채 이자 부담률이 16.25퍼센트로 치솟음.

• 2011년 6월 17일 — 유로존 재무장관들이 그리스 정부가 추가 지원금을 받으려면 더욱 강도 높은 구조 개혁을 단행해야 한다고 선언함. 파판드레우 총리가 범그리스 사회주의 운동당 소속 재무부 장관인 게오르게 파파콘스탄티노우를 경질하고, 에반젤로스 베니젤로스를 재무부 장관에 임명함. 범그리스 사회주의 운동당 소속 의원들이 긴축 정책 방안을 거부하기 시작하자 파판드레우 총리가 자신과 경쟁 관계에 있던 당내 인사를 재무부 장관에 임명해 280억 유로에 상당하는 추가 긴축 정책 방안 관련 법안을 통과시키기 위한 조치였음.

• 2011년 6월 29일 — 범그리스 사회주의 운동당 소속 의원들이 과반을 차지하고 있던 국회에서 280억 유로의 추가 긴축 조치를 담은 안을 통과시킴. 유럽연합

과 트로이카는 이 법안이 통과되지 않으면 추가 구제 금융을 지급할 수 없다고 압력을 행사했고, 의회 밖에서는 이 법안을 저지하려고 이틀에 걸친 철야 농성과 시위가 발생함. 이 과정에서 경찰과 시위대를 포함해 300여 명이 크게 다침.

• 2011년 7월 3일 — 유럽 재무장관들이 87억 유로의 긴급 지원금을 지급하기로 합의함. 그렇지만 2차 구제 금융 지원 계획에는 합의하지 못함. 그 뒤 국제통화기금은 33억 유로의 지원금을 지급하기로 결정함.

• 2011년 7월 21일 — 유로존 주요 정상들(각국 중앙은행장과 재무장관 포함)이 2010년 5월에 합의된 1100억 유로의 1차 구제 금융 지원책에 덧붙여 추가로1090억 유로를 지급하는 것을 골자로 하는 2차 구제 금융 지원안에 합의함. 민간은행과 투자자들도 2014년까지 순차적으로 370억 유로를 기여할 것이라고 발표함. 더불어 유로존 정상들은 유럽 차원의 금융 안정 기구를 설치해 운영하고, 이 기구를 통해 유로존 개별 국가들에서 발생할지 모르는 금융 불안정성과 취약성에 선제 대응하는 방안을 모색할 것이라고 발표함.

• 2011년 7월 25일 — 미국 신용 평가 회사 무디스가 그리스 정부의 신용을 Caa1에서 Ca로 세 단계 강등하는 조치를 취함. 신용 강등을 발표하면서 무디스는 그리스가 채무 불이행을 선언하는 것은 시간문제라고 경고함.

• 2011년 8월 5일 — 유럽 중앙은행이 이탈리아와 스페인의 국채 이자 부담율을 낮추기 위해 인위적으로 해당 정부 발행 국채를 사들이기 시작함.

• 2011년 9월 1일 — 유럽연합, 유럽 중앙은행, 국제통화기금 등이 파견한 그리스 실사단이 재정 적자의 규모와 부채 절감 방식을 둘러싼 내부 논란을 거치면서 조사 활동을 파기하고 그리스를 떠나는 일이 발생함. 이 일 때문에 2차 구제 금융 지원액의 여섯 번째 지급이 3개월 뒤로 연기됨. 베니젤로스 그리스 재무부 장관은 트로이카가 요구하는 긴축 정책 때문에 그리스는 더욱 심각한 경기 후퇴 상황으로 빠져들고 있다고 비난함.

• 2011년 9월 15일 — 유럽 중앙은행, 영국 중앙은행, 일본 중앙은행, 미 연준이

합의해 외화 유동성 부족에 시달리는 유럽의 민간 은행들이 각 지역 중앙은행에서 달러화를 최대 3개월까지 빌릴 수 있게 허용하는 조치를 취하겠다고 발표함(4개 중앙은행들의 달러 스왑 조치).

• 2011년 9월 17일 — 유럽 재무장관 회담이 그리스에 제공할 추가 지원이나 유럽 주요 은행들의 자본 확충을 위한 유동성 지원 등에 관해 아무런 합의를 도출하지 못하고 끝남.

• 2011년 9월 22일 — 국제 금융 시장이 다시 요동침. 독일과 프랑스, 오스트리아의 주요 민간 은행들의 주식 가격이 중심이 돼 국제 주식 가격이 폭락하고, 그리스, 스페인, 포르투갈, 이탈리아 국채의 신용 부도 스왑 이자율이 치솟음.

• 2011년 9월 26일 — 오바마 행정부를 대표해 티모시 가이트너 재무장관이 독일과 프랑스 정상과 회담을 갖고, 금융 시장 안정을 위해 양국이 적극적인 조치를 취해달라고 요청함.

• 2011년 9월 29일 — 유럽 금융 안정 기구, 유럽 중앙은행, 국제통화기금 등이 그리스 정부가 지금까지 취해온 재정 적자 감축을 위한 조치의 성과를 평가하고 80억 유로의 인도분을 지급할지 여부를 논의함.

• 2011년 9월 말~10월 초 — 독일과 에스토니아, 오스트리아, 네덜란드 정부가 유럽 금융 안정 기금에 내는 자국 정부의 분담금을 늘리는 문제를 둘러싼 인준 투표를 실시함.

• 2011년 10월 2일 — 그리스 재무부가 트로이카와 약속한 2011년~2012년 재정 적자 감축 목표를 이행하지 못할 것이라고 선언함. 그리스 재무부는 애초 목표하고 다르게 2011년 재정 적자가 국내총생산의 8.5퍼센트에 이를 것이고, 2012년 재정 적자 폭도 극심한 경기 침체 때문에 6.5퍼센트를 달성하지 못하고 6.8퍼센트에 이를 것이라고 추정함. 나중에 재무부는 다시 2011년 재정 적자가 9.5퍼센트에 이를 것이라고 수정 발표함.

• 2011년 10월 3~4일 — 유로존 재무장관 회담과 유럽연합 재무장관 회담이

연이어 개최됨. 유럽 주요 은행들의 자기 자본 비율을 높이는 방안을 논의함.

• 2011년 10월 6일 — 유럽 중앙은행이 정책 금리 이자율을 결정함. 유럽 중앙은행 총재 장클로드 트리체의 마지막 기자 회견이 열림. 스페인 정부가 2014년 만기가 도래하는 채권을 발행하고 판매함. 이것과 별개로 영국 중앙은행이 750억 파운드에 이르는 추가 양적 완화 조치를 발표함.

• 2011년 10월 19일 — 그리스가 또다시 추가 긴축 계획안을 의회에서 통과시킴. 새로 통과된 추가 긴축 계획안에 따르면, 그리스 정부는 세금을 추가로 올리고 퇴직 연금과 공무원 임금을 더 깎아 동결하며, 3만 명에 이르는 공무원들의 임금 지급을 유예할 예정임. 이런 추가 긴축 조치는 1100억 유로의 2차 구제 금융 6차 인도분을 받기 위한 임기응변의 조치였음. 이 조치에 반대해 10만 명에 이르는 그리스 시민들이 시위를 벌임.

• 2011년 10월 27일 — 유럽연합 정상들이 그리스 정부 발행 채권을 보유한 민간 투자자들과 채무 변제 의무를 줄이는 내용의 합의안에 원칙적으로 서명함. 그 핵심 내용은 그리스 정부가 2010년까지 정부 채무를 국내총생산의 120퍼센트 수준까지 줄일 수 있도록 민간 투자자들이 보유 채권 액면가의 50퍼센트를 손실 처리하는 것임. 그러나 구체적으로 어떻게 이 방안을 실현할지에 관해서는 나중에 다시 논의하기로 함. 더불어 유럽연합 정상들은 유럽 금융 안정 기구의 예비금을 애초 2500억 유로에서 1조 유로로 확대하며, 더 나아가 유럽 주요 은행들의 자본 재확충을 지원하기 위해서 1060억 유로를 별도로 조성하는 데 합의함. 한편 트로이카는 1300억 유로에 이르는 추가 구제 금융을 지원하는 방안에 합의함.

• 2011년 11월 3일 — 그리스 파판드레우 총리가 새로 마련된 구제 금융안과 긴축 정책안을 국민투표를 통해 결정하겠다고 발표하자, 유럽은 물론 국제 금융 시장이 다시 출렁거림. 독일의 메르켈 총리와 프랑스의 사르코지 대통령이 파판드레우를 불러 국민투표 안을 철회하라고 종용함. 파판드레우 총리와 대립각을

세우던 보수당 지도부가 긴축 정책안에 합의할 것이라고 발표하면서 사태가 수습됨.

• 2011년 11월 4일 — 그리스 파판드레우 총리 불신임안이 의회에서 부결됨. 그렇지만 이미 지도력을 상실한 파판드레우 총리가 도의적인 책임을 지고 사퇴하고 양대 정당인 범그리스 사회주의 운동당과 보수당의 연합 정부 구성에 관한 논의가 진행됨.

• 2011년 11월 5일 — 범그리스 사회주의 운동당과 보수당이 연정 구성에 합의하고 1300억 유로의 구제 금융 수급 조건에 맞춘 긴축 조치들을 집행하기 시작함.

• 2011년 11월 11일 — 양 당 합의하에 중앙은행 총재를 역임한 루카스 파파데모스가 총리에 오름.

• 2011년 11월 16일 — 그리스 의회가 루카스 파파데모스 총리 인준 투표를 실시하고 총리로 인정함. 파파데모스 총리 진영은 10월 27일 마련된 추가 구제 금융안과 민간 투자자 채무 삭감에 필요한 세부 실행 방안을 마련하는 일을 주로 맡게 됨.

• 2011년 12월 말 — 신임 총재 드라기 아래의 유럽 중앙은행이 긴급 유동성을 유럽 금융 시장에 투입하는 조치를 취함(장기 자본 재확충 기금 운용). 유럽식 양적 완화 조치로 평가됨. 더불어 중앙은행은 이 장기 융자금을 빌리는 은행들이 준비해야 할 담보 자산 가치 기준을 완화하는 조치를 취함. 스페인과 이탈리아 정부 발행 국채 이자 부담율이 급속하게 떨어지기 시작함.

• 2012년 1월 16일 — 미국 신용 평가 회사 스탠더드 앤 푸어스가 유럽 금융안정기금의 신용 등급을 최고 등급 AAA에서 AA+로 강등함.

• 2012년 1월 17~18일 — 포르투갈 10년 만기 국채 이자 부담률이 14.40퍼센트로 치솟음.

• 2012년 1월 24일 — 국제통화기금이 《세계 경제 전망》 보고서를 발표함. 유럽 주요 국가들의 긴축 정책 때문에 유로존은 극심한 경기 침체에 시달리게 될

것이라고 경고함.

• 2012년 1월 27일 — 미국 신용 평가 회사인 피치가 이탈리아, 스페인, 벨기에, 키프로스와 슬로베니아 정부의 신용 등급을 일괄 강등함.

• 2012년 1월 28일 — 그리스 정부와 민간 채권자들이 그리스 부채를 삭감하는 방안에 합의해 그리스 정부가 1300억 유로의 3차 구제 금융을 받을 수 있는 길이 열리게 됨. 독일 정부가 그리스 정부의 재정 상황을 관리하고 감독하는 별도의 외부 감사 기관을 설립하자고 제안했지만, 그리스 정부가 반발함.

• 2012년 1월 30일 — 유럽연합 주요 정상들이 확대된 재정 통합 방안에 합의 서명함. 영국과 체코는 서명하지 않음. 한편 2011년 12월 말부터 실시된 장기 자본 재확충 자금의 대출 규모가 2012년 1월 말 기준 4890억 유로에 이름.

• 2012년 2월 1~2일 — 유럽 중앙은행이 16.7퍼센트까지 치솟은 포르투갈 정부 발행 채권 이자 부담률을 줄이기 위해 금융 시장에 개입해 채권을 사들이기 시작함.

• 2012년 2월 3~4일 — 연립 정부를 구성하는 주요 정당들이 트로이카가 요구하는 추가 긴축 조치(현행 750유로에 이르는 월 최저임금의 25퍼센트 삭감이 골자)에 반대한다는 성명서를 발표함.

• 2012년 2월 9일 — 그리스 연립 정부를 구성하는 주요 정당 지도자들이 트로이카의 추가 구제 금융 지급 조건을 진통 끝에 수용하기로 결정함. 주요 내용은 첫째, 월 최저 임금의 22퍼센트를 삭감하고(25세 이하의 경우 30퍼센트를 삭감함), 둘째, 임금을 둘러싼 단체 협상의 유효 시한을 대폭 줄이며, 셋째, 19퍼센트에 이르는 실업률이 10퍼센트로 떨어질 때까지 민간 회사의 임금을 동결하고, 넷째, 80만여 명에 이르는 공공 부문 일자리 중 15만 명 가량을 2015년까지 줄이며, 마지막으로 3억 유로의 연금을 줄이는 것임. 한편 영국 중앙은행은 기준 금리를 동결하고 500억 파운드의 추가 양적 완화 조치를 취하겠다고 발표함.

• 2012년 2월 13일 — 그리스 연립 정부 구성 주요 정당 소속 의원들이 참석한

의회가 새로 마련된 긴축 재정안을 통과시킴.

• 2012년 2월 21일 — 유럽 재무장관들이 1300억 유로의 3차 구제 금융을 지원하기로 결정함.

• 2012년 2월 29일 — 유럽 중앙은행이 2차 양적 완화 조치(장기 자본 확충 기금 운용)를 취하기 시작함. 5295억 유로를 유럽계 주요 은행들에게 저리의 이자율로 융자해주기 시작함. 2011년 12월 말에 진행된 1차 양적 완화 조치의 결과 이탈리아와 스페인의 민간 은행들이 막대한 자금을 빌려 자국의 국채를 매입한 사실이 밝혀짐. 이번 조치와 더불어 장기 자본 확충 기금 운용을 통해 유럽 금융 시장에 투입된 자금은 1조 유로에 육박하게 됨.

• 2012년 3월 2일 — 유럽연합 소속 27개국 정상들이 독일이 제안한 강화된 재정 통합 방안에 서명함.

• 2012년 3월 15일 — 국제통화기금이 트로이카를 대신해서 새로 합의된 1300억 유로의 구제 금융액 중 270억 유로를 그리스 정부에 지급함.

• 2012년 4월 중순 — 스페인 정부 발행 10년 만기 채권 이자 부담율이 6퍼센트로 다시 상승함. 이탈리아 채권 이자율은 5.6퍼센트대로 선회함. 유럽 중앙은행이 스페인 국채를 인위적으로 사들이기 시작함.

• 2012년 4월 25일 — 유럽 중앙은행 총재 드라기가 유로존의 경기 침체 상황을 막기 위해서라도 긴축 정책만이 아니라 경제 성장을 위한 다양한 조치들을 고려할 필요가 있다고 주장함. 한편 이탈리아, 스페인, 그리스, 포르투갈뿐만 아니라 영국 경제도 경기 침체로 빠져들고 있다는 사실을 보여주는 지표들이 발표되기 시작함(영국의 경우 확연한 이중 경기 침체).

• 2012년 4월 27~30일 — 스탠더드 앤 푸어스가 스페인의 국가 신용 등급을 추가 강등하는 조치를 취하고, 연이어 스페인의 11개 주요 은행들의 신용 등급을 낮춤. 스페인의 2012년 1분기 공식 실업률이 25퍼센트를 넘어선 것으로 밝혀짐. 특히 스페인과 그리스의 25세 이하 청년층 실업률이 50퍼센트에 이른다고 정부

가 발표함.

• 2012년 5월 5일 — 프랑스 대통령 선거에서 독일 메르켈 총리와 함께 남유럽 재정 위기에 대처한다는 미명하에 현재까지 진행된 각종 긴축 조치들을 입안하고 강요하던 사르코지가 사회당의 올랑드에게 패배함. 올랑드는 '메르코지'의 긴축 위주 경제 정책이 사태를 악화시켰고 유럽연합 차원의 새로운 재정 협약에 경제 성장을 위한 일련의 조치들이 포함돼야 한다고 주장해옴.

• 2012년 5월 7일 — 그리스 총선에서 신민주당이 전체 300석 중 18.85퍼센트에 해당하는 108석을 얻음. 더불어 파판드레우 총리의 사퇴 이후 보수당과 더불어 연립 정부를 구성한 범그리스 사회주의 운동당이 41석을 얻는 데 그침. 두 정당의 의석을 합해도 과반수에 미치지 못하자 더는 연정 구성이 불가능해짐. 한편 과거 그리스 공산당과 범그리스 사회주의 운동당에서 갈라져 나온 급진좌파연합 시리자가 전체 유효 득표의 16.78퍼센트를 얻어 52석을 자치하면서 제2의 정당으로 발돋움함. 시리자는 선거 과정에서 유로존을 탈퇴하지 않으면서도 독일과 프랑스의 추가 양보를 얻어낼 수 있다고 주장함.

• 2012년 5월 8일 — 스페인 정부가 부실 파산의 가능성이 커지던 3대 은행 방키아의 지분 45퍼센트 이상을 매입해 사실상의 최대 주주가 됨(사실상의 국유화 조치).

• 2012년 5월 9일 — 유럽의 주요 금융 투자자들이 프랑스, 그리스, 스페인에서 벌어진 일련의 '사태'를 겪으며 위험 자산을 시장에 투매하기 시작함. 안전 자산으로 간주된 독일과 영국의 장기 국채를 대량 매입하기 시작함.

• 2012년 5월 12일 — 스페인 정부가 유럽연합 실사단에게 재정 적자 폭에 관한 일시적인 양보를 얻어냄. 한편 스페인 정부 발행 장기 채권 이자 부담률이 6.30퍼센트로 오름.

• 2012년 5월 15일 — 급진좌파연합 시리자의 반대로 신민주당, 범그리스 사회주의 운동당 3자 사이에 진행되던 연립 정부 구성에 관한 협의가 아무런 성과

없이 끝나고, 6월 중순에 새로운 선거를 실시한다고 발표함. 한편 미국 신용평가 회사 무디스가 26개 이탈리아 은행의 신용 등급을 강등하는 조치를 취함.

• 2012년 5월 16~17일 — 그리스와 스페인에서 대규모 예금 인출 사태가 발생한다는 주요 언론 기사가 나옴, 독일을 제외한 유럽 증시 동반 하락, 동아시아 주요국 증시 폭락.

• 2012년 5월 18~19일 — G8 정상 회담이 진행됨. 유로존 전체의 경제 성장을 달성하기 위해 독일과 프랑스가 더욱 적극적으로 정책을 취해야 한다는 오바마와 올랑드의 주장과 종래에 추진되던 긴축 위주의 구조 개혁이 지속적으로 추진돼야 한다는 메르켈의 주장이 팽팽하게 대립함.

• 2012년 5월 23일 — 유럽연합 정상 회의가 열렸지만, 원론 수준에서 논의가 머묾.

• 2012년 6월 6일 — 그리스 급진좌파연합 시리자가 10대 경제 개혁안을 발표.

• 2012년 6월 8~9일 — 유럽연합과 유럽 금융 안정 기구가 스페인 민간 은행의 자본 재확충을 위해 1000억 유로의 구제 금융을 지원하겠다고 발표함. 아일랜드와 그리스 등의 좌파 정당들은 이 조치가 형평성을 잃은 것이라고 반발하고 트로이카와 재협상을 벌이겠다고 선언.

• 2012년 6월 17일 — 그리스 2차 총선 실시, 신민주당, 시리자, 범그리스 사회주의 운동당이 1~3당이 됨. 선거 직후 신민주당과 범그리스 사회주의 운동당은 시리자를 배제하고 연립 정부를 구성하는 데 합의함.

• 2012년 6월 30일 — 유로존 정상들이 유럽 금융 안정 기구를 통해 스페인 민간 은행에 자본 확충 기금을 직접 지원하는 방안에 합의함. 그러나 그 세부 사항은 나중에 마련하기로 함.

• 2012년 7월 11일 — 스페인 정부가 정부 재정 적자 감축을 위한 일련의 조치를 발표함.

2부

경제학의 위기와 위기의 경제학
— 위기의 시대에 다시 읽는 현대 경제 사상

5장

비판의 무기와 무기의 비판

미국발 경제 위기와 미국의 비판 경제학

1. 변화 — 무기의 비판은 가능할까

2007년 말부터 시작된 미국의 경제 위기가 햇수로 벌써 5년째로 접어들고 있다. 게다가 미국 주택 시장의 거품과 그 거품의 붕괴에서 시작된 미국발 금융 위기가 각종 금융 거래 채널을 통해 유럽 전역으로 확산된 지도 벌써 3년이 넘어가는 상황이다. 이렇게 금융 위기와 경제 위기가 지속되는 동안, 미국에서는 독점 금융 기관들의 전횡과 오바마 행정부의 지지부진한 금융 시장 개혁 정책을 비판하면서 '월스트리트 점거 운동Occupy Wall Street'이라는 새로운 형태의 사회 운동이 전개되기도 했다.

이 모든 변화의 조짐들은 미국의 지배적인 경제 질서를 옹호하고 기득권 세력의 이익을 대변하는 미국식 주류 경제학에 어떤 영향을 미치고 있을까? 이 장은 미국 경제학계의 역사와 동향을 추적하고, 비판적 성향을 지닌 영미권의 경제학자들이 경제학 연구를 사회적으로 적실성 있는 학문으로 만들기 위해 지금까지 어떤 노력을 해왔는지, 그리고 더 나아가 현재도 지속되고 있는 경제 위기와 월스트리트 점거 운동 등이 비주류 경제학자들에게 어떤 영향을 미치고 있는지 살펴보는 것을 목적으로 한다. 더불어 이 장은 2부에서 살펴볼 주요 경제 사상가들에 관한 논의를 예비하는 성격을 지니고 있기도 하다.

먼저 영미권에서 주류로 군림하고 있는 신고전파 경제학-일반균형론 등이 역사적으로 어떻게 형성됐고, 어떤 본질적인 문제점들을 지니고 있는지 차례로 살펴보려 한다. 분단과 전쟁 그리고 군사 독재 정권하의 반공주의 이념에 짓눌려 있던 한국 경제학계의 협소한 이념적 지형과 달리, 서구 경제학계에서는 비판적 성향의 비주류 경제학자들이 활발하게 활동해왔다. 그 다음 주류 경제학의 자폐성과 비적실성을 비판하면서 여전히 왕성하게 활동하고 있는 비주류 경제학을 마르크스주의/스라파주의 경제학과 포스트 케인스주의 경제학으로 나눠 간단하게 살펴보고, 이 비주류 경제학자들이 최근 전개되고 있는 월스트리트 점거 운동에 어떤 반응을 보이고 있는지, 그리고 더 나아가 어떤 의제와 문제의식을 가지고 연구하고 있는지 소개하려 한다.

2. 회고 — 미국식 주류 경제학 담론의 역사

현대 미국과 영국의 주류 경제학은 초역사적인 대표적 경제 행위자들이 효용과 이윤을 극대화하려는 행위가 아무런 외부 효과나 구조적 제약 없이 시장 경제 전체의 복리를 증진하고 일반 균형을 달성한다는 믿음에 기반을 두고 있다.

경제 사상사의 관점에서 이런 신고전파 경제학의 기본 공리는 데이비드 리카도의 수확 체감의 원리와 한계 생산성 개념을 소비자의 한계 효용과 생산 이론에 접목하려고 한 1880~1890년대의 한계주의Marginalism 가치 이론에 근거하고 있다(Blaug 1996; Schumpeter 1954).

현대 경제학의 아버지라고 불리는 앨프리드 마셜Alfred Marshall은 한계주의 가치 이론과 리카도의 노동 가치론을 종합하려 시도하고, 특정한 단일 시장에서 수요와 공급의 변동이 시장 가격을 매개로 어떻게 부분적으로 일치할 수 있는지 분석하려 한 최초의 경제학자다(부분 균형 이론)(Marshall 1982).

그러나 케인스는 마셜과 피구Arthur C. Pigou 등의 '(신)고전파' 경제학의 한계를 근본적으로 비판하면서 자유방임 자본주의 시장 경제는 결코 자동 조정의 메커니즘을 담지하고 있지 않으며, 국가가 인위적으로 시장에 개입해 유효 수요를 진작하는 정책을 취하지 않으면 지속적으로 가치 실현의 위기를 반복할 것이라고 주장했다(Keynes 1936).

1930년대의 대공황과 연이은 전쟁을 거치면서 영미의 경제학은 국가의 총수요 관리 정책과 금융 시장의 강력한 통제 등을 핵심으로 하는 전통적인 케인스주의 경제학에 지배됐다. 그러나 1970년대 중후반부터 몰아닥친 오일 쇼크와 하이퍼인플레이션의 충격에 대응하는 과정에서 미국 경제학은, 특히 거시 금융 경제학 영역에서 밀턴 프리드먼류의 통화주의Monetarism와 루카스Robert Lucas, Jr. 등이 주장한 합리적 기대 가설Rational Expectation hypothesis이 번성하는 일종의 방향 전환을 경험하게 된다(Friedman 1960; Friedman 1968; Lucas 1983).

물론 통화주의 이론과 합리적 기대 가설의 핵심이 되는 몇 가지 아이디어는 데이비드 흄David Hume과 존 스튜어트 밀John S. Mill 그리고 데이비드 리카도가 내세운 국제 통화의 유출입을 통한 경상 수지의 자동적 균형Hume specie flow이라는 가설을 고려할 때 경제 사상사에서 이미 오래전부터 존재하던 것들이다(Mill 1990; Ricardo 1962).

더불어 영국과 미국에서는 적어도 1940년대 중반부터 전통적인 케인스주의적 유효 수요 관리 이론을 자본주의적 경기 변동의 지극히 예외적인 국면에서만 적용할 수 있는 특수 이론이라고 폄하하면서, 케인스 이전 고전파 경제학의 분석들이 케인스를 통해 전적으로 통박되거나 대체됐다고 생각하면 안 된다고 주장한 경제학자들이 꾸준히 존재한 것도 사실이다(예를 들어 Hicks 1946; Samuelson 1948).

그러던 것이 미국 경제가 스태그플레이션에 빠져들고 군산복합체와 중화학공업 부문 대상의 배타적인 지원을 핵심으로 하는 미 연방 정부 차원의 '케인스주의적 경기 부양 정책', 곧 급진적 성향의 네오 마르크스주의 경제학자들이 '군사 케인스주의military Keynesianism'라고 부른 시도가 지난날처럼 경기 진작과 고용 안정 효과를 달성하지 못하자, 그 이전까지 소수에 머물러 있던 통화주의자들이 경제학계 내에서 지배적인 위치로 올라서기 시작한 것이다.

그리고 1980년대 초 미국에서 레이건 행정부가 등장하고 영국에서 대처가 총리가 돼, 우리가 오늘날 '신자유주의' 또는 '워싱턴 합의Washington Consensus'라고 부르는 일련의 경제 정책(부자 감세, 금융 시장과 자본 이동에 관한 탈규제,

정부의 공공 서비스 기능 축소, '강성 노동조합'을 향한 선별적이지만 대대적인 탄압, 임금과 사회복지 수당의 축소와 공기업의 대대적인 사유화 조치 등)을 관철시키기 시작하자 통화주의 이론과 합리적 기대 가설은 영미 경제학계는 물론 정부의 주요 정책을 결정하는 과정에도 커다란 영향력을 행사하기 시작했다(유용한 사회사적 기술로는 Greider 1989; Greider 1998).

물론 이런 지배적인 흐름과 약간 구별되면서도 결과적으로 궤를 같이하는 학문적 기반이 1960년대부터 동시에 발전하기 시작했다. 미국 학계를 중심으로 냉전 체제가 지속되는 동안 자본주의 시장 경제 체제의 영구성과 안정성을 정당화하기 위한 이데올로기적 체계화 작업이 진행된 것이다.

예를 들어 이윤과 효용을 극대화하려는 경제 행위자들의 개별적 선택이 어떻게 시장 경제 전체의 복리를 증진하고, 더 나아가 자본주의 시장 경제 체제에 일반 균형이 존재할 수 있는지를 수학적으로 증명하려고 시도한 제라르 데브류Gerald Debreu 같은 사람들의 존재가 대표적일 것이다(Debreu 1959).

또한 한때 '미래의 불확정성'이나 기술 변동의 외부 효과를 강조하면서 급격한 경기 순환을 이론적으로 고려하려 한 오스트리아학파의 대표적인 이론가들이 급격하게 보수화되면서 현실로 존재하는 영미식 자본주의 시장 경제 체제를 '완전 경쟁하의 자유 시장 경제'로 합리화하기 시작한 것도 영미식 주류 경제학계의 보수화에 크게 기여했다.

3. 자폐성 — 미국식 주류 경제학 담론의 문제점

그러나 현재 영미권 대학에서 압도적인 다수의 경제학 프로그램이 채택하고 있는 지배적인 연구 패러다임은 방법론상의 많은 문제들을 야기해왔다. 그 문제들을 한마디로 요약하자면, 이 주류 경제학 방법론이 사회적 또는 역사적 적실성이라는 중요한 시험대를 통과하지 못하고 있다는 것이다.

무엇보다도 '합리적'이라고 가정된 생산자 또는 소비자로서 경제 행위자가 어떻게 주어진 선호 체계에 따라 이윤과 효용을 극대화하는지, 그리고 더 나아가 이 극대화 행위가 어떻게 상호 작용을 통해 일반 균형에 다다를 수 있는지에 관해 영미의 주류 미시 경제학은 제대로 해명하지 못하고 있다.

더 나아가 대표적 경제 행위자들의 몰역사적 선호 체계를 강조하는 미시 경제학자들은 근대 사회에 존재하며 이미 많은 사회철학자들이 오래전부터 강조한 '근대적 이성의 복수성'이라는 문제를 전혀 고려하지 않고 있다(Habermas 1985). 그 결과 주류 경제학자들은 자신들이 가정하는 경제 행위자들의 '합리성'이 여러 개의 근대적 이성들 중 목적합리성 또는 도구적 합리성에 불과하다는 사실을 간과하며, 심지어 경제적으로 중요한 결정을 내릴 때조차 경제 행위자들이 고려하는 복합적인 이성적 판단의 가능성을 고려하지 않고 있다(포스트 케인스주의 시각에서 이 문제를 비판적으로 거론한 예로는 Lavoie 1992, Ch. 2~3; Lavoie 2009, Ch 1~2).

또한 합리적 소비자와 생산자들의 상호 작용이 잠재적으로 야기할 수 있는 외부 효과에 관해 주류 미시 경제학이 제대로 답변하지 못하고 있다는 점은 이미 잘 알려져 있다. 더불어 현대 주류 경제학은 합리적으로 행동하리라고 가정된 개별 행위자들의 행위를 근본적으로 구속하고 거기에 영향을 미치는 사회경제적 구조와 법적 또는 제도적 배열 상태에 제대로 주의를 기울이지 않고 있다. 다시 말해 주류 경제학자들은 거시 경제의 미시적 기초를 해명한다는 미명하에 근거 없이 가정된 대표적 행위자의 몰역사적인 선호 체계에서 출발하고, 이런 사정 때문에 경제 행위자들의 집합적 행위를 근본적으로 규제하거나 영향을 미치는 거시 구조의 역사적 변동 양상을 시야에서 놓치고 있는 것이다. 한마디로 방법론적 개인주의에 함몰된 채 구성의 오류를 범하고 있다(Taylor 2004, Ch. 1~2).

인식론 차원에서도 미국식 주류 경제학은 분석자(경제학자)와 행위자(소비자,

생산자 등) 사이에 실제로 존재하고 또 마땅히 있어야 할 '인식론적 거리'에 제대로 주의를 기울이지 않고 있다(이 문제에 관해서 Bourdieu 1977; Bourdieu 1992). 통계학자나 수리 경제학자들은 자신도 평소 일상생활을 영위하는 과정에서 전혀 사용하지 않는 초월적 계산 능력을 경제 행위자들에게 아무런 거리낌 없이 부여하면서 생산자와 소비자 또는 납세자로서 경제 행위자들이 어떻게 중요한 경제적 결정을 내릴 것인지 그리고 그 행위들의 종합적 결과가 무엇인지 예측할 수 있다고 강변하고 있다(전후 수리 경제학의 역사와 방법론적 비판은 Nell 2012).

미시 경제학과 함께 현대 경제학 프로그램의 핵심 연구 영역인 거시 경제학 영역에서도 문제는 심각하다. 재정 정책과 금융 정책, 기업 투자와 소비, 물가 변동 같은 거시 경제학의 대표적인 연구 영역은 몰역사적인 생산 함수와 소비 함수를 동원한 동적 최적화dynamic optimization 모델을 풀이하는 것으로 채워지고 있다. 사회 제도의 변화와 경기 순환에 따라 다르게 나타나는 경제 행위들을 완전 고용이라는 근본적인 전제 위에 수립된 거시 경제 변수들 간의 통계적 또는 확률적 규칙성으로 환원하고, 이 변수들 간의 상관관계를 다시 거시 경제 모델이나 경기 예측에 추계치로 적용하는 것에 관한 진지한 방법론적 성찰이 없다(Taylor 2004; Nell 1998, Part I). 이런 인식론적 정향을 고려할 때 미국의 주요 대학원 과정에서 경제사상사나 경제사 관련 과목을 찾아볼 수 없게 된 것은 어쩌면 당연한 일일지도 모른다.

현대 자본주의 경제 체제에서 중요성과 복잡성을 더해가는 금융 문제에 관해서도 주류 경제학의 연구 프로그램은 제대로 해명할 개념적 수단을 가지고 있지 못하다. 주류 경제학계의 지배적인 담론은 아예 총저축을 제외한 다른 금융 변수들을 경제 성장 모형을 세우는 데 도입하지 않았고, 기껏해야 프리드먼류의 낡은 통화주의 이론에 의거하거나 금융 자산의 상대적 수익률을 예측하는 자산 다변화 모델로 퇴락하고 있을 뿐이다. 다시 말해 현대 자본주의 금융 시장의 본질적인 불안정성과 금융 기업들이 실물 경제와 맺고 있는 복잡다단한 거래 관계를 분석하려고 시도하기는커녕 '저축에 기반을 둔 투자 증대'라는 낡은 공식으로 환원하거나, 금융 시장의 원활한 작동을 가로막은 비신축성 또는 경직성이나 비대칭적 정보론을 부분적으로 원용하고 있을 뿐이다.

4. 미국에도 있는 비주류 경제학

주류 경제학 담론이 지닌 일종의 폐회로 같은 이런 문제점들을 비주류 경제학자들[1]은 다양하게 비판해왔다.

먼저 19세기 후반 한계주의자들과 오스트리아학파에 오남용된 리카도의 노동가치 이론의 중요성을 강조하면서, 자본(이윤)과 노동(임금)의 적대적 이해관계를 재정립하려고 한 피에로 스라파Piero Sraffa와 그 뒤를 이은 신리카도주의 경제학자들이 있다(Sraffa 1960; King 2002, Ch. 4, 10).

경제 사상의 발전이라는 측면에서 스라파주의 경제학자들은 1960년대 중반 전개된 '자본 이론 논쟁'에 커다란 기여를 했다. 영국과 미국에서는 케인스의 거시 경제 이론을 케인스 이전의 신고전파 경제 이론의 한 부분, 지극히 예외적인 국면에서만 적용할 수 있는 특수 이론으로 해석하려는 경향이 나타났다. 이른바 신고전파-케인스주의 종합이라고 불리는 이 경향에 맞서 영국 케임브리지 대학교에 소속돼 있던 케임브리지 케인지언 경제학자들(조안 로빈슨, 니컬러스 칼도, 미하우 칼레츠키 등)은 케인스의 일반 이론에 나타난 국민 계정, 자본 이론과 투자 이론, 화폐 이론과 국가의 기능 등에 관한 급진적인 견해를 보편 이론으로 발전시키려고 노력했다.

---

1 한국에서 비주류 경제학의 최근 연구 동향을 소개한 문헌들 중 참조한 것으로는 박만섭(2005; 2007)이 있다.

이 와중에 하버드 대학교 소속 경제학자들과 케임브리지 대학교 소속 경제학자들 사이에 일대 논쟁이 시작됐다. 자본 이론 논쟁이라고 불린 이 논쟁이 전개되는 과정에서 케인스의 주선으로 케임브리지 대학교에 머물며 조안 로빈슨 등과 지적인 교류를 하고 있던 이탈리아 태생의 경제학자 스라파는 신고전파-케인스주의 종합을 거론하는 사람들이 사용하는 자본과 생산 개념, 특히 빈번히 등장하는 총생산 함수가 현대 자본주의 경제와 생산을 제대로 파악하는 데 전혀 도움이 되지 않는다고 비판했다. 더불어 기업의 생산량과 가격 설정에 관한 최적 모델을 찾는다는 미명하에 근거 없이 가정된 수확 체감과 한계 생산성에 관한 가정도 현대 자본주의 생산 기술의 복잡성을 파악하는 데 사용될 수 없다고 비판했다 (Sraffa 1960; Harcourt 1972).

스라파와 이후의 스라파주의 경세학자들은 오늘날에도 대표적인 경제 모델로 빈번하게 사용되고 있는 신고전파 경제학자들의 경제 성장 모델이나 대표적 생산 함수에 기반을 두고 있는 각종의 거시 경제 모델이 현대 자본주의 경제 체제의 본질적인 연관을 파악하는 데 전혀 도움이 되지 않는다는 점을 강조했다. 더 나아가 현대 경제학은 한계 생산성과 수확 체감에 관한 근거 없는 가정에 기반을 둘 게 아니라 잉여의 생산과 분배를 핵심으로 하는 자본주의 생산 관계의 본질적인 연관, 특히 자본과 노동의 적대적 이해관계를 정확하게 파악해야 하고, 이것이 어떻게 기술 변화와 사회 계급의 세력 관계를 매개로 상이하게 분배되는지 분석해야 한다는 명확한 준거점을 마련했다.

이 점에서 스라파주의 경제학자들은 스미스와 리카도를 거치며 정점에 이른 칼 마르크스의 잉여 가치 이론을 더욱 발전시키고 있는 현대의 마르크스주의 경제학자들과 큰 틀에서는 궤를 같이하고 있다고 말할 수 있다.

역사적으로 마르크스 이후의 마르크스주의 경제학자들은 자본주의 생산 부문(소비재 생산 부문과 자본재 생산 부문)의 불비례적 확대 재생산과 그 결과인 주기적인 가치 실현의 위기, 자본의 집중과 집적 그리고 기술 변동이 자본간 경쟁과 이윤율의 분배에 어떤 수정을 가하는지에 주된 관심을 기울여왔다. 그리고 19세기 말에서 20세기 초에 나타난 서유럽 자본주의 국가들의 경쟁적인 식민지 개척과 제국주의적 침탈이 자본주의적 확대 재생산에 내재된 이런 모순을 실현하는 메커니즘 중 하나가 될 수 있는지를 두고 논쟁을 벌여왔다(20세기 마르크스주의 경제학의 역사에 관해서는 Howard and King 1992; 전형 문제와 공황 이론 등의 주요 논쟁점들에 관해서는 Sweezy 1970, Ch. 5~7, Ch. 8~12; 제국주의론에 관해서는 Brewer 1990 참조).

1930년대 중반 케인스의 일반 이론이 제시되고 2차 대전을 거치면서 케임브리지와 지적인 교류를 하고 있던 마르크스주의 경제학자들은 케인스와 거의 같은 시기에 유효 수요 이론을 제시한 폴란드 태생의 경제학자 미하우 칼레츠키를 따라 자본의 독점화에 따른 불완전 경쟁론, 독점 기업들의 가격 정책론, 자본가와 노동 계급 등 주요 사회 계급 사이에 나타나는 비대칭적인 저축과 소비 행태에 관한 논의를 발전시켰다(King 2002, Ch. 2, 10; Howard and King 1992, Ch. 1, 6; Kalecki 1971; Steindl 1952; Baran and Sweezy 1966). 1980년대 중반 이후 한국 사회과학계에도 널리 수용된 모리스 돕과 폴 스위지, 폴 바란 등의 독점 자본주의 이론은 1950년대 이후 체계화된 좌파 케인스주의-마르크스주의 경제학자들의 이론적 성과를 반영한 것이었다.

최근 들어 영미의 고전적 마르크스주의 경제학자들은 자본주의의 주기적인 공황과 가치 실현의 위기, 자본의 독점화와 그 결과인 가격 결정과 자본 간 경쟁의 문제, 가치의 가격 전환을 둘러싼 전통적인 이론적 논쟁 이외에도, 자본주의 경제의 복잡성과 산업 순환의 연관을 실증적으로 분석하고 자본의 확대 재생산 과정에서 기능하는 금융 자본의 구실이 어떻게 변모하고 있는지를 분석하려고 한다(대표적으로는 Alemi and Foley 1997; Basu 2011a; 2011b; Crotty 2002; 2005; Dos Santos 2011; Dumenil and Levy 2004a; 2004b; 2011; Foley 1982; 1986 등을 참조).

스라파주의 경제학, 마르크스주의 경제학과 함께 포스트 케인스주의 경제학과 제도주의 경제학은 주류 경제학의 한계를 넘어서려고 노력한 중요한 학파들 중 하나다. 물론 '포스트 케인스주의 경제학'의 정확한 범주와 연구 의제를 확정하는 문제를 둘러싸고 많은 논란이 있었다. 그리고 영국과 미국은 물론 오스트레일리아, 오스트리아, 캐나다 등지에서 발전되고 있는 포스트 케인스주의의 연구 경향에 차이가 많은 것도 사실이다(서구 포스트 케인스주의의 역사에 관해서는 King 2002).

그렇지만 포스트 케인스주의에 관해 연구자들이 대체로 합의하고 있는 공통된 특징이 있다. 첫째, 케인스의 일반 이론은 자본주의 경제의 특정한 국면에만 예외적으로 적용될 수 있는 특수 이론이 아니라 자본주의 경제 전반에 적용될 수 있는 일반 이론이다. 둘째, 케인스의 이론은 자본주의하의 자본 축적 과정에서 자본 시장과 금융이 차지하는 커다란 중요성을 강조했다(미국의 대표적인 포스트 케인스주의 경제학자인 하이먼 민스키의 표현을 빌리자면, 케인스의 경기변동 이론은 결국 금융적 생산 이론이다). 셋째, 자본 시장을 통한 자본의 잠재 수익성에 관한 평가는 근본적인 불확실성 아래에서 임시로 형성되는 변동성 높은 평가에 기반을 두고 있고, 이런 변동성이 다시 비금융 자본의 투자와 축적에 커다란 영향을 미친다. 넷째, 자본의 축적과 고용은 이미 확정된 일반적인 균형 노선을 따르는 게 아니라 영구적인 불균형 상태에 놓여 있다(Lavoie 1992; 2009).

화폐와 금융 이론의 영역에서도 다수의 포스트 케인스주의 경제학자들은 공통된 주장을 한다. 첫째, 화폐는 단순히 교환의 수단일 뿐만 아니라 가치의 축장 수단이기도 하다. 둘째, 화폐량의 공급이 이자율과 선형적인 관계를 맺고 중앙은행의 정책을 통해 외부에서 결정되는 것으로 볼 수 없으며, 화폐에 관련된 각종 예비적 또는 투기적 수요에 따라 상이하게 이자율과 관계를 맺는다. 셋째, 현대 자본주의의 복잡화된 금융 조직과 금융 상품, 기술 혁신 등을 고려할 때 화폐의 유통과 이 과정을 매개하는 금융 기관들은 별도의 신용을 창출하며, 이 신용이 예를 들어 중앙은행이 발행하는 통화량과 별도로 비금융 기업의 투자와 성장 등에 커다란 영향을 미친다는 점(이른바 내생 화폐 이론)을 강조하고 있다(Lavoie 2009, Ch. 3; Deleplace and Nell 1996; Wray 1998 등을 참조).

미국 경제학계의 많은 포스트 케인스주의 경제학자들 중에서 최근의 경제 위기 국면에서 새롭게 주목을 받는 학자가 있다. 1960년대 중반 이후 줄곧 금융 불안정성 가설을 이론화했던 하이먼 민스키다. 민스키는 케인스의 거시 금융 경제 이론을 투자를 통한 저축율과 경제 성장율의 증대라는 기본 주제에 연결시키는 데서 멈추지 않고 현대 자본주의 경제, 특히 금융 시장의 복잡성이 어떻게 기업의 잠재 수익률에 관한 자본 시장의 평가를 통해 영향을 받고, 각 경제 주체들의 금융 거래가 경제 시스템 전체의 안정성과 불안정성을 상대로 역동적으로 영향을 주고받을 수 있는지 이론화했다(Minsky 1975; 1982; 1986).

현대의 포스트 케인스주의 경제학자들, 특히 미국의 경제학자들은 민스키의 금융 불안정성 테제를 통해 다양한 금융 현상의 복잡성을 분석하려고 노력해왔다. 특히 금융 시장과 노동 시장에서 나타나는 정보의 비대칭성을 강조하는 스티글리츠Joseph E. Stiglitz 같은 뉴케인스주의 경제학자들하고는 구별되는 독립적인 연구 방법과 의제를 발전시켜왔다(Crotty 1994; 2011; Dymski 1994 참조).

물론 이밖에도 여성주의와 제도주의적인 시각에서 기업의 투자와 생산 활동 그리고 거시 경제의 동학과 역사적 변천을 분석하려고 하는 시도들도, 비록 주변화돼 있는 것은 사실이지만 미국과 서유럽 경제학계의 다양성을 구성하는 중요한 축이다.

이 모든 비주류 경제학자들은 미국 경제학계에서 1980년대 이후 지배적인 위치를 차지한 신고전파 경제학, 일반 균형론, 합리적 기대 가설과 금융 시장 효율성이라는 공고한 지적 헤게모니에 맞서서 독립적인 연구 의제를 발전시키고 학회의 창설과 운영, 잡지 발행, 도서 출판의 형태로 활발하게 활동하고 있다(좀 더 자세한 정보는 비주류 경제학자들의 소식지 《비주류 경제학Heterodox Economics Newsletter》에서 찾아볼 수 있다).

5. 월스트리트 점거 운동과 비주류 경제학

그렇다면 지난 몇 년 동안 지속되고 있는 미국발 경제 위기와 특히 최근에 전개되고 있는 월스트리트 점거 운동 같은 급진적인 사회 운동은 이렇게 커다란 이념적인 간극을 보여온 경제학 담론에 어떤 영향을 미치고 있을까?

무엇보다도 가시적으로 나타나는 현상은 적어도 사회 운동 수준에서는 주류 경제학 담론을 향한 거부감과 사회적 비판이 점점 커지고 있다는 점이다. 또한 그동안 학계에서 주변화된 것처럼 보이던 비주류 경제학자와 비판적 성향의 사회과학자들이 하는 논의가 새롭게 주목받고 있다. 최근 벌어진 몇 가지 에피소드를 간단히 살펴보자.

미국발 금융 위기가 유럽으로 한창 번져가던 2008년 가을 영국의 엘리자베스 여왕은 왜 금융 위기가 발생했고 왜 어떤 경제학자들도 위기를 예측하지 못했는지 공개 질문한 적이 있었다. 몇 달 뒤 영국의 왕립 학술원에 소속된 주류 경제학자들은 여왕에게 '다가오는 금융 위기를 제대로 분석하지 못한 경제학자들의 무능력'을 자책하면서 '창의성과 사회 현안에 관한 민감성을 갖추지 못한 경제학자들의 집단 사고' 탓에 금융 위기를 미리 예측하지 못했다는 내용의 편지를 보냈다.

이 일을 회고하면서 최근 《르몽드 디플로마티크》에 기고한 글에서 토비 캐롤과 사하르 하메이리는 주류 경제학자들의 무능력은 여기에서 끝나지 않는다고 통박하고 나섰다. 주류 경제학자들이 신봉하는 한계 효용 중심의 수요 공급 이론(로빈슨 크루소의 우화에나 등장하는 자기 조절적 생산과 노동, 소득 분배에 관한 신고전파 경제 이론)에 뿌리 깊이 잠재해 있는 학문의 정향성이야말로 주류 경제학자들의 무능력과 비사회성을 야기한 원천이라고 강하게 비판한 것이다 (Carroll and Hameiri 2011).

영국의 대표적인 비주류 경제학자이자 사회학자인 마이클 립턴, 스테파니 그리핀-존스, 로버트 웨이드 등은 개혁적 성향의 일간 신문 《가디언》에 기고한 글에서 금융 시장에 관련된 무분별한 규제 완화 조치들이 금융 위기를 빈번하게 발생시키고 국내적으로는 경제적 소득 불평등 문제를 심화시켰다고 지적했다. 그리고 지금 같은 위기 국면에서는 긴축 정책을 취할 게 아니라 정반대로 유효 수요를 증대시키고 조세 형평성을 강화하기 위한 정부의 적극적인 확대 재정 정책이 필요하다고 주장했다. 또한 경제학자들과 경제 정책 결정자들이 신고전파 경제학으로 치우친 편협한 이론이 아니라 리카도와 마르크스 등의 고전파 정치경제학, 앨프리드 마셜과 케인스, 그리고 하이먼 민스키 같은 사람들이 주장한 금융 부문의 사회화와 정부의 적극적인 거시 경제 조정 정책에 관한 이론을 진지하게 수용해야 한다고 역설하기도 했다(Lipton, Griffith-Jones and Wade 2011).

털사 대학교 경제학과 교수로 재직하고 있는 스콧 카터Scott Carter의 태도는 더욱 선명하다. 한계 효용과 한계 생산성 이론에 기반을 둔 신고전파 경제학의 수요와 공급 가설, 그리고 다시 이 가설에 기반을 둔 생산과 소비의 일반 균형론을 한마디로 '1퍼센트를 위한 경제학'이라고 비난하고 나선 것이다. 카터는 생산 과정에서 잉여 가치가 착취되는 자본주의 경제 시스템의 본질적인 문제를 파헤친 마르크스주의와 스라파주의 경제학을 학문적으로 복권하는 것이야말로 '99퍼센트를 위한 경제학'을 확립하는 지름길이라고 주장했다. 사회과학 분야에서 마치 '과학'의 지위를 독점적으로 차지하고 있는 양 행세하던 현대판 '벌거벗은 임금님'(신고전파 경제학과 일반 균형 이론)의 실체를 폭로하고, 주류 경제학 담론이 합리화하고 변호하는 억압의 질서를 제대로 분석해야 한다는 것이다(Carter 2011).

마지막으로 뉴스쿨과 매사추세츠 주립대학교 애머스트 캠퍼스 경제학과 교수들이 월스트리트 점거 운동에 관해 지금까지 보여준 반응도 흥미롭다. 이 두 대학은 유타 대학교나 미주리 캔사스시티 대학 등과 함께 미국 경제학계에서 비주류 경제학 프로그램을 오랫동안 유지한 것으로 유명하다.

뉴스쿨 대학교 경제학과 교수들은 월스트리트 점거 운동이 처음 시작될 때부터 깊은 관심을 보였다. 몇몇은 뉴욕 시 소재 대학생들이 뉴스쿨 대학교 부속 건물을 점거하고 시위를 벌이자마자 곧바로 점거 운동을 지지한다는 공개 성명서를 발표했다. 애머스트의 경제학과 교수들도 '경제학을 점령하라Occupy Economics'라는 제목을 단 동영상을 만들고 선언문을 발표했다(Economists stand with Occupy Wall Street 2011).

> 우리는 경제학계에서 벌어진 이념적 세척을 거부한다. 또한 경제 위기의 원인과 결과를 놓고 벌어지고 있는 필수적인 논쟁을 정치적으로 탄압하는 것을 거부한다. 우리는 1퍼센트 부자와 정치 엘리트들의 단기적인 탐욕에서 경제를 해방시키는, 세계 각지에서 벌어지고 있는 월스트리트 점거 운동을 지지한다. 우리는 공공장소에서 공공선을 추구하기 위해 노력하는 사람들을 경찰과 공무원을 동원해 진압하려 하는 냉소적이고 전도된 시도를 거부한다. 우리는 보통 사람들을 위한 경제, 생태 친화적인 경제, 미래 지향적인 경제 시스템을 건설하려는 새로운 전망을 만들기 위해 노력할 것이다. 우리는 경제 정의와 사회 정의를 요구하며, 민주적 권리를 행사하는 점거 운동가들과 연대할 것을 선언한다.

6. 나오며 — 비주류 경제학자들이 바라보는 경제 위기

비주류 경제학자들과 비판 사회과학자들의 이런 사회적 실천이 가까운 장래에 주류 경제학자들의 지배적인 담론과 정향성을 대체하고, 더 나아가 경제 정책 결정 과정에서도 중요한 구실을 할 수 있을지 가늠하는 것은 현재로서는 너무 때 이른 일이다.

무엇보다도 신고전파 일반 균형론과 그 변형태의 주창자와 옹호자들이 영미의 학술 시스템과 각종 학술지를 장악하고, 이단적인 견해들이 공개 거론되는 것을 가로막고 있기 때문이다. 그리고 등급이 매겨진 학술지에 어떤 글을 발표했느냐가 신규 교수 임용이나 승진 심사에 중요하게 반영하는 대학 행정가들의 관행은 비판적인 사고를 지닌 학자들을 배척하는 중요한 기제로 작동해왔다.

특히 1980년대 중반 이후 미국식 경제학 모델이 전세계에 확산됐고, 심지어 한국을 포함한 개발도상국의 많은 대학들이 미국식 모델과 학문 정향성을 유력한 모델의 하나로 받아들이고 있는 점도 사태를 더욱 복잡하게 만든 요인이기도 하다.

이런 구조적 제약이 있기는 하지만 지난 몇 년 동안 지속되고 있는 국제적 차원의 경제 위기와 월스트리트 점거 운동으로 대표되는 새로운 사회 운동은 비주류 경제학자들의 연구와 사회 활동에 커다란 자극을 주고 긍정적인 영향력을 행사할 것이다.

무엇보다도 지난 몇 년 동안 비주류 경제학자와 사회과학자들은 지금도 지속되고 있는 경제 위기의 원인과 전개 과정, 정책적 대안에 큰 관심을 가지고 있다. 경제 위기의 본질적인 원인을 자본주의적 생산 과정이 지닌 본질적인 모순(자본의 유기적 구성의 고도화와 이윤율의 하락)으로 연결시킬 수 있는지, 그리고 생산 과정에 내재된 본질적인 모순에 관련된 강조점을 어떻게 금융 시장의 복잡한 제도적 발전 과정과 연계시킬 수 있는지에 관한 연구와 논의가 한창이다.

더불어 금융 국제화가 야기하는 다양한 경제 문제들을 탐구하고 대안을 모색하려는 움직임도 새롭게 동력을 얻고 있다. 그동안 마르크스주의와 포스트 케인스주의 경제학자들은 경제의 다른 부분에 견줘 비대하게 발전한 금융 부문이 어떻게 생산적 기업의 투자를 정체시키고 고용의 양과 질을 악화시키는지를 이론뿐 아니라 실증 수준에서도 분석하려는 노력을 기울여왔다. 최근 몇 년 사이

비주류 경제학 학회 모임이나 컨퍼런스에서 이런 '금융화financialization' 과정의 기원과 전개, 그리고 그것이 실물 경제에 미치는 영향에 관한 연구가 빠짐없이 등장하고 있다는 점은 이 사안의 중요성을 보여주는 증거다.

특히 흥미로운 것은 금융화에 관한 논의가 그동안 영국과 미국의 산업 구조 변동에 관한 분석에 국한됐다면, 최근 들어서는 외환 위기와 재정 위기를 경험한 나라들(라틴아메리카, 동아시아, 터키 등)에 관한 실증적인 사례 분석으로 연결되고 있다는 점이다. 이런 분석을 통해 비판 경제학자들은 금융 산업과 비금융 산업의 관계, 정부의 산업 정책, 금융 위기 국면에서 취할 정책적 대안 등을 진지하게 논의하고 있다.

경제 위기 국면에서 통상적으로 취해지는 긴축 정책이 어떤 방식으로 경제 성장과 미래의 성장 동력을 잠식하고 채권국 은행들과 국제 투자자들의 이익만을 배타적으로 보장하는지, 그리고 어떤 방식으로 여성과 아동, 이주 노동자 등 사회적 소수자들의 이익이 희생당하는지에 관한 이론적이고 경험적인 분석도 비주류 경제학자들의 중요한 연구 주제 중 하나다.

마지막으로 경제학자들이 무분별하게 수용하고 있는 거시 경제 성장 지표들도 새로운 시각에서 재검토되고 있다. 잘 알려진 것처럼 전통적인 국내총생산 지표는 가계와 비영리 기구들이 수행하는 직간접 경제 활동의 기여분을 전혀 고려하지 않았다. 따라서 낡고도 낡은 거시 경제 지표들을 생태주의적 함의를 담을 뿐만 아니라 가계와 비영리 기구들의 사회적 기여분도 고려할 수 있는 새로운 지표로 바꾸는 문제에 관한 논의가 한창이다.

전통적인 실업률 개념도 협소하기는 마찬가지다. 실업률 지표가 지닌 한계를 넘어서서 고용의 양뿐만 아니라 노동 시간과 소득 그리고 기술적 숙련도 등을 핵심으로 하는 고용의 질을 제대로 포착하는 실질 실업률 개념을 만드는 논의도 꾸준히 진행되고 있다.

[참고] 현대 정치경제학의 흐름과 지형

데이비드 흄(1711~1776)
《경험적 방법》

애덤 스미스(1723~1790)
《국부론》: 중농주의 비판, 노동가치론과 분업론의 창시

제레미 벤담(1748~1832)
공리주의

토마스 로버트 맬더스(1766~1834)
《정치경제론》과 《연구론》: 가치 실현에서 소비(유효 수요)의 구실 강조, 봉건 지주 계급의 이익을 대변

데이비드 리카도(1772~1823)
《정치경제학과 과세의 원리》: 스미스의 노동가치론을 확대 발전시킴, 생산 요소의 한계 생산성과 비교우위론 창시

프리드리히 바스티아(1803~1850)
장 바티스트 세이(1776~1832)
윌리엄 시니어(1790~1864)

프리드리히 리스트(1789~1846)
《국민 경제학 체계》

존 스튜어트 밀(1806~1873)
당시 경제 사상을 백과사전식으로 종합하려 함

칼 마르크스(1818~1883)
《정치경제학 비판 요강》, 《자본》, 《잉여가치학설사》: 고전파 정치경제학 비판, 잉여가치 학설, 가치의 가격으로의 전환 논파, 자본의 유기적 구성의 고도화와 이윤율의 경향적 저하 → 가치 실현의 위기를 통한 주기적 공황의 필연성을 논파

한계주의 혁명: 멩거(1840~1921), 발라(1834~1910), 제본스(1835~1882), 뵘-바베르크(1851~1914), 그리고 전후 오스트리아 학파의 형성
리카도의 노동가치론을 버리고, 한계생산성 개념을 가치 이론과 효용 이론에 적용 → '한계효용학파'-주관주의적 가치 이론을 제창

빌프레도 파레토(1848~1923)
파레토 효율성

프란시스 에지우드(1845~1926)
에지우드 박스

앨프리드 마셜(1842~1924) 《경제학 원리》와 **아서 피구(1877~1959)**
한계주의와 리카도의 노동가치론을 종합하려 함. 통화주의 이론의 기초 형성('고전파 경제학'이라고 불림)

존 메이너드 케인스(1883~1946)와 **미하우 칼레츠키(1899~1970)**
마셜의 '고전파 경제학'에 관한 비판과 부정, 가치 실현에서 유효수요의 구실 강조, 자본 축적의 동학과 경기 변동에 관한 분석 → 금융 자산가를 안락사시키고 투자를 사회화할 것을 제창

피에로 스라파(1898~1983)
《상품에 의한 상품 생산》(1960): 리카도의 한계생산성 개념을 버리고 노동가치론을 재해석, '자본이론 논쟁'에 결정적인 기여, 현대 신리카도주의-스라파주의 경제학을 창시

조셉 슘페터(1883~1950)
《경제사상사》, 《자본주의 사회주의 민주주의》: 기술 변화와 경기변동론('부르주아 마르크스'라고 불림)

전후 오스트리아 학파: 본 미제스(1881~1973)와 **하이예크(1889~1992)**의 사회주의 경제 시스템에 관한 비판 → 1920-30년대의 사회주의 계산 논쟁

폴 새뮤얼슨(1915~2009)
《경제분석의 기초》(1947)와 존 힉스의 저서들: 케인즈 경제학에 관한 표준 교과서적 해석에 큰 영향을 미침

캐네스 애로우, 제라르 데브루
《가치론》(1959): 자본주의 상품 시장 경제 내의 일반 균형에 관한 수학적 엄밀화와 증명 시도

1750 | 1800 | 1850 | 1900 | 1950

밀턴 프리드먼
현대 통화주의Monetarism의 형성; 신자유주의적 금융 정책의 기초

폴 새뮤얼슨과 로버트 솔로
신고전파-케인스 종합Synthesis

1960년대 "케임브리지 자본이론 논쟁": 미국의 신고전파-케인스 종합 경제학자들과 영국 케임브리지 케인스주의/스라파주의자들 사이에서 진행된 자본 개념, 기술 변화와 축적 양상(자본 역전과 재전환)을 둘러싼 논쟁; 신고전파 경제학의 총생산 함수와 자본 생산성 개념에 관한 근본적인 비판이 이루어짐

조안 로빈슨, 니컬러스 칼도 그리고 케임브리지 케인스주의 경제학자들
케인스 이론 일반화

모리스 돕, 폴 스위지와 바란 등의 독점 자본주의
군사 케인스주의에 관한 분석과 비판(미국)

로버트 루카스
합리적 기대 가설과 경제학의 미시적 기초에 관한 문헌을 만개시킴; 케인스주의 총수요 관리 정책의 이론적 기반을 붕괴시킴 → 현대 신고전파 거시경제학New Classical Economics의 근간을 이룸

금융 시장 효율성 가설(**제임스 토빈, 모디글리아니와 밀러 공리** 등)

뉴케인스주의 경제학New Keynesian Economics의 형성
정보의 불완전성과 비대칭성 강조, 통화주의와 합리적 기대 가설에 기반한 금융시장 효율성 가설에 관한 내재적 비판, 불완전 정보 아래의 기업 금융과 투자, 노동 시장 이중 구조화론 등으로 발전됨

시드니 와인트라웁, 하이먼 민스키, 폴 데이비슨 등의 포스트 케인스주의 경제학 형성과 발전
얀 크레겔과 알프레드 아이츠너 등의 기여(미국); 오스트리아, 호주, 캐나다, 프랑스 등지의 포스트 케인스주의 경제학자들의 형성과 지적 교류

고전파 마르크스주의 내부의 전형 문제를 둘러싼 논쟁, 마르크스주의 경제학자들과 스라파주의(신리카도주의) 경제학자들 사이의 논쟁

주류 경제학의 수리경제학화, 학제적 세분화와 분절화 경향이 가속화됨

주류: 신고전파 경제학, 합리적 기대 가설, 통화주의, 오스트리아 경제학파, 일반 균형론
경제 행위자들의 합리적 기대 형성과 이것을 통한 거시경제적 조정 과정 강조, 금융 시장 변수들의 중요성 무시, 정부 개입에 반대

주류 경제학에 관한 내재적 비판: 뉴케인스주의 경제학
노동 시장의 이중 구조화dualism, 금융 시장의 불완전성과 정보의 비대칭성 강조, 경기 순환에 미치는 금융 시장 변수들의 경기 순행적 구실을 중시, 시장의 외부성을 교정하기 위한 정부 구실 강조

주류 경제학에 관한 패러다임적 비판: 포스트 케인스주의 경제학
자본주의 경제의 분배 메커니즘과 경기 변동 강조, 근본적 불확실성 아래에서 이루어지는 기업 투자와 고용의 변화, 금융 시스템이 지닌 내재적 불안전성 강조, 노동과 자본 소득간의 길항 관계와 소득 분배 구조의 역사적 변동을 강조; 금융 시장 제도의 형성과 변화가 자본 축적 과정에 어떤 영향을 미치는가를 강조

주류 경제학에 관한 패러다임적 비판
마르크스주의와 스라파주의 경제학, 포스트 케인스주의 경제학과 지적 교류(내적 긴장 관계), 자본주의 시스템의 축적 동학과 재생산 메커니즘에 초점을 맞춤, 포스트 케인스주의 경제학자들의 금융 불안정성 테제와 금융화에 관한 논의를 수용

1960 1970 1980 1990 2000

6장

자유 무역 제국주의자는 가라

리스트의 국민 경제학 체계와 산업 정책론

1. 산업화와 경제 성장의 숨겨진 이론가

프리드리히 리스트Friedrich List, 1789~1846는 현대 경제학의 발전 과정에서 지극히 예외적인 위치를 차지하고 있다. 리스트의 경제 사상은 주류 국제 경제학자들에게 보편적인 공리로 수용되고 있는 비교 우위론적 자유 무역 이론의 대척점에 서 있으며, 일부이기는 하지만 자유주의 경제학자들 사이에서는 억압적인 전체주의 정치 체제를 배타적으로 옹호한 사람으로 오해되고 있기도 하다.

그러나 리스트가 창안한 국가의 산업 정책과 국내 유치산업 보호론은, 현대 경제 사상사에서 리스트의 이론이 점하는 위치에 견줘 놀라울 정도로 훨씬 더 폭넓게 선진 자본주의 국가들에서 실제 경제 정책으로 받아들여졌다. 특히 2차 대전 이후 제국주의에 점령된 식민지 체제에서 벗어난 많은 신생 독립 국가들 중 거의 유일하게 급속한 경제 성장을 달성한 동아시아 국가, 특히 한국의 경제 성장 노선에 암암리에 큰 영향력을 미치기도 했다(Chang 2002; 2003). 한마디로 공식 경제 사상사의 영역에서는 철저하게 배척됐지만 실제 국가의 경제 정책 영역에서는 성공적으로 산업화를 달성한 거의 모든 나라들에서 전폭 수용된 논의가 바로 프리드리히 리스트의 산업 정책론이다.

이 장에서 우리는 오랜 시간 동안 오해와 배척의 대상이었지만 현대 자본주의 산업화의 역사에서는 큰 영향력을 행사한 리스트의 경제 이론을 체계적으로 고찰하려 한다. 낡은 문서고를 뒤져가며 무언가 새로운 것을 발굴하는 일을 좋아하는 괴상한 취미 때문이 아니다. 리스트가 구상하고 제안한 경제 발전 노선을 되짚어보는 일은 오늘날 선진 자본주의 국가들의 역사뿐만 아니라 한국을 포함한 동아시아 발전 국가들의 역사를 고찰하는 것이기도 하다. 이런 과정을 통해 우리는 어쩌면 오늘날 우리가 발 딛고 서 있는 정치와 경제 현실의 역사적 기원을 추적하고, 그 현실이 안고 있는 주요 문제들을 해결하는 단초를 찾을 수 있을지 모른다. 더불어 미국발 세계 경제 위기가 지속되고 있는 현재 국면에서 미국과 서유럽 각국의 주요 정책 결정자들이 정부의 강력한 산업 정책을 복원해 새로운 경제 성장 동력을 찾아야 한다고 말하고 있는 현실은 어쩌면 리스트가 200여 년 전에 제시한 경제 성장 노선이 지금도 여전히 유효할지도 모른다는 가설을 세울 수 있게 해준다.

먼저 리스트가 활약하던 19세기 초반 유럽과 미국의 경제적 맥락이 어땠는지, 지배적인 경제학 교리로 받아들여지고 있던 데이비드 리카도의 비교 우위론에 입각한 자유 무역 이론이 어떤 한계를 지니고 있었는지 간략하게 살펴보자. 이런 논의를 바탕으로 리스트의 경제 사상을 크게 국민 경제 이론과 산업 정책론, 유치산업 보호론으로 나누어 살펴보고, 리스트가 어떤 사회경제적 맥락에서 국가의 강력한 산업 정책과 유치산업 보호론을 주장하게 됐는지 알아볼 것이다. 마지막으로 리스트의 경제 이론이 가지고 있던 한계를 짚어본 뒤, 오늘날 한국 사회에서 리스트의 산업정책론이 어떤 함의를 지닐 수 있는지 비판적으로 논의할 것이다.

2. 리카도의 비교 우위론과 19세기 유럽의 경제 지형도

오늘날 우리에게 잘 알려져 있는 대표적인 자유 무역 이론은 19세기 초반 영국의 정치경제학자이자 정치가로 활동한 데이비드 리카도의 비교 우위론에 원류를 두고 있다. 리카도는 《정치경제학과 과세의 원리Principles of Political Economy and Taxation》를 통해 애덤 스미스가 《국부론》에서 기초를 놓은 고전적 노동 가치론이 '원시 시장 경제'에만 적용되는 것이 아니라 영국 같은 선진 자본주의 생산 과정에도 그대로 적용될 수 있다고 주장했다(Ricardo 1996).

그러나 리카도는 자신의 저서 전반에 흐르는 '노동 가치론의 수미일관된 적용'이라는 문제 의식과 근본적으로 구별되는 국제 무역에 관한 이론을 주장하는데, 그것이 바로 《정치경제학과 과세의 원리》 7장에 등장하는 비교 우위론이다. 여기에서 리카도는 상품의 가치가 그 상품의 생산에 투여된 노동 시간에 따라 결정된다는 스미스 이래 고전적 노동 가치론이 "국제 무역에는 이제 더는 적용될 수 없다"고 주장하면서(Ricardo 1996, 93), 자신이 비교 우위론으로 지칭한 새로운 원리가 국제 무역을 통한 상품의 거래와 유통에 따라붙는 새로운 가격을 결정한다고 주장했다.

리카도가 언급한 비교 우위론의 핵심을 한마디로 요약하면, 생산 기술의 발전 정도와 생산 요소들(노동과 자본)의 상대적 희소성이 다른 두 나라가 상대적으로 적은 노동 시간을 투여해 생산할 수 있는 상품 생산 분야를 특화해 국가 간 무역을 통해 교류하면 그렇지 않았을 경우보다 훨씬 더 효율적으로 두 재화를 생산하고 소비할 수 있다는 것이다.

그러나 이런 논지를 피력하면서 리카도는 국제 무역의 원인과 동기, 어떤 나라가 어떤 상품을 특화하는지에 관한 일련의 질문들을 해명하지 않은 채 그대로 남겨두고 있다. 예를 들어 리카도가 사례로 든 면직물과 포도주를 생산하는 영국과 포르투갈의 경우 이 두 상품 생산 분야에서 절대 우위를 지니는 포르투갈은 굳이 영국과 자유 무역을 하려고 포도주 생산을 특화할 이유가 없다. 또한 설사 어느 특정한 시점에서 양국이 어떤 하나의 상품 생산 분야를 특화해 교류함으로써 이익을 얻을 수 있다고 하더라도, 앞으로도 계속해서 그럴 것이라는 보장이 없다. 다시 말해 리카도의 사례는 어떤 주어진 한 시점에서 관찰된 재화 생산 요소들의 상대적 희소성을 마치 절대 불변의 조건인 양 간주하고, 국가 간 무역이 양국의 경제 구조에 장기적으로 야기할지 모르는 동태적 변화 양상을 추적하지 않고 있다. 그러나 더욱 심각한 문제는 비교 우위를 통한 자유 무역의 이점을 강변하려 한 나머지 자신의 저서 전반에 흐르는 노동 가치론과 이 논리를 기반으로 한 상품 가격 결정 이론을 전적으로 포기하면서도 리카도 자신이 거의 아무런 논리적 모순도 발견하지 못하고 있다는 점이다.[1]

리카도의 비교 우위론이 이런 맹점을 지니고 있었지만 유럽의 정치 정세는 이미 성공적으로 산업화의 정점에 다다른 영국의 지위에 힘입어 자유 무역론이 보편적인 경제 성장 담론으로 부상하고 있었다. 자유 무역과 자유로운 자본 이동이야말로 자본주의 전 역사에 걸쳐 경제적 풍요와 질적인 성장을 가져다주었다는 신조가 널리 퍼지기 시작한 것이다.

오늘날 미국의 자유주의 경제학자들도 끊임없이 재생산하고 있는 이 교리의 핵심은 선진 자본주의 국가들은 자유 무역을 통해 성장을 달성했고, 따라서 자유 무역을 촉진하고 정부의 간섭과 규제를 폐지하는 다양한 형태의 국제 무역 기구에 가입함으로써 후발 자본주의 국가들도 선진 자본주의 국가들처럼 경제 성장을 달성할 수 있다는 것이다(Chang 2003).

리스트도 처음에는 스미스와 리카도 그리고 세이Jean B. Say 등으로 대변되는 영국 중심의 보편주의적 자유 무역 신조의 옹호자였다. 그러나 1825년부터 1830년 사이 미국에 체류하는 동안 영국 제국주의의 식민 지배에 맞서 싸워 가까스로 독립을 쟁취한 이 신생 독립국이 자국의 산업을 육성하고 발전시키기 위해서 취하고 있던 일련의 산업 정책과 보호 무역 정책들을 지켜보면서 점차 생각을 바꾸기 시작했다. 리스트는 이 경험을 바탕으로 자유 무역론이 실제로는 이미 산업화의 정점에 다다른 나라들의 이익을 보장하기 위한 이데올로기에 불과하다는 교훈을 얻는다. 그리고 자신의 고국이자 영국을 중심으로 한 1차 산업화 경쟁에서 뒤처져 있던 후진국 독일이 영국처럼 빠른 산업화를 달성할 수 있는 길을

---

1 앞으로 살펴볼 것처럼, 리카도의 논의에 내재한 이런 논리적 맹점은 영국 산업 자본가 계급의 이익을 배타적으로 옹호하기 위해 견강부회를 일삼다 벌어진 일이다. 곡물법 폐지 논쟁에 참여한 많은 정치경제학자들과 정치가들처럼 '자유 무역이라는 교리를 바탕으로 한 제국주의'를 통해 영국 산업 자본가들이 해외 시장을 장악할 수 있도록 개발한 기괴한 논리가 바로 비교 우위론인 것이다.

모색하기 시작했다.

그 결과 리스트는 세 권의 저작을 출간하게 된다. 먼저 《미국 정치 경제의 근간Outlines of American Political Economy》(1827)은 미국에서 망명 생활을 하면서 보고 들은 것들을 요약한 책이다. 그 뒤 리스트는 프랑스 왕립위원회가 주관한 학술 공모전에 제출할 《정치경제학의 자연 체계The Natural System of Political Economy》(1837)를 집필한다. 애초 의도하고 다르게 공모전에서 상을 받지 못하자 리스트는 한동안 좌절해 있다가 이 책을 확대 증보한 수고를 집필한다. 그리고 이 수고가 1841년 같은 이름의 책 《정치경제학의 자연 체계》로 출간됐다.

리스트의 책들은 놀라울 정도의 혜안과 기자적 해학으로 가득 차 있다. 자신의 생각을 간결하면서도 세련된 어휘를 동원해서 표현할 줄 아는 몇 안 되는 경제학자이기도 하다. 그럼 리스트가 1837년에 쓴 《정치경제학의 자연 체계》를 주요 분석 대상으로 삼아 핵심 문제의식과 정책 처방을 세부 항목들로 나눠 차례대로 살펴보자.

3. 자유 무역은 사다리 걷어차기 — 리스트의 국민 경제학 체계와 산업정책론

1) 보편주의 경제학 대 국민 경제학 — 중요한 경제 행위 주체인 국가

먼저 리스트는 보편주의 경제학cosmopolitan economics과 국민 경제학national economics이라고 부른 상이한 경제학 체계를 구별하는 것으로 논의를 시작한다. 리스트에 따르면 보편주의 경제학은 애덤 스미스와 장 바티스트 세이를 통해 체계적으로 발전했다. 리스트는 보편주의 경제학이 노동 분업의 중요성, 근대 제조업 발전, 자본주의적 농업 발전이 가져다준 해방적 효과를 정확하게 지적했다고 높이 평가한다.

그러나 스미스류의 보편주의 경제학은 특정한 국가와 민족이 중요한 경제 행위자가 될 수 있다는 사실을 인식하지 못했다. 보편주의 경제학은 개인의 자유와 기업가들의 창의에서 시작해 자유 무역에 관한 보편주의적인 교리로 끝을 맺는다. 이 과정에서 스미스의 경제학은 바로 그 개인들이 서로 다른 발전 단계 아래에서 고유한 특성을 지니고 있는 특정한 국민 경제national economy에 속해 있다는 사실을 간과했다.

따라서 보편주의 경제학은 국민이 외부 세력들의 호전적인 공격에 맞서 자국의 국민 경제를 보호해야 하고 또 실제로 보호할 수 있다는 명백한 사실을 인식하지 못한다. 이제 "모든 국민 경제는 적절한 관세와 보호 무역 조치를 채택해 자국의 제조업을 육성하고 확장할 수 있는 권한"을 부여받아야 한다. 그래야만 "개별 국민 경제는 [보편주의 경제학이 그토록 중요하다고 강조한] 노동 분업을 계속해서 확대하고 농업과 근대 산업 간의 적절한 협력과 조화를 달성할 수 있다"(List 1837, 33).

2) 한 국가의 종합적 역량으로서 생산적 능력과 국가 정책

또한 리스트는 스미스와 리카도가 공통적으로 주장한 생산적 노동productive labor과 비생산적 노동unproductive labor이라는 구별법에 맞서 '생산적 능력productive power'이라는 포괄적인 개념을 도입한다. 리스트에 따르면 한 국가의 생산적 능력은 자연적 자원과 인적 자원은 물론이고 산업적 성과와 공공사업, 그리고 정치적, 행정적, 사회적 제도 등에 따라 결정되는 종합적 역량으로 규정될 수 있다.

리스트는 물론 스미스 이래 고전파 정치경제학자들이 공유하고 있던 생산적 노동과 비생산적 노동이라는 이런 구별법 그 자체를 거부하지는 않는다. 그러나 리스트는 스미스와 세이가 생산적 노동 개념을 물질주의적 관점에서 지극히 협소하게 정의했다고 비판한다. 스미스와 세이는 특정한 노동이 직접적으로 교환 가치를 생산하느냐 아니냐를 기준으로 생산적 노동을 비생산적 노동에서 구별했다는 것이다. 따라서 직접적으로 사용 가치나 교환 가치의 생산에 기여하지 않는 전문직 종사자, 그 시대의 기준으로는 교사나 학자, 의료인과 예술인, 정부 관료의 노동도 스미스나 리카도에 따르면 비생산적 노동에 불과하다.

그러나 리스트는 자신이 제안하는 생산적 능력이라는 개념을 통해 볼 때 교수와 교사의 노동도 판사와 예술가의 노동과 마찬가지로 한 나라의 생산적 역량을 함양하고 성숙시킨다는 의미에서 생산적 노동으로 간주돼야 한다고 주장한다.

또한 리스트는 스미스와 마찬가지로 한 나라의 부가 직간접적인 노동과 기술을 생산적으로 활용함으로써 증대될 수 있다고 주장한다. 그러나 스미스하고는 다르게 노동을 생산적으로 활용하는 것만으로는 장기적으로 한 나라의 부를 증대시킬 수 없고, 국가는 일련의 정책을 통해 나라 전체의 생산적 능력을 배양하고 성숙시킬 수 있으며 또 그렇게 해야 한다고 주장했다.

물론 이 정책은 국가 혁신 체계와 교육 체계를 만들고 공공 인프라를 구축하며 국가 소유 기업을 경영하는 것은 물론 국가가 관세와 보조금 등을 지급하며 취하는 일련의 산업 정책과 무역 정책들을 포함한다. "제조업 상품을 생산하는 데 해외에 의존하는 …… 나라는 [해외에서 수입된 상품들에] 보호주의적 관세를 부과함으로써 국내 산업들을 육성할 수 있다. 만약 그 나라의 [제조업 기반이 취약해] 국내 업체가 질 낮은 상품들을 그것도 비싼 가격에 만들어낼 수밖에 없다면, [이런 상태에서 보호주의적 관세를 부과하는 것은] 그 나라는 일시적으로 많은 '교환 가치'를 희생시키게 될 것이다. …… 그러나 이런 조치들은 국내적으로 대규모 노동 분업을 육성하고 국내 농업과 제조업 간의 영구적인 협력을 가능하게 해줘 장기적으로는 그 나라의 생산적 능력을 상당히 증대시킬 것이다.

이런 방식을 통해 국민 경제는 성장하고 그 나라 국민들의 복지는 증대할 것이다"(같은 책, 36).

3) 자유 무역을 통한 소비자 효용론 비판

이런 시각에서 리스트는 수입 관세를 부과하는 조치를 비난한 스미스와 세이가 잘못됐다고 비판한다. 스미스와 세이는 국가가 수입 관세를 부과하는 것은 공중이 더 값싸게 상품을 소비할 권리를 빼앗기 때문에 잘못됐다고 비판했다. 그러나 리스트에 따르면 두 사람은 "수입 관세가 부과됐을 때 소비자가 지불해야 하는 직접적인 비용"(같은 책, 39)만 문제 삼을 뿐, 보호주의 정책이 한 나라에 장기적으로 가져다줄 이점은 전혀 고려하지 않는다. 따라서 만약 수입 관세 부과를 통해 국내 산업이 육성되고 장기적으로 해외에서 수입되는 상품들보다 훨씬 더 값싸고 질 좋은 상품들이 국내에서 생산될 수 있다면, 그런 조치는 마땅히 국가가 나서서 취해야 할 전략적 선택이 돼야 한다는 것이다.

게다가 세이가 말하는 소비자 효용은 한 나라가 언제나 충분한 돈을 가지고 있고 해외에서 수입하는 상품들을 구입하기 위해 빚을 내지 않을 수 있는 금융상의 지위에 있을 것이라는 전제 아래에서만 통용될 수 있는 논리다. 다시 말해 한 나라의 생산 요소들이 언제나 완전 고용의 상태에서 운영되고, 수출입을 통한 국제 교역이 언제나 무역 당사국들의 무역 수지상의 균형을 달성할 수 있다는 전제 아래에서만 소비자 효용을 거론하는 게 의미 있다는 말이다. 그러나 만약 단기적인 소비자 효용의 극대화를 위해 수입 관세 부과를 폐지하고 자유 무역 노선을 취할 때, 그 나라는 해외에서 수입된 값싼 상품들에 점점 더 의존하게 되면서 국내의 산업 기반은 잠식당하게 될 것이다. 그리고 이런 관행이 지속되면 이 나라는 머지않은 장래에 무역 수지의 누적적인 적자와 지속적인 해외 채무 위기에 직면하게 될 것이다.

마지막으로 스미스와 세이는 해외 제조업 상품들에 수입 관세를 부과하는 것이 국내 농민과 소비자의 이익을 희생시켜 국내 제조업 산업에 배타적인 특권, 곧 독점을 부여하는 행위라고 비판한다. 그러나 리스트는 "이때의 독점은 다른 개인들의 이익을 희생시켜 특정한 개인들의 이익을 배타적으로 옹호하는 독점이 아니라, 외국인들의 이익을 희생시켜 자국을 보호하기 위해 부여되는 특권"(같은 책, 39)이라고 주장하고, 따라서 국내 유치산업을 보호하고 국가의 생산적 능력을 배양할 여지를 제공하는 필수 불가결한 특권이라고 응수한다.

결국 이런 시각에서 리스트는 스미스와 세이가 보편주의 경제학의 원리와 국민 경제학의 원리의 근본적인 차이, 다시 말해 가치 이론과 생산적 능력 이론 그리고 자유 무역의 직접적인 이득과 장기적인 결과에 관한 근본적인 차이를 무시했다고 주장한다. 개별 국민 국가 사이의 상이한 경제 발전 단계와 특수성을 고려하지 않고 보편주의 경제학의 교리, 곧 보편적인 자유 무역의 이점 등을 설교하는 행위는 단순한 무지를 넘어서는 심각한 폭력이라는 것이다.

4) 경제 발전의 세 단계와 이익 갈등의 조정

리스트에 따르면 개별 국민 국가들은 세 가지 단계를 거쳐 경제 성장을 달성했다. 첫째, 원시 유목과 농경 활동에서 출발해, 둘째, 국제 상업 활동을 점차 발전시켰다. 그러고는 셋째, 제조업 산업을 육성시키기 시작했다. 그런데 이 대목에서 흥미로운 것은 경제 성장의 세 가지 단계에 관한 언급 자체가 아니라 경제적 이행기에 나타나는 사회 계급 간 이익 갈등의 조정에 관한 리스트의 분석이다. 특히 리스트는 개별 국민 국가들이 잠재적으로 존재하는 계급 간의 갈등을 해결하는 나름의 방식을 찾아내야 했다고 주장한다.

예컨대 경제 성장 단계를 높이는 사회적 이행 국면에서 "자본주의적 농업 활동에 종사하는 사람들"은 자신의 농업 생산물을 정기적으로 안정되게 판매할 수 있는 시장을 확보하기를 원한다. 반면 국내 제조업자는 정부가 외국 제조업자를 상대로 하는 경쟁에서 자신들을 보호해주기를 원한다. "국내 제조업자들은 정부가 해외에서 만든 제조업 상품들이 국내 시장에 들어오는 것을 막아주기를 원한다." 그래야만 자신들이 국내 시장에서 독점적인 지위를 누릴 수 있기 때문이다. 반면 "농민이나 농업 자본가 또는 대토지 소유자들은 단기적으로 얻을 수 있는 직접적인 이득을 선택하느냐 아니면 장기적인 실질적 이득을 선택하느냐 하는 갈림길에 놓여 있다"(같은 책, 57).

이런 시각에서 보면 자유 무역 체제와 보호 무역 체제는 국내의 상이한 이익 집단에게 서로 다른 영향을 미치고, 상이한 이익 집단들의 계급적 이익을 보호하고 재생산하는 중요한 메커니즘 중 하나다. 자유 무역 체제가 "농업 활동 종사자들에게 농업 생산물을 해외에 비싼 값에 팔고, 해외에서 수입되는 제조 상품들을 국내에서 저렴하게 구입할 수 있는 직접적인 이득을 제공"하는 반면, 보호 무역은 지금 당장은 단기 이익을 희생시키지만 앞으로 얻을 수 있는 모든 이득을 "국내 제조업자들이 제공할 수 있는 가능성"(같은 책, 57~58)을 제공한다는 것이다.

그런데 리스트는 이런 상황에서 만약 농업 활동 종사자들이 강력한 세력을 형성해 자유 무역 체제를 수립하게 되면 여전히 유치한 단계에 머물러 있는 국내 제조 산업들은 철저히 몰락하게 되고, 이것은 거꾸로 "국내 농업 생산물의 수요를 급격하게 낮추고 토지에서 일하는 노동력의 양을 증대시킬 것"이며, 결과적으로 "농업 생산물의 과잉 생산과 농산물 가격의 폭락" 등을 야기할 것이라고 주장한다(같은 책, 59).

심지어 이런 상황에서 만약 농업에 주로 기반을 둔 나라의 "농업 생산물이 해외 산업 국가들의 시장에 접근할 수 없게 되면" 농업 활동 종사자들은 더더욱 심각한 타격을 받게 될 것이다. "농업 활동 종사자들"은 그때에 가서야 비로소

"산업화된 나라에서 제조된 값싼 상품을 사들이는 게 결코 자신들에게도 이익이 되지 않는다"는 것을 깨닫게 될 것이다(같은 책, 60).

따라서 리스트는 농업 활동 종사자들과 국내 제조업자들 사이에 존재하는 이익 갈등을 조정하기 위해 "농업과 제조 산업이 물리적으로 인접해 있고, 이 양자 사이의 긴밀한 협력이 자연 재해나 정치적 행위 때문에 깨지지 않게끔" 여건을 만들어야 한다고 주장한다. 그리고 만약 개별 국민 경제가 이런 이행에 성공한다면 "이 나라의 농업과 제조업은 모두 번성할 것이고, 이 모든 산업 분야의 생산물을 찾는 수요도 높아질 것이며, 결과적으로 국내 산업의 발전에 따른 성과를 농업 활동 종사자들도 향유"할 수 있게 될 것이라고 주장한다(같은 책, 60).

5) 국내 산업 보호 정책의 원리와 수단 그리고 자유 무역 체제 이행

그러나 한 나라가 이런 바람직한 성과를 달성하려면 국민 국가가 나서서 적극적인 경제 정책을 취해야 한다. 리스트는 국민 국가가 자국의 경제 성장을 달성하기 위해 따라야 하는 일련의 보호주의 정책이 다음과 같은 원리에 입각해야 한다고 주장한다.

먼저 국가의 보호주의 정책은 자연 자원과 인적 자원 조건에 잘 부응해야 하고, 국내 제조업자뿐만 아니라 광업과 농업에도 적용돼야 하며, 국내 산업 생산물의 양을 꾸준히 증대시킬 수 있어야 한다. 또한 국가의 보호주의 정책은 국내 산업과 농업을 교역의 침체와 가격 하락 등 경기 순환의 영향에서 보호할 수 있는 장치를 마련해야 하고, 국내 산업의 경쟁력을 자극하고 발전시켜야 하며, 해외 자본과 선진 기술이 자국에 안착할 수 있도록 조정돼야 한다. 더 나아가 잘 균형 잡히고 강력하게 뿌리를 내리고 있어서 외국인들이 그 정책을 거스르는 어떤 조치를 취하려고 해도 결코 악영향을 받아서는 안 된다(같은 책, 75~76).

더 나아가 리스트는 국가가 취할 수 있는 일련의 구체적인 보호주의 조치들의 장단점을 살펴보고 있다. 리스트에 따르면 국내 산업을 보호하기 위한 조치로는 전면적인 수입 금지와 관세 부과라는 두 가지가 있다(같은 책, 109).

먼저 금수 조치는 "바람직한 결과를 달성하는 데 가장 효과적인 방법"(같은 책, 109)이다. 그러나 현실에서 전면적인 수입 금지 조치를 단행하는 과정에는 여러 어려움이 따른다. 외국 정부의 보복 조치가 뒤따를 수 있고, 금수 조치가 시행되는 비교적 짧은 시간 동안 국내 산업을 신속하게 성숙시키리라는 보장도 없다. 따라서 리스트는 국가가 금수 조치를 동원하며 "국내 제조업 분야의 모든 산업들을 신속하게 확장"시키려고 시도하면 안 된다고 충고하고 있다(같은 책, 115).

오히려 국가가 "이미 국내 시장에서 어느 정도 성공 잠재력이 있고 성공 가능성이 높은 산업 분야의 기업들을 육성하기 위해 노력"해야 한다고 리스트는 조언한다. 물론 만약 어떤 이유 때문이든 "환경이 바뀌면 정부는 이전까지 취해오던 정책을 전면 수정해야 한다"(같은 책, 115)는 충고도 잊지 않았다. 예를 들어 국내 면직 산업을 보호하기 위해서 그동안 국가가 외국산 면직물에 부과하던 수입 관세는 어느 순간 신속하게 폐지하고 이번에는 철제 상품에 관세를 부과해야 한다는 것이다(같은 책, 117).

다음으로 국가가 취하는 보호주의 조치의 하나로 거론되는 관세도 많은 장점과 단점을 지니고 있다. 관세는 먼저 "한 나라에서 기업들의 창의를 일깨운다." 또한 관세는 "국내 산업에 새롭게 투자를 해 위험을 감내하는 산업 기업가, 그래서 그 사업이 성공할지 실패할지 알지 못하고 위험을 무릅쓰고 있는 기업가들을 보호"해준다. 그러나 동시에 관세는 "통관 업무를 담당하는 많은 관료들"을 만들어내고 "완전한 무역의 자유를 제약"하며 "국내 시민들에게 불편함을 끼치는" 등 많은 단점을 지니고 있다(같은 책, 106).

이런 이유 때문에 리스트는 관세가 지닌 장점을 최대한 얻을 수 있도록 국가가 나서서 다른 일련의 보호주의 정책 수단들과 함께 치밀하게 고안해서 활용해야 한다고 주장한다. 리스트는 이 다른 수단들을 다음과 같이 열거하고 있다. "기술 학교를 세우고, 유능한 과학자들에게 연구 지원금을 제공하며, 산업 박람회를 자주 개최할 수 있도록 자금을 제공하며, 산업과 국내 상업을 진흥하기 위해 수로를 개척하고 고속도로를 건설하며 운하와 철도 그리고 선박을 제조하는 기업들을 세우며, 과학적 지식을 발전시키고 새로운 산업 분야를 개척하는 사람들에게 무상으로 지원금을 제공하며, 새로운 산업 분야와 생산 방법과 새로운 공장을 세우는 기업들에게 관대한 보조금을 지급하며, 마지막으로 국가가 산업 기금을 조성해 제조 기업들에게 국가 융자금을 제공하는 것 등"(같은 책, 106).

그런데 리스트는 국민 경제가 성공적으로 성장하게 되면 어느 순간 "그 나라가 보호주의 정책보다는 무역의 자유를 선호하게" 되는 때가 올 것이라고 주장한다(같은 책, 122). 그리고 이 순간부터 그 나라는 자유 무역의 이점을 강조하면서 자기 나라보다 열위에 있는 나라들에게 각종 보호주의 정책을 폐기하라고 목소리를 높일 것이다. 리스트는 자유 무역은 최고의 품질을 자랑하면서도 낮은 가격에 그 제품들을 생산할 수 있는 선도적인 산업 국가가 그 상품들을 통해 국내 시장을 장악하는 것은 물론 해외 시장에서도 경쟁을 할 수 있게 된 때에야 이로운 무역 체제라고 주장한다. 그러나 이런 때가 도래한 경우에도 국민 국가는 "국내 제조 업자들이 마땅히 감내해야 할 것으로 기대되는 조세 부담을 상쇄 또는 보상하기에 충분할 정도로 수입 관세를 유지"해야 한다(같은 책, 123).

리스트에 따르면 전세계 자유 무역 체제를 수립하는 데에는 두 가지 방법이 있다. 하나는 한때 나폴레옹이 건설하려고 한 것과 비슷한 유럽 제국(대륙 체제)을 건설하는 것이고, 다른 하나는 각종 상업 조례들을 상대방에게 강요하는 것이다. 리스트는 프랑스와 북아메리카 대륙의 신생 독립국인 미국이 상호 상업 조례들을 통해 공동의 이익을 얻었다고 분석하면서, 유럽과 북아메리카의 모든 산업화된 나라들이 동등하게 참여하는 일종의 "세계 무역 의회"(같은 책, 126)를 개최하자고 제안하고 있다.[2]

6) 서유럽 각국과 미국의 산업화 정책, 경제 성장 과정에 관한 기술

이런 핵심 논지들을 서술한 뒤 리스트는 선진 자본주의 국가로 군림하고 있던 영국과 미국, 프랑스에서 산업화 과정이 실제로 진행된 과정을 구체적으로 살펴보고 있다.[3]

먼저 영국의 경우를 보자. 영국은 자유 무역의 이점을 선전하는 스미스와 리카도, 세이 등의 경제학자들이나 정치가들이 한 주장하고는 다르게 강력한 보호주의 정책들을 통해 강력한 산업 국가의 지위에 올라섰다. 영국은 18세기 내내 그리고 19세기 초반에도 유럽 저지대 국가들에서 값싸게 수입되는 면직에 높은 관세를 부과했다.

그런데 영국이 막상 산업적으로 최고의 지위에 오르자 영국 제조업자들은 전세계를 상대로 좀더 자유로운 무역을 보장하는 체계를 구축하려 시도했다. 영국은 1848년 곡물법을 폐지하고 농업 생산물에 부과되던 수입 관세를 폐지하기 시작했다. 그런데 농업 생산물의 자유로운 무역이 지닌 이점을 옹호한 영국의 정치가들과 산업 자본가들이 정작 노린 것은 무역 상대국들에게 자유 무역을 강요함으로써 영국산 제조 상품에 부과되는 관세를 줄여 해외 시장에서 영국산 상품의 시장 점유율을 높이는 것이었다. 실제로 곡물법 폐지에 앞장선 많은 정치

---

2 오늘날 국제 자유무역 체제의 규범과 원칙들을 대변하는 공식 국제기구인 세계무역기구(World Trade Organization, WTO)는 2차 대전 이후 만들어진 관세와 무역에 관한 일반 협정(General Agreement on Tariffs and Trade, GATT)을 대체하는 훨씬 더 포괄적인 국제 무역 기구다. 2차 대전 이후 영국과 미국을 중심으로 한 승전국들이 국제 무역 기구에 관해 처음 논의할 때 관료들과 자유주의 경제학자들이 과연 얼마만큼 리스트의 현실주의적 문제의식을 수용했는지 살펴보는 일은 대단히 흥미로운 연구 주제가 될 것이다. 여기서는 다만 국제적인 무역 기구를 창안하자는 논의를 이미 1800년대 초반 리스트가 언급한 점을 지적하는 것으로 만족하려고 한다.

3 리스트는 1841년에 출간된 이 소책자의 개정 증보판에서는 논의의 순서를 바꿔 선진 자본주의 국가들이 실제로 어떻게 성공적으로 산업화를 달성했는지 살펴보는 내용(1부 역사)을 일반화된 진술(2부 이론) 앞에 싣고 있다. 장하준은 리스트의 논지를 원용해 오늘날 선진 자본주의 산업 국가들의 경제 성장 과정을 추적하고 개발도상국들이 어떤 정책적 교훈을 얻을 수 있는지 살피는 저술 활동을 펼치고 있다. 대표작의 제목이기도 한 '사다리 걷어차기(kicking away the ladder)'는 리스트가 19세기 유럽의 자유 무역 담론이 가지고 있던 이데올로기적 성격을 폭로하면서 한 말이기도 하다. 장하준의 기여는 Chang(2002; 2003)을 참조할 것.

가들(리처드 콥덴, 존 보우링 등)이 노골적으로 "자유 무역 제국주의free trade imperialism"를 거론한 것은 바로 이런 이유였다(Cobden [1868]; Chang 2003, 4에서 재인용).

이런 점을 일찌감치 간파한 리스트는 "영국의 선진화된 공장과 낙후된 [유럽의] 다른 나라의 제조업자들이 자유 경쟁을 하게 되면 약한 나라의 산업은 철저하게 파괴되고 말 것"(같은 책, 146)이라고 경고하면서, 영국 산업 자본가 계급과 그 계급의 이해관계를 대변하는 영국 정부의 보편적인 자유 무역론에 속아 넘어가지 말라고 충고하고 있다.

영국처럼 프랑스도 보호주의 무역 정책을 통해 자국 산업을 발전시켰다. 프랑스에서는 중농학파 경제학자들의 영향력이 매우 커서 콜베르의 주도 아래 국내 상업을 발전시키려던 초기의 노력이 거의 수포로 돌아갈 지경이었다. 그나마 국내 제조업 기반이 형성된 뒤에도 프랑스는 튀르고 정부가 콜베르가 취한 산업 정책하고 정반대되는 정책을 취함으로써 경제 상황이 악화하기도 했다.

처음 튀르고 정부는 토지 소유에 세금을 부과하되 토지 보유에 따른 파생 소득에는 세금을 부과하지 않았고, 유럽의 모든 나라들을 상대로 무제한의 자유 무역을 추진했다. 이런 정책의 역전 때문에 프랑스는 초기에 자국 경제를 산업화할 수 있는 중요한 기회를 놓쳐버렸다(같은 책, 146).

리스트에 따르면 프랑스는 나폴레옹이 총통으로 집권한 뒤에야 비로소 본격적으로 자국 산업을 발전시킬 수 있게 됐다. 나폴레옹은 국내 산업의 진보는 국가가 나서서 수입 관세를 부과하고 일련의 국내 산업 진흥 정책을 취해야만 달성할 수 있다는 점을 정확히 알고 있었다. "제국이 거대한 땅덩어리 위에 세워졌는데 자유 무역을 추진하면 그 나라는 먼지처럼 무너지고 말 것"(같은 책, 148)이라는 게 나폴레옹의 생각이었다는 것이다.

독일의 산업화 과정과 관련해 리스트는 먼저 왜 독일이 유럽에서도 가장 뒤늦게 산업화를 추진할 수밖에 없었는지에 관해 비교적 많은 지면을 할애해 분석하고 있다. 그 이유는 한마디로 요약하면 한자 동맹이 해체된 뒤 작은 공국들로 영토가 나뉘어 통일된 화폐와 도량형, 무역과 교통에 관한 일반적인 규범과 체계를 만들지 못했기 때문이다. 그나마 독일이 뒤늦게 산업화 대열에 들어서게 된 것은 프로이센 정부가 주도해 관세 동맹이 창설돼 공통의 도량형과 관세 부과 원칙 등이 만들어진 덕분이었다(같은 책, 160).[4]

리스트는 자신의 경제학 체계에 깊은 영감을 불어넣은 미국 사례에 관해서도 자세하게 분석하고 있다. 영국 의회는 처음부터 미국 식민지에서 수입되는 상품에 높은 관세를 부과하고 있었다. 더불어 미국 식민지가 유럽의 다른 나라들과 교역을 하는 것을 엄격하게 규제하고 있었다. 1650년의 담배 조례와 1750년의 항해 조례 등이 대표적인 사례다.

리스트는 영국이 식민지 미국에 강요한 상업과 무역상의 일련의 전제적인 태도가 식민지 독립 전쟁의 한 원인이 됐다고 쓰고 있다. 그런데 미국은 그 독립 전쟁 기간 중에 급속한 산업화 과정을 거치게 된다. 이 전쟁이 발발하자 미국의 제조업자들은 비로소 이전까지 영국 정부가 강요하던 모든 상업과 무역상의 제약에서 벗어날 수 있었고, 더불어 전쟁 물자를 제공하면서 엄청난 이윤을 얻을 수 있었다(같은 책, 171).

독립 전쟁을 승리로 이끈 뒤 열린 첫 연방 의회에서 "미국 각 주들은 앞다투어 국내 산업과 상업을 보호하고 진흥하기 위해 연방 정부가 보호주의 정책을 취해 줄 것을 요청하는 탄원서를 제출했다." 심지어 "이 의회가 열리고 있던 어느 날, 조지 워싱턴은 집에서 직접 만든 옷을 입고 의회에 참석했다." 그러자 언론들은 워싱턴 장군이 옷을 차려입고 나온 이유는 "미국인들에게 모범을 보이면서 신생 독립국인 미국이 국가적 번영을 달성하고 굳건하게 성장하려면 과연 무엇[강력한 보호주의 정책과 국내 유치산업 보호]이 필요한지 상징적으로 보여주려

4 관점은 다르지만 마르크스주의 역사가들도 서유럽 근대 국가의 형성과 자본주의 발전 과정에서 '절대주의 국가'가 수행한 구실을 동일하게 기술하고 있다. Anderson(1974: Part I)과 Hobsbawm(1987: Ch 5~6) 참조할 것.

는 것이었다고 지적했다"(같은 책, 171~172). 실제로 이 의회는 국내 산업을 보호하기에 충분할 만큼 높은 관세를 수입 물품에 부과한다는 결의안을 채택하기도 했다.

그러나 여전히 영국이 미국산 제품에 부과하던 높은 관세 때문에 미국 경제는 심각한 영향을 받고 있었다. 신생 독립국 미국의 연방 의회는 알렉산더 해밀턴 Alexander Hamilton[5]에게 미국 제조업의 현 상태와 육성 방안에 관한 의회 산하 특별 위원회를 구성하고 정책 보고서를 제출하라는 명령을 내렸다. 그리고 이 해밀턴 보고서를 기초로 제임스 매디슨James Madison은 1794년에 열린 의회에서 "자국의 산업과 무역을 보호하기 위해" 관세를 더욱 높일 것을 제안했다(같은 책, 172).

유사한 일들은 계속 있었다. 1816년 의회는 영국산 제조 상품들에 부과하는 수입 관세를 추가로 올리는 방안을 채택했다. 1822년에도 의회는 비슷한 결의안을 채택하려고 했지만, 중남부 지역에서 대토지를 보유하고 노예를 부려 대량으로 면화를 경작하는 플랜테이션 농장주들의 집단 반발 때문에 무산되고 말았다. 1825년에 이르러 밀 경작자들이 대거 파산하자 의회는 해외에서 수입하는 밀에 추가로 관세를 부과한다는 결의안을 채택했다. 1828년에는 면화 경작 농장주들과 거래 상인들의 강력한 반발에도 의회는 추가로 관세를 올리는 조치를 취했다

5 알렉산더 해밀턴은 미국에서 처음으로 국내 유치산업 보호론을 체계적으로 주장한 사람이다. 1789년에서 1795년까지 재무부 장관을 지냈다. 1791년 해밀턴은 독립 의회의 명을 받아 미국 산업을 발전시키기 위한 전략을 담은 보고서(《제조업 문제에 관한 재무부 장관의 보고서(Reports of the Secretary of the Treasury on the Subject of Manufactures)》)를 작성했다. 이 보고서에서 해밀턴은 미국 제조업을 육성하고 보호하기 위해 필요한 보호주의 정책 수단들을 열거하고 이 중 일부를 빨리 실행에 옮겨야 한다고 주장했다. 또한 연방 정부가 잠재적인 손실을 보전하고 다양한 지원을 해주지 않는다면 미국의 신생 기업들이 결코 국제적으로 경쟁력 있는 기업으로 성장하지 못할 것이라고 주장하면서, 그 지원 방안으로 수입 관세 부과나 수입 금지 조치 등을 취할 것을 제안하고 있다(Hamilton 1791; Chang 2003, 5~6). 참고로 미국 정가에는 해밀턴 말고도 보호 무역 옹호자들이 굳건하게 포진하고 있었다. 노예 해방을 선언한 에이브러햄 링컨은 너무나도 잘 알려진 보호 무역주의자였고, 국가가 주도적으로 나서서 공공 인프라를 구축하고 국내 산업을 보호해야 한다는 미국 체제론(American System)의 옹호자였다(Chang 2003, 6). 미국 내전 때 북군 최고 사령관을 지냈고 1868년에서 1876년 사이에 대통령을 지낸 율리시스 그랜트(Ulysses Grant)는 이런 말을 남겼다. "지난 수세기 동안 영국은 보호주의에 의존해왔다. 영국은 그 보호주의를 강력하게 밀어붙여 성공적인 결과를 달성했다. …… 두 세기가 흐른 지금 영국은 자유 무역을 채택하는 것이 이익이 된다는 것을 깨달았다. 왜냐하면 보호무역을 통해서 영국이 더 이상 얻을 것이 없게 되었기 때문이다. 따라서 의원 여러분! 앞으로 우리의 조국 미국은 200년쯤이 지난 뒤에야, 다시 말해 보호주의를 통해 달성할 수 있는 모든 것들을 다 얻은 뒤에야, 오늘날의 영국처럼 자유 무역을 취해야 할지 모른다"(Chang 2003, 6). 알렉산더 해밀턴에서 율리시스 그랜트에 이르는 사람들의 사고방식과 신생 독립국 미국이 마주한 정치경제적 과제를 추적하는 과정에서 프리드리히 리스트가 자신도 모르게 보호주의 정책의 철저한 옹호자가 된 점은 어쩌면 전혀 놀라운 일이 아닐지도 모른다.

(같은 책, 173).[6] 그 결과 1816년부터 2차 대전이 끝나는 1940년대 후반까지 미국은 세계에서 가장 높은 평균 관세율을 유지하는 나라가 됐다.

리스트는 미국 의회가 연이어 결의한 이런 수입 관세 조치에 관해 "영국의 [보호주의] 상업 정책에 대응하는 너무나도 자연스러운 조치이자 [자국 산업 기반을 보호하기 위해] 꼭 필요한 조치들"이었다고 평가하고 있다. 바로 "이런 조치들이야말로 오늘날까지 미국의 산업이 누리고 있는 번영의 직접적인 원인"이라는 것이다(같은 책, 174). 결론적으로 리스트는 이런 산업화 경험들을 일반화하면서 "한 나라가 외국 군대의 침입이나 외국 상품들의 범람에 맞서 자국을 보호하기 위한 적절한 수단들을 채택하는 것만큼 중요한 것은 없다"고 주장하고 있다. "한 나라가 이런 조치들을 제대로 취하지 못한다면 그 나라의 국내 산업은 황폐화되고 말 것"이기 때문이다(같은 책, 162).

7) 결론 — 자유 무역은 사다리 걷어차기

리스트는 지금까지 살펴본 자신의 작업이 '이론과 정책' 사이의 간극, 또는

6 미국 독립전쟁의 한 원인이 되기도 한 영국 제국주의의 보호주의 관세 문제는 신생 독립국 미국에서 모양새가 바뀌었지만 본질적으로는 그대로 재현됐다. 미국 북부 지대에서 활성화되기 시작한 제조업과 신흥 산업가들은, 중남부에서 흑인 노예들을 부려 목화를 대량으로 재배하던 대토지 소유자, 플랜테이션 농장주들하고는 다른 산업적 이해관계를 가지고 있었다. 북부의 제조업자들과 그 계층의 이해를 대변하는 정치인들이 국내 산업을 보호하기 위해 연방 정부가 강력한 보호주의 정책을 취해줄 것을 요구한 반면, 남부의 플랜테이션 농장주들은 제조업 상품을 관세 없이 자유롭게 수입하기를 원했다. 그래야만 소비자로서 양질의 영국산 제조업 상품들을 구매하고 소비할 수 있기 때문이다. 이 양자 사이의 적대적인 대립, 미국의 신흥 산업 자본가 계급과 노예제를 기반으로 한 플랜테이션 농장주들 사이의 화해할 수 없는 갈등은 결국 내전으로 발전하게 된다. 미국의 노예 소유 농장주들은 리스트가 제안한 농업 부문과 제조업 중심의 근대 산업 사이의 협력과 적절한 균형, 그리고 국가의 강력한 보호주의 정책을 통한 국내 산업 발전이라는 논리를 전혀 받아들이지 않으려 한 셈이다. 아니 더 정확하게 말하자면, 리스트는 자신의 책에서 미국의 대토지 소유자들이 저지른 어리석은 반동적 시도를 독일의 봉건적 지주들은 결코 따라 하지 말아야 한다고 점잖게 충고한 셈이다. 리스트의 이런 충고를 받아들인 덕분인지는 몰라도, 독일(과 부분적으로 일본)의 봉건적 대토지 소유자들은 자국의 산업 부르주아들과 긴밀하게 협력하려는 모습을 보여줬다. 이 점에서 독일의 융커 부르주아, 다시 말해 봉건 영주에서 근대적 산업 부르주아로 탈바꿈한 신흥 산업 자본가 집단의 존재는 독일 산업화 과정이 보여준 독특한 요소라고 말할 수 있다.

선진 자본주의 국가들이 자국의 경제를 발전시키면서 실제로 취한 정책들과 그 나라들이 성공적으로 경제 성장을 달성한 이후에 다른 나라들 앞에서 설교하는 교리 사이에 존재하는 위선을 폭로하는 것이었다고 말하고 있다. 리스트의 표현을 빌리자면 "현실 세계에서 실제로 발생한 일들에서 얻어진 진실된 원리"를 추적했다는 것이다.

리스트는 자신이 결코 "모든 나라의 정치 제도와 사회 제도들이 조화롭고 통일되게 발전한 결과로서 나타나는 자유 무역과 보편적 공화국이라는 이념을 부정"하지 않는다고 주장한다. 그러나 결코 무매개적으로 자유 무역이라는 교리를 맹목적으로 추종해서는 안 된다고 주장한다. 왜냐하면 "이 자유 무역의 교리는 어떤 사람이 최고의 자리에 오른 뒤 자신과 같은 위치에 오르려는 사람들에게서 자신이 정상에 오르기 위해 이용한 바로 그 사다리를 걷어차버리는 것과 같은 매우 간교한 책략"(List [1841], 540)이기 때문이다.

리스트는 바로 여기에 "애덤 스미스[와 데이비드 리카도]의 보편주의적 교리의 비밀"이 놓여 있다고 간파한다. "보호주의적 관세와 항해 조례 등을 통해, 다른 그 어떤 나라도 경쟁을 통해 살아남을 수 없을 정도로, 자국의 제조업 기반을 강화하고 상업의 지위를 발전시킨 나라가 그 나라를 최고의 지위에 올린 바로 그 사다리를 내던지고 자유 무역의 이점을 다른 나라에 설교하는 것만큼 현명한 것은 없다"는 것이다(같은 책, 540).

8) 한계 — 유럽 중심주의적 제국주의와 계급 문제를 도외시한 국가주의

여러 측면에서 리스트가 선진 자본주의 국가들의 경제사를 추적하면서 그 나라들이 자국의 경제 성장을 위해 실제로 어떤 정책을 펼쳤는지 설명하고 이런 논의를 통해 국내 유치산업을 보호하자고 주장한 것은 충분히 공감할 수 있다.

더욱이 자본주의 발전의 실제 역사에 비춰 그 시기의 자유 무역론이 어떤 이데올로기적 성격을 지녔는지 폭로하는 리스트의 면모는 경제학 담론을 맥락적으로 이해하는 게 얼마나 중요한가를 다시 한 번 잘 보여주는 좋은 사례이기도 하다.

그렇지만 다른 모든 뛰어난 경제 사상가들이 그런 것처럼 리스트도 자신이 속한 시대의 한계를 공유하고 있다. 리스트의 논의가 지닌 첫 번째 한계는 리스트를 포함한 절대다수의 유럽인들이 지니고 있던 유럽 중심주의 사고방식과 관련돼 있다.

먼저 보호주의 정책을 언급할 때 리스트가 염두하고 있던 나라는 프랑스와 독일 등 유럽 국가들과 미국에 국한된다는 점을 강조할 필요가 있다. 리스트는 아시아, 아프리카, 라틴아메리카의 사례들을 언급할 때마다 늘 논의의 초점을 바꿔 선진국들이 이 지역의 나라들을 하루라도 빨리 '문명화'해야 한다고 말하고 있다. 리스트의 책에서 인용한 몇몇 구절은 유럽인들이 얼마나 편협한 사고방식을 지니고 있었는지 잘 보여준다.

> 아시아와 아프리카 그리고 라틴아메리카 지역에 살고 있는 야만인들이 [그나마] 급속하게 문명화된 것은 산업화된 국가들이 안정된 행정, 인격과 재산에 관한 보호, 그리고 무역의 자유를 제공해줬기 때문이다.(같은 책, 49)

> 선진국들은 식민지를 철저하게 통제하고 낙후된 지역의 행정에 배타적인 영향력을 확보하려고 노력해왔다. 선진국들은 간혹 후진 지역의 지배자들과 상업 조약들을 체결해 특별 교역권을 확보하려고 해왔다. …… [그러나] 그런 정책들을 취하는 대신 모든 선진 산업 국가들은 자유 무역의 원리를 채택하고 라틴아메리카와 아시아, 아프리카, 포르투갈과 스페인 등지에서 [선진국들 사이의] 동등한 권한을 서로 인정해줘야 한다.(같은 책, 50)

리스트의 책에서 직접 인용한 이 언급들은 리스트가 사회적 다윈주의나 유럽 중심주의적인 제국주의 세계관을 가지고 있었다는 사실을 잘 보여준다. 이 제안 그대로 진행된 것은 아니지만, 채 수십 년도 지나지 않아 후발 자본주의적 산업화를 달성한 독일까지 포함한 유럽 각국과 미국은 아시아, 아프리카, 라틴아메리카 전 지역을 암묵적인 묵인 아래 나눠 가지며 "야만인들"을 "문명화"하는 "역사적 과업"을 추진했다. 물론 오늘날 역사는 리스트가 옹호한 이 문명화 과업을 '제국주의 전쟁과 식민화' 과정으로 기술하고 있다.

이런 측면에서 우리는 리스트가 지배적인 이데올로기들을 철저하게 비판하면서 후발 자본주의 국가 또는 약소국가들의 이익을 대변하려 했지만, 리스트도 자신이 속한 시대의 자식이고 그 시대 사람들의 수많은 어리석음과 편견을 공유한 사람이었다는 점을 정확하게 파악해야 할 것이다.

리스트가 보여준 또 다른 결정적인 한계는 훗날 마르크스가 잘 지적한 대로 자본주의적 산업화 과정에서 필연적으로 발생할 수밖에 없는 계급 적대의 문제를 은폐한 점이다. 이 점에 관해서는 이미 마르크스가 리스트의 《정치경제학의 국민적 체계》에 관한 서평 수고에서 통렬하게 비판한 적이 있으므로, 살아 있는 동안에는 출판되지 않은 마르크스의 논평을 소개하는 것으로 논의를 대신하려고 한다.

마르크스는 먼저 리스트의 문제의식이 전혀 새로울 게 없을뿐더러 심지어는 프랑스의 보호무역주의자 페리에Ferrier의 저술을 표절한 것에 불과하다고 비난한다. 페리에의 저술을 알지 못하는 필자로서는 이런 비난의 진위 여부를 그저 미래의 연구 과제로 남겨놓고, 여기서는 마르크스가 리스트를 향해 퍼부은 독설을 인용하기로 하자.

"리스트 씨가 복사한 책은 …… 나폴레옹 시기에 페리에가 출간한 《정부가 상업을 장려하기 위해 고려해야 하는 것들Du gouvernement considéré dans ses rapports avec le commerce》(1805)"이다. 리스트의 책에는 "페리에의 책에 나와 있는 것과 다른 그 어떠한 새로운 생각도 담겨 있지 않고, 페리에의 책보다 조금이라도 나은 아이디어라고는 하나도 없다." 마르크스는 그나마 "리스트 씨가 페리에 이후로 발전한 정치경제학에서 무언가를 빌려와 덧붙인 것이 있다면, 그래서 온전히 리스트 씨의 몫으로 남겨질 것이 있다면, 그것은 공허하게 이상화된, 말로만 채워진 생산적 능력이라는 용어 …… 산업적 지배를 꿈꾸는 독일 부르주아 계급의 간교한 위선일 뿐이다"(Marx 1845, 4, 22)라고 말하고 있다.

또한 마르크스는 리스트가 영국의 산업 자본가 계급과 봉건적 대토지 소유주들 사이의 적대적 이해관계를 체계적으로 이론화한 리카도의 지대 이론을 부당하게 무시했다고 비판한다. 리카도에 따르면, "지대는 토지에 내재돼 있는 어떤 자연적인 생산성의 결과와 전혀 상관이 없고, 오히려 토지의 비생산성을 지속적으로 증대시킨 결과, 다시 말해 문명의 발전과 인구의 증대 때문에 생겨난 것이다." 마르크스가 보기에 "리카도의 지대 이론은 산업 부르주아지가 토지 소유자들을 상대로 벌이는 생사를 건 투쟁을 경제적으로 표현한 것에 다름 아니다."

그런데도 리스트는 "영국에서 반곡물법 동맹을 형성하는 이론적 기초가 됐고 북아메리카의 자유 주들에서 반지대 운동의 이론적 기초가 된 리카도의 이론"을 불편하게 생각하고는 리카도의 급진적 지대 이론을 중농주의자들의 견해와 유사한 어떤 것인 양 왜곡했다. 마르크스가 보기에 리스트는 독일의 대토지 소유 귀족들에게 아첨을 떨기 위해 부르주아지와 봉건 영주들 사이의 계급 갈등에 많은 주의를 기울인 리카도의 저작을 의도적으로 무시하지 않으면 안 됐다. "리스트 씨는 …… 독일 대토지 [소유] 귀족들에게 산업적 생산 능력의 발전이 [봉건적] 대토지 소유를 어떻게 파괴하는지를 제대로 설명해줄 만한 용기를 가지고 있지 않았다. 그래서 리스트 씨는 그런 불편한 진실을 밝힌 리카도의 견해를 뒤틀어 정반대되는 중농주의자들의 견해를 리카도에게 뒤집어씌우고는 그 논지를 반박한다고 소란을 피운 것이다"(같은 글, 7).

마지막으로 마르크스는 리스트가 독일 산업 자본가들의 이익을 국가 이익인 양 포장하기 위해 독일 부르주아와 프롤레타리아 사이의 적대적인 계급 갈등을 의도적으로 무시했다고 비판했다. 마르크스가 보기에 리스트가 말하는 산업 발전이란 다수의 노동자 계급을 절대적으로나 상대적으로 착취하고 끊임없이 자본을 축적하려는 독일의 신흥 산업 부르주아들의 열망을 표현하는 것이다. 그 착취자가 영국인이건 독일인이건 독일의 산업 프롤레타리아들에게는 전혀 중요하지 않다. 리스트는 독일 산업 자본가들의 이익을 전체 독일 국가의 이익인 양 호도하고, 자본주의적 생산 과정 자체에서 생겨나는 자본가와 임노동자 사이의 적대적 이해 대립을 은폐하고 있는 것이다.

마르크스의 말을 들어보자. "독일의 부르주아지가 각종 '보호주의적 관세'를 통해 부자가 되기를 바라고, 이 '보호주의적 관세'가 독일의 부르주아를 부자로 만들어줄 수 있기 위해서는, 영국의 부르주아가 아니라 독일 부르주아들이 같은 나라 사람들(프롤레타리아트)을 착취해야만 하기 때문에(실제로 독일의 부르주아들은 해외의 착취자들보다 더욱 심각하게 독일 프롤레타리아트를 착취한다), 그리고 보호주의적 관세가 소비자들(주로 기계 등을 통해 대체되는 노동자들)에게 교환 가치를 희생할 것을 요구하는 까닭에, 결국 독일의 산업 부르주아는 정신적인 본질을 위해 교환 가치 또는 물질적 재화를 희생하는 것 말고는 다른 그 어떤 것도 요구하지 않는다는 점을 증명해야만 한다. 따라서 [리스트가 말한 보호주의 조치들은] 전적으로 자기희생, 초월적인 금욕 또는 영혼의 기독교적 승화의 문제가 돼버린다"(같은 글, 9~10).

4. 우리에게, 리스트는 여전히 유효한가

지금까지 우리는 프리드리히 리스트가 자유 무역론에 가한 비판과 국내 유치산업 보호론을 19세기 초반 유럽의 정치와 경제 질서 그리고 이론적 지형 속에서 살펴봤다. 더불어 리스트의 주장이 지닌 획기적인 문제의식과 근본적인 한계에 관해서도 고찰하려고 노력했다.

그렇다면 21세기 동아시아 한국에서 살고 있는 우리는 리스트의 경제 이론에서 무엇을 배울 수 있을까? 앞서 언급한 근본적인 한계에도 리스트의 국민 경제학 체계와 산업정책론은 여전히 우리에게 의미 있는 논의인가? 아니면 자본주의적 생산 과정의 근본적인 모순(생산 과정에서 자행되는 잉여 가치의 착취, 생산 부문 사이의 불비례적 축적과 주기적으로 찾아오는 공황 등)을 은폐한 채 국가주의적 열망에 사로잡혀 후발 자본주의 국가인 독일의 산업 자본가 계급의 이익을 보편적인 이익인 양 포장하려고 한 낡은 이론에 불과한가?

1) 선진 자본주의 국가들의 사다리 걷어차기를 꿰뚫는 혜안

이 의문과 관련해 먼저 리스트의 분석이 과거의 일만이 아니라 21세기인 오늘날에도 미국과 영국 등 선진 자본주의 국가들이 여전히 취하고 있는 비대칭적이고 배타적인 산업 정책들의 의미를 꿰뚫어 보는 데 중요한 도구가 된다는 점을 언급하고 싶다. 다시 말해 리스트가 논파한 '자유 무역 제국주의' 또는 '사다리 걷어차기' 행태는 박물관에 전시돼 있는 과거 역사의 한 페이지가 아니라 오늘날에도 끊임없이 반복되고 있는 선진 자본주의 국가들의 냉혹한 국가 전략의 하나라는 점이다.

이 점은 아시아, 아프리카, 라틴아메리카 지역의 많은 신생 독립국들을 철저하게 배제한 채 관세와 무역에 관한 일반 협정이라는 이름으로 전후 자유 무역 질서를 재편성하려 한 서구 열강들의 시도만 봐도 명확히 알 수 있다. 이 일반 협정을 대체하고 1994년 우루과이 라운드를 통해 출범한 세계무역기구가 오늘날 선진 자본주의 국가들의 산업적 이익을 배타적으로 옹호하는 무역 규범과 민족적 보호주의 조치들에 관한 일련의 제재 사항들을 담고 있다는 것은 전혀 새로운 사실이 아니다.

그런데 어느 순간, 이렇게 비대칭적인 권력관계와 위계질서를 바탕으로 만들어진 세계무역기구 안에서 중국과 인도, 브라질 등 신흥 개발도상국들이 점점 더 큰 발언권을 행사하고 각종 무역 분쟁 관련 소송을 통해 미국과 유럽 국가들의 기득권을 위협하자, 미국은 이제 양자 또는 지역 간 무역 협정을 통해 오늘날의 신흥국 또는 개발도상국들을 복속시키려 하고 있다.

그 이름하고는 다르게 협상 당사자들에게 배타적인 특권을 부여하는 미국의 자유무역협정은 한-미 자유무역협정에서 나타난 것처럼 협상 당사국들의 정치와 경제는 물론 법 규범 전체를 미국식 시스템에 맞춰 바꾸는 것을 겨냥하고 있다. 더불어 미국식 금융 시스템을 한국을 포함한 자유무역협정 당사국들에게 이식해 세계 경제 안에서 절대적으로나 상대적으로 우위를 차지하고 있는 월스트리트의 거대 금융 기업들이 배타적으로 이익을 얻을 수 있게 협정문을 만들고 있다. 이 점은 미 정부 산하 무역대표부에서 만들어놓은 홈페이지 또는 그 기관들이 그리는 '새로운 세계 경제 지도'가 프리드리히 리스트가 말한 적 있는 냉혹한 국가 이익에 기반을 둔 산업 정책 또는 사다리 걷어차기의 전략에서 그리 멀리 떨어져 있지 않다는 사실을 드러내는 증거다.

가장 최근의 사례는 미국발 금융 위기가 전세계로 퍼져나가는 과정에서 미 연준과 재무부가 자국의 금융 산업, 좀더 정확하게 말하자면 월스트리트의 거대 금융 기업들을 구제하기 위해 어떤 조치들을 취했는지 살펴보는 것만으로도 충분할 것이다. 1980년대 라틴아메리카의 부채 위기, 1990년대 동아시아 외환 위기 때 미 재무부와 연준이 국제통화기금을 동원해 위기 발생 국가들에게 강요한 것은 금융과 재정 정책상의 긴축, 은행 산업의 통폐합과 구조 조정 그리고 대대적인 사유화였다. 심지어 국제통화기금은 단기 자본 시장의 신용 경색을 막기 위해 긴급 유동성을 투입하고 예금자들의 불안을 덜어주기 위해 최소한의 예금자 보호 조치를 취하려 한 인도네시아 중앙은행을 향해 아시아 특유의 정실주의라고 비난하기도 했다.

그렇게 전세계를 상대로 미국식 금융 시장의 효율성과 안정성을 떠벌리며 모든 국가 개입을 정실주의나 도덕적 해이로 몰아붙이던 미국과 국제통화기금은 정작 자국에서 금융 위기가 발생하자 언제 그랬냐는 듯 자신들이 표방해온 주류 경제 이론을 통해서는 도저히 정당화될 수 없는 확대 금융 정책, 긴급 유동성 투입 정책, 3차에 걸친 양적 완화 정책을 취했고, 재무부를 통해 2차 대전과 한국전쟁 이후로는 전혀 전례를 찾아볼 수 없는 대대적인 경기 부양책을 펼쳤다.

이미 이 책의 2장과 3장에서 지적한 대로, 미국발 금융 위기 국면에서 미 정부가 취하고 국제통화기금이 암묵적으로 추인한 일련의 금융 산업 구제 정책들은 프리드리히 리스트가 이미 200여 년 전에 간파한 '사다리 걷어차기'의 대표 사례가 될 것이다. 그나마 리스트 이후 달라진 게 있다면, 미국 산업 정책의 대상이 이제 제조업이 아니라 한줌도 안 되는 월스트리트의 거대 금융 기업으로 바뀌었다는 점일 뿐이다.

2) 한국과 동아시아 발전국가 모델의 성과와 한계를 분석하는 유용한 수단

다음으로 리스트의 산업정책론은 한국과 동아시아의 경제 성장 과정에서 발전국가들이 취한 산업 정책과 무역 정책을 분석하는 데 없어서는 안 될 중요한 이론적 자료이기도 하다. 한국을 포함한 동아시아 국가들은 2차 대전 이후 식민지 상태에서 벗어나 성공적으로 산업화를 달성한 전세계에서 거의 유일한 나라들이다. 그리고 이 동아시아 국가들의 산업화 과정을 분석하는 연구가 많이 수행됐다.[7] 그런데 이 동아시아 국가들이 국내 유치산업을 보호하고 육성하기 위해 일련의 산업 정책과 무역 및 환율 정책 등을 추진하는 데 기초가 된 것이 바로 프리드리히 리스트의 국민 경제론과 산업정책론이다.[8]

한국의 경우 박정희 정권에서 본격적인 산업화 정책이 추진될 때 경제기획원과 재경부에 포진해 있던 기술 관료들이 공식적이지는 않더라도 적어도 묵시적으로 수용한 산업화 전략이 바로 리스트의 유치산업 보호론과 산업 정책론이었다. 박정희 정권이 끝나고 전두환, 노태우 등 군사 독재 정권이 들어서면서도 경제 정책 담당 관료들이 부분적인 변화와 재조정 조치들을 취하기는 했지만 일관되게 유지하려 한 것도, 그래서 1990년대 초 어느 순간 '세계화'를 외치며 국내 경제 질서, 특히 국내 금융 시장을 급격하게 개방하는 정책을 취한 김영삼 정부 중반 무렵까지 일관되게 유지된 것도 바로 리스트가 기초를 놓은 후발 자본주의 국가들의 산업화 전략이었다.

이런 정책 기조 아래 한국의 독재 정권들은 어림잡아 1960년대 중반부터 1990년대 초반까지 국내 유치산업을 보호하고 육성하기 위해 무역, 외환, 금융 정책상의 특혜를 제공했다. 국가는 민간 자본의 과잉 중복 투자를 막기 위해 성공 가능성이 높은 투자 계획을 제출한 기업 집단에게 배타적인 특권을 제공했으며, 경우에 따라서는 중화학 공업과 조선업, 자동차 산업 분야를 구조 조정하기도 했다.

---

7 1990년대 서구 학계를 풍미한 동아시아 발전 모델에 관한 논의가 바로 그것이다. 기존의 동아시아 발전 모델 연구는 동아시아 개별 국가들이 취한 산업 정책, 무역과 환율 정책, 금융 정책 등에 초점을 맞췄고, 이 정책들을 일관되게 추진할 수 있는(것처럼 보이는) 국가(정부 관료와 부서)의 정책적 또는 제도적 자율성과 연속성 등에 초점을 맞췄다. 대표적인 연구 성과로는 Amsden(1992; 2003a; 2003b), Chang(1996; 2003; 2007), Evans(1995), Wade(2003), Woo-Cumings(1999) 등이 있다. '동아시아 발전국가(East Asian developmental states)'라는 용어는 동아시아 국가들의 상대적 자율성과 지향을 지칭하기 위해 피터 에반스(Peter Evans)가 사용한 표현이다. 참고로 리스트류의 산업화 모델이 미국과 독일을 거쳐 어떤 경로로 동유럽과 러시아, 일본 등지의 산업화 정책에 영향을 미쳤는지, 그리고 이것이 다시 어떤 인적, 문헌적 연계 고리를 통해 한국을 포함한 동아시아 발전국가들의 산업화 정책에 영향을 줬는지 추적하는 일은 대단히 흥미로운 연구 주제가 될 것이다.

8 리스트의 유치산업 보호론과 함께 동아시아 발전 모델을 정당화한 또 다른 이론적 전거는 좌파 케인스주의 또는 포스트 케인스주의 시각에서 수출 주도형 산업화를 옹호한 논의들이다. 일찍이 케인스와 함께 로이 해로드(Roy Harrod)는 단기 거시 경제 모델에서 무역 승수(trade multiplier)가 차지하는 중요성을 강조했다(Harrod 1933). 이런 주장을 소규모 개방 경제 체제를 유지하고 있는 다수 개발도상국들의 장기 경제 성장 모델과 전략으로 체계화하고, 이것을 국제 수지 제약 아래의 경제 성장 모델로 부르며 정당화한 사람들이 있다. 대표적으로 McCombie and Thirlwall(1994; 2004) 등이 있는데, 이 책 10장에서 부분적으로 다시 다룰 것이다.

국가 정책상 우선순위가 높은 산업 분야에 속하는 기업들의 경우 정부는 각종 관세 혜택과 보조금 혜택을 제공했으며, 해당 기업들은 정부가 조성한 산업 기금을 먼저 배분받는 특혜는 물론 각종 세금도 감면받았다. 물론 그 대가로 민간 기업들은 정부가 할당한 성장이나 산출 목표치와 수출 목표치, 제품의 품질, 기술과 투자 목표치, 심지어 가격 정책에 이르기까지 일일이 정부의 감시를 받았고, 목표를 달성하지 못했을 경우 불이익을 감수하기도 했다. 그리고 수출 진흥과 시장 이용에 초점을 맞춘 역대 군사 정부의 산업 정책과 무역 정책은 같은 기간 동안 놀라울 정도의 빠른 경제 성장 효과를 거뒀다(Amsden 1992; Chang 1994; Chang (ed.) 2003, Ch. 2, 5).

물론 그 뒤의 역사는 우리에게 잘 알려져 있다. 1990년대 초반부터 진행된 금융 시장 자유화, 특히 자본 시장 개방 조치는 한국을 포함한 동아시아 각국으로 흘러들어오는 단기 자본의 물꼬를 터줬다. 과거 정부의 인위적인 속성 재배 정책을 통해서 급속하게 덩치를 불린 한국의 거대 독점 재벌들은 이 틈을 타 해외 단기 차입금 비중을 급속도로 높였고, 과잉 중복 투자를 벌이다가 외환 위기 국면에서 파산하거나 인수 합병되는 사태를 맞았다(Chang 2007).

국제통화기금의 긴급 구제 금융을 지원받는 대가로 김대중 정부는 불필요한 긴축 재정과 금융 정책을 집행해야 했으며, 은행과 금융 산업 통폐합과 구조 조정, 거대 기업의 지배 구조 개선과 상시적인 구조 조정, 공기업 사유화와 추가적인 금융 시장과 외환 시장 개방, 외국인 소유 지분 제한의 철폐, 외국계 금융 상품과 외환 거래에 관한 관리 감독 권한의 상실 등 급격한 정책 전환을 감당해야 했다(Shin 2012).

그렇지만 국가 주도적 산업 정책, 특히 경제 정책 구상과 집행 과정에서 정부 관료의 주도성이라는 낡은 관행은 그대로 유지되고 있다. 과거의 산업 정책이 국내의 유치산업 제조 기업들을 보호해 그 기업들이 수출 경쟁력을 갖추도록 고안된 것이었다면, '민관 협력' 사업 집행이나 '시장 기반' 경제 정책이라고 불리는 오늘날의 '산업 정책'은 국내 서비스업을 육성하고 발전시킨다는 미명 아래 미국식 금융 시스템을 그대로 이식하는 방식으로 나타나고 있다. 또한 공공 부문의 효율성을 증대시킨다는 미명 아래 정부가 공적 책임성의 원리에 따라 운영하고 지탱해야 할 공기업을 외국과 국내의 거대 금융 기업과 금융 자산가들에게 팔아넘기고 있다. 산업 정책의 내용과 방향이 바뀌었지만, 국가 주도 산업 정책은 과거 수출 주도형 산업화 시기는 물론 오늘날의 신자유주의 시기에도 그대로 유지되고 있는 것이다.

이 모든 과정을 볼 때 우리가 원하건 원하지 않건 프리드리히 리스트라는 유령은 계속 우리 주변을 맴돌고 있는 셈이다. 결국 동아시아 발전 모델이라는 이름으로 한국의 급속한 산업화 과정을 비교 분석하거나, 동아시아 외환 위기 이후 나타난 신자유주의적 구조 조정의 여파와 그 과정에서 한국 정부가 주도적으로 추진한 전환적 경제 정책들의 성과와 한계를 비판적으로 분석하는 과정에서 프리드리히 리스트는 우리에게 꼭 필요한 이름이다.

3) 국가의 적극적 산업 정책과 현대 민주주의 원리

이제 한국 경제의 미래를 위해 정책 차원에서 과연 어느 정도까지 리스트의 논의를 수용할 수 있느냐 하는 근본적인 의문을 살펴보자. 우리는 리스트가 '산업 구조가 고도화되면서 정부의 구실이 변화'돼야 하고 '새로운 경제 환경에 신속하게 적응해야 한다'고 주장한 것을 기억하고 있다. 리스트는 또한 정부의 보호주의 정책이 강력하게 뿌리를 내릴 수 있게 해서 외국인들의 공격에도 굴하지 않게 정책의 효과성과 지속성을 모두 갖춰야 한다고 말했다.

그러나 문제는 정부 정책의 지속성과 산업 정책의 효과성이라는 요건을 현대 민주주의의 원리인, 아무리 최소주의적으로 정의한다고 해도 꼭 필요한 민주적 또는 절차적 정당성과 책임성이라는 원칙과 어떻게 조화시킬 것인가 하는 과제가 남는다는 것이다. 리스트의 시대는 보통 선거권이 일반 시민에게 부여되기 이전의 시점, 따라서 정부 관료가 권력 자원을 놓고 다른 사회 집단들과 '다원주의적'으로 경쟁하거나 갈등하지 않고도 특정한 경제 정책을 효과적으로 집행할 수 있는 시대였다. 따라서 리스트는 대의 민주주의를 기반으로 한 현대 민주주의의 정치 원리가 제기하는 여러 어려움을 심각하게 고민하지 않았고 또 고민할 필요도 없었다.

그렇다면 급속한 산업화와 함께 적어도 형식적으로는 정치체의 민주화를 달성한 것처럼 보이는 한국에서, 정부 관료가 추진하는 강력한 산업 정책을 구상하는 일은 전혀 정당화될 수 없는 논리인가? 그런데 만약 그런 일이 어느 정도까지는 필요하다면 관료제를 기반으로 한 산업 정책은 과연 어떤 요건을 충족해야 하는 것일까? 이 의문에 관해 사회 구성원이 모두 합의할 수 있는 포괄적인 해답은 존재할 수 없을 것이다. 그렇지만 다음과 같은 몇 가지 요건들은 '민주화 이후의 민주주의'의 달성을 과제로 삼는 한국 사회에서 꼭 논의될 필요가 있다.

현대 민주주의 정치 체제 아래에서 정부의 산업 정책이 갖춰야 할 첫째 요건은 최소한의 민주적, 절차적 정당성과 정책 집행의 투명성이다. 특정한 산업 정책은 사회의 자원을 특정한 산업 분야에 배타적이고 권위주의적으로 집중시키는 결과를 수반한다. 따라서 이런 자원의 권위주의적 배분에 관련된 사회적 합의가 없거나 그 합의를 형성하는 절차적 정당성을 갖추지 못한 정책은 결코 성공할 수 없으며, 설사 일정한 성과를 거둔다 해도 결코 바람직하다고 볼 수 없을 것이다. 또한 특정한 산업 정책이 구상되고 집행되는 과정이 투명하게 공개돼야 이해관계자들의 창의와 자발적인 협력을 이끌어낼 수 있을 것이다.

다음으로 민주적 책임성의 원리가 구현돼야 한다. 특정한 산업 정책이 성과를 내려면 특정한 정책들이 지속성과 연속성을 띠어야 한다. 그런데 이 정책의 연속성은 4년 또는 5년마다 한 번씩 찾아오는 주기적인 선거를 통해 정치 엘리트가 바뀌는 민주주의 정치 원리 아래에서는 아주 달성하기 어렵다. 결국 특정한 산업 정책의 연속성은 정치 엘리트의 변화와 무관하게 이것을 일관되게 구상하고 집행하는 정부 관료 또는 전문가 집단에게 위임될 수밖에 없다. 따라서 정책의 연속성을 위해 전문가 집단에게 산업 정책의 구상과 집행을 위임하되, 동시에 선거를 통해 선출되지 않는 이 관료 집단이 저지를 수 있는 전횡과 집단적 이익 추구 경향을 줄일 수 있는 제도를 설계해야 할 것이다. 그리고 그런 제도 설계의 핵심은 관료와 정책 집단에게 민주적 책임성을 묻는 것이다.

셋째, 현대 민주 국가에서 집행되는 산업 정책은 보편적 인권과 시민권, 노동권을 준수하는 범위 안에서 구상되고 집행돼야 한다. 리스트 시대는 보편적 인권이나 시민권에 관한 관념도 존재하지 않았고, 노동권이라는 말조차 없는 시대였다. 그러나 오늘날 현대 민주주의 사회에서 이런 보편적인 권리를 무시하고 집행될 수 있는 정부 정책은 결코 존재하지 않는다. 특정한 산업 분야의 발전을 모색하고 기업 조직들에 규율을 강제하는 과정에서 오늘날의 산업 정책은 당연히 이런 보편적인 규범과 권리를 수용하고 고려해야 할 것이다. 한마디로 비스마르크 시대에 융커 부르주아들의 이익을 배타적으로 대변하던 리스트식의 산업 정책이나 선거권이 백인 유산자 계급에게 국한된 상태에서 미국에서 추진된 해밀턴식의 보호주의 정책, 많은 '열사'와 '여공'을 양산한 박정희식 산업화 정책은 현대 민주주의 정치 체제와 화해할 수 없는 것들이다.

마지막으로 특정한 산업 분야에서 영향을 받게 될 기업들의 경영진과 노동자, 소비자와 해당 기업이 속해 있는 지역 공동체 거주자 등 이해관계자들이 정부 정책의 구상과 집행 과정에 최대한 참여하고 감시하며 견제할 수 있는 구조를 갖춰야 한다. 이런 최소한의 요건을 갖추지 못하는 산업 정책은 추진 목표가 아무리 원대하고 추진 세력이 제아무리 고매한 이상을 갖추고 있다고 하더라도, 그리고 결과가 아무리 효과적이라도 결코 정당화될 수 없다.

4) 국가의 산업 정책이 거둔 경제 성장의 과실을 나눌 방법

이제 마지막으로 개발도상국 정부가 취한 산업 정책의 결과로 만들어진 잠재적인 국가 이익을 사회 구성원 전체가 공유하는 문제가 남아 있다. 특히 마르크스가 잘 지적한 것처럼 사회 계급들 사이의 적대적 갈등이 나타나고 있는 자본주의 사회에서 국민 국가의 경제적 성과를 나누어 가지는 문제는 산업 정책의 장기적인 성패를 좌우하는 중요한 문제다.

아쉽게도 리스트는 이 문제를 전혀 언급하지 않고 있다. 다만 농업 활동 종사자들이 단기적으로는 자유 무역을 통해 이익을 얻을지 몰라도 보호주의 정책을 통해 국내 제조업 산업을 발전시켰을 때 장기적으로 훨씬 더 큰 혜택을 볼 수 있다고 지적하고 있을 뿐이다. 그러나 마르크스가 이미 논평한 대로 리스트의 이런 주장은 독일 대토지 소유주들 앞에서 '사태의 냉혹한 진실(산업 자본가와 봉건적 대토지 소유자 사이의 적대적 이해관계)'을 솔직하게 털어놓을 수 없던 리스트의 소심함을 드러내는 것이었고, 더 나아가 독일 산업 자본가들의 이익을 국가 전체의 이익인 양 포장하려 한 시도에 불과했다.

따라서 오늘날의 관점에서 우리는 리스트가 무시하거나 은폐한 부분을 의도적으로 들추고 강조하면서 리스트 스스로 전혀 생각해보지 않은 문제들을 검토해야 한다. 이 문제와 관련해 한국을 포함한 동아시아 국가들이 지니는 역사적 특수성을 잠시 고려할 필요가 있다. 19세기 초반의 영국과 프랑스, 독일과 다르게 동아시아 국가들에서는 식민지 시대나 전쟁을 거치면서 전통적인 의미의 봉건적 대토지 소유자들이 사회 계급상 절멸했다. 이런 상황은 대토지 소유를 기반으로 모든 근대적 산업화를 체계적으로 거부하려 한 북아메리카와 라틴아메리카 대륙의 주요 나라들의 경험과 근본적으로 대조된다. 사회 계급적 적대는 오히려 급속하게 성장한 산업 자본가 계급과 노동자 계급 사이에서 발생했다. 이 점을 고려할 때 오늘날의 시점에서 우리가 살펴봐야 할 산업 정책의 성과를 공유하는 정책은 자본과 노동, 거대 독점 기업과 중소기업, 제조 산업과 농어촌 사이에 존재하는 적대적 또는 비적대적 이익 갈등을 조정하는 문제가 될 것이다.

또 하나 생각해야 할 문제는 산업 정책을 통해 국내 산업을 육성하는 정책이 장기적으로 만들어낼 수 있는 부정적인 외부 효과를 리스트는 전혀 생각하지 못했다는 점이다. 한국을 포함한 동아시아 국가들은 성공적인 산업화 정책을 통해 국내 산업을 속성으로 육성했다. 그리고 각종 보호주의 정책과 산업 정책을 통해 만들어진 국내 산업들이 바로 한국의 독점 재벌들이다. 소수 지분만으로 계열사 전체를 좌지우지할 수 있게 해주는 순환 출자 방식의 낡고 불투명한 기업 지배 구조, 중소기업 단가 후려치기, 어음 결제, 기술 약탈 등 시대착오적인 방식으로 중소기업의 경영과 노동 조직 편제에 악영향을 미치는 독점 재벌, 경제력 집중이라는 측면에서는 이미 너무나도 커져버려 한국 경제의 성장률과 경상수지를 좌지우지할 정도가 된 독점 기업의 존재는, 어쩌면 리스트와 동아시아 산업 정책론자들은 꿈도 꿔보지 못한 의도하지 않은 결과일 것이다.

따라서 오늘날 한국에서 리스트의 산업정책론을 거론하려면 바로 이런 문제들을 함께 이야기해야 한다. 그리고 어떻게 하면 성공적인 산업 정책의 부정적 외부 효과를 줄이고 산업화의 성과를 공유할 수 있는지에 관해 말해야 한다. 그렇지 않을 경우 현대 한국의 리스트주의자들의 주장은 자신의 의도와 무관하게 현존하는 독점 재벌 체제를 옹호하는 변호론으로 귀결되고 말 것이다. 이 문제들의 일부는 다음 장들과 이 책의 결론 부분에서 다시 다룰 생각이다.

7장
실현 가능한 사회주의?
마르크스의 소유 이론과 노동자 협동조합

1. 왜 마르크스가 옳았는가

칼 마르크스만큼 인류의 지성사에서 중대한 영향력을 행사했고, 현대 한국 사회를 이해하는 데도 매우 중요한 이론적 틀을 제공하는 사상가는 없다. 마르크스의 사회사상은 플라톤과 아리스토텔레스로 대표되는 고대 그리스 정치 철학의 정수를 담고 있고, 근대 시민사회와 이상적인 정치 공동체의 기초를 정립하려 한 사회계약론자들의 논의를 비판적으로 계승하고 발전시켰으며, 각종 억압과 착취에서 벗어나 인간의 보편적인 해방을 달성하기를 열망한 근대 이후 거의 모든 유토피아적 기획들을 종합하고 있다.

또한 마르크스의 정치 철학과 사회주의 사상은 1980년대 이후 한국 사회에서 전개된 급진적인 반독재 민주화 운동과 각종 사회 운동에도 커다란 영향을 미쳤다. 예를 들어 대략 1980년대 중반부터 1990년대 초반까지 진보 사회과학계에서 전개된 사회구성체 논쟁은 지극히 제한적으로 이해된 마르크스주의 또는 당시의 지배적인 사유 형태로서 마르크스-레닌주의를 바탕으로 한 것이기는 했지만, 한국 자본주의의 성격을 규명하고 대안적인 사회경제 시스템을 구축하기 위한 정치 전략과 과제를 도출하려는 목적을 갖고 있었다. 그만큼 마르크스의 철학과 정치 이론, 근대 자본주의적 생산 방식에 관한 정치경제학 분석은 서구 지성사와 현대 한국 사회의 현재를 이해하는 데 여전히 중요한 실마리를 제공하고 있다.

그렇지만 우리는 정작 칼 마르크스가 이상향으로 삼고 자본주의의 대안으로 제시하려고 한 사회주의가 무엇인지 잘 알지 못한다. 이 점은 마르크스가 방대한 저작 체계에서 단 한 번도 체계적이고 적극적으로 사회주의 경제 체제의 운영 방식에 관해 진술하지 않았다는 데 일차적인 원인이 있다. 다른 한편 마르크스주의 또는 마르크스-레닌주의의 이름으로 진행된 구소련과 동유럽 사회 체제 아래의 경제 시스템 개혁(자본과 토지 등의 생산 수단 국유화와 상품과 시장 체제를 중앙 계획에 바탕을 둔 배급 시스템으로 대체하는 것)이 곧 마르크스가 암묵적으로 전제한 사회주의와 같은 것이라는 일반화된 통념이 우리의 인식을 가로막고 있다. 아주 예외적인 몇몇 논자들을 제외한다면, 마르크스의 사회주의론에 관한 이런 인식은 구소련과 동유럽의 붕괴를 거치면서 이미 역사적으로 실패한 대안 체제 구상으로 비난받고 거부돼야 할 어떤 것으로 간주되고 있는 것이다.

이 장은 마르크스가 암묵적으로 가지고 있던 사회주의 경제 체제에 관한 구상이 무엇이었는지 추적하는 것을 목적으로 한다. 마르크스는 한편으로 비시장적 분배 시스템을 기반으로 하는 토지와 자본의 국가적 소유를 사회주의적 변혁의 기본 축으로 추구했지만, 다른 한편으로 이것과 근본적으로 구별되는 사회적 조정 양식을 사회주의 경제 체제의 운영 원리로 구상했다. 다시 말해 마르크스는 자신의 성숙기에 저술한 주요 정치경제학 저작들을 통해 '생산수단의 공동 점유'를 바탕으로 한 '개인적 소유의 재건'을 자본주의를 대체하는 대안적인 사회주의 경제 체제의 운영 원리로 특징짓고, 그 구체적인 기업 소유권의 형태로서 노동자 협동조합과 일반화된 주식회사 제도를 제시했다.

또한 사회적 생산물의 교환과 유통을 총괄하는 사회적 조정 양식이라는 문제와 관련해서도 마르크스는 한편으로 시장 제도를 자본주의적 소유 제도와 함께 폐지돼야 할 어떤 것으로 간주했으면서도, 동시에 시장을 통한 교환을 국가 기구를 통한 직접적인 분배 시스템으로 대체하려 한 동시대의 공상적 사회주의자들의 구상을 개인의 자유와 인간의 권리 개념을 들어 철저하게 비판하는 모습을 보여주고 있다.

이 장에서는 마르크스가 사회주의 경제 체제의 운영과 관련해 언급한 너무나도 모순적인 진술들을 그대로 드러내고, 어떻게 하면 이 문제를 논리적인 차원에서 해명할 수 있는지 살펴보려 한다. 그러기 위해 먼저 마르크스의 소유 이론과 자본주의적 기업 소유 형태에 관한 분석을 논의의 출발점으로 삼을 것이다. 마르크스는 《자본》 1권의 '자본주의적 축적의 역사적 경향'이라는 장에서 자본주의적 소유 형태가 역사적으로 어떻게 변화해왔고, 앞으로 어떻게 전환될 것인가에 관한 매우 중요한 분석을 행했다. 여기에서 마르크스는 '자본주의의 틀' 내부에서 형성되는 '사회적' 또는 '사회주의적 소유 형태의 맹아'로서 '생산수단의 공동 점유에 바탕을 둔 개인적 소유'를 언급하고 있다. 우리는 이 구절의 의미가 무엇인지 꼼꼼하게 살펴보면서 자본주의 이후의 대안적인 경제 체제 아래에서 생산수단의 어떤 소유 형태가 지배적으로 나타나야 할 것인가 하는 문제를 다룰 것이다.

다음으로 마르크스는 자본주의 이후의 사회 체제에서 사회적 생산물이 어떻게 분배되고 교환될 것인가라는 문제를 다루면서, 프루동 등의 공상적 사회주의자들이 언급한 '노동 시간 증서를 통한 국가적 분배 체계'를 철저하게 비판하고 있다. 시장을 통한 교환과 이 교환을 통한 생산물의 사회적 조정은, 자본과 노동의 적대적 이해관계 또는 노동 과정을 통한 잉여 가치의 착취라는 자본주의 경제 체제의 핵심적인 모순하고는 무관하게 인류 역사 전반에 나타난 현상이고, 따라서 사회주의 사회에서 이 시장을 통한 교환과 분배가 폐지돼야 한다는 주장은 전혀 근거가 없다는 것이다. 이 논점을 더욱 면밀하게 고찰하기 위해 프루동 등이 주장한 사회주의 기획이 무엇이었고, 마르크스가 이 제안을 어떻게 비판적으로 다뤘는지 살펴볼 것이다.

이런 이론적 탐구를 통해 마르크스의 주요 저술 속에 사회주의에 관한 근본적으로 대립적인 두 가지 구상이 혼재해 있다는 사실을 확인할 것이다. 다시 말해 마르크스는 마르크스 사후 구소련과 동유럽 국가들에서 국가 정책의 목표로 추진된 것과 같은 비시장적 분배 체계와 국가 소유를 옹호하면서도, 다른 한편 이것과 근본적으로 구별되는 '자유인들의 연합체', 노동자들의 생산자 협동조합 기업과 일반화된 주식회사가 지배적인 기업 소유 형태로 나타나고 민주적으로 운영되는 책임성 있는 정부가 시장을 규제하는 것을 핵심으로 삼는 사회경제 체제를 또 다른 대안으로 제시했다.

결론을 대신해 경제적으로 실현 가능하고 지속 가능한 대안적인 경제 시스템이 무엇인지, 그리고 이것이 다양한 사회주의 경제 모델은 물론이고 한국의 독점 재벌 체제를 바꾸는 데 어떤 시사점을 제공할 수 있는지 살펴볼 것이다.

2. 모순 1 — 마르크스의 소유 이론과 사회주의적 소유 형태에 관한 엇갈린 주장

1) 마르크스의 소유권 이론

사회주의 경제의 운영 원리와 관련된 마르크스의 분석은 다음 두 가지 분석적으로 구별될 수 있는 논점들로 나뉠 수 있다. 하나는 자본주의적 소유 형태의 역사적 변동과 관련된 마르크스의 분석이고, 다른 하나는 노동 생산물과 서비스가 다양한 경제 주체들에게 분배되는 사회적 조정 양식에 관한 마르크스의 언급이다.[1] 이 절에서는 마르크스에게 소유란 무엇이고, 자본주의적 소유권의 역사적 변동에 관해 마르크스가 어떻게 분석하고 있는지 살펴볼 것이다.

먼저 마르크스는《정치경제학 비판 요강》등의 주요 저작들에서 소유를 추상화 수준이 높은 영역에서 추론되는 합리적 추상의 사례로 소개하고 있다. 이 맥락에서 마르크스는 소유를 대상을 향한 주체의 적극적 관계 행위로 정의하고,

1 생산수단의 소유 체제와 생산물 분배의 사회적 조정 양식(social coordination)에 관한 이 구별은 어디까지나 분석적인 구별일 뿐이다. 야노스 코르나이는 동유럽 국가들의 초기 '시장 사회주의적' 개혁이 실패하는 과정을 분석하면서 생산수단의 국가 소유 또는 공동 소유는 시장 교환이 폐지된 중앙 집중화된 계획 경제 체제에 조응할 수밖에 없으며, 자본주의적 소유 또는 사적 소유는 불가피하게 시장을 통한 교환 체제를 수반할 수밖에 없다고 주장했다(Kornai 1990). 이 주장이 지니는 함의를 잠시 차치해두고, 코르나이의 구별법을 차용해 마르크스의 사회주의 경제론에 관한 분석의 출발점으로 삼으려 한다. 이 두 가지 구별에 기초한 다양한 소유 형태들과 사회적 조정 양식들의 조합 가능성을 이 장의 4절에서 검토할 것이다.

더 나아가 개인이나 공동체로서 특정한 주체가 소유의 대상으로서 "생산의 자연 조건"이나 노동을 통해 생산된 "2차적 생산수단"을 자신들에게 "속한 것"으로 "관계하는" 것이라고 정의하고 있다(Marx 1973, 491, 492).

이것은 소유를 가장 포괄적으로 정의하는 것으로서, 아직 이 단계에서는 이런 소유를 사회적으로 보장하거나 추인하는 법적, 정치적 체계에 관한 논의가 수반될 필요가 없다. 오히려 근대적 소유 개념에 관한 법적이고 정치적인 담론들은 인류가 역사적으로 경험해온 다양한 지배적인 소유 형태를 자본주의적 소유와 생산 방식에 맞게 정당화한 것에 불과하다. 따라서 마르크스는 사회적, 역사적 사실 관계로서 소유, 다시 말해 공동체들 안에서 아주 오랫동안 형성되고 재생산된 지배적인 소유 형태를 그 소유의 (헌)법적, 이론적 표상과 구별하고 있다. 마르크스는 사실 관계로서 소유 관계가 법적, 이론적 관념에 반영되고, 아주 오랜 시간에 걸쳐 사회의 규범과 구조로 형성돼왔다고 분석하고 있는 것이다(Marx 1976a, 90~92; Marx 1976b, 197; Marx 1982, 99~100; Marx 1985, 27~29; Marx 1986a, 227~229; 1986c, 791~794, 881~82).

더 나아가 마르크스는 이 소유property[Eigentum] 개념을 그것의 하위 개념인 점유possession[Besitz]와 구별하고 있다. 생산수단의 소유를 바탕으로 소유자는 그 생산수단을 어떻게 이용할지, 그리고 그것에서 얻는 직접적이거나 간접적인 잉여생산물과 노동, 서비스를 어떻게 전유하고 처분aneignungen할지를 결정한다. 그러나 점유는 직간접적인 노동 생산물의 처분권을 포함하지 않고 해당 생산수단을 이용할 권리만을 지칭한다(Marx 1973, 472~473, 475, 477; Marx 1975, 294, 299, 300; Marx 1976a, 89, 91; Marx 1986c, 776, 791~792, 793~794).

물론 마르크스는 생산수단의 소유권과 점유권에 관한 이런 정의하고 구별되는 진술들을 매우 다양한 맥락에서 언급하고 있다. 예를 들어 중세 봉건제 아래의 비지불 잉여 노동의 한 형태로 나타나는 노동 지대의 특성을 설명하는 과정(《자본》 3권 6부 47장)에서 마르크스는 봉건 영주를 생산수단과 생산 조건들의 "소유자"로 묘사하는 반면 봉건 농노를 생산수단의 "점유자"로 기술하고 있다.

그러나 이 용법은 소유와 점유 개념을 새롭게 제시하는 것이라기보다는 봉건 영주와 농노 계급의 사실상의 사회적 관계를 포착하는 비유적인 표현으로 이해돼야 옳다. 왜냐하면 마르크스는 바로 위 문단에서 농노를 봉건제 아래의 "직접적 생산자"로 명명하고, 이 농노는 가령 일주일 중 일부는 자신의 땅에서 자신이 '소유한' 생산수단을 가지고 노동을 하고, 나머지는 봉건 영주의 땅을 경작하는 사람이라고 설명하고 있기 때문이다(Marx 1986c, 790~791).

게다가 마르크스는 '점유자'라는 용어를 공동체에 속한 개인들이 공동체 전체가 공동으로 소유하고 있는 생산수단을 이용하는 특정한 권리를 지칭하는 데 엄격하게 제한해서 사용하면서, 개인들은 이 공동체 소유 생산수단과 공유지를 결코 개인적으로 처분하거나 개별적인 권리를 주장할 수 없다고 분석했다. 이런 차원에서 마르크스는 적어도 자신의 주요 정치경제학 저작들 속에서 소유와 점유를 생산수단의 처분과 이용의 정도라는 측면에서 수미일관되게 구별해왔다고 말할 수 있다.[2]

마르크스는 이런 개념적 통찰을 바탕으로 자본주의 생산 양식 이전에 존재하던 지배적인 소유 형태들을 분석하고 비교하는 작업을 수행한다. 예를 들어 《독일 이데올로기German Ideology》와 《정치경제학 비판 요강Grundrisse》에서 마르크스는 역사적으로 다양하게 나타난 지배적인 소유 형태들을 대별하고 있다. 마르크스는 원시 공동체에서 직접적이고 자연적인 노동의 대상으로서 토지가 어떻게 '공동적으로 소유'됐는지, 그리고 그것이 '아시아적 생산 양식'이나 생산수단의

---

2 소유와 점유에 관한 마르크스의 이런 구별법은 헤겔의 논의를 따른 것이다. 헤겔은 개인적 자유와 인간의 자기 실현의 조건으로 개인의 소유권을 강조했다. 이 과정에서 헤겔은 소유가 생산물의 이용, 전유, 처분의 권리를 포함하는 복합적인 총체라고 기술하고 있다(Hegel 1967, 40~42, 46~70). 마르크스는 물론 헤겔의 추상적인 소유관을 유물론의 시각에서 철저하게 비판했다. 소유권에 관한 관념이 대상적 객체를 통해 자기를 구현하는 것이 아니라 역사적으로 존재한 현실의 소유 관계가 인간 사회의 사유와 법적, 정치적, 제도적 차원에 반영됐다는 것이다. 그렇지만 마르크스는 소유와 점유에 관한 헤겔의 이 근본적인 구별을 늘 유지했다. 헤겔의 소유관에 관한 마르크스의 비판과 수용에 관해서는 Marx(1986c, 615~616)를 참조할 것.

'봉건적 또는 게르만적 소유' 형태로 대체됐는지를 면밀하게 기술하고 있는 것이다(Marx 1976a, 33~35, 89~90; Marx 1973, 472~477, 485~486, 496~502).

2) 자본주의적 소유 관계의 내재적 변동과 사회화된 소유

그렇다면 자본주의적 소유 관계의 변동에 관해서 마르크스는 어떻게 분석하고 있는가? 이 문제와 관련해 마르크스는 봉건적 토지 소유와 중세 유럽 도시들에서 산발적으로 나타나던 길드 체제가 어떻게 자본주의적 생산 방식과 소유 형태로 대체됐는지를 추적하고 있다. 더 나아가 마르크스는 이 지배적인 자본주의적 소유 형태가 내재적인 변동을 거치면서 사회적 또는 사회주의적 소유 형태로 대체 또는 전환될 것이라고 주장하고 있다.

먼저 마르크스는 '자본의 전사'로서 자본주의적 생산관계의 출현이 토지와 인간 노동을 통해 생산된 2차적 생산수단의 봉건적 또는 개인적 소유를 철폐하고 대체한 것이라고 지적하고 있다. 생산수단의 자본주의적 소유는 개인들의 노동에 기초한 개인적 소유individual ownership를 없애고, 이것을 근대 자본가들이 전유한 과정의 산물이라는 것이다(Marx 1986a, 714, 724). 마르크스와 근대 역사가들이 "자본의 시초 축적"이라고 부른 이 과정은 노동자들을 자신의 모든 소유물에서 분리시키는 역사적이고 영구적인 과정이고, 개인들이 자기 노동을 통해서 얻은 개인적 소유를 자본주의적 소유 관계로 대체하는 과정이었다(Marx 1986a, 668).[3]

---

3 이런 시각에서 마르크스는 스미스와 리카도 등의 고전파 정치경제학자들이 견지하고 있던 사적 소유에 관한 관념이 역사적 사실관계를 제대로 파악하지 못한 것이라고 비판한다. 자본주의적 사적 소유가 타인의 노동을 착취하는 데 기반을 두고 있으며, 따라서 개인적 소유의 "직접적인 반정립"에 다름 아니라는 사실을 인식하지 못했다는 것이다(Marx 1986a, 716, 724). 마르크스의 이런 비판은 근대 시민사회와 국가를 사회계약론의 시각에서 정초하려 한 토머스 홉스, 존 로크, 존 스튜어트 밀, 헤겔 등에게도 그대로 적용될 수 있다. 왜냐하면 이 사상가들도 개인적 소유를 자본주의적 소유와 혼동했고, 후자가 임금 노동에 관한 영구적 착취에 기반을 두고 있다는 사실을 인식하지 못했기 때문이다. 근대 사회계약론자들의 소유 이론을 이런 시각에서 분석한 유용한 논의로는 Macpherson(1962)을 참조할 것.

그런데 마르크스는 이 자본주의적 소유 관계가 새로운 자본주의적 전유 형태로 대체된다고 말하고 있다. 마르크스는 자본의 집중 과정을 통해 개별 자본가들의 소유가 소수 거대 자본가들의 손아귀에 귀속되는 과정을 분석하고 있는 것이다. 몇몇 소수의 자본가들이 다수 자본가들의 소유를 빼앗고 더욱 확대한 규모로 생산 과정을 조직하게 된다. 이제 자본은 임금 노동자들을 착취할 뿐만 아니라 다른 자본가들도 '착취'한다.

그렇지만 자본의 독점화와 집중은 자본 자신을 해체시키는 새로운 물질적 기초를 형성한다. 마르크스는 자본주의적 전유 양식 안에서 개념적으로 구별되는 새로운 사회적 소유 형태가 등장한다고 설명한다. 그것은 '자본주의적 사적 소유'를 새로운 '사회화된 소유'로 전환시키는 것이다. 그리고 이 사회화된 소유는 '협업과 공동의 생산수단의 점유에 기초한 개인적 소유'를 다시 만들어낸다.

> 자본주의적 전유 양식은 …… 자본주의적 사적 소유capitalist private property를 만들어낸다. 이것은 개인적 사적 소유individual private property의 부정이다. …… 그러나 자본주의적 생산은 …… 그 자신의 부정을 만들어낸다. …… 이 부정은 생산자를 위한 사적 소유를 다시 만들지는 않지만, 그 대신 자본주의가 만들어낸 모든 성과물, 다시 말해 협업과 공동의 토지와 생산수단의 점유에 기초한 개인적 소유를 다시 만들어낸다(Marx 1986a: 715).

마르크스는 자본주의적 소유 관계의 이런 전환을 자연적인 과정으로 기술하고, 자본의 시초 축적 과정에서 개인적 소유를 자본주의적 소유로 바꾸는 데 필요하던 '피로 얼룩진 역사'와 견줄 때 인류의 의식적인 노력을 통해 비교적 쉽게 달성될 수 있을 것이라고 내다보고 있다.

그렇다면 마르크스가 말하는 '개인적 소유', 공동으로 점유된 생산수단에 기반을 둔 개인적 소유란 무엇일까? 그것은 자본주의적 사적 소유와 어떻게 다르고 생산수단의 공동 소유와 어떻게 구별되는가? 생산수단의 공동 점유에 기초한 개인적 소유의 구체적인 형태에 관해서 마르크스는 흥미롭게도 노동자들의 '생산자 협동조합cooperative factories'과 일반화된 주식회사를 거론하고 있다.

마르크스는 생산자 협동조합과 주식회사라는 사회화된 기업 소유 형태를 자본주의적 생산의 발전 과정에서 나타나는 경영과 감독의 분리 경향을 분석하면서 논하고 있다. 또한 마르크스는 선진화된 자본주의적 생산에서 각종 신용이 어떤 구실을 수행하는지 분석하면서 이 두 가지 기업 형태를 논하고 있다. 전자와 관련해 마르크스는 기능적 자본가(경영자)가 과거 자본가들이 실제 생산 과정에서 담당하던 전통적인 구실을 어떻게 대체하는지를 살펴보고 있다(Marx 1986c, 386~387). 후자와 관련해 마르크스는 근대 자본주의적 신용 체계가 어떻게 전례 없는 규모로 생산의 규모를 확대하고 새로운 사회화된 소유권을 만들어내는 물질적 조건을 창출하는지를 분석하고 있다(Marx 1986c, ch. 27).

특히 마르크스는 자본주의적 신용 체계가 경제의 규모를 확장할 뿐만 아니라 지배적인 자본주의 소유 구조를 변화시키는 기능을 담당한다고 주장하고 있다. 마르크스에 따르면 주식회사는 "직접적으로 연합한 개인들의 자본"을 대표하는 "사회적 자본"의 형태라는 의미에서 "전적으로 새로운 자본의 형태를 띤다." 그것은 "자본주의적 생산의 틀 안에서 사적 소유로서 자본을 철폐"하는 것이다(Marx 1989c, 436, 438).

이것은 주식회사 형태로 나타나는 새로운 사회적 자본이 자본주의적 경제 발전의 새로운 국면을 형성하는 것을 의미한다. 마르크스는 이 국면을 사회주의로 다가가는 데 반드시 거쳐야 하는 "필수적인 이행의 단계"로 간주하고 있다. 자본주의적 생산의 이런 궁극적 형태는 "더는 개별적 생산자들의 사적 소유도 아니"고 "오히려 연합된 생산자들의 소유"로서 "사회적 소유," 곧 "자본을 생산자들의 소유로 바꾸는 데로 나아가는 필수적인 이행의 국면"을 형성한다(Marx 1986c, 437, 439).

마르크스는 노동자들의 생산자 협동조합 기업들도 이것과 동일한 특성을 지닌다고 주장하고 있다. 마르크스는 생산자 협동조합 기업들이 낡은 자본주의 체제에서 새로운 사회적 소유가 등장하는 첫 번째 맹아라고 주장한다. 비록 이 기업들이 자본주의적 생산 조직의 근본적인 한계와 단점들 때문에 자본주의적 기업들과 같은 한계를 재현할지도 모르지만, 자본과 노동 사이의 "적대"와 "계급 갈등"은 이미 이 기업들 안에서는 극복되고 있다는 것이다.

물론 마르크스는 이런 사회적 소유에 내재해 있는 사회주의적 이행의 가능성들이 자본주의적 생산의 근본적인 한계 때문에 억압되거나 그 잠재성을 충분히 발휘하지 못할지도 모른다고 분석했다. 예를 들어 주식 시장의 투기꾼들과 마르크스가 사회적 기생충이라고 부른 점증하는 유한계급들의 존재가 바로 그런 한계의 대표적인 사례들이다.

3) 사회주의적 소유 형태에 관한 마르크스의 모순된 주장

그러나 사회적 소유 형태들에 관한 이런 아주 예외적이고 간헐적인 언급을 제외한다면, 마르크스는 사회주의와 공산주의가 생산수단의 국가 소유를 바탕으로 노동 생산물을 중앙 계획적으로 분배하는 체제라고 주장하고 있다. 이 점은 《공산당 선언Manifesto of the Communist Party》이나 프랑스의 계급 투쟁에 관한 세 편의 중요한 분석을 포함한 마르크스의 초기 '철학적' 또는 '정치학적' 저술에서 공통적으로 나타나는 현상이다. 심지어 마르크스는 《정치경제학 비판 요강》이나 《자본》 등의 후기 정치경제학 저작에서도 사회주의를 생산수단의 국가 소유에 기반을 둔 직접적 분배 시스템과 같은 것으로 묘사하고 있기도 하다.

예를 들어 《정치경세학 비판 요강》의 한 장에서 마르크스는 사회주의 사회에서는 생산의 사회적 성격이 자본주의적 상품 생산하고는 근본적으로 구별되는 새로운 노동 조직 형태를 만들어낼 것이라고 추측하고 있다. 사회주의 사회에서는 "개인들의 노동"이 직접적으로 "사회적인 노동으로 정립"되고, "노동 생산물의 특수한 물질적 형태"는 "구체적이고 특수한 노동"이 아니라 "공동적 생산에서 차지하는 특정한 몫"으로 나타난다는 것이다. 이런 사회에서 노동자들은 "교환을 위해 노동하지 않는다"(Marx 1973, 171~172).

또한 상품 물신화를 분석하는 《자본》 1권의 한 장에서, 마르크스는 "공동으로 소유한 생산수단"에 기반을 둔 사회주의 아래에서는 "단순하고 투명한 분배 체계"가 수반될 것이라고 추측하고 있다. 마르크스는 사회주의 사회에서는 개인들이 전체 사회적 생산에 투여된 개인적 노동 시간에 따라 사회 전체의 생산물 중 일정한 부분을 자신의 몫으로 요구하게 될 것이라고 덧붙이고 있다(Marx 1986a, 82~83).

《정치경제학 비판 요강》과 《자본》 등에 나오는 사회주의 아래의 지배적인 소유 형태에 관한 이런 모호하고 모순적인 진술들을 고려할 때, 마르크스가 정작 '사회적 생산'이나 '공동의 소유'라는 말로 무엇을 의미하려 했는지를 파악하는 것은 쉽지 않은 일이다. 마르크스는 사회주의라는 말을 생산수단의 공적 소유와 같은 것으로 이해했는가? 마르크스가 말하는 공적 소유는 국가 소유와 같은 것인가? 만약 그렇다면 마르크스가 언급한 사회적 소유와 그 구체적인 형태로서 노동자 협동조합 기업과 주식회사에 관한 언급들은 어떻게 이해돼야 하는가?

이 문제들을 더욱 정확하게 살펴보려면 자본주의적 상품과 화폐, 시장에 관해서 마르크스가 어떤 태도를 취하고 있는지를 먼저 살펴볼 필요가 있다.

3. 모순 2 — 자본주의적 교환 체계에 관한 마르크스의 모순된 비판

1) 상품 교환에 관한 마르크스의 비판

우리는 지금까지 《정치경제학 비판 요강》과 《자본》 같은 주요 정치경제학 저작에서 마르크스가 사회주의적 소유 형태에 관해 모순적인 견해를 드러내고 있다는 점을 살펴봤다. 그러나 마르크스는 상품 교환과 시장을 통한 유통의 메커니즘에 관해서도 역시 모순되는 태도를 취하고 있다.

잘 알려진 것처럼 마르크스는 노동 생산물의 상품적 형태와 자본주의적 시장 교환에 관해서 일관되게 비판적인 태도를 견지하고 있었다. 예를 들어 1844년의 《경제학-철학 수고》에서 마르크스는 화폐에 관한 괴테와 셰익스피어의 경멸적인 언급을 인용하면서 인간의 소외가 노동의 상품화와 상품 생산 그 자체에서 비롯된 것이라고 주장했다(Marx 1975, 322~326). 마르크스는 《독일 이데올로기》에서도 노동 생산물의 상품(화폐) 형태와 시장을 통한 교환을 사회적 노동 분업의 역사적 부산물[4]로 규정하고 있다. 마르크스는 이것이 경제 발전의 특정한 단계에 조응하는 것으로서, 고도로 발전한 사회주의 사회에서는 사라질 것이라고 추정

4 다른 중요한 개념들과 마찬가지로 노동 분업에 관한 마르크스의 분석은 시간이 지나면서 조금씩 변해왔다. 초기 저작들을 집필하던 때의 청년 마르크스는 자본주의에서 나타나는 파편화되고 불행한 노동 조건을 소외의 한 형태로 간주했다. 특히 《경제학-철학 수고》와 《독일 이데올로기》 등에서 마르크스는 '정신적(mental)' 노동과 '육체적(physical)' 노동의 분리를 언급하며, 그것이 사회적 노동 분업의 역사적 형태라고 주장했다. 마르크스는 더 고차적인 사회에서는 정신적 노동과 육체적 노동 사이의 분리가 지양될 것이라고 기대했다. 그러나 성숙기 저작들에서 마르크스는 사회적 노동 분업, 다시 말해 상이한 생산 부문의 존재와 이 생산 부문들이 시장을 통한 교환과 기능적으로 분리되는 것, 또는 도시와 농촌 등의 분업 등을, 특정한 노동 과정의 분업, 곧 임금 노동자들과 경영자들의 기능적 분리, 명목상의 자본가와 기능적 자본가들이 분리되는 현상 등하고 구별되는 것으로 분석하고 있다. 이 과정에서 마르크스는 자본주의적 노동 분업이 다른 생산 양식들에서 나타나는 사회적 노동 분업하고 구별된다고 주장하고, 《자본》에서 다양한 사회적 노동 분업의 양태를 분석하고 있다(Marx 1986a, Ch. 13~14). 그런데 현재의 논의 맥락에서 중요한 것은 마르크스의 저술 전반에서 자본주의적 생산과 시장 교환은 자연적인 현상이 아니라 사회적 발전 단계에 조응하는 역사적 산물로 분석되고 있다는 점이다.

하고 있다(Marx 1976a, 47~48).

또한 《자본》 1권의 상품 장에서도 마르크스는 자본주의적 생산 양식 아래의 상품과 화폐 형태가 인간의 진정한 사회적 관계, 다시 말해 자본주의적 생산의 적대적 성격을 은폐하는 기제로 작동하고 있다고 분석하면서, 사회주의 경제 체제 아래에서는 사회적 생산에 관한 '자유로운 개인들'의 직접적인 통제가 관철되고 상품과 화폐가 지니는 전도된 대상화fetishism가 사라질 것이라고 주장하고 있다(Marx 1986a, 76~87).

자본주의 경제에서 나타나는 인간의 사회적 관계의 상품화와 이것이 사회적 생산에 관한 더 투명하고 의도적인 통제를 통해 대체될 것이라고 하는 마르크스의 이런 언급들은, 마르크스가 사회주의 경제 체제에서는 상품과 화폐, 시장을 통한 교환하고 근본적으로 구별되는 새로운 사회적 조정 양식이 나타날 것이라고 주장했다는 일반화된 통념을 확인시켜주는 것처럼 보인다. 그러나 사회주의적 조정 메커니즘에 관한 마르크스의 견해는 겉보기하고 다르게 훨씬 더 복잡한 양상을 띠고 있다.

이 문제와 관련해 먼저 마르크스가 단 한 번도 상품 생산과 화폐를 통한 교환을 자본주의적 생산 양식과 동일한 것으로 간주하지 않았다는 점을 지적할 필요가 있다. 마르크스는 자본주의 생산 양식이 충분히 발전된 상품 생산과 교환을 전제로 삼고 있기는 하지만, 상품 생산과 자본주의적 생산 양식은 근본적으로 다른 역사적 특수성을 담지하고 있다고 주장했다. 단순 상품 생산을 자본주의적 생산과 늘 혼동하는 속류 경제학자들의 통념과 다르게, "상품의 생산과 교환," 따라서 노동 생산물이 상품의 형태를 띠는 현상은 인류 역사상 "다양한 생산 양식들" 속에서 두루 나타난다(Marx 1986a, 115).

이런 맥락에서 마르크스는 밀과 세이와 같은 변호론적 경제학자들이 자본주의 생산의 적대적 성격을 단순 상품 교환으로 환원하고, 더 나아가 이 단순 상품 교환을 원시 공동체들 사이에 간헐적으로 나타나던 잉여 생산물의 물물 교환과 유사한 것으로 환원한다고 비판하고 있다. 마르크스에 따르면 이 경제학자들은 자본주의적 상품 생산의 역사적 특수성을 이해하지 못할 뿐만 아니라 상품 생산을 자연사적인 과정인 양 몰역사적으로 사고하고 있는 것이다.[5]

이렇게 단순 상품 교환과 자본주의적 생산을 구별하는 것은 마르크스의 공황 이론을 이해하는 데도 결정적으로 중요하다. 마르크스는 주기적인 공황이 교환의 수단으로서 귀금속 화폐(금과 은)가 지닌 다양한 특권들 때문에 발생한다고 주장한 많은 공상적 사회주의자들의 견해를 비판하면서, 자본주의적 공황과 주기적인 위기가 자본주의적 노동 과정에 내재한 자본과 노동의 적대적인 관계에서 기인한 것이라고 분석하고 있다. 다시 말해 마르크스는 개별 자본가들이 이윤을 극대화하기 위해 고용된 노동자들에게 더 많은 절대적, 상대적 잉여 가치를 착취하고, 그러기 위해 노동자들에게 육체적으로 감내하지 못할 정도의 장시간 노동과 저임금 노동을 강요하며, 더 나아가 인간의 복리를 증진하는 데 기여하지 않는 생산물들을 끊임없이 만들어내는 것이 가치 실현의 위기, 곧 자본주의에서 나타나는 공황의 핵심이라고 분석했다.

물론 마르크스는 높은 추상화 수준에서 시장을 통한 상품 교환이 공황 또는 '가치 실현의 위기'를 이미 내재하고 있다고 말했다. 시장을 통한 상품의 교환은 판매자에게서 구매자를 분리시키고 직접적인 구매와 소비 행위를 지연시키기 때문이다(Marx 1986a, 112~115, 137~138). 그러나 마르크스는 동시에 시장을 통한 상품

---

5 마르크스의 이런 비판은 큰 수정 없이 현대의 신고전파 경제학자들과 그 생산 모델에 그대로 적용될 수 있다. 신고전파 경제학자들은 로빈슨 크루소의 우화를 경제 분석의 출발점으로 삼으면서 현대 자본주의 상품 생산 과정의 특성을 무인도에서 혼자 생활하며 언제 수렵을 하거나 채취를 할 것이고 또 언제 아무런 노동을 하지 않고 시간을 때울 것인지(여가를 즐길 것인지)를 생산과 효용의 극대화 모델로 계산한다. 이 모델에는 마르크스를 포함한 고전파 정치경제학자들에게서 나타나는 자본이나 노동이 존재하지 않으며, 설사 존재하더라도 한계 생산성에 따라 각각의 가치가 결정되는 두 가지 생산 요소로 간주될 뿐이다. 이 무인도에서 생산되는 재화와 용역은 상품이 아니고, 화폐를 통해 교환될 필요도 없다. 그런데 이 모델을 현대 자본주의적 생산에 관한 분석으로 투사하는 순간 자본주의 생산 양식은 원시 공동체들에서 간헐적으로 나타나던 물물 교환 체제로 환원돼버린다. 마르크스는《정치경제학 비판 요강》에서 이런 접근법이 지닌 여러 문제점을 비판했다(Marx 1973, 100~108). 더불어 다음 장에서 살펴보게 될 케인스도 로빈슨 크루소의 우화에 바탕을 둔 신고전파 경제학자들의 기본 공리들을 비판하면서 불완전 고용과 비자발적 실업의 존재를 입증했다(Keynes 1936, Ch. 2와 이 책의 8장을 참조).

교환에 내재된 이런 가능성이 자본주의 경제에서 주기적으로 나타나는 위기의 충분조건이 되지는 못한다고 주장했다. 마르크스에게 자본주의 경제의 위기를 현실화시키는 것은 단순 상품 교환이 아니라 자본주의적 축적과 잉여 가치를 착취하는 자본주의적 생산 관계이기 때문이다(Marx 1973, 415~417; Marx 1986c, ch. 13, ch. 15; Foley 1986, ch. 9).

2) 프루동주의에 관한 마르크스의 비판

상품 교환과 자본주의적 생산 방식의 역사적 특성에 관한 마르크스의 분석을 염두할 때 자연스럽게 다음과 같은 질문들을 던지게 된다. 자본주의를 대체한 사회주의 경제는 상품의 생산과 유통을 전제 조건으로 삼는가? 생산수단의 사회주의적 소유는 사회적 조정 메커니즘으로서 가격의 조정에 기반을 둔 시장을 통한 유통을 필요로 할 것인가? 아니면 사회주의 경제는 시장을 통한 상품의 교환과 유통과 근본적으로 구별되는 새로운 조정 양식을 만들어낼 것인가? 만약 그렇다면 그것은 과연 무엇이고, 마르크스는 이 문제들에 관해 어떤 견해를 지니고 있었는가?

앞서 살펴본 것처럼 마르크스가 여러 곳에서 진술한 사회주의 경제의 운영에 관한 산발적인 진술들은 마르크스가 비시장적 조정 양식, 곧 중앙 계획을 통한 노동 생산물의 물량적 분배를 옹호했다는 통념을 확인해주는 것처럼 보인다. 그러나 마르크스가 공상적 사회주의의 대표적인 이론가 프루동을 철저하게 비판한 사실은 대안적 사회주의 경제의 조정 양식이라는 문제에 관해 마르크스가 그렇게 단순한 견해를 가지고 있지는 않았다는 점을 보여준다.

프루동은 상품 교환과 시장 유통을 매개하던 귀금속 화폐를 없애버리고 공동의 작업장에서 일한 대가로 지급받은 '노동 화폐labor money' 또는 '노동 시간 전표

time sheet'를 이용해 노동자들이 식량과 소비재를 구입해 소비하는 체제를 자본주의 체제의 대안으로 제시했다. 프루동이 말한 '노동 화폐'나 '노동 시간 전표'에는 개별 노동자가 공동의 작업장에서 일한 노동 시간이 기재돼 있고, 개별 노동자들은 공동 생산물의 분배 몫을 공동의 창구에서 노동 화폐에 기재돼 있는 노동 시간만큼 인출한다는 것이다.

이 논의에 관해 마르크스는 먼저 프루동의 이 구상이 전혀 새로운 것이 아니고 브레이J. F. Bray나 그레이J. Gray 등 18세기 후반 영국에서 활동하던 공상적 사회주의자들이 이미 제안한 낡은 주장이라고 비판한다. 공상적 사회주의자들은 사회적 생산에 기여한 노동자들이 자신들에게 제공된 노동 화폐를 국가가 설립한 '교환 은행exchange bank'에서 현물과 교환하는 시스템을 구상했다. 공상적 사회주의자들은 이런 방식으로 화폐를 매개로 한 상품 교환 체제를 직접적인 노동 보상 방식으로 대체하기를 열망했다. 그렇게 해서 주기적으로 찾아오는 공황과 경제 위기를 극복할 수 있다고 생각한 것이다.

여기에 관해 마르크스는 사회적 생산에 기여한 개별적 노동의 가치를 단순 노동 시간으로 환산하는 게 사실상 불가능하다고 비판했다. 마르크스는 이런 공동 노동 체제에서는 실제 노동 참가 시간을 부풀리는 대신 일은 하지 않으려고 하는 동기가 너무나 많기 때문에 이 공동 노동에 참가하는 노동자들 사이에서는 '게으름뱅이 경쟁'이 창궐할 것이라고 주장했다(Marx 1976b, 141~142).

마르크스는 《정치경제학 비판 요강》의 '화폐에 관한 장'에서 알프레드 다리몽이라는 프랑스의 프루동주의자를 향해서도 본질적으로는 동일한 비판을 하고 있다. 마르크스는 다리몽의 '평등 교환 체제'는 사실상 상품 생산과 교환 가치의 담지자로서 화폐가 지닌 특성을 잘못 이해한 것에 불과하다고 비판한다. 마르크스는 다리몽이 제안한 대로 설사 교환의 수단으로서 금이나 은의 '특권'을 폐지한다고 해도 자본주의적 상품 교환 체제에 내재한 주기적인 위기와 경기 순환을 없앨 수는 없다고 주장한다(Marx 1973, 122). 자본주의적 상품 교환은 불가피하게 교환 가치의 담지자로서 완전히 발전한 화폐를 필요로 한다. 따라서 마르크스는 다리몽의 평등 교환 체제에서 귀금속 화폐가 폐지된다고 해도 일반적 등가물로 기능하는 또 다른 형태의 화폐가 등장하는 것은 시간문제일 뿐이라고 주장하고 있다(Marx 1973, 126~127).

더 나아가 마르크스는 다리몽이 리카도의 노동 가치론을 '속류화'했다고 비판한다. 왜냐하면 프루동과 다리몽은 모두 상품의 가치가 상품의 가격과 늘 큰 변화 없이 동일할 것이라고 가정하고 있기 때문이다(Marx 1973, 137). 마르크스는 자본주의적 생산과 같은 확대된 사회적 재생산 체제 아래에서는 상품과 노동 생산물의 가치를 노동 시간으로 환원하거나 사전에 계산하는 일이 결코 가능하지 않다고 주장했다.

자본주의 상품 생산 체제에서 생산되고 창출된 잉여 가치는 시장을 통한 교환을 통해 이윤으로 전환되고, 이 과정에서 자본의 유기적 구성도와 시장 안 경쟁 조건들에 따라 자본가들 사이에서 분할되는 과정을 거친다. 이 과정은 개별 자본 또는 산업별 자본 총량 중 가변 자본과 불변 자본의 평균 구성 비율, 산업별 또는 부문별 경쟁의 정도, 자본의 산업 간 이동의 용이성(자본의 유동성) 정도, 유효 수요와 경기 순환 등의 매우 중요한 구조적, 정세적 변수들의 상호 작용을 통해 결정되는 것이다.

따라서 노동 생산물의 가치가 그 상품의 생산에 필요한 직간접적인 노동 총량 또는 시간에 따라 결정된다고 하는 스미스와 리카도 등의 고전파 정치경제학자들의 노동 가치론(또는 가격 결정에 관한 생산 비용 이론)을, 상품의 가치는 언제나 가격과 일치하고 그 생산에 투여된 노동 시간으로 언제든지 쉽게 환원될 수 있다고 다리몽 식으로 이해하는 것은 잘못됐다.

이런 비판을 전제로 마르크스는 결국 프루동 등이 주장하는 "평등 교환 체제"는 "국가" 또는 "교환 은행"을 "일반적 생산자"이자 "일반적 구매자"일 뿐만 아니라 "일반적 판매자"로 등극시킬 것이라고 주장한다. 사회의 생산을 주도하는 유일한 주체인 동시에 그 생산물을 구매하고 판매할 수 있는 단일한 창구가 바로 "평등 교환 체제"라는 것이다. 마르크스는 이런 시스템이 결국에는 "생산의 전제정" 또는 "생산의 교황"이 공동의 작업장들뿐만 아니라 사회 전체를 장악하고 지배하는 전체주의 체제로 귀결될 것이라고 결론 내리고 있다(Marx 1973, 156).

3) 사회주의적 조정에 관한 마르크스의 모순적인 구상

그러나 프루동을 향해 이런 격렬한 비판을 하지만 노동 시간 증서에 관한 구상은 마르크스가 제안한 대안적인 사회주의 체제에 관한 구상에 끊임없이 나타나고 있다. 안타깝게도 마르크스는 사회주의 체제의 운영에 관한 자신의 단편적인 구상을 밝히는 과정에서 프루동이 주장하고 자신이 한때 비판한 노동 시간 증서를 다시 반복하고 있는 것이다.

예를 들어 마르크스는《정치경제학 비판 요강》에서 생산수단의 공동적 성격과 노동의 공동체성이 노동자들의 구체적이고 특정한 노동을 직접적으로 사회적이고 일반적인 노동으로 만들 것이라고 주장한다. 생산의 이런 공동체적 성격 때문에 노동 생산물들은 상품 형식을 띠지 않을 것이고 화폐를 매개로 사후적으로 교환될 필요가 없다는 것이다(Marx 1973, 171~172).

또한 우리가 앞에서 이미 살펴본 상품의 전도된 대상화를 비판적으로 분석하는《자본》의 한 대목에서도 마르크스는 사회주의 사회에서는 개별 노동자들의 구체적인 노동이 직접적으로 사회적인 노동으로 나타난다고 확언하고 있다. 이 사회에서 분배 체제는 더는 상품들의 교환이라는 형식을 띠지 않고, 공동 생산에 기여한 개별 노동자들의 노동 시간에 따라 생산물이 분배되는 형식을 띤다는 것이다(Marx 1986a, 83).

심지어 마르크스는 사회주의 경제 아래에서는 화폐 자본이 더는 필요하지 않게 된다고 주장한다. 마르크스는 《자본》 2권 18장에서 개별 자본가들이 사회적 생산을 위해 미리 모아둬야 하는 화폐 자본의 양이 전체 자본 순환의 주기에 따라 어떻게 변화하는지를 분석하면서 이렇게 말하고 있다.

> 사회화된 생산과 자본주의적 생산에서 모두 자본 순환이 빠른 산업 분야에 종사하는 노동자들은 …… 아무런 추가적인 보상을 지급하지 않고도 [비교적] 단기간 안에 노동 생산물을 인출할 수 있을 것이다. …… 이것은 특수한 노동 과정의 물질적 조건에서 생겨나는 것이다. …… [그러나] 사회화된 생산에서 화폐 자본은 사라진다. [이 사회주의 경제에서] 사회는 상이한 생산 부문에 노동력과 생산수단을 [직접적으로] 분배한다. 생산자들은 사회가 제공하는 소비재들 중 자신들의 노동 시간에 해당되는 양만큼을 인출할 수 있도록 바우처를 받는다. 이 바우처는 화폐가 아니다. 이것은 유통되지 않는다(Marx 1986b: 362).

마르크스의 이런 언급들은 마르크스가 상품 교환과 시장을 통한 유통을 폐지하고 노동 생산물을 직접적으로 분배하는 시스템을 다시 들여오고 있다는 점을 잘 보여준다. 다시 말해 마르크스는 상품 교환 체제에서 일반적 등가물로 기능하는 화폐를 폐지하고 이것을 직접적인 분배 시스템으로 대체하려고 한 프루동을 한편에서 비판했지만, 다른 한편으로는 프루동이 언급한 적 있는 노동 화폐 구상을 자신의 사회주의 구상에서 다시 들여오고 있는 것이다.

마르크스 자신은 이 두 가지 주장이 내포하고 있는 모순과 불일치성을 인식하지 못했을 수도 있다. 또는 자신이 제안하는 사회주의 체제에서는 프루동에게 던진 수많은 의문점들이 자연스럽게 해결될 수 있을 것이라고 기대했는지도 모른다. 그러나 그 어떤 경우이건 간에 사회주의 경제의 사회적 조정 양식에 관한 마르크스의 일관되지 못하고 양립 불가능한 주장들은 사회주의에 관한 마르크스의 구상을 재구성하려는 노력에 심각한 걸림돌이 되고 있다.

4. 마르크스의 사회주의를 실현 가능하게 만들기

지금까지 우리는 마르크스의 주요 저작 안에는 사회주의 경제에 관한 두 가지 모순된 주장들이 있다는 점을 살펴봤고, 이것을 사회주의 소유 형태와 노동 생산물의 사회적 조정 양식에 관한 마르크스의 견해를 통해 고찰했다.

사회주의 경제 안의 지배적인 소유 형태와 관련해 마르크스는 생산수단의 공동 소유에 기반을 둔 노동 생산물의 직접적인 분배 체계를 사회주의 경제의 핵심이라고 주장했다. 그러나 동시에 마르크스는 토지와 노동을 통해 생산된 생산수단의 공동 점유에 기초한 개인적 소유권의 확보가 사회주의 경제로 이행하는 과정에서 매우 중요한 소유 형태로 등장하고 있다고 주장하기도 했다.

노동 생산물을 어떻게 분배할 것인가 하는 사회적 조정 양식의 문제와 관련해, 마르크스는 단순 상품 교환과 시장이 자본주의적 상품 생산과 시장을 통한 유통하고 구별된다고 주장하고, 이것을 노동 생산물의 직접적인 분배 체제로 대체하려 한 프루동주의자들의 견해를 통박했다. 그러나 동시에 마르크스는 사회주의에 관한 자신의 구상을 피력하면서 사회적 조정 메커니즘으로서 프루동주의자들이 거론한, '노동 화폐'를 매개로 한 직접적인 교환과 분배 체제를 마치 새로운 대안인 양 제시하기도 했다.

1) 사회주의 경제 체제의 가설적인 모형들

사회주의 경제 체제의 운영과 관련된 마르크스의 모순적인 전망은 사회주의적 소유 형태에 관한 두 가지 대조적인 견해와 사회적 조정 양식에 관한 역시 대조적인 견해로 구별해서 다음과 같이 종합해볼 수 있을 것이다(**표 7-1** 참조).

표 7-1. 사회주의 경제 체제의 가설적인 모형

		생산수단의 소유 형태	
		생산수단의 공동 소유(국가 소유)	공동 점유에 기반을 둔 개인 소유
사회적 조정 양식	중앙 계획을 통한 직접적 분배	구소련과 동유럽 사회주의 체제의 공식 노선	현실에는 존재하지 않는 가상의 모형
	시장을 통한 교환과 유통	동유럽 개혁 공산주의 국가들의 시장 사회주의 노선	실현 가능한 사회주의 경제 모형

첫째, 생산수단의 국가 소유를 기반으로 국가가 노동 생산물과 생산수단을 직접적으로 분배하는 시스템. 마르크스의 사회주의론의 정통적인 해석이고, 구소련과 동유럽 사회 체제에서 공식적인 국가 목표로 추진된 경제 발전 노선이다.

둘째, 토지와 생산수단의 공동 소유를 유지하면서 시장 지향적인 개혁 조치들을 도입하는 시스템. 구소련의 정통 마르크스-레닌주의 노선에서 벗어나 시장 사회주의market socialism 개혁을 추진한 유고슬라비아와 폴란드 등 개혁 공산주의 국가들의 체제 변화 실험의 기초가 된 모형이다.

셋째, 생산수단의 공동 점유에 기초한 개인적 소유를 지배적인 기업 소유 형태로 인정하되 시장을 통한 유통, 특히 노동의 상품화와 2차적 생산수단의 시장 거래를 폐지하는 것을 전략적인 목표로 삼는 이론이다. 인류 역사상 현실에서는 결코 존재한 적 없는 체제 변화 모델이다.

넷째, 생산수단의 공동 점유에 기초한 개인적 소유를 지배적인 기업 소유 형태로 인정하고 시장을 통한 사회적 조정을 수용하는 방안으로, 이 책에서는 이것을 '실현 가능한 사회주의' 경제 모형이라고 부르려 한다.

2) 구소련 사회주의 모델의 붕괴와 실패한 '시장 사회주의' 개혁

이상의 가설적인 사회주의 경제 모델들을 어떻게 평가할 수 있을까? 이 문제와 관련해 단순 상품 생산과 자본주의적 상품 생산을 구별하고 협동조합 기업과 주식회사를 현실에 존재하는 사회화된 소유 형태의 사례로 강조한 마르크스의 논점은 매우 특별한 의미를 지닌다.

무엇보다도 이 두 가지 논점을 강조하는 것은 이론 차원에서 프루동주의적 구상이 지니는 공상적인 한계에 관해 마르크스가 한 비판의 타당성을 유지하는 데 꼭 필요하다. 그렇지 않다면 노동 화폐 구상과 관련된 마르크스의 모순된 주장은 결코 해결될 수 없을 것이기 때문이다.

다음으로 현실적인 차원에서도 단순 상품 교환과 자본주의적 시장을 구별하려 한 마르크스의 논점은 구소련과 동유럽 사회 체제에서 나타난 '현실 사회주의 체제'의 비극적인 실패에서 무엇을 배울 것인지를 논할 때도 매우 중요하다. 구소련과 동유럽 사회 체제는 '숭고한' 마르크스-레닌주의 이념이 스탈린주의 때문에 '타락'하거나 '소수의 타락한 관료들'이 노동자 계급의 국가를 '장악'한 예외적인 비정상성 현상들 때문에 붕괴한 게 아니다. 그 붕괴는 마르크스 자신도 한때 혼란스러워했고 모순된 태도로 일관하던 생산수단의 소유 문제와 대안적인 사회적 조정 양식에 관한 불명료한 인식에 근본적으로 내재한 문제들에서 비롯된 것이다.[6]

---

6 반면 에르네스트 만델 등 특히 트로츠키의 사상에 영향을 받은 학자들은 '상향식 계급투쟁'과 '민주적 계획'이 결합되는 사회주의 모델, 생산수단의 형식적 국유화와 사회화를 기반으로 중앙 계획을 통해 시장을 폐지한다는 전통적인 사회주의 모델이 여전히 유효하며 실현 가능한 이행 전략이라고 주장한다. 아래에서 살펴볼 것처럼 만델은 알렉 노브가 쓴 《실현 가능한 사회주의(The Economics of Feasible Socialism)》라는 책을 둘러싼 논쟁에서 '상향식 투쟁'과 '노동자 국가'들의 '민주적' 중앙 계획을 통해 거시 경제를 조정하는 사회주의론을 옹호하고 있다. 그러나 국가 소유 또는 공동 소유를 기반으로 한 중앙 계획에 아무리 '민주적'이나 '사회적'이라는 수식어를 갖다 붙인다고 해도, 생산수단의 국유화 또는 공동 소유 그 자체가 야기하는 소외와 관료주의 현상은 구소련의 경우처럼 불가피하게 나타날 것이다. 만델의 주장과 그 주장에 관한 노브의 반론은 각각 Mandel(1986; 1988)과 Nove(1987)를 참조. 한국에서 이 문제를 재검토하면서 만델의 시각을 옹호한 비교적 최근의 글로는 주무현(2007)을 참조.

구소련과 동유럽 체제의 붕괴가 생산수단의 공동(국가) 소유와 중앙 계획이라는 이름의 직접적 분배 체제를 적어도 공식적인 목표로 삼고 있던 상황에서, 그 체제의 실패는 곧 모든 생산수단을 국가 소유로 전환하고 상품과 화폐, 시장을 통한 교환을 국가 단위의 직접적인 양적 배분으로 대체하려 한 마르크스 자신의 구상과 뒤이은 마르크스주의적 사회주의 변혁 전략 자체의 실패를 보여준다(이런 견해를 대변하는 대표적인 논자들로는 Kornai 1980; Medvedev 1973; Nove 1983; 1989).

그렇지만 동시에 우리는 현대 자본주의 체제가 야기하는 많은 사회적 모순들 때문에 고통받고 있다. 그리고 자본주의 체제의 내재적 동학을 면밀하게 분석하고 대안적인 체제를 구상하는 데 필요한 강력한 이념적 무기를 제공하는 사람도 또한 마르크스다. 이런 시각에서 마르크스가 지닌 모순적인 견해들 중에서 지금까지 덜 주목받은 주장을 강조할 필요가 있다. 그것은 바로 협동조합 기업들과 적절하게 규제된 주식회사를 지배적인 소유 형태로 유지하고, 화폐와 상품, 시장을 통한 유통이라는 메커니즘을 대안적인 사회주의 체제에서 작동하는 중요한 사회적 조정 양식으로 받아들이는 것이다.

이것은 무엇을 함의하는가? 먼저 생산수단의 공동 점유에 기초한 개인적 소유를 지배적인 기업 소유 형태로 만들고 규제된 시장을 통해 거시 경제를 조정한다는 이 구상은 '시장 사회주의'적 개혁론하고 구별된다. 초기의 시장 사회주의론은 생산수단의 공동 소유, 곧 국가 소유를 유지하되 지방 정부와 생산 단위에 계획에 따르는 권한을 더 많이 부여하고 개별 기업들에게는 독립채산권을 인정하는 등 부분적인 개혁 조치를 취했다. 더불어 화폐 제도를 개혁하고 시장 시스템을 도입(또는 실제로 존재하던 관행을 공인)하려는 실험을 단행했다.[7]

초기 시장 사회주의론자들은 지방 정부와 개별 생산 단위를 통한 분권화된

---

7 이 과정에 관한 간략한 설명으로는 Adaman and Devine(1997), Blackburn(1991), Kornai(1990) 등을 참조할 것. 한국에서 시장 사회주의론을 처음으로 소개한 학자는 조원희(1992; 1994; 1997)다. 유고슬라비아 노동자 자주관리 실험에 관한 비교적 최근의 분석으로는 김창근(2007)을 참조할 것.

계획이 중앙 집중화된 관료적 행정 체계가 야기한 많은 문제들을 극복할 수 있을 것이라고 기대했다. 그러나 노동 의욕의 저하에 따르는 생산의 정체와 재원 낭비와 비효율의 문제는 체제 개혁 실험이 진행되던 전 시기에 걸쳐 나타났다. 더불어 계획의 조정 실패에 따른 '병목 현상'과 하이퍼인플레이션, 경기 침체와 회복, 또 다른 병목 현상은 시장 사회주의적 개혁 과정 전반에 걸쳐 주기적으로 반복돼 나타났다(Kornai 1990; Nove 1983; 1991).

3) 실현 가능한 사회주의 경제 모형

따라서 시장 사회주의론은 매우 중요한 참고가 될 수는 있어도 대안적인 사회주의 경제 체제를 구상할 때 궁극적으로 지향할 수 있는 목표가 되지 못한다. 반면 이 글에서 주장하는 것처럼 생산수단의 공동 점유에 기초한 개인적 소유를 전면화하고 민주적으로 책임성 있는 정부가 시장을 규제하는 것을 핵심으로 하는 대안적인 경제 체제는 충분히 실현될 수 있고 지속 가능한 체제로 남을 수 있다.

이 체제에서는 노동자 협동조합 기업들과 일반화된 주식회사가 다른 기업 소유 형태에 견줘 우위를 점하고 있다. 또한 이 경제 체제는 시장 조정 메커니즘을 중재하고 조정하는 다양한 제도를 발전시킬 수 있다. 이런 체제가 과연 실현 가능한가 하는 문제와 관련해 우리는 이 경제 체제가 '공공재의 비극'이라는 명제가 제기하는 근본적인 문제들을 해결할 수 있다고 본다. 왜냐하면 이 경제에서는 노동자들이 생산수단을 공동으로 점유하고 기업의 운영을 통해 얻게 되는 이득을 공평하게 나눠 가지고 자신에게 부여된 직무를 충실하게 이행할 물질적 동기를 부여받기 때문이다. 너불어 일반 노동자와 경영자들의 관계가 자본주의 기업하고 다르게 적대적이 아니게 되면서, 노동자들이 선출하는 경영자들의 주된 업무는 생산 과정에서 노동자들을 효과적으로 착취하는 게 아니라, 생산 조직을 효율적으로 운영하는 데 필요한 일반적인 지도 업무로 변화될 것이다.[8]

이 경제 체제 아래에서 노동자들은 생산자 협동조합 기업을 통해 기업의 자산 소유권을 주식 형태로 나눠 가질 수 있다. 노동자들의 소득은 노동자들의 생산 기여도와 성과, 기업의 정기적인 이윤 배당을 통해 보전된다. 이런 협동조합 기업들이 제 구실을 다하려면 한 개인이 공동으로 점유된 기업 자산을 과도하게 소유하는 것을 막을 법적, 제도적 장치가 필요하다. 그렇지 않으면 전형적인 자본주의 기업과 마찬가지로 소수의 개인들이 기업 자산을 많은 부분 장악하고 단기적인 이익을 위해 이 자산을 처분할 동기를 가지게 될지 모르기 때문이다.

또한 기업의 자산을 공동으로 점유하고 있는 협동조합 기업의 노동자들이 자신들이 보유하고 있는 개인 소유 지분을 자의적으로 매각할 수 없게 해야 한다. 설사 개별 노동자들이 개인 소유 지분을 매각한다고 해도 증식된 기업 자산만큼 대금을 청구할 수 없고 소유 지분의 액면가에 해당되는 만큼만 지급받을 수 있게 해야 한다.

마지막으로 협동조합 기업의 노동자들은 정기적으로 동료 노동자 중 한 사람을 경영자로 선출하거나 외부에서 영입할 수 있다. 이런 방식을 통해 협동조합 기업의 노동자들은 자신의 삶에 영향을 미치는 노동 조건들(노동 시간과 임금, 생산 기술과 조직의 변경 등)을 함께 결정할 수 있는 권한을 부여받게 될 것이다.

이 경제 체제를 구성하는 또 다른 기업 소유 형태인 주식회사에도 협동조합 기업에 적용되는 것과 유사한 원리를 적용할 수 있다. 협동조합 기업의 경우와 마찬가지로 우리는 소수의 개인들이 과도한 지분을 소유하고 기업의 의사결정을

---

8 기업 경영자의 구실과 관련해 마르크스는 자본주의 기업의 경영자는 노동 과정에서 두 가지 다른 기능을 동시에 담당하고 있다고 분석한다. 하나는 대규모로 이루어지는 "노동 과정의 협업적 성격"에서 비롯되는 지도 또는 조정의 기능이고, 다른 하나는 자본과 노동의 적대적인 사회적 관계에서 비롯되는 착취적 기능이다. 마르크스는 기업 경영자의 착취적 기능이 그때 이미 실존하고 있던 협동조합 기업에서는 이미 사라졌다고 지적했다(Marx 1986a, 314, 316~317).

좌지우지하지 않게 투명하고 민주적인 기업 지배 체제를 구축해야 한다. 주식회사의 노동자들은 협동조합 기업의 노동자들과 마찬가지로 자신이 속해 있는 기업의 소유권을 주식 또는 기타 소유 증서의 형태로 보유하고 있고, 이것을 통해 사회적 생산 기여도와 정기적인 주주 배당금에 따른 소득을 얻는다.

만약 회사의 규모가 크고 자본 순환이 다른 기업들에 견줘 훨씬 더 긴 주식회사가 있다면, 그 기업은 외부의 주식 시장에 기업을 상장하고 자본을 조달할 수 있을 것이다. 이 경우 기업의 소유권이 소수의 거대 주주에게 배타적으로 귀속되지 않도록 개인 또는 법인의 최대 지분 소유 한도를 정할 수 있을 것이고, 기업 경영 전반에 관한 의사도 주주 총회를 통해 '1인 1표'의 원리에 따라 결정하는 방식을 채택할 수 있다. 물론 기업 외부의 개인 또는 기관의 주식 보유 최대 한도를 정하고 외부의 감사와 진보적 조세 체제를 통해 주식 자산의 보유량 변동과 매매에 영향을 미칠 수 있을 것이다.

또한 이 기업들 내부에 기업의 경영과 노동 조직 편제 같은 중요한 사항에 관한 의사 결정을 내릴 수 있는 제도화된 기구를 만들어야 한다. 예를 들어 우리는 노동자들이 민주적으로 선출한 대표들이 신규 투자와 생산 조직 개편 등에 관한 중요한 결정을 경영진과 외부 주주들과 함께 내리는 것을 생각할 수 있다. 이런 방식을 통해 기업 외부에 존재하는 소수의 기능 없는 자본가들이 배타적으로 소유하고 있는 전형적인 자본주의적 주식회사하고는 다르게, 이 경제 체제 아래의 주식회사들은 단기 이윤과 고액 배당금을 위해 기업의 장기적 성장과 고용 안정성을 희생하지 않게 될 것이다.

마지막으로 우리는 노동자 협동조합 기업과 주식회사와 유사한 중간적인 기업 소유 형태를 떠올릴 수 있다. 그리고 이 기업들이 성공적으로 운영될 수 있는 법적, 제도적, 금융적 환경을 제공해야 할 것이다. 예를 들어 정부는 국민 경제에서 중요한 위치를 점하고 있는 산업 분야에 속한 주요 기업들의 다수 지분을 확보해야 하고, 최첨단 산업 분야에서 새로 세워지거나 운영되는 기업들이 혁신을 주도할 수 있게 각종 기술 개발 지원과 조세 혜택 등을 부여할 수 있다.

이 모든 제안의 핵심은 자본과 노동의 적대적 이해관계를 폐지하고 기업의 소유권과 지배 구조를 개선해, 지속 가능하고 실현 가능한 경제 체제를 만들어내는 데 있다. 실현 가능한 사회주의 경제 체제 아래에서 지배적으로 나타나는 기업 소유 형태인 협동조합 기업과 일반화된 주식회사는 공동 소유와 개인 소유의 장점들을 결합해 전형적인 자본주의 경제 체제하고는 구별되는 질적인 변화를 달성할 수 있을 것이다.

4) 로머의 쿠폰 사회주의 모델과 노브의 사회주의 모델

한편 유사한 문제의식을 바탕으로 그동안 매우 중요한 대안적인 경제 체제 모델들이 제안됐다. 예를 들어 로머John Roemer는 '쿠폰 사회주의' 모델이라고 부른 대안 경제 체제에 관한 청사진을 제시했다(Roemer 1994).

이 모델에서 성년이 된 노동자들은 자신이 속해 있는 기업이 발행한 주식을 살 수 있는 쿠폰을 일괄적으로 지급받는다. 이 쿠폰 사회주의 아래에서 투자 결정의 단기화라는 문제를 막기 위해 노동자들은 다른 기업들이 발행한 주식을 구매할 수 없게 규제된다. 이렇게 민주적으로 분산된 기업 소유권을 바탕으로 이사진이 선출한 경영자는 기업 이윤 극대화를 목표로 기업을 경영한다.

이렇게 개별 기업들의 소유권을 분산시킨 다음, 로머는 기업들을 대상으로 하는 은행의 감시와 통제, 그리고 '금융 규제 기관'을 통해 은행과 기업들을 대상으로 하는 국가의 견제와 감시를 핵심으로 운영되는 분권화된 경제 체제를 구상하고 있다. 국가는 투자의 종류와 수준을 결정하고 각종 금리 정책에 관련된 조정에 관여하는데, 국가의 금융 규제 기관이 은행들을 견제하고 다시 이 은행들이 기업 경영과 성과를 감시하는 시스템이다.

로머가 제시한 이 모델은 여러 측면에서 시사적이다. 먼저 쿠폰을 사회 구성원 전체에게 나눠준다는 사고는 '기회의 평등'을 강조하려는 문제의식에 크게 힘입은 것 같다. 흥미로운 점은 이렇게 분산된 소유권을 바탕으로 한 기업 소유권 체제 아래에서도 경영자의 행위는 기업 이윤을 극대화하려는 동기로 특징지어진다는 점이다. 개별 노동자들이 경영자를 감시하고 기업 경영에 주주로서 관여하는 범위는 정기적으로 열리는 주주 총회와 이사회에서 새로운 경영자를 선출하는 행위에 국한되고 있다.

아쉽게도 이런 한계는 영미식 주주 자본주의 모델을 무비판적으로 수용한 결과로 추정된다. 그 결과 로머의 쿠폰 사회주의 모델에서는 '연싱 예산 제약soft-budget constraints'이나 '주인-대리인 문제principal-agent problem'가 그대로 나타난다. 물론 이 경우 해당 문제는 개별 기업들과 은행, 국가의 금융 감독 기관 사이에서 발생할 것이다.

로머와 달리 노브는 자신이 '실현 가능한 사회주의'라고 부른, 기업 소유권 제도의 개편과 규제된 시장이 결합되는 대안적인 사회주의 경제 모형을 제안했다(Nove 1983; 1991). 구소련과 동유럽 '현실 사회주의 체제'의 역사에 관한 서명한 연구자답게 노브는 이 현실 체제에서 나타난 생산수단의 국유화와 공적 소유가 야기한 자원의 비효율적인 할당과 관료주의 문제를 정면에서 다루고 있다. 노브가 말하는 '실현 가능한 사회주의' 모델에서는 노동자 협동조합 기업들과 사회화된 기업 소유 형태가 중심적인 지위를 차지하면서도 국가 소유와 기타 공공적 소유, 그리고 다양한 형태의 사적 소유 기업들과 경쟁한다.

이 모델에서 시장은 가격 신호를 통해 생산과 분배를 사후적으로 조정하고 일치시키는 구실을 한다. 따라서 로머의 모델과 마찬가지로 시장 조정이 야기하는 불확실성과 불안정성 또는 사후적 불균형 해소라는 문제는 그대로 남아 있다. 다시 말해 국가의 중앙 계획을 통해 사전적으로 국민 경제를 조정하고 산업 간, 지역 간, 개별 상품의 수요와 공급 간 불균형을 근본적으로 해소하려 한 전통적인 사회주의 모델에 견줘 대단히 보수적인 성격을 지닌다는 것이다. 또한 자본 시장을 통한 자본 조달 메커니즘이 기업이 소유한 자산 가격을 등락시키고, 이것이 다시 기업의 투자 형태에 영향을 미쳐 경기와 산업 순환을 야기할 가능성도 그대로 남아 있다.

그렇지만 이 장 전체에서 살펴본 것처럼 마르크스와 마찬가지로 노브에게 시장은 그것 자체로 자본주의 경제 체제의 주요 모순을 만들어내는 기제가 아니라 사회주의 사회에서도 얼마든지 활용 가능한 사회적 조정 양식 중 하나로 간주된다. 그리고 이런 측면에서 노브가 제시한 모델은 이 장에서 마르크스의 소유와 시장 이론을 재검토하면서 제시한 실현 가능한 대안적 경제 체제와 가장 유사하다고 말할 수 있다.

그러나 한 가지 이론적인 쟁점이 남아 있다. 노브에 관해서 유감스럽게 생각하는 점은 노브가 마르크스의 저술에 내재해 있는 복잡하고 모순적인 쟁점들을 깊이 사고하지 않았다는 것이다. 노브 자신은 마르크스 또는 더 정확히 말하자면 전통적인 마르크스-레닌주의 노선이 지향한 사회주의 구상에 대단히 비판적이었다. 노브는 가치의 사전적 계산 가능성, 사회적 노동 분업과 시장 교환의 폐지, 그리고 사회주의 아래에서 국가가 사멸할 것이라는 마르크스-레닌주의의 정통화된 교리들을 철저하게 부정했다. 이 과정에서 노브는 마르크스가 사회주의를 생산수단의 국가 소유화와 동일시했고, 따라서 마르크스의 사회주의 구상은 처음부터 노동자들을 사회적 소유와 노동 과정에서 소외시킬 수밖에 없었다고 주장했다.

그러나 이 장 전체에서 강조하려 한 것처럼 마르크스의 주요 저술 안에는 비록 잠재돼 있기는 하지만 사회주의에 관한 또 다른 전망을 제시하고 재구성할 수 있는 중요한 이론적 요소들이 내재해 있다. 생산수단의 공동 점유에 기초한 개인적 소유의 중요성, 그리고 그것의 구체적인 형태로서 협동조합 기업들의 존재와 주식회사 제도를 매개로 한 확대된 소유권 분산과 기업 경영 통제에 관한 구상이 바로 그것이다.

더불어 마르크스가 '가치의 사전적 계산 가능성'을 전제로 '사회적 노동 분업과 상품 교환의 폐지' 등을 주기적인 공황과 위기로 점철된 자본주의 경제의 대안인 양 제시한 프루동주의자들을 철저하게 비판한 측면도 여전히 중요한 의미를 갖는다고 우리는 강조했다.

이런 시각에서 볼 때 노브가 구소련과 동유럽 사회주의 체제 아래에서 나타난 많은 경제적 난맥상과 모순들을 지적하며 가한 이론적 비판들은 마르크스의 저작들 안에 잠재해 있던 사회주의에 관한 대안적인 전망이 아니라 마르크스의 이름으로 진행된 '마르크스-레닌주의적 사회주의관'에 국한돼야 할 것이다.

5. 실현 가능한 사회주의 경제?

마르크스의 주요 정치경제학 저작에 나타난 사회주의 경제 체제의 운영과 관련된 중요한 분석들을 고찰하면서, 마르크스가 서로 상반되는 생산수단의 두 가지 소유 형태와 두 가지 서로 다른 사회적 조정 양식을 미래의 사회주의 사회의 핵심으로 제시하고 있다는 점을 살펴봤다.

한편으로 마르크스는 생산수단의 국가(공동) 소유를 옹호하면서도, 다른 한편으로 생산수단의 공동 점유에 기초한 개인적 소유, 곧 협동조합 기업과 주식회사 형태를 사회적 이행의 중요한 계기로 평가했다. 또한 마르크스는 중앙 계획을 통한 상품 화폐의 폐지를 옹호하는 것처럼 보이면서도, 다른 한편으로는 본질적으로 동일한 구상을 피력한 푸르동주의자들의 견해를 철저하게 비판하는 모습도 보여줬다.

이런 모순된 태도를 고찰하면서 나는 생산수단의 공동 점유에 기초한 개인적 소유라는 소유권 이론의 핵심을 구체적으로 발전시키고, 상품의 생산과 교환과 분배를 담당하는 중요한 조정 양식으로서 시장이 대안적인 기업 소유 형태와 결합된 새로운 경제 체제를 '실현 가능한 사회주의 경제'라는 이름으로 제시하려 했다. 그리고 그런 변화의 조건으로 해당 기업 노동자들의 기업 소유권 지분 소유와 그 소유 지분을 통한 의사 결정 참여, 최대 지분율 규제, 기업 경영과 관련된 민주적인 거버넌스의 구축 등에 필요한 몇 가지 규제적 요건들을 제시하려 노력했다.

이렇게 변화된 새로운 기업 소유 구조 아래에서는 적대적 이해관계의 충돌에서 빚어지는 부담이 사라지고, 따라서 자원의 효율적인 배분과 지속적인 생산성 향상, 경제 성장을 달성할 수 있을 것이다. 이런 기업 소유 구조 아래에서 개별 노동자들은 자신의 이익을 위해 일한다고 생각할 것이고, 이렇게 제도화된 인센티브 구조는 거꾸로 공동체 전체의 공동의 이익을 증진시키는 지속 가능한 메커니즘으로 활용될 수 있을 것이다.

마르크스가 암묵적으로 제시한 사회주의에 관한 전망이 실현 가능하고 지속 가능한 사회 체제가 되려면, 생산수단의 전일적인 국유화와 중앙 계획이라는 내재적으로 실현 불가능한 목표를 추구하는 대신 생산수단의 공동 점유에 기초한 개인적 소유를 일반화하고, 이것을 통해 개별 노동자들의 이익이 그 노동자들이 속한 기업 공동체와 사회 전체의 이익과 일치할 수 있는 제도를 디자인해야 한다. 그리고 그것이야말로 청년 마르크스가 '공산주의'라는 말로 그토록 강조하려 한 사회 구조, 곧 개인의 발전이 사회 전체의 발전과 모순되지 않는 사회를 만드는 유일한 길이다.

물론 사회적 조정 양식으로서 시장을 통한 교환과 유통을 받아들이는 데 따르는 여러 문제들은 그대로 남아 있다. 특히 현대 선진 자본주의 국가들에서 나타나는 형태의 자본 시장, 그 안에서 개별 기업들의 자산 가치가 변동하고, 그 변동이 해당 기업의 투자와 고용 행태에 영향을 미치는 메커니즘에 조금 더 많은 주의를 기울여야 할 것이다. 그리고 민주적이고 책임성 있는 정부가 어떤 조치를 통해 기업 투자와 고용의 안정성을 증대하고 각종 금융 불안정성을 줄일 수 있을 것인지를 진지하게 고민해야 할 것이다. 그리고 이어지는 장들에서 바로 이런 문제의식을 바탕으로 케인스와 민스키가 현대 자본주의의 운영과 금융 시장의 동학에 관해 어떻게 분석했는지 살펴보려 한다.

[참고] 이 주제와 관련된 읽을거리

이 장의 본문에서는 되도록 2차 문헌 소개를 삼갔다. 내가 가지고 있는 견해를 더 효과적으로 진술하고 싶었기 때문이다. 그렇지만 이런 선택이 이 장에서 제시된 견해가 나만의 독창적인 사고의 결과라는 인상을 독자들에게 심어주지 않기를 바란다.

내가 '마르크스의 소유 이론과 사회주의론'이라는 주제에 처음 관심을 갖게 된 때는 20여 년 전인 1990년대 초이다. 이 문제의 중요성을 일깨워주고 마르크스의 사회주의적 소유 이론을 재해석하려 한 선구적인 문제의식은 황태연(1989; 1994; 1996), 황태연 외(1992; 1994), 송태경(1994a; 1994b) 등에서 나타났다. 이 장에서 피력된 문제의식의 일부는 이 저자들의 선구적인 논의에 크게 힘입었다. 물론 이 해석을 둘러싼 논란은 온전히 내 몫일 것이다.

송태경(1993; 1994)은 **표 7-1** 중 셋째 모형, 곧 내가 '현실에는 존재하지 않는 가설적인 모형'이라고 이름 붙인 견해를 대표한다. 다시 말해 송태경은 생산수단의 공동 점유에 기초한 개인적 소유가 지배적인 기업 소유 형태로 나타나고 국가의 중앙 계획을 통해 전일적으로 분배하는 시스템을 대안적인 또는 새로운 사회주의 경제 체제로 특징짓는다.

이런 주장이 지닌 도발적인 성격과 참신함은 안타깝게도 여전히 한국 사회과 학계에서 제대로 주목받지 못하고 있다. 거의 유일하게 송태경의 문제의식을 비판 또는 근거 없이 공격한 사람은 김성구(2000)다. 김성구는 송태경이 제시한 《자본》 1권의 '자본축적의 역사적 경향' 절에 관한 해석이 오류고, 자기 자신이 의존하고 있는 것처럼 보이는 마르크스-레닌주의적 (신식민지) 국가 독점 자본주의론이 제시하는 자본주의 발전 단계론에 비춰볼 때 주식회사 제도의 획기적인 성격을 강조한 마르크스의 견해에 관한 송태경의 해석이 크게 잘못됐다고 비난했다. 그리고 김성구는 이런 시각에서 우리사주제 또는 종업원 지주제를 확대 개편해서 노동자들이 기업 소유권과 경영권을 장악하는 운동을 펼치고, 더 나아가 한국의 재벌 체제를 개혁할 수 있다는 송태경의 주장을 '자본주의를 승인'하는 '공상적인' 주장이라고 비판했다(김성구 2000).

그런데 문제는 김성구가 옹호하고 있는 것처럼 보이는 '과학적 사회주의' 또는 국가 독점 자본주의론에 입각한 '형식적 국유화' 또는 더 고차적인 단계에 조응하는 '실질적 사회화'가 무엇을 의미하는지, 그것이 구소련과 동유럽 사회주의 국가들이 추구한 전통적인 국유화 모델과 어떻게 다른지, 따라서 생산수단의 국유화 또는 공동 소유화가 야기하는 '공공재의 비극'이라는 문제를 어떻게 넘어설 수 있는지에 관해 김성구가 단 한 번도 적극적으로 의견을 표명하지 않고 있다는 점이다.

김성구의 이런 태도는 연기금을 통해 개별 기업의 소유 구조를 개편하고, 더 나아가 기업과 산업 부문 전체를 사회화하자는 취지의 다양한 사회화 방안들을 검토해보자는 (김성구가 엮은 같은 책에 실린) 장석준의 글에 비춰봐도 성격이 다르다(장석준 2000).

최근 이 문제를 다시 거론한 글 중 내가 살펴본 사례는 곽노완(2007)이다. 곽노완은 마르크스가 언급한 '노동 화폐' 구상과 중앙 계획의 범위와 내용에 관한 근거 없는 낙관론 등을 비판적으로 분석하면서 '생산수단의 사회화'와 '사회 기금을 통한 생산과 투자의 사회화'를 21세기에 걸맞은 대안적인 사회주의 모델로 제시하고 있다.

장석준의 글처럼 곽노완의 글에는 계획과 시장의 범위, 공적 연기금을 활용한 기업 소유와 지배 구조 개선 등에 관한 매우 유용한 생각들이 포함돼 있다. 그러나 장석준과 곽노완의 글은 공통적으로 기업 소유 구조를 어떻게 개편할 것인가 하는 문제, 다시 말해 자신들이 말하는 사회화에 어떤 기업 소유 구조 형태가 포함되느냐 하는 문제를 정면에서 다루지 않고 있다.

생산수단의 소유 구조를 어떻게 바꿀 것인가 하는 문제를 회피한 채 연기금을 동원해 기업 지배 구조를 개선하고 국민 경제를 재조정한다는 이런 생각은, 그런 구조 개선의 대상이 되는 산업과 기업의 수를 아무리 제한(또는 확장)한다고 해도, 그리고 그 생각의 옹호자들이 아무리 선량한 의도를 가지고 있다고 해도, 불가피하게 주인-대리인 문제, 연기금을 운영하는 관료들을 효과적으로 통제하는 문제를 불러올 것이라는 게 내 생각이다.

한편 김상봉은 노동자 경영권의 근거를 철학적으로 논증하면서, 주식회사의 이사를 종업원 총회에서 선임하는 방식을 통해 노동자들이 기업을 경영하는 것을 한국 자본주의, 특히 재벌 체제의 대안으로 제시한다(김상봉 2012). 김상봉은 마르크스의 소유 이론을 체계적으로 추적하는 이 글의 논지하고는 구별되게, 법인격으로서 주식회사 제도가 갖는 역사적이고 사회적인 특이성을 강조하고, 노동자가 경영권을 장악해 한국 경제 구조를 점진적으로 바꿔나가는 대안을 제시하고 있는 것이다. 내가 이 글에서 제시한 견해하고는 논의의 지반과 출발점이 다르지만, 결과적으로는 같은 메시지를 전달하고 있다고 본다.

반면 김상봉의 책에 관한 남종석의 비판은 마르크스-레닌주의자들이 주장하던 낡은 사고를 대변하는 것처럼 보인다(남종석 2012). 남종석은 김상봉이 제시한 노동자 경영권이라는 구상이 자본주의적 주식회사에서 나타나는 소유권과 경영권의 외면적 분리에 과도한 의미를 부여하고 있고, 이 과정에서 자본가들의 독점적 지배 체제를 유지하는 수단으로서 주식회사의 본질을 망각하고 있다고 비난한다. 더불어 남종석은 '시장 교환을 통한 자유와 주체성의 증진'이라는 김상봉의 철학적 주장이 마르크스의 자본주의 분석과 비판의 내용을 전혀 이해하지 못한 데서 비롯됐으며, 더 나아가 국가 기구의 이데올로기적 특성과 계급적 성격도 간파하지 못한 순진한 발상이라고 비판한다.

나는 노동자 경영권을 실현해 주식회사 제도를 개편하자는 김상봉의 '철학적 주장'을 향한 남종석의 '정치경제학적 비판'이 일리가 있을지 모른다고 생각한다.

그런데 다시 문제가 되는 것은 남종석이 자신의 글에서 전혀 제시하지 않는 대안적 경제 체제에 관한 자기 나름의 전망이 될 것이다. 오해를 무릅쓰고 추정하자면, 남종석은 아마도 국가의 계급적 성격과 각종 이데올로기적 국가 기구가 재생산하는 부르주아적 지배 체제를 전복하기 위해 노동자 계급 의식으로 각성한 소수의 정당 정치가들이 자본주의 체제를 뒤엎은 뒤 정치 권력을 장악한 노동자 국가가 노동자 계급의 이름으로 생산수단을 국유화하며 각종 시장 질서를 급진적으로 폐지하는 방안을 옹호하거나 추진할지 모른다.

남종석이 이렇게 낡고도 낡은 마르크스-레닌주의적 전망을 여전히 옹호하고 있다면, 그리고 이런 신념에 기초해 노동자 경영권에 관한 김상봉의 참신한 주장을 비난한 것이라면, 그것은 어디까지나 남종석의 자유일 것이다. 그러나 이 경우 남종석은 구소련과 동유럽 현실 사회주의 체제의 파국과 붕괴에 관해, 오늘날 북한과 쿠바 사회주의 체제가 봉착한 경제적 난맥상에 관해, 그리고 자신이 그토록 숭상하는 것처럼 보이는 마르크스의 주요 저작들 안에 내재해 있는 이론적 모순들에 관해 솔직하게 답해야 할 것이다.

마지막으로 영미 학계에서는 앞서 간략하게 소개한 것처럼 1983년 알렉 노브가 《실현 가능한 사회주의 경제론》을 출간한 뒤 이 책을 둘러싼 논쟁이 《뉴 레프트 리뷰》를 매개로 진행됐다. 나는 이 문제의 중요성과 논란을 소개하고 정리하는 논문을 썼고(신희영 1999), 이후 알렉 노브의 개정판 저서 《실현 가능한 사회주의 경제론의 재검토》(1991)를 우리말로 번역한 《실현 가능한 사회주의의 미래》(2001)에서 관련된 논쟁을 소개했다(신희영 2001).

그러나 한국과 마찬가지로 서구 학계의 논의도 더는 깊게 발전하지 못하고 정체된 상태다. 1990년대 후반까지 노동자 협동조합 기업들의 성과와 한계에 관한 많은 연구서들이 출간됐지만, 2000년대 접어들어서 이 문제를 논의하는 사람들은 많지 않다.

그러는 사이 현실은 빠르게 변해 국내외의 다양한 협동조합 기업 운동의 사례를 연구하고(박노근 1998; 이승현 1994; 윤진호 1995; 1998), 스페인 몬드라곤 협동조합 복합체의 운영 실태, 성과와 한계 등을 논하는 많은 책들이 출간되고 부분적으로 (다시) 한국에 소개되기도 했다(대표적으로는 김성오 1992; 2012).

한국에서는 이미 1990년대 초반부터 생산자 협동조합과 소비자 협동조합 기업의 설립과 운영을 지원하고 연구하는 한국협동조합연구소가 창립돼 현재까지 운영되고 있다. 그리고 동아시아 외환 위기 이후 만들어진 다양한 형태의 노동자 기업 인수 지원, 생산자와 소비자 협동조합 운동, 더 나아가 지역 연합체 등도 꾸준히 나름의 성과와 한계를 보여주며 활동하고 있다.

물론 국내외에서 발표되는 협동조합 기업 운동의 실태와 역사에 관련된 연구 성과들은 내가 이 장에서 소개한 마르크스의 소유 이론과 사회주의론에 관한 (재)해석 작업과 직접 관련돼 있지는 않다. 오히려 경우에 따라서는 이 글에서 재해석하려 한 마르크스를 향해 적대적인 태도를 취하고 있을 수도 있다. 다만 아주 큰 시야에서 볼 때 궁극적으로는 한데로 모일 수 있는 이론적 모색과 실천을 대변한다고 생각한다.

아마 이론과 실천의 영역에서 자신의 역량을 최대한 발휘하고 있는 사람들 중 한 명은 송태경일 것이다. 송태경은 '국민승리 21' 시절부터 분당되기 이전의 민주노동당에 이르는 시기까지 '경제민주화운동본부'를 이끌며 노동자들의 소유 경영 참가 운동과 관련된 주요 경제 문제들을 꾸준히 다뤄왔다. 동아시아 외환 위기 이후 찾아온 상시적인 기업 구조 조정과 불완전 고용의 시대에는 '민생연대'라는 단체를 만들어 가계 부채와 고리대, 임대차 피해 등에 관한 법률 자문을 하면서 제도 개선 방안 등을 꾸준히 연구하고 있다. 세부적인 해석에서는 의견을 달리하지만, 송태경이 지금까지 이론과 실천 영역에서 보여준 헌신적인 모습은, 마르크스에 관한 낡은 이념과 해석에 기대어 결과적으로는 현상 유지에 기여하는 한국의 마르크스-레닌주의자들보다 훨씬 더 크게 한국 사회의 진보적 변화에 기여하고 있다고 생각한다.

이상에서 소개한 추천 자료들을 정리하면 다음과 같다.

김상봉. 2012.《기업은 누구의 것인가 — 철학, 자본주의를 뒤집다》. 꾸리에.

김성구. 2000.〈사회주의의 공상과 자본주의의 승인 그리고 우리사주사회주의론〉. 김성구 엮음.《사회화와 이행의 경제 전략》. 이후. 140~165쪽.

곽노완. 2007.〈마르크스 사회(공산)주의론의 모순과 21세기 사회주의〉. 경상대학교 사회과학연구원 엮음.《대안적 경제체제의 이론과 역사》. 한울아카데미. 306~351쪽.

남종석. 2012.〈[비판과 모색] 김상봉 교수《기업은 누구의 것인가》 비판 1~2〉. 레디앙. 2012년 5월 2~4일.

대안체제연구회. 2001.《실현 가능한 사회주의의 미래》. 백의.

박노근. 1998.〈노동자협동조합에 대하여〉. (사)한국협동조합 연구소 부설 노동자 기업인수 지원센터 엮음.《노동자협동조합 연구》 1998년 8월.

신희영. 1999.《마르크스의 사회주의 경제이론에 대한 비판적 연구》. 서강대학교 대학원 정치학과 석사학위 논문.

신희영. 2001.〈옮긴이의 말〉.《실현가능한 사회주의의 미래》. 백의. 505~514쪽

송태경. 1993.《자유인들의 연합체를 위한 선언》. 자유인.

송태경. 1994.《소유문제와 자본주의 발전단계론》. 자유인.

이승현. 1994.《생산자협동조합의 생존력과 퇴행에 관한 연구》. 서강대 경영학과 대학원 박사학위 논문.

윤진호. 1995.〈미국의 노동자 참가제도〉. 조우현 엮음.《세계의 노동자 경영참가》. 창작과 비평사.

윤진호. 1998.〈노동자 생산협동조합에 관한 일 고찰〉. (사)한국협동조합 연구소 부설 노동자 기업인수 지원센터 엮음.《노동자 협동조합 연구》 1998년 8월.

장석준. 2000.〈보다 건설적인 사회화 방안 논의를 위하여 — 기금을 통한 사회화

안의 비판적 검토〉. 김성구 엮음. 《사회화와 이행의 경제 전략》. 이후. 84~139쪽.

황태연. 1989. 《한국사회와 자본론 강의》. 중원문화.

황태연, 엄명숙. 1992. 《포스트 사회론과 비판이론》. 푸른산.

황태연, 허상수. 1994. 《과학기술혁명시대의 자본주의와 사회주의》. 중원문화.

황태연. 1994. 《환경정치학과 현대정치사상》. 나남.

황태연. 1996. 《지배와 이성 — 정치경제, 자연환경, 진보사상의 재구성》. 창작과비평사.

Whyte, W. F., and Whyte, K. K. 1991. *Making Mondragon — The Growth and Dynamics of the Worker Cooperative Complex*. Ithaca: Cornell University. 김성오 옮김, 《몬드라곤에서 배우자》, 나라사랑, 1992; 김성오 옮김, 《몬드라곤의 기적》, 역사비평사, 2012.

8장

다시 생각하는 유효 수요

케인스의 일반 이론과 유한 계급의 안락사

1. '일반 이론'은 보편적인가

칼 마르크스와 함께 존 메이너드 케인스만큼 현대 경제 사상사에서 커다란 영향력을 행사하고 있는 사상가는 없다. 케인스의 경제 이론은 19세기 말과 20세기 초 유럽과 영국 경제학계를 지배한 한계주의 학설과 신고전파 경제학의 기본 공리들을 근본적으로 비판하려 했고,[1] 대공황과 2차 대전을 거치면서 새롭게 형성된 미국과 서유럽 복지국가 체제의 경제 정책적 근거를 제공했기 때문이다.

케인스 사후, 특히 미국에서 케인스의 이름으로 관철된 '군사 케인스주의'와 이것에 관한 급진적인 비판 중 하나인 신자유주의적 경제 담론이 여전히 횡행하고 있지만, 국가의 적극적인 개입을 통해 유효 수요를 진작하고 금융 자산가 계급을 강력하게 통제해야 한다는 케인스의 주장은 여전히 살아남아 사회과학계는 물론 진보적 정책 결정의 영역에서 매우 중요한 준거로 남아 있다.

이 장에서는 《고용, 이자, 화폐의 일반 이론The General Theory of Employment, Interest and Money》('《일반 이론》')의 핵심 주장과 그 주장의 현실적인 함의를 추적하려 한다. 케인스의 《일반 이론》은 당시 유럽 (영국) 경제학계를 지배하고 있던 신고전파 경제학에 관한 급진적인 비판을 형성한다. 케인스의 《일반 이론》은 신고전파 경제학자들이 가정하고 있던 한계 생산성 이론을 비판하고, 금융 경제와 실물 거시 경제 현상이 맺고 있던 복잡다단한 관계를 새롭게 해석하기 위해 쓰였다. 이런 작업을 통해 케인스는 신고전파 경제학이라는 특수 이론의 한계를 넘어서서 거시경제학의 주요 변수, 곧 투자와 저축, 투자와 고용, 그리고 국가의 구실에 관한 일반 이론적인 설명과 정책을 제시하려고 했다.

1 19세기 말부터 시작된 서구 경제학계의 한계주의 혁명과 학문적 지형에 관해서는 Hunt and Lautzenheiser(2011), 특히 Ch. 10~11과 Dobb(1975), Blaug(1987; 1997)을 참조.

그러나 케인스가 자신의 이론적 적대자들이던 신고전파 경제학자들과 맺고 있던 관계는 그리 단순하지 않다. 따라서 케인스가 신고전파 경제학 이론들을 어떻게 비판했는지, 또는 과연 어느 정도까지 신고전파 경제학의 기본 공리들을 부정하거나 수용했는지 정확하게 밝혀야 한다. 그래야만 비로소 케인스가 말하는 '일반 이론'이 과연 그 이름에 걸맞게 보편적인 이론으로 군림할 수 있는지 여부를 판단할 수 있을 것이기 때문이다.

그러기 위해 먼저 케인스가 고전학파 경제학자들이 내세운 두 가지 근본적인 가정들 중 무엇을 어떻게 비판했는지 추적할 것이다. 이 과정에서 특히 신고전파 경제학에 관한 비판이 어떻게 비자발적 실업의 존재에 관련된 분석과 연결되는지에 초점을 맞출 것이다.

다음으로 고전파 경제학자들이 주장하는 화폐와 이자율에 관한 케인스의 비판을 살펴볼 것이다. 케인스는 화폐와 이자율에 관한 신고전파 경제학 이론을 비판하면서 유동성 선호 이론liquidity preference theory을 대안으로 제시했다. 우리는 케인스가 화폐와 이자율에 관한 신고전파 경제학 이론들을 비판한 구체적인 내용과, 화폐량과 이자율의 상관관계, 물가 변동에 관련해 제시한 대안적인 이론의 골자를 살펴볼 것이다.

마지막으로 케인스가 확립한 유효 수요론이 어떻게 한계 생산성 이론(에 관한 비판)과 유동성 선호 이론에 연관되는지, 다시 말해 케인스의 유효 수요에 관한 주장과 국가의 재정 정책과 금융 정책이 어떻게 일관되게 연계될 수 있고, 케인스가 말한 투자의 사회화와 금융 자산가 계급의 안락사 등이 어떻게 실현될 수 있는지 살펴볼 것이다.[2]

이 장의 논의는 자본주의 경제 체제 아래에서 금융 시장이 실물 경제와 어떤

2 지금 하는 분석과 별개로 케인스의 삶과 사상을 포괄적으로 이해하는 데 도움이 될 만한 책으로는 로버트 스키델스키(Robert J. A. Skidelsky)가 쓴 케인스 전기 시리즈, Davidson(2009), Taylor(2011) 등이 있다. 저명한 포스트 케인스주의 경제학자 중 한 사람인 민스키가 케인스의 《일반 이론》을 어떻게 해석했는지는 다음 장에서 살펴볼 것이다.

관계를 맺고 있는지 비판적으로 고찰하는 데 매우 중요한 준거점을 마련해준다. 또한 거시 경제적 안정성을 달성하려면 국가가 어떤 기능을 해야 하고 또 할 수 있는지 고찰하는 데 매우 중요한 시사점을 제공할 것이다. 더불어 이 장의 논의는 동아시아 외환 위기 이후 더욱 보수주의적으로 구조화된 한국의 정치와 경제 시스템을 개혁하고 대안을 찾아가는 데도 매우 중요한 함의를 지닐 것이다.

참고로 논의를 효과적으로 진행하기 위해 되도록 2차 문헌을 참조하지 않을 것이다. 다시 말해 케인스의 이론을 해석하는 데 필요한 한두 개의 문헌을 제외하고는 《일반 이론》의 논지를 따라 케인스의 견해를 분석할 것이다. 특별한 언급이 없는 한 본문에서 인용되는 문장들은 《일반 이론》(Keynes 1997[1936])의 쪽수를 가리킨다는 점도 아울러 밝혀둔다.

2. 비판 1 — 신고전파 경제학의 근본 가정들에 관한 비판과 비자발적 실업

1) 신고전파 경제학의 두 가지 근본 가정과 노동의 수요와 공급에 관한 단기적 분석

케인스는 《일반 이론》 2장에서 신고전파 경제학 이론의 두 가지 근본 가정을 소개하고 있다.[3] 케인스에 따르면 개별 사상가들이 누구인지하고는 상관없이

3 케인스는 《일반 이론》에서 자신이 비판하려 한 당시의 지배적인 경제학 사조로서 신고전파 경제학을 '고전파 경제학 이론(Classical economic theory)' 또는 '고전파 이론(Classical theory)'이라고 불렀다. 그렇지만 케인스가 이해한 고전파 이론은 (리카도가 자본주의적 지대의 발생 원천과 지대량 결정을 분석하면서 제시한) 한계 생산성 개념을 토지 또는 농업 자본 분야뿐만 아니라 근대 자본주의 산업의 다른 부문들까지 확대 적용한 이론들이고, 마르크스 이후 전면화됐고 마셜과 피구 등이 부분적으로 수용한 적 있는 한계주의 혁명의 논지를 수용한 이론들이다. 이 측면에서 마셜과 피구 등이 대변하는

거의 모든 신고전파 경제학자들은 다음과 같은 두 가지 근본 가정을 논의의 출발점으로 삼고 있다. 첫째, "실질 임금이 노동의 한계 생산성에 따라 결정"되고, 둘째, "특정한 고용 상황을 주어진 조건으로 볼 때, 임금의 효용은 고용량의 한계 반효용에 따라 결정된다"는 것이다(5쪽).

이 두 가지 기본 가정은 어떤 의미를 지니는 것일까? 먼저 첫 번째 가정이 함의하는 내용을 분석해보자. 그러기 위해 기업의 규모와 생산 기술, 그리고 일정한 규모의 수익률과 시장 상태에 관한 몇 가지 가정을 도입해보자. 먼저 특정한 생산 분야에 종사하고 있는 기업들의 규모가 대단히 동질적이고, 그 기업들이 사용하는 자본의 유기적 구성도(고정 자본과 가변 자본의 비율)와 생산 기술 등이 유사하다고 가정하자. 더 나아가 모든 노동자들의 노동이 그 숙련도과 특성이라는 측면에서 매우 유사하다고 가정하자. 더불어 기업 또는 기타 생산 단위가 준거로 삼고 있는 생산 함수가 적어도 단기에 있어서는 수확 체감의 원리, 곧 단위 생산 요소의 투입량 대비 산출량이 점차 줄어든다고 가정하자. 마지막으로 거의 모든 시장에서 완전 경쟁이 관철돼 어떤 개별 기업도 임의로 산출물의 가격을 올릴 수 없다고 가정하자.

이런 가정에 따라 우리는 생산을 조직하고 기업을 경영하는 기업주 또는 경영자들이나 이 기업들이 생산한 상품을 구매하는 상품 시장의 참가자들(판매자와 구매자)이 거의 완벽한 정보를 가지고 있어서 개별 기업들의 특수한 가격 정책이나 생산 기술 도입이 장기적으로 해당 기업들에게 배타적인 이익을 가져다주지 못한다는 것, 오히려 이 새로운 생산 기술과 방식이 공공재의 성격을 가지고 있어서 다른 기업들도 비교적 짧은 시간 안에 아무런 비용을 들이지 않고도 쉽게 모방할 수 있다는 점 등을 암묵적인 추가 가정으로 전제할 수 있을 것이다.

경제학 이론은 고전파 정치경제학자이던 리카도에 원류를 두고 있고, 리카도의 문제의식을 '새롭게' 발굴했다는 의미에서 '신고전파' 경제학 이론이라고 부르는 게 마땅하다. 그러나 이 글에서는 편의상 고전파 경제학 이론, 고전파 이론, 또는 신고전파 (경제학) 이론을 거의 같은 대상을 지칭하는 용어로 사용할 것이다.

이런 임의의 가정들을 바탕으로 삼아, (역시 논의의 편의를 위해) 몇 가지 경제적 관계들을 다음과 같은 등식으로 정의하자. 먼저 한 기업의 수입(R)은 그 기업이 생산하는 산출량(q)과 그 산출물의 시장 가격(p)에 따라 결정될 것이다. 다시 말해 $R = q \times p$ 라는 등식이 성립한다. 이 기업의 생산 비용(C)은 이 기업이 보유하고 있는 고정 자산과 가변 자산의 비용과 노동(또는 고용 w) 비용의 합계에 따라서 결정될 것이다. 이 모든 생산 비용들은 가변적인 것으로 생산의 규모와 산출량의 증감에 따라 변화할 것이다.[4] 따라서 이 기업의 생산 비용은 $C = f + vq + wl$ ('f'는 기업의 고정 비용을 나타내고, 'v'는 생산을 위해 필요한 원재료와 기타 중간재를 구매하는 데 들어가는 비용을 나타낸다. 그리고 'w'와 'l'은 각각 임금과 고용된 노동량을 가리키는데, 후자는 경우에 따라서 고용된 노동자들의 수나 노동 시간으로 환산될 수 있을 것이다)이라는 등식으로 나타낼 수 있다. 그렇다면 이 기업의 총이윤(Π)은 이 기업의 총수입에서 총생산 비용을 뺀 것과 같을 것이다. 다시 말해 $\Pi = R - C = (q \times p) - (f + vq + wl)$이라는 등식이 성립한다.

만약 이 기업이 생산 함수를 구성하는 다른 요소들, 곧 고정 자본과 비노동 가변 자본의 양을 그대로 남겨두고 단기적으로 고용량만 변화시켜 이윤을 극대화하려는 동기에 따라 움직인다면, 고용된 노동에 따른 이윤의 변동은 고용된 노동자들에게 지급되는 명목 임금의 수준을 결정하게 될 것이다. 다시 말해, $\partial\Pi / \partial l = (p \cdot \partial q / \partial l) - (v \cdot \partial q / \partial l) - w = 0$. 따라서 우리는 $(p - v)\partial q / \partial l = w$ 라는 등식을 최종적으로 갖게 된다. 이 등식은 앞서 우리가 살펴본 신고전파 경제학 이론의 첫째 근본 가정, 다시 말해 "임금이 노동의 한계 생산성에 따라 결정된다"는 공리를 등식으로 표현한 것에 불과하다. 케인스

4 만약 노동 비용을 가변 비용을 구성하는 한 요소로 간주한다고 해도 노동자들에게 지급되는 임금을 핵심으로 하는 이 노동 비용이 생산 규모의 증감이나 산출량의 변동에 따라 변화할 것이라는 사실에는 변함이 없다.

가 부연해서 설명한 내용을 따르자면, 이 등식은 "임금은 고용량을 한 단위 줄일 때 상실하게 될 가치와 동일하다"(5쪽)는 주장이다.

임금 결정에 관한 이런 한계 생산성 이론은 노동 시장에서 노동 수요와 공급을 그림으로 나타낼 때 흔하게 표시되는 우하향 노동 수요 곡선과 긴밀하게 연결돼 있다. 표준적인 노동 경제학 교과서에 자주 등장하는 이 우하향 노동 수요 곡선은 우상향하는 노동 공급 곡선과 함께 노동 시장의 균형점을 지시해주는 중요한 변수로 활용돼왔다.

이런 표준적인 해석이 어떻게 도출될 수 있는지 좀더 자세하게 알아보기 위해 다음과 같은 추가적인 정의를 도입하기로 하자. 먼저 노동자들이 소비하는 소비재의 가격 수준을 p로 지칭하고, 명목 임금에 관한 한계 생산성 결정을 이 가격 수준으로 나누어보자. 이 경우 우리는 명목 임금이 아닌 실질 임금에 관한 등식을 갖게 되는데, 그것은 $(p-v)/P \cdot \partial q/\partial l = w/P$가 될 것이다.

이 등식에서 우리는 기업들이 생산하는 개별 상품들의 가격 'p'와 가변 비용 'v', 일반적인 물가 수준을 나타내는 'P'가 상수로 남을 것이라는 점을 알 수 있다. 왜냐하면 우리는 시장에서 완전 경쟁을 이미 가정하고 있기 때문이다. 완전 경쟁 아래에서 개별 기업들은 일시적으로라도 그 기업이 생산하는 상품의 가격을 올리거나 낮출 수 없는 조건에 놓여 있다. 따라서 원재료와 중간재, 개별 소비재에 따라서 최종적으로 결정되는 일반적인 물가 수준도 적어도 단기적으로는 변하지 않는다고 가정할 수 있는 것이다.

우리는 또한 개별 기업들이 생산하는 데 사용하는 중간재의 양과 최종 생산물의 양에 관한 노동량의 변화($\partial q/\partial l$)가 점점 더 커질 것이라는 점을 알 수 있다. 왜냐하면 우리는 이미 수확 체감의 원리라는 가정을 이 기업들의 생산 함수에 적용했기 때문이다. 결국 여기에서 우리는 실질 임금과 고용 수준을 나타내는 그림에서 우하향하는 노동 수요 곡선을 그릴 수 있게 된다. 다시 말해 실질 임금이 증가하면 할수록 고용의 양은 줄어들게 되고, 실질 임금이 하락하면 할수록 개별 기업은 고용을 늘리게 된다는 논리에 다다른 것이다.

이제 우리는 마찬가지의 논리를 따라 우상향하는 노동 공급 곡선을 신고전파 경제학 이론이 공유하는 두 번째 근본 가정을 통해서 도출할 수 있을 것이다. 그러기 위해 첫째 경우와 마찬가지로 다음과 같은 몇 가지 가정들을 도입하고 정의를 시도해 보자. 먼저 노동의 한계 반효용이 노동자가 더 많이 노동하면 할수록 증가한다고 가정하자. 다시 말해 노동자는 노동을 많이 하면 할수록 그 노동량만큼 고통(반효용)을 느낀다고 가정하는 것이다. 더불어 조금 상식에 어긋난다고 생각되기는 하지만 논의의 편의를 위해 화폐의 한계 효용, 곧 일반적인 교환의 수단으로서 특정한 화폐(단위)를 추가로 획득함으로써 얻는 효용이 고정돼 있다고 가정하자.

이 경우 우리는 노동 공급 곡선을 다음과 같이 정의할 수 있을 것이다. 먼저 'U'를 한 노동자의 총효용을 지칭하는 것으로 가정하자. 이미 화폐의 한계 효용은 고정된 것으로 가정했으므로 노동자의 총효용 함수를 $U = u \cdot w \cdot l$ 이라고 정식화할 수 있을 것이다. 여기서 'u'는 화폐의 주어진 한계 효용성을 나타내고, '$w \cdot l$'은 해당 노동자가 노동을 통해 얻게 될 명목 임금의 양을 가리킨다.

다음으로 'T'를 노동자의 총반효용을 지칭하는 것으로 가정하자. 이미 노동의 한계 반효용이 노동 시간 또는 노동량이 증가함에 따라 증가한다고 가정했으므로, 우리는 이 총반효용 함수를 $T = t(l)$이라고 간단하게 정의할 수 있을 것이다. 여기서 우리는 총반효용의 양의 변화에 관한 노동량의 변화는 늘 영보다 클 것이고($\partial T / \partial l > 0$), '$t$'로 지칭된 노동량($l$)에 따른 반효용의 계수도 항상 영보다 큰 어떤 상수가 될 것($t > 0$)이라는 점을 미루어 짐작할 수 있다.

이제 개별 기업들이 이윤을 극대화하는 것처럼 개별 노동자도 자신의 효용을 극대화한다고 가정해보자. 이 경우 개별 노동자는 자신이 노동 시장에 공급하는 노동량 또는 노동 시간 단위를 선택함으로써 자신의 효용을 극대화할 것이다. 그리고 이 대표적 노동자가 자신의 효용 함수(S), 곧 $S = U - T = (u \cdot w \cdot l) -$

$t(l)$의 최적 상태를 달성하고 유지하기 위한 첫 번째 수리적 조건은 효용의 변화에 관한 노동량 변화의 비율이 늘 영과 같은 조건($\partial S / \partial l = 0$)을 유지하는 것이다. 요컨대 이 노동자는 노동을 통해 번 임금이 가져다주는 효용의 양이 노동의 반효용에 관한 노동량의 증감 비율과 같아질 때까지($u \cdot w = \partial T / \partial l$) 일을 할 것이다. 곧 단위 임금의 한계 효용이 그 임금을 받고 일하는 노동자의 한계 반효용과 같을 때까지 노동을 할 것이고, 균형 상태에서 이 둘은 늘 같을 것이다. 이것이 바로 케인스가 모든 신고전파 경제학 이론들이 전제로 삼고 있는 둘째 근본 가정이라고 가리킨 것, 곧 "임금의 효용은 고용량의 한계 반효용에 따라 결정"된다는 논리다.

앞서 노동 시간이 증가하면 할수록 노동의 한계 반효용도 증대할 것이라고 가정했다. 따라서 이제 임금이 상승하면 할수록 더욱 증대하는, 따라서 우상향하는 노동 공급 곡선을 그릴 수 있게 된다. 그리고 모든 노동이 동질적인 특성을 지니고 있다고 가정했기 때문에, 개별 노동자들의 우상향하는 노동 공급 곡선이 특정 산업 부문은 물론이고 경제 전체에도 해당되는 일반적인 우상향 노동 공급 곡선을 그릴 수 있게 될 것이다.

이것을 바탕으로 경제 전체에 적용되는 일반적인 노동 공급 곡선과 일반적인 노동 수요 곡선을 그릴 수 있게 되고, 이 양자가 교차하는 지점에서 노동의 수요와 공급이 일반적인 균형을 달성하는 것처럼 묘사할 수 있게 된다(**그림 8-1** 참조). 이런 접근법을 따를 경우 우리는 노동자들이 비자발적으로 실업하는 것, 다시 말해 임금 소득을 얻기 위해 일자리를 얻어 일을 하고 싶은데도 일자리를 얻을 수 없는 상태가 지속되는 상황은 결코 존재할 수 없다는 것을 알 수 있다. 신고전파 경제학 이론에서 실업이 오직 두 가지 형태, 곧 일시적으로 나타나는 마찰적 실업이나 자발적 실업만 존재할 수 있다고 말하는 이유다.

그림 8-1. 표준적인 노동 공급-수요 곡선과 노동 시장의 균형

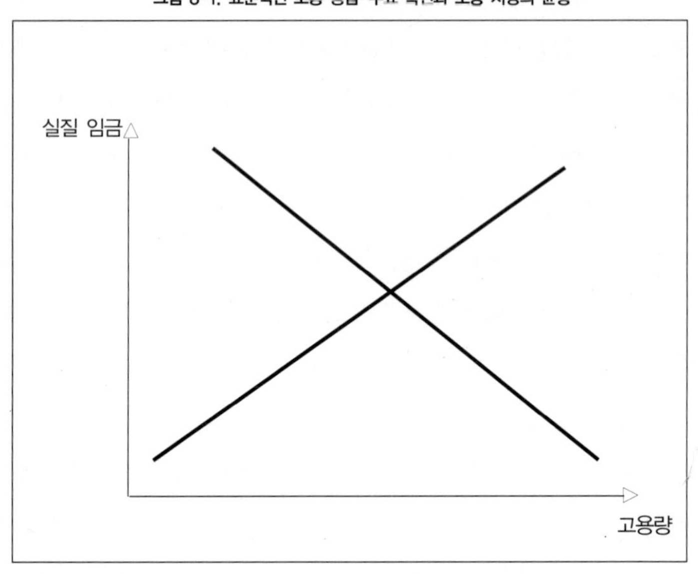

어떤 측면에서 실업을 이렇게 규정하는 것은 신고전파 경제학자들의 가정을 받아들이는 순간 거기에서 논리적으로 도출되는 자연스러운 결과인 듯 보인다.[5] 왜냐하면 임금이 한계 노동 생산성에 따라 결정된다는 근본 가정, 따라서 노동자들은 자신이 생산에 기여한 만큼 정확하게 보상을 받는다는 가정과, 임금의 효용이 노동의 한계 반효용과 일치할 것이라는 또 다른 근본 가정, 따라서 노동자들은

---

5 물론 신고전파 경제학자들은 왜, 어떤 조건에서 이런 가정들이 도입될 수 있는지 설명하지 않는다. 다시 말해 앞서 거론한 많은 가정들이 특정한 역사적 국면에서 나타난 지배적인 현실을 반영한 것인지, 아니면 이론적 모형을 만들고 가공하기 위해 편의적으로 도입된 것인지 여부를 진지하게 검토하지 않는다. 그렇기 때문에 이런 가정들 중 일부가 수정되거나 현실에서는 적용되지 않는다고 판명될 경우 어떤 문제들이 생기는지 깊이 탐구하지 않는다. 많은 신고전파 경제학자들에게 가정은 곧 결론이고, 결론은 곧 가정이 되는 순환적인 폐회로의 모습이 나타난다. 그러므로 기업의 규모와 생산 기술이 한 산업 분야에 비교적 균등하게 분배돼 있을 것이라는 가정, 노동의 질이 동질적이고 유동적일 것이라는 가정, 완전 경쟁 아래에서 기업 또는 생산 단위가 노동량의 변화를 조정해 이윤을 극대화한다는 가설, 임금이 노동의 한계 생산성을 정확하게 반영한다는 가설과 공리들 중 하나라도 수정되거나 배제될 경우 어떤 상이한 결론이 도출되는지 살펴보는 일은 매우 흥미로운 이론적 작업이 될 것이다. 그리고 바로 이 지점이야말로 케인스를 포함해 주류 신고전파 경제학을 반박하려고 시도해온 거의 모든 이단적 경제학 연구 프로그램들이 분기하는 곳이다.

노동이 야기하는 반효용이 노동을 통해 벌게 될 임금의 효용에 견줘 클 때 언제라도 자발적으로 구직 활동을 포기할 것이라는 근본 가정을 따를 때, 노동자들이 임금 수입을 얻기 위해 구직 활동을 하는데도 일자리를 얻지 못하는 현상은 결코 존재할 수 없기 때문이다. 그리고 바로 그렇기 때문에 신고전파 경제학자들에게 실업은 기껏해야 계절적 또는 기술적 요인에 따라 일시적으로 나타났다가 사라지는 것이거나 노동자들이 자발적으로 선택하는 것 중 하나에 불과한 현상이 된다.

2) 신고전파의 노동 공급 곡선에 관한 비판과 비자발적 실업의 존재

흥미롭게도 케인스는 신고전파 경제학자들의 두 가지 근본 가정을 요약한 뒤에, 우리가 노동 공급 곡선을 도출하는 데 이용한 둘째 가정을 철저하게 비판하기 시작한다. 케인스는 현실에서 나타나는 경향을 볼 때 노동자들의 노동 공급 곡선은 신고전파 경제학자들이 전제하는 것과 다르며, 노동자들의 임금과 노동시간을 둘러싼 단체 협상도 신고전파 경제학자들의 가정하고는 다른 양태를 보인다고 반박한다.

먼저 케인스는 노동 공급 곡선은 실질 임금의 함수가 아니라고 지적한다. 대공황 국면에서 명확하게 나타난 것처럼 실업은 노동자들이 줄어든 명목 임금을 받고 일을 하기를 거부했기 때문에 증대한 게 아니다. 오히려 낮은 명목 임금을 받으면서도 기꺼이 일하려고 했는데도 산출량과 고용 수준의 급격한 하락 때문에 노동자들이 일자리를 찾지 못했고, 실업은 그래서 증가했다(8~9쪽). 또한 명목 임금의 변화는 거의 대부분의 경우 실질 임금의 변화하고는 정반대되는 방향으로 변화한다. 다시 말해 명목 임금이 상승하면 실질 임금이 떨어지고, 명목 임금이 하락하면 실질 임금은 상승하는 현상이 나타난다는 것이다(10쪽).

마지막으로 케인스는 명목 임금에 준하는 임금 소비재가 노동의 한계 반효용을 정확하게 드러내는 지표가 될 수 없다고 반박하고 있다(10쪽).

케인스는 신고전파 경제학자들의 둘째 근본 가정은 노동자들이 자신이 받게 될 실질 임금 수준을 미리 알고 결정할 수 있는 지위에 있다고 전제하지 않으면 성립할 수 없는 가정이라고 지적한다. 신고전파 경제학자들은 이런 가정을 통해 노동자들의 임금 협상이 고용량에 조응하는 한계 반효용을 정확하게 반영하는 실질 임금 수준을 결정하는 행위인 양 묘사한다는 것이다. 그러나 노동자들의 개별적 또는 집단적 임금 협상은 '노동의 불완전 유동성' 때문에 실질 임금의 일반적 수준을 결정할 수 있는 위치에 있지 않고, 서로 다른 생산 분야에서 나타나는 실질 임금 수준상의 차이를 완전히 없애지 못한다. 설사 몇몇 노동자 집단이 자신이 받는 실질 임금 수준을 보전하려고 노력할 수 있다 해도, 일반적인 실질 임금 수준은 경제 체제의 다른 변수들에 따라 결정된다는 것이다(14쪽).

만약 경험적 관찰에 바탕을 둔 케인스의 이런 주장이 옳다면 우리는 신고전파 경제학자들이 전제한 둘째 근본 가정에서 노동 공급 곡선을 도출할 수 없게 되고, 따라서 노동 시장의 균형 조건을 처음부터 전혀 언급할 수 없게 된다. 그리고 이것은 신고전파 경제학자들이 노동 수요와 공급 곡선이 만나는 지점에서 최적 고용량과 최적 실질 임금을 산출해내던 것과는 전혀 다른 방식으로 노동 시장의 조건을 탐구해야 한다는 뜻이 된다.

여기에서 케인스는 신고전파 경제학자들이 간과한 실업의 셋째 유형을 소개하고 있다. 바로 비자발적 실업이다. 케인스는 "명목 임금에 견줘 임금 소비재 가격이 조금이라도 올랐을 때, 주어진 명목 임금을 받고 일을 하려고 하는 총노동 공급과 총노동 수요가 이미 존재하는 고용 수준보다 커지는 경우"(15쪽)에도 발생하는 실업으로 비자발적 실업을 정의한다. 다시 말해 임금으로 구입할 수 있는 소비재의 가격이 올라서 노동자들의 실질 임금이 하락하는데도 현재의 고용 수준에 견줘 더 많은 사람들이 일자리를 찾으려 하고, 따라서 노동자들 중 일부는 주어진 고용 조건이 추가로 개선되지 않는 이상 일자리를 구하려고 해도 찾을 수 없는 현상이 바로 비자발적 실업이라는 것이다.

비자발적 실업의 이런 정의를 염두할 때, 신고전파 경제학자들이 둘째 근본 가정에서 도출하는 노동 공급 곡선과 구별되는 대안적인 공급 곡선을 그릴 수 있다. 신고전파 경제학 교과서에 등장하는 표준적인 우상향 노동 공급 곡선하고 다르게, 이 대안적인 노동 공급 곡선은 실질 임금이 아니라 명목 임금의 함수로 나타나고, 경제가 완전 고용 상태에 근접하기 전까지는 거의 수평선에 가까운 모습을 띨 것이다. 다시 말해 경제가 완전 고용에 근접하기 전까지 명목 임금은 고용량의 변동에도 거의 아무런 변화를 보이지 않을 것이다. 그러다가 경제가 완전 고용 상태에 접근하면 할수록 임금은 그전과 달리 고용 변화에 대단히 탄력적으로 반응하게 될 것이다(**그림 8-2** 참조).

이제 효과적인 분석을 위해 여기에 덧붙여 신고전파 경제학의 첫째 가정에서 도출된 우하향 노동 수요 곡선을 함께 그려보자. 우리는 이제 노동 수요 곡선이 설사 오른쪽으로 이동해 그렇지 않을 경우보다 높은 고용과 산출량을 달성한다고 해도, 노동 수요 곡선의 그런 우상향 이동이 경제의 완전 고용을 달성하는 데 충분하지 않을 수도 있다는 사실을 발견하게 될 것이다. 따라서 케인스의 말을 빌려 표현하자면, "(주어진 명목 임금을 받고 일을 하려고 하는) 총노동 공급과 총노동 수요가 이미 존재하는 고용 수준보다 커지는 경우"(15쪽)에도 경제가 완전 고용을 달성하거나 근접하지 않는 이상 늘 비자발적 실업이 존재할 수밖에 없게 된다.

이런 논의를 바탕으로 케인스는 결국 고전파 경제학 이론의 둘째 근본 가정, 곧 실질 임금이 주어진 노동량의 한계 반효용과 일치할 것이라는 가정과, 고전파 경제학 이론가들이 비자발적 실업의 존재를 부정하는 것, 그리고 세이의 법칙 Say's law 등은 고전파 경제학자들의 근거 없고 편협한 기본 공리에서 비롯됐다고 결론짓는다. 다시 말해 케인스는 이 세 가지 공리들이 고립된 섬에 혼자서 거주하

그림 8-2. 대안적인 노동 공급 곡선과 비자발적 실업

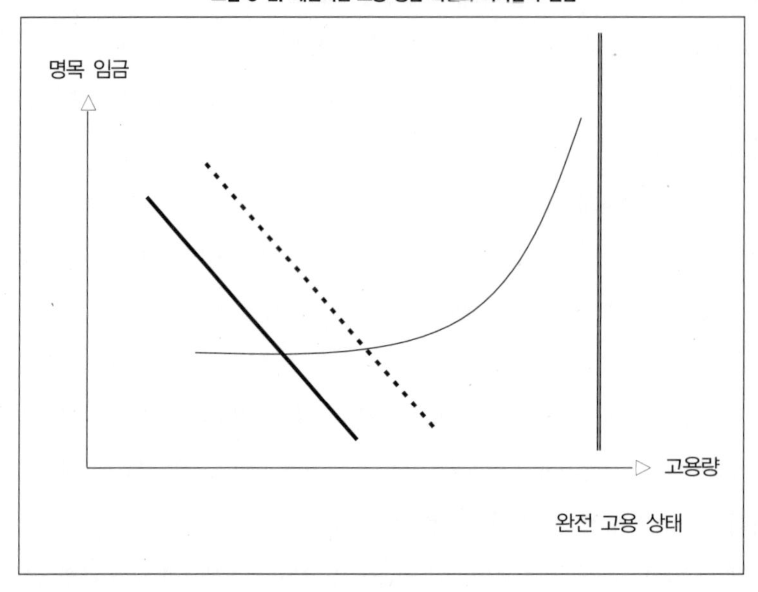

게 된 로빈슨 크루소의 우화에나 적용될 수 있는 것이라고 주장한다. 왜 그런가?

먼저 이곳에서 로빈슨 크루소의 '실질 임금'은 크루소가 종사하는 노동의 한계 반효용과 같고, 경제 행위자는 언제든 자신의 '실질 임금'을 결정할 수 있는 위치에 있다. 왜냐하면 크루소는 이 고립된 섬에서 혼자서 경제 활동을 영위하는, 따라서 스스로 모든 것을 결정하는 유일한 주체이기 때문이다. 이곳에서 노동의 공급과 수요는 복수의 경제 주체들에 따라서 분권적으로 형성되지 않는다. 로빈슨 크루소는 자신이 일하고 싶을 때 일을 하고(노동 공급), 일을 많이 했을 때 피곤함을 느끼며(노동의 한계 반효용), 따라서 자신이 판단하기에 일용할 양식을 충분히 구했다고 생각했을 때는 언제든지 자발적으로 일을 그만둘 수 있다.

다음으로 로빈슨 크루소의 경제는 처음부터 '완전 고용'이 달성된 경제 체제다. 이 섬에서 크루소의 경제 활동을 제약하는 것은 기술적 또는 자연적 제약일

뿐이고, 생산에 필요한 모든 요소들이 전적으로 활용되고 있기 때문이다. 이곳에서 크루소는 자신이 만들어낸 각종 노동 도구의 기술적 제약을 제외하고는 어떤 생산 요소와 노동 시간의 제약도 경험하지 않는다. 모든 생산 요소와 노동 생산물은 주어진 기술 수준 아래에서 완전히 고용되고 있다.

더불어 우리의 로빈슨 크루소는 일을 할지 하지 않을지를 언제나 자신이 직접 '자발적으로' 결정한다. 크루소는 자신의 한계 노동 생산성과 노동의 한계 반효용을 정확히 알고 있으며, 노동 시간과 여가 시간의 분배를 자발적으로 결정한다. 크루소가 거주하는 섬에 비바람이 몰려오는 등 자연 재해 때문에 일시적으로 일을 중단할 수는 있어도(계절적 실업?), 이곳에서 크루소는 결코 비자발적으로 실업하지 않을 것이다.

마지막으로 이 경제 체제에서 경제 활동에 종사하는 주체는 크루소 혼자이므로, 크루소가 '공급'하는 것은 늘 그것에 상응하는 '수요'가 있다. 그 어떤 '공급'도 상응하는 '수요'를 찾지 못해 영구적인 과잉 공급 상태에 놓이거나 영구적인 과잉 수요 상태에 놓일 수 없다. 그런 일은 이 로빈슨 크루소의 경제에서는 결코 존재하지 않는다. 로빈슨 크루소의 경제 체제에서는 세이의 법칙, 모든 공급은 늘 상응하는 수요가 존재한다는 가설이 항상 실현되고 있는 것이다(21~22쪽).

결국 케인스에 따르면 신고전파 경제학 이론은 로빈슨 크루소의 우화에나 나올 법한 단순화된 경제 모형을 마치 자본주의 경제에 관한 심오한 분석인 양 제시하고 있는 것에 불과하다. 우리가 이 우화에서 벗어나 현실의 자본주의 경제를 분석하려는 순간, 우리는 상이한 산업 분야에 종사하는 복수의 경제 주체들의 생산과 교환, 소비를 조정해야 한다는 과제에 직면하게 된다. 이 복잡다단한 경제 현실에서 실질 임금을 결정하는 위치에 있는 노동자 집단이나 오직 자발적으로만 실업을 하는 노동자 집단이라는 가정은 쓸모가 없다. 수요와 공급은 특정한 단일 시장 안에서, 그것도 오직 예외적으로만 일치할 수 있을 뿐이고, 시장 경제는 결코 자동으로 완전 고용을 달성하지 못한다.

3) 《일반 이론》은 얼마나 일반적인가 — 한계 (노동) 생산성 이론의 문제와 관련해

지금까지 우리는 케인스가 신고전파 경제학자들의 주요 가정을 문제 삼으면서 노동 시장에서 우상향하는 세련된 노동 공급 곡선이 존재하지 않는다고 주장했다는 점을 살펴봤다. 이런 비판을 통해 케인스는 신고전파 경제학자들이 간과하거나 무시한 비자발적 실업이 존재한다는 사실, 따라서 신고전파 경제학자들의 주장하고는 정반대로 완전 고용을 달성하고 비자발적 실업을 줄이기 위해 국가가 적극적으로 (노동) 시장에 개입해야 한다는 논리적 가능성을 열어 보였다. 그리고 이런 측면에서 케인스의 《일반 이론》은 신고전파 경제학자들이 견지해온 노동 시장의 균형에 관한 관념들이 아주 예외적인 상황 아래에서, 그것도 지극히 정당화될 수 없는 가정에 기반을 둔 부분 이론에 불과하다는 점을 잘 보여준다.

그러나 안타깝게도 케인스는 임금 결정에 관한 한계 노동 생산성 이론에 관해서는 거의 아무런 비판도 하지 않고 있다. 다시 말해 자신이 신고전파 경제학 이론의 첫째 근본 가정이라고 부른 것에 관해서는 아무런 언급도 하지 않고 있는 것이다. 케인스의 이런 태도를 어떻게 평가할 수 있을까?

이 의문과 관련해 우리가 세울 수 있는 가설은 케인스가 단기 분석을 위해 임금이 한계 노동 생산성에 따라 결정된다는 이론을 임시로 수용했을 가능성이 있다는 것이다. 자본의 유기적 구성도나 생산 기술의 변화가 나타나지 않는 단기 국면에서 단위 투입 노동량이 증가하는 만큼 생산량이 증대되지 못하고, 여기에 따라 기업의 한계 비용이 점차 증대한다고 가정하는 것은 충분한 설득력을 가질 수 있기 때문이다.

그러나 이 경우에도 우리는 한계 생산성에 관한 가정의 타당성을 검토해야 한다. 왜냐하면 이 가정은 생산 함수의 수확 체감과 상대 소득 분배에 관한 일련의 추가적인 가정들을 수반하고 있기 때문이다. 먼저 대부분의 한계 생산성 이론들은 단기 또는 장기 분석에서 모두 수확 체감의 원리를 원용하고 있다. 리카도가 그런 것처럼 수확 체감의 원리를 농업 생산물의 생산에 적용한다면 이런 가정은 어느 정도 정당화될 수 있을지 모른다. 토지의 비옥도에 따라 차이가 있기는 하지만, 한 토지에서 생산할 수 있는 농업 생산물의 양은 단위 투입 노동량이 증가한다고 해도 그것에 비례해 증가하지 않기 때문이다. 그러나 이것과 동일한 가정을 현대의 대공업 생산에도 그대로 적용하는 게 과연 타당한가?

더불어 대부분의 한계 생산성 이론들이 생산 요소들 사이의 대체성을 거의 아무런 의심도 하지 않고 그대로 전제하고 있다는 점도 심각한 문제를 불러올 수 있다. 이것은 생산의 요소들을 이윤 극대화를 위해 거의 아무런 제약이나 장벽 없이 생산 요소들의 한계 생산성에 따라 자유롭게 대체한다는 가정이다. 과연 이런 가정이 현대 자본주의 사회의 지배적인 생산 양태를 설명하는 데 적용될 수 있을까?

다음으로 한계 생산성에 기반을 둔 대부분의 생산 함수 모델들은 총산출에 영향을 미치는 특정한 변수의 구실을 강조하기 위해 정태적 비교 분석, 다시 말해 다른 변수들의 영향을 고정시키거나 간과하는 분석을 전개한다. 신고전파 경제학자들이 노동의 한계 생산성을 언급할 때 의례적으로 수행하는 분석은, 생산 기술과 고정 자본에 아무런 변화가 없는 상태에서 한 단위의 노동이 추가로 투입될 때 추가로 산출되는 생산물의 양이 어느 정도 되는지 계산하는 것이다. 다시 말해 대부분의 한계 생산성 분석은 단기 분석이고, 정체 상태에 관한 분석이다. 그러나 어느 순간 신고전파 경제학자들은 이런 한계 노동 생산성 개념에 관한 분석에서 장기에 걸친 노동 비용의 증가라는 일반화된 논리를 이끌어낸다.

그러나 어쩌면 한계 생산성 개념이 가진 가장 중요한 함의는 이 개념이 상대적 소득 분배에 관해 지극히 보수주의적인 시각을 가진다는 점일 것이다. 대부분의 신고전파 경제학자들은 자본과 노동의 한계 생산성이 상대적 명목 소득, 곧 이윤과 임금으로 나타나고, 이것에 따라 생산 요소들(예를 들어 자본, 노동, 토지)의 상대 소득이 각 생산 요소들이 전체 생산에 한계적으로 기여하는 정도에 따라 정확하게(예컨대 이윤, 임금, 지대라는 이름으로) 분배된다고 주장한다. 이런 방식으로 신고전파 경제학자들의 한계 생산성 개념은 경제적 잉여가 어떻게 생산되고 어떤 조건에서 무엇에 따라 결정되는지 문제 삼지 않는다.

이 문제와 관련해 먼저 신고전파 경제학자들이 가정하는 단순화된 생산 함수는 결코 존재하지 않는다는 사실을 지적해야 할 것이다. 피에로 스라파가 이미 정확하게 지적한 것처럼, 실질 임금과 이윤 곡선은 정확하게 반대 방향으로 나타난다(Sraffa 1960). 주어진 생산 기술을 가정할 때 경제적 잉여를 산출하는 자본주의 생산은 임금이 상승하면 이윤은 줄어들고, 반대로 이윤이 하락하면 임금은 상승하는 모습을 보여주는 것이다. 신고전파 경제학자들이 즐겨 사용하는 총생산 함수하고는 다르게, 특정한 생산 기술을 전제할 때 경제적 잉여의 생산에서 이윤과 임금의 역관계와 생산 비용에 따른 가격 결정이라는 (마르크스의 잉여 가치 학설을 포함한) 고전파 정치경제학자들의 핵심 논지를 명확히 확인할 수 있다.

더불어 복수의 생산 기술이 존재할 때 개별 자본가가 특정한 기술을 선택하는 것은 잠재적 이윤 수준에 따라서 결정되고, 서로 다른 기술의 도입은 서로 다른 기술을 사용하는 복수의 생산 함수들이 교차하는 지점에서 발생한다. 그러나 이 경우에도 신고전파 경제학자들이 가정하는 것 같은 단일한, 그것도 최적의 생산량을 쉽게 계산할 수 있게 해주는 세련된 형태를 지닌 생산 함수는 결코 존재하지 않는다(Harcourt 1972).

신고전파 경제학자들이 사용하는 한계 생산성이라는 교리가 지닌 이 모든 난점들을 고려할 때, 왜 케인스가 노동의 한계 생산성이라는 첫째 근본 가정을 그대로 수용했는지는 대단히 흥미롭다. 왜 케인스는 자신이 신고전파 경제학의 둘째 가정이라고 부른 것은 격렬하게 비판하면서도 마찬가지로 문제투성이인 첫째 가정, 곧 한계 노동 생산성 임금 이론에 관해서는 함구했을까? 혹시 케인스는 신고전파 경제학 이론의 특수 이론을 자신의 일반 이론으로 대체한다고 말하면서도 여전히 신고전파 경제학자들처럼 한계주의적 관념을 통해 현실을 분석하려 한 것은 아닐까?[6]

이런 의문을 염두하고, 일단 케인스가 고전파 경제학 이론을 비판한 다음 대목으로 논의를 옮겨보자. 이제 살펴볼 케인스의 일반 이론적 설명은 신고전파 경제학자들이 주장한 이자율을 비판하면서 이것을 유동성 선호 이론으로 대체하려고 시도한 대목이다. 케인스는《일반 이론》4부에서 신고전파 경제학자들이 주장하는 화폐와 이자율의 상관관계, 그리고 물가 변동 이론에 관한 발본적인 비판을 수행한다. 이런 비판을 통해 케인스는 과연 책의 이름에 걸맞은 '일반 이론'을 구축했을까?

3. 비판 2 — 신고전파의 이자율과 물가 이론에 관한 비판과 유동성 선호론

1) 신고전파의 이자율 이론과 저축과 투자의 상관관계

케인스에 따르면 신고전파 경제학자들은 이자율이 "자본의 한계 효율성과

6 이 문제와 관련해 대부분의 케인스 이후 케인스주의 경제학자들, 특히 조안 로빈슨과 니컬러스 칼도 등으로 대표되는 영국 케임브리지 대학교 소속 케인스주의 경제학자들과 다양한 성향의 포스트 케인스주의 경제학자들은 케인스가 신고전파 경제학 이론의 첫 번째 가정, 곧 한계 노동 생산성 이론을 수용한 것이 더 많은 주류 신고전파 경제학자들을 설득하기 위한 이론적 제스처에 불과하다고 생각했다. 이 문제에 관해 현존하는 저명한 포스트 케인스주의 경제학자들 중 하나인 에드워드 넬(Edward J. Nell)은 케인스가 한계 노동 생산성을 수용한 것은 단순히 이론적인 제스처가 아니라, 그때에도 지배적인 산업과 생산 양식이던 '수공업적 경제'에 조응하는 거시 경제 조정 양식을 암묵적으로 전제하고 있었기 때문이라고 주장한다(Nell 1998, Ch. 1~2; Ch. 9). 이 문제는 미하우 칼레츠키의 소득 분배 이론을 살펴보는 10장에서 다시 다룰 것이다.

저축을 하려고 하는 심리적 성향 사이의 상호 작용"(165쪽)을 통해 형성되는 것으로 간주해왔다. 다시 말해 대부분의 고전파 경제학자들(마셜, 구스타프 카셀, 토머스 N. 카버, 프랭크 W. 타우시그와 레옹 발라 등)은 이자율이 투자를 위한 수요와 저축 동기를 일치시키는 요인이라고 가정했다. 이것은 마치 고전파 경제학자들이 한 상품의 가치가 수요와 공급이 일치하는 지점에서 결정된다고 생각한 것처럼, 이자율도 저축과 투자가 일치하는 지점에서 필연적으로 결정되는 일종의 가격이라고 간주한 것이다.

이런 이자율의 정의를 바탕으로 고전파 경제학자들은 총저축과 총투자의 상관관계에 관해 지독히도 기계적인 해석을 내놓는다. 고전파 경제학자들은 이자율의 변동이 소득의 변화에 끼치는 영향을 전혀 고려하지 않는다. 케인스는 "이자율이 주어진 소득 중에서 일정액을 저축으로 남겨두려고 하는 데 [모종의] 영향을 미칠지는 몰라도"(178쪽) 이자율이 높아지거나 낮아진다고 해서 바로 소득 대비 저축량이 늘어나거나 줄어드는 어떤 직접적인 상관관계를 찾아볼 수 없다고 주장한다. 다시 말해 자본의 수요와 소득 중 일부가 저축으로 남겨지는 것 사이에 어떤 단선적인 인과 관계를 설정할 수 없다는 것이다.

더불어 케인스는 신고전파 경제학자들이 총저축의 구실을 잘못 인식하고 있다고 비판한다. 대부분의 신고전파 경제학자들은 저축이 소비 행위와 마찬가지로 유효 수요를 진작하는 데 유용하다고 주장한다. 신고전파 경제학자들은 저축과 투자가 항상 같은 것이기 때문에 더 많은 부를 축장하려는 성향은 곧 더 많은 투자를 하려는 성향과 같은 것으로 간주한다. 그러나 케인스는 현재 소득에서 차감되는 저축은 결국 그만큼의 유효 수요가 줄어든다는 뜻이라고 주장한다. 경제 전반적으로 저축이 늘어날 경우, 그것에 따른 유효 수요 차감 효과를 상쇄시킬 만큼 투자나 고용이 동시에 늘어나지 않는다면 사회의 총유효 수요를 억제하는 효과를 지닐 뿐이다(저축의 역설).

이런 논의를 분명히 전제한 다음 케인스는 고전파 경제학자들하고는 구별되게, (화폐에 관한) 이자율을 상품의 자기 이자율이라는 관점에서 바라보고 있다. 다시 말해 화폐뿐만 아니라 다른 모든 상품들이 나름의 "자기 이자율"을 갖는다는 것이다. 그런데 상품의 자기 이자율이 화폐 이자율로 측정되는 근본적인 이유는, 다른 상품들에 견줘 화폐의 유동성 프리미엄이 그 화폐를 지니고 다니는 데 들어가는 비용(부대 비용)보다 훨씬 더 크기 때문이다(227쪽).

다른 상품들에 견줘 화폐가 갖는 높은 유동성이라는 이 특징은 다시 귀금속 화폐가 지니는 다음과 같은 일련의 내재적 속성에서 비롯된다. 화폐가 지닌 첫 번째 특징은 화폐의 생산 탄력성이 거의 영에 가깝다는 것이다. 다시 말해 화폐는 이 화폐의 수요가 증대한다고 해도 그 수요 증대에 발맞춰 쉽게 생산될 수 없다는 특징을 지닌다. 둘째, 화폐는 거의 영에 가까운 대체 탄력성을 지닌다. 다시 말해 화폐의 교환 가치가 증대한다고 해도 그 화폐를 대체할 수 있는 다른 자산들이 많지 않다는 것이다. 마지막으로 화폐량과 화폐 이자율은 다른 상품들에 견줘 고정돼 있어서 금융 시스템에 상대적으로 안정적인 준거점을 제공한다. 경제 주체들은 화폐가 지닌 이런 내재적 특성들 때문에 다른 자산에 견줘 화폐를 보유하려는 다양한 동기를 갖게 된다(230~233쪽).

여기서 케인스는 경제 주체들의 화폐 보유 동기를 세 가지로 구별하고 있다. 첫째는 거래 동기, 곧 사업과 일상적인 교환 행위를 위해 필요한 화폐를 보유하려는 동기다. 둘째는 예비적 동기로, 경제 주체들이 미래의 불확실성에 대비하기 위해 유동성이 높은 자산, 곧 화폐를 보유하려는 동기를 지칭한다. 셋째 화폐 보유 동기는 투기적 동기다. 이것은 "미래의 시장 조건의 변화를 예측해서 [투기를 벌여 단기적으로] 이윤을 취하기 위해" 화폐를 보유하려는 동기다(170쪽).

케인스는 이런 세 가지 화폐 보유 동기, 곧 시시각각 변화하는 유동성 선호 현상들이 어떻게 편재돼 있느냐에 따라 이자율이 서로 다른 방향으로 변동할 수 있다고 주장한다. 다시 말해 화폐량이 증감한다고 해서 자동으로 이자율이 떨어지거나 증대하는 게 아니라 화폐량 변화와 다양한 경제 주체들의 유동성 선호 현상, 또는 다양한 화폐 보유 동기가 어떤 관계를 맺느냐에 따라 이자율이 서로 다르게 결정된다는 것이다.[7]

따라서 이 이자율의 변동과 투자, 투자와 고용 등이 반드시 부negative나 정positive의 단선적인 상관관계를 갖지 않는다는 점도 명확하다. 먼저 화폐량의 증가가 반드시 이자율을 떨어뜨리리라는 보장이 없다. 만약 정부 당국이 화폐량을 증대시키려고 노력한다고 해도 경제 주체들이 예비적 동기 때문에 화폐를 많이 보유하려는 성향을 보인다면 이자율을 하락시키는 효과를 내지 못할 것이기 때문이다. 같은 논리로 이자율의 하락이 반드시 민간 기업들의 투자를 증대시키는 것도 아니다. 왜냐하면 이 이자율의 하락보다 훨씬 더 빠르게 자본의 한계 효율성이 떨어진다면 실질 이자율은 증대되고 이윤 동기에 따라 움직이는 기업의 투자 의욕은 더욱 떨어질 것이기 때문이다. 마지막으로 투자의 증대가 반드시 고용 수준을 높이리라는 보장도 없다. 왜냐하면 공중의 소비 성향이 빠르게 떨어져 유효 수요가 급격하게 떨어지면 단기적인 투자의 증대는 고용의 증대를 수반하지 않을 것이기 때문이다(173쪽).

화폐량의 변화와 이자율, 이자율의 변화와 투자 또는 고용의 상관관계에 관한 이런 복합적 고려는 신고전파 경제학자들의 논의에서는 전혀 찾아볼 수 없는 것들이다. 신고전파 경제학자들은 화폐량의 증감이 곧바로 이자율의 변동에 영향을 미치고, 이것이 연이어서 민간 기업의 투자 규모에 직접 영향을 미친다고

---

7 이자율의 변동과 다양한 화폐 보유 동기의 여러 유형을 분석하면서 케인스는 금융 정책 당국이 직면하게 되는 제도적, 금융적 한계를 열거하고 있다. 첫째 한계는 금융 정책 당국 나름의 관행에 따른 한계다. 다시 말해 금융 정책 당국은 관행에 따라 특정한 형태의 민간 채무 문제를 청산하지 않고 주저할 수 있다. 둘째 한계는 경기를 진작시키기 위해 금융 정책 당국이 이자율을 낮췄는데도, 경제 주체들이 예비적 동기를 만족시키기 위해 보유하려는 화폐량이 급속하게 증대하는 경우다. 나중에 이른바 '유동성 함정'이라고 불리게 된 이 현상은 금융 정책 당국이 시중 이자율에 아무런 영향력을 행사하지 못하고 경기 진작에도 아무런 효과를 미치지 못하게 되는 경우다. 셋째 한계는 전쟁 전후 러시아와 중유럽 국가들과 대공황기 미국에서 나타난 것처럼 경제 주체들이 어떤 이자율 조건 아래에서도 채무 관계를 형성하는 사적 계약을 체결하려고 하지 않는 경우다. 이 경우 이자율이 변동해도 공중의 화폐 보유 동기는 전혀 변하지 않는 상태가 지속된다. 마지막으로 케인스는 특정한 채무 관계가 형성돼 있는 상태에서 금융 정책 당국이 이자율을 조정해 채권자와 채무자의 채무 관계에 영향을 미치게 될 때 금융 정책 당국은 도덕적 위험에 빠지게 된다고 지적하고 있다. 이런 유형들 중 케인스는 유동성 함정이 다만 논리적인 가능성일 뿐 실제로는 단 한 번도 일어난 적이 없다고 부연하고 있다(207~208쪽).

가정했기 때문이다. 케인스가 말한 대로 신고전파 경제학자들은 경제 주체들의 다양한 화폐 보유 동기, 이자율의 변화, 투자와 고용의 변화 등에 영향을 미치는 거의 모든 내적 연관 관계들을 화폐량 증감 → 이자율 변동 → 투자율의 변동이라는 단선적인 인과 관계로 대체하는 한계를 보인 것이다.

2) 유동성 선호 개념과 고전적 화폐 수량설 비판 1

신고전파 경제학자들의 이자율 이론에 관한 이런 비판을 선제로 삼아, 케인스는 한 경제에서 유통되는 총화폐량과 소득(의 변화), 이자율(변동)의 관계에 관한 일반 이론을 구축하려고 했다. 그리고 이 과정에서 케인스는 그 유명한 유동성 선호 함수를 세우고 있다. 케인스의 유동성 선호 이론을 좀더 구체적으로 살펴보기 위해 케인스의 용법을 따라 몇 가지 등식을 세워보자.

먼저 총화폐량을 M이라고 지칭하자. 더 나아가 M1이 거래 동기와 예비적 동기를 만족시키기 위해 필요한 화폐량의 총합이라고 가정하자. 그러면 M2(M2=M−M1)는 자연스럽게 투기적 동기를 만족시키는 데 필요한 화폐의 총합이 될 것이다(M=M1+M2). 이 각각의 화폐 보유 동기에 상응하는 일련의 유동성 함수들, 곧 L1과 L2가 거래 동기와 예비적 동기, 투기적 동기에 따라 화폐를 보유하려는 경제 주체들의 함수라고 가정할 경우, 우리는 M=M1+M2=L1(Y)+L2(r)라는 등식을 가지게 된다. 여기서 L1, 곧 거래 동기와 예비적 동기에 따라 화폐를 보유하려는 공중의 유동성 선호 함수가 경제 전체의 소득 수준(Y)에 따라 결정되는 반면, L2, 곧 투기적 동기에 따라 화폐를 보유하려는 유동성 선호 함수는 이자율(r)과 기대에 따라 결정된다고 가정하는 데는 그리 큰 상상력이 필요하지 않을 것이다(199~200쪽).

이런 등식을 통해 케인스는 경제가 불완전 고용 상태에서 운영된다는 전제 아래에서는 총화폐량(M)의 변동이 이자율(r)의 변동을 야기하고, 이자율의 변동은 다시 투기적 동기를 만족시키는 화폐량(M2)의 변동과 소득 수준(Y)에 일정한 영향을 주며, 따라서 결과적으로 M1에 영향을 미칠 수 있다는 점을 강조한다(200쪽). 그런데 구체적으로 어떻게 총화폐량의 변동이 M1과 M2로 나누어지는가는 이자율의 변동에 관한 투자의 반응과 투자의 변동에 따른 소득의 변화에 따라 결정된다.

케인스는 또한 소득 수준과 M1의 비율을 '화폐의 소득-회전율'(V)로 정의할 때, 거래 동기와 예비적 화폐 보유 동기를 만족시키는 유동성 선호 함수 L1(Y)=Y/V=M1이 될 것이라고 분석한다(202쪽). 다른 한편 케인스는 투기적 화폐 보유 동기를 만족시키는 유동성 선호 함수 L2는 이자율이 하락하는 데 따라 상승하는 우상향 곡선의 형태를 띨 것이라고 추정하고 있다. 왜냐하면 투기적 동기를 만족시키는 화폐 보유량은 미래의 이자율이 어떻게 될 것인가에 관한 불확실성에 따라 결정되며, 따라서 이자율이 낮아질수록 투기적 목적을 위해 보유하려는 화폐량도 증대할 것이기 때문이다(205쪽).

이런 논리적 추론을 제시한 뒤 케인스는 신고전파 경제학자들의 화폐 수량설, 곧 전반적인 물가 수준이 시중에 유통되는 화폐량이 증가하는 데 따라 비례적으로 높아질 것이라고 하는 주장은 기껏해야 경제가 늘 완전 고용 상태에서 운영되고 미래의 이자율의 향방에 관한 불확실성이 전혀 없어서 투기적 동기에 따라 화폐를 보유하려는 유동성 선호 함수의 값이 늘 영과 일치할 것이라는, 현실에서는 전혀 가당치 않은 가정에 기반을 두고 있다고 비판한다.[8]

---

8 신고전파 경제학자들의 화폐 수량설이 전제하는 가정들, 곧 경제가 늘 완전 고용 상태로 운영되고 미래의 불확실성이 전혀 존재하지 않는 사회 상태를 케인스는 "정체 사회(static society)"라고 불렀다. 케인스는 이런 상태에서는 경제적 조건과 향방에 관련된 불확실성이 제거되고 모든 게 '투명하게' 관찰될 것이라고 추정한다(208쪽). 흥미롭게도 우리는 이것과 유사한 추정을 미래의 사회주의 경제 체제를 기술한 마르크스의 단편적인 언급에서도 찾아볼 수 있었다. 마르크스는 《정치경제학 비판 요강》과 《자본》 등에서 공동적 생산수단을 이용해 생산을 하는 공동체에서는 불확실성과 전도된 대상화가 사라지고 모든 사회적 관계가 투명하게 관찰될 것이라고 주장한 적이 있다. 마르크스의 사회주의론에 관해서는 앞 장을 참조할 것.

앞에서 살펴본 등식, 곧 M=M1+M2=L1(Y)+L2(r) 중 유동성 함수 L2나 투기적 목적을 위해 보유하려는 화폐량(M2)이 전혀 존재하지 않는다고 가정해보자. 케인스는 오직 이 경우에만 우리는 총화폐량이 거래적 동기와 예비적 동기를 만족시키기 위해 필요한 화폐량(M1)과 일치할 가능성을 갖게 될 것이라고 주장한다. 다시 말해 M=M1+M2=L1(Y)+L2(r)라는 등식에서 M2=L2(r)=0이 되고, 따라서 M=M1=L1(Y)라는 등식이 성립하는 것이다. 결국 신고전파 경제학자들이 통화량의 증가가 불가피하게 물가 상승을 유발한다고 주장하는 이유는, 다양한 화폐 보유 동기와 여기에 상응하는 유동성 선호 함수, 그리고 그것이 소득 수준의 변동에 영향을 미치는 관계를 제대로 인식하지 못하고 근거 없는 가정 위에서 기계적으로 추정했기 때문이다.

이런 시각에서 케인스는 신고전파 경제학자들이 화폐 수량설의 타당성을 강변하기 위해 즐겨 사용하는 기본 등식인 MV=YP(M: 화폐량, V: 화폐의 회전율, Y: 산출량, P: 물가)가 실제로는 물가 변동의 원인을 제대로 파악하지 못하며, 주어진 기술적 제약 아래에서 경제가 항상 완전 고용 상태로 운영되고 있다는 가정, 따라서 화폐량의 증가가 완전 고용의 기술적 제약과 구조적 제약에 직면해 산출량의 추가적인 증대로 연결되지 못하는 국면에서만 예외적으로 적용될 수 있는 특수 이론에 불과하다고 반박한다(209쪽).

3) 신고전파 물가 이론과 고전적 화폐 수량설 비판 2

고전적 화폐 수량설과 여기에 기반을 둔 이자율 이론에 관한 케인스의 비판은 신고전파 경제학자들이 공유하고 있는 물가 이론에 관한 근본적인 비판하고도 긴밀하게 연결돼 있다. 그리고 케인스가 강조한 이 측면은 금융 변수들을 주요 거시 경제학 변수들과 어떻게 관계를 맺게 할 것인가에 관해 매우 중요한 혜안을 제공하고 있다.

먼저 케인스는 신고전파 경제학자들이 물가 변동에 관해 서로 모순되는 두 가지 이상의 설명을 두서없이 하고 있다고 지적한다. 신고전파 경제학자들은 한편으로 상품의 가격이 그 상품의 수요와 공급에 따라 결정된다고 말한다. 그러나 동시에 가격이 화폐량이나 화폐의 회전율, 화폐의 축장이나 '강요된 저축', 그리고 심지어는 인플레이션이나 디플레이션 등에 따라 결정된다고 말하기도 한다. 케인스는 가격과 물가 변동을 설명하는 이 두 가지 요인들 사이에 어떤 논리적인 연결 고리도 존재하지 않는다고 지적하면서 신고전파 경제학자들의 물가 이론도 대폭 수정돼야 한다고 주장한다.

케인스는 상품 가격과 물가를 결정하는 요인을 크게 두 가지 범주로 나눠서 설명한다. 하나는 생산의 규모와 한계 비용의 범주에 포함되는 다양한 요인들이고, 다른 하나는 시중에 유통되는 총화폐량이다. 먼저 첫째 요인들에 관련해 케인스는 기업의 한계 생산 비용에 영향을 미치는 다양한 요인을 열거하고 있다. 그리고 다양한 생산 요소들의 가격(비용)이 임금과 같은 방향으로 움직이게 될 때, 다시 말해 생산에 소요되는 고정 비용, 가변 자본 비용과 노동 비용이 함께 오르거나 내릴 때, 전반적인 물가 수준은 고용의 규모와 유통 중인 화폐량에 따라서 각각 부분적으로 영향을 받게 된다고 설명하고 있다. 그러나 화폐량과 생산 비용은 과연 어느 정도까지, 그리고 어떤 메커니즘을 통해 전반적인 물가 수준에 영향을 미치는가?

이 문제를 분석하기 위해 케인스는 대략 다음과 같은 일련의 가정들을 도입하고 있다. 첫째, 아직 생산에 투입되지 않은 모든 인적 생산 요소, 물적 생산 요소와 자원들이 동질적이고 서로 쉽게 대체될 수 있으며, 둘째, 실업이 존재하는 상황에서 유지되는 명목 임금이 기업의 한계 비용을 구성하는 주된 요소이고, 셋째, 실업이 존재하는 한 경제는 수확 불변의 원칙과 임금의 경직성에 따라서 특징지어지며, 넷째, 불완전 고용 상태에서는 화폐량의 증가가 물가 수준에 거의 아무런 영향도 미치지 않고 고용이 유효 수요의 증대와 나란히 증가하며, 다섯째, 경제가 완전 고용에 근접할수록 임금과 물가가 정확한 비율로 증가할 것이라는 가정들이다(295~296쪽). 케인스는 이런 요소들이 전반적인 물가 수준에 영향을 미치는 중요한 요인들 중 일부라고 주장하고, 여기에서 경제가 완전 고용의 상태에 근접하기 전까지는 화폐량이 증가한다고 해서 자동으로 물가가 오르지는 않을 것이라는 임시적인 결론을 이끌어내고 있다.

물론 이런 이상화된 가정들은 현실에서는 적용될 수 없다. 따라서 케인스는 현실에서는 이런 임시적인 결론에 견줘 훨씬 더 복합적인 양상이 나타날 것이라는 점을 인정하고 있다. 첫째, 현실에서는 화폐량이 증가한다고 해서 유효 수요가 나란히 증대하지는 않을 것이다. 둘째, 현실에서는 생산에 투입되는 요소들이 동질적이지 않기 때문에 고용이 증가하는 데 따라 수확 불변의 법칙이 아니라 수확 체감의 법칙이 관철될 것이다. 셋째, 현실에서는 다양한 생산 요소와 자원들이 쉽게 대체될 수 없기 때문에, 다른 요소들이 완전히 활용되지 않는 상황에서도 몇몇 상품들은 여전히 비탄력적인 공급 상태에 놓여 있을 테고, 이 상품들의 경쟁적인 수요는 상품의 가격 변동에 영향을 미치게 될 것이다. 넷째, 현실에서는 노동자들의 명목 임금이 설사 경제가 완전 고용에 다다르지 않은 상태에서도 노동자들의 단체 협상과 다양한 제도적 관행들 때문에 오르는 경향이 있다. 다섯째, 현실에서는 기업의 한계 비용을 구성하는 요소들의 가격이 항상 같은 방향으로 오르거나 내리지는 않는다(296쪽, 298~302쪽).

케인스는 결국 이 모든 복잡한 가능성들을 고려할 때 경제가 완전 고용에 다다르기 이전에도 화폐량의 변동이나 명목 임금의 상승 압력, 생산 요소들의 비탄력적 공급 또는 다른 요인들 때문에 전반적인 물가 수준이 오를 수 있다고 추론하고 있다. 다시 말해 현실의 경제는 불완전 고용 상태에서도 물가가 고정돼 있는 게 아니라 전반적인 물가 수준이 서서히 오르는 경향을 보여줄 수 있는 것이다(297쪽).

그러나 케인스는 불완전 고용 상태에서 나타나는 이런 점진적인 물가 상승은 결코 문제가 되는 인플레이션 상황이 아니라고 진단한다. 케인스에게 정작 중요한 인플레이션은 화폐량의 증가를 통한 유효 수요의 추가적인 증대가 산출량을 증가시키는 대신 증가된 화폐량에 비례해 생산 비용을 증대시키고, 이것이 다시 물가를 끌어올리는 상황이다. 케인스는 이런 문제가 발생하기 전까지, 다시 말해 화폐량의 추가적인 증가와 유효 수요의 증대가 경제를 완전 고용 상태에 근접시켜 물가를 본격적으로 상승시키는 국면에 이르기 전까지는, 금융 정책 당국이 확대 금융 정책을 취한다고 해도 결코 심각한 인플레이션 문제를 야기하지 않을 것이라고 주장한다. 또한 이전까지 취해진 확대 금융 정책의 결과로 나타난 통화량의 증가는 부분적으로 유효 수요를 증대시키고 부분적으로는 생산 비용을 증대시키는 형태로 온건하게 나타날 것이라고 주장한다(303쪽).

이런 시각에서 볼 때 신고전파 경제학자들의 화폐 수량설은 결국 현실의 경제가 항상 완전 고용 상태에서 운영되고 있다고 가정하고 있는 셈이다. 그렇기 때문에 단기이건 아니면 장기이건 화폐량의 증가가 유효 수요를 진작시키거나 고용을 증대시키는 대신 화폐량의 증가에 비례해 물가 수준만 높일 것이라고 주장하는 것이다. 케인스는 신고전파 경제학자들이 견지하고 있는 이런 근거 없는 가정을 비판하면서, 현실에서 나타나는 물가 상승은 생산 비용을 결정하는 다양한 요인들과 통화량의 증가라는 정책 수단 간의 상호 작용을 통해 결정된다고 주장한다. 비록 케인스가 경제가 완전 고용에 다다르기 전에도 물가가 상승할 수 있다는 점을 인정했지만, 이 경우에도 케인스는 그것이 순전히 화폐량의 증가 때문에 발생한 게 아니라 자신이 언급한 생산 비용을 결정하는 일련의 요소들이 복합적으로 상호 작용을 한 결과라고 분석하고 있는 것이다.

4) 《일반 이론》은 얼마나 일반적인가 — 외생적 변수로서 화폐라는 문제

지금까지 《일반 이론》에서 케인스가 신고전파 경제학자들의 화폐와 이자율, 물가 이론을 어떻게 비판했는지 살펴봤다.

케인스는 저축과 투자의 관계에 관한 신고전파 경제학자들의 해석을 화폐의 자기 이자율이라는 개념으로 대체해 분석했다. 또한 통화량과 소득 수준, 이자율 사이의 상관관계에 관한 신고전파 경제학자들의 기계적 해석을 비판하기 위해 유동성 선호 함수를 도입했고, 이것을 통해 대안적인 설명을 제시했다.

더 나아가 케인스는 화폐량의 증가가 자동으로 물가를 상승시키는 게 아니라 경제의 (불)완전 고용 상태 여부에 따라 가령 유효 수요를 진작시켜 물가에 영향을 미칠 수도 있고, 더불어 다양한 생산 요소들의 상호 작용을 매개로 상이한 결과가 나타날 수 있다는 점을 보여줬다.

이런 측면에서 케인스의 화폐와 이자율 이론, 물가 이론은 신고전파 경제학 이론이 제시하는 것보다 훨씬 더 폭넓고 일반적인 분석틀을 제시하고 있다고 말할 수 있다. 이 일반적인 분석 틀에 따르면 신고전파 경제학 이론이 제시하는 저축과 투자의 일치성(신고전파의 이자율 이론)과 통화주의적 물가 이론(신고전파의 물가 이론)은 완전 고용 상태에서나 일시적으로 적용할 수 있는, 무척이나 제한된 특수 이론이 된다.

그러나 안타깝게도 케인스는 신고전파 경제학자들과 마찬가지로 화폐에 관해 외생적 접근을 취하고 있다. 다시 말해 케인스와 신고전파 경제학자들은 모두 화폐가 다른 거시 경제학 변수들과 내재적 연관을 갖고 있지 않고 중앙은행이 투입을 결정하는 어떤 것인 양 사고하고 있는 것이다. 이미 살펴본 것처럼 케인스는 저축과 투자의 관계에 관한 기계적인 해석을 거부하면서 신고전파 경제학 이론의 이자율 이론을 비판했다. 이 와중에 케인스는 이자율이 중앙은행의 통화 공급과 대중의 유동성 선호에 따라 각각 부분적으로 결정된다고 지적했다.

그러나 케인스가 대중의 화폐에 관한 수요를 주어진 조건으로 간주한 이상, 우리는 자연스럽게 금융 당국이 총화폐량을 결정하는 과정에 초점을 맞추게 된다. 이런 방식으로 케인스는 훗날 화폐와 이자율에 관한 상투적인 케인스주의적 해석, 곧 화폐량과 이자율은 전적으로 중앙은행에 따라서 결정되는 것이라는 통상적인 관념을 용인할 가능성을 열어놓고 있다. 비록 고전적 화폐 수량설을 급진적으로 비판하고 있지만, 케인스도 화폐가 중앙은행에 따라 외생적으로 주어지고 결정되는 어떤 것이라는 관념을 공유하고 있는 셈이다.

이것은 과연 화폐가 경제 주체들에 따라서 의도적으로 만들어지고 생산과 교환의 필요성에 따라 내재적으로 결정된다는 관념과 어떻게 연관될 수 있을까? 만약 케인스가 인정한 대로 중앙은행이 화폐량을 결정한다면 중앙은행은 과연 어떻게, 무엇을 근거로 화폐량을 결정하는 것일까? 화폐에 관한 이런 시각은 현대 자본주의 경제에서 화폐가 수행하는 구실을 제대로 분석하는 데 도움이 될 수 있을까? 그리고 과연 이런 시각을 바탕으로 금융 시장 제도의 복잡성과 역사적 변천 과정을 제대로 추적할 수 있는 것일까?[9]

이런 의문들을 모두 다루는 것은 이 글의 범위를 넘어선다. 이 장의 결론 부분과 다음 장에서 일부를 해명하기로 하고, 이제부터 케인스가 대안적으로 제시한 문제 틀이 어떻게 노동 시장에 관한 분석과 연관될 수 있는지 추적해보자.

---

9 현대 자본주의 경제에서 화폐가 차지하는 지위와 구실에 관해서는 여러 논란이 있어왔다. 이것은 금본위제 아래에서 인플레이션의 원인과 과정을 놓고 논쟁을 벌인 '통화학파'와 '은행학파' 사이의 논쟁까지 거슬러 올라간다. 포스트 케인스주의 금융 경제학 영역에서 내생 화폐론의 옹호자들은 화폐가 경제 안의 생산과 교환의 필요성 때문에 내생적으로 생겨난다고 설명하고, 단순히 교환의 수단일 뿐만 아니라 가치 척도와 축장의 수단으로 기능하는 측면을 강조한다. 중앙은행 또는 금융 정책 당국이 통화량과 이자율을 정함으로써 단기 명목 이자율에 영향을 미치려 하지만, 은행들을 통한 신용의 창조와 이때 형성되는 (장기) 이자율 등은 경제 주체들의 유동성 선호와 장래 경제 상황에 관한 기대 등을 통해 결정된다. 금융 정책 당국의 통화량 정책과 금리 정책도 단순히 외부에서 임의로 강요되는 게 아니라 사실은 현실 경제의 생산과 교환의 필요성에 부응하기 위한 것이고, 정책의 효과성도 통화주의자들이 하는 주장처럼 물가 상승에만 영향을 미치는 게 아니라 장단기에 걸쳐 다양한 경로로 실물 경제에 중대한 영향을 미친다. 현대 내생 화폐론의 핵심 주장과 문제의식에 관해서는 Lavoie(2009, Ch. 3)의 친절한 설명을 참조할 것. 흥미롭게도 이런 시각에서 볼 때 케인스의 《일반 이론》에 나타난 '화폐론'은 이전에 출판된 저작들, 특히 《화폐론》에 견줘 훨씬 더 화석화돼 있다. 이 문제의 일부를 하이먼 민스키의 케인즈 해석을 살펴보는 다음 장에서 다룰 것이다. 참고로 현대 포스트 케인스주의 경제학자들 내부의 화폐를 둘러싼 논쟁과 상이한 견해를 이해하는 데 유용한 대표적인 문헌으로는 Deleplace and Nell eds.(1996), Moor(1988), Wray(2006) 등이 있다.

4. 케인스의 유효 수요 이론과 대안적 경제 체제 구상

1) 유효 수요 이론과 국가

케인스는 경제 주체들의 소비 성향과 자본의 한계 효율성, 이자율 등이 주어진 경제적 조건을 가정할 때 노동 시장에서 고용 규모가 어떻게 결정되는지 분석하는 것이 경제 이론의 주요 과제 중 하나라고 주장한다. 고용은 다른 조건들이 주어져 있을 때 일차적으로는 투자의 함수다. 그리고 투자 규모는 다시 자본재를 생산하는 기업들의 물질적 공급 조건과, 투자 활동과 생산 활동을 통해서 얻을 수 있는 장래 수익에 관한 집합적인 기대, 그리고 유동성 선호 정도와 유통 중인 통화량 등에 따라 종합적으로 결정된다(248쪽).

더불어 케인스는 정상적인 조건 아래에서는 투자 규모와 투자율이 증대하면 고용 규모와 소득 수준이 증대하고, 이 과정을 통해 다시 소비율이 증대할 것이라고 주장한다. 소비율의 증대는 소득 수준의 증대와 같은 방향으로 움직일 것이다. 다시 말해 노동자들이 더 많은 소득을 얻게 되면 더 많이 소비할 것이고, 이것은 다시 투자 규모와 투자율에 긍정적인 효과를 불러온다.

여기서 소비 증대와 소득 증대의 관계는 경제 주체들의 '한계 소비 성향'에 따라 결정된다. 투자 증대와 소득 증대는 한 단위의 투자가 고용과 소비라는 통로를 통해 과연 얼마만큼의 소득 증대 효과를 지니는지를 나타내는 '투자 승수'를 통해 측정될 수 있다. 또한 케인스는 투자 규모의 증대와 고용 수준의 증대 사이의 관계를 나타내는 '고용 승수'를 통해 한 단위의 투자 증대가 실제 고용 규모의 변동에 어느 정도까지 영향을 미치는지를 측정할 수 있다고 주장한다. 그리고 이렇게 증대된 고용 규모는 통화량이 주어져 있다고 가정할 때 어떤 형태로 경제 주체들의 유동성 선호 함수가 나타나는지를 결정하게 될 것이다

(248~249쪽).

이렇게 케인스는 투자 규모와 고용 수준, 소득과 소비의 상관관계를 재정의한다. 신고전파 경제학자들은 주어진 이자율 수준에 조응하는 저축량의 변화가 곧 투자량의 변화를 야기하고, 이것을 통해 완전 고용에 근접하는 고용 수준이 결정된다고 주장해왔다. 반면 케인스는 이자율이 저축과 투자 수준을 결정하는 매개가 될 수 없고, 한계 소비 성향이 주어져 있을 때 소득 수준은 투자에 따라서 결정된다고 주장한다. 투자가 고용 승수를 매개로 실제 고용 규모와 소득 수준을 결정하고, 이것이 다시 소비와 저축율에 영향을 미친다는 것이다.

더불어 이미 앞에서 살펴본 것처럼 다양한 금융 변수들, 예를 들어 화폐량과 이자율은 경제 주체들의 화폐 보유 동기들 중 어떤 동기가 지배적으로 나타나는가에 따라 서로 다른 관계 양상을 취하게 된다. 한마디로 말해 케인스는 신고전파 경제학자들이 전제하고 있던 주요 거시 경제학 변수들의 상관관계를 급진적으로 전복하고 해체한다. 이제 고용된 노동량은 경제 공동체의 총소비와 투자로 구성되는 유효 수요에 따라 결정된다. 고용 수준이 늘어나면 소비 지출도 늘어나고, 이것은 다시 기업 투자와 산출량 증대를 가져오는 것이다(28~30쪽).

케인스는 대공황 국면에서 두드러지게 나타난 것처럼 자본주의 시장이 경제를 자동으로 완전 고용 상태로 이끈다는 보장이 없다고 주장한다. 따라서 케인스는 유효 수요를 증대시키고 증대된 유효 수요를 통해 고용 수준과 소득 수준을 높일 수 있게 정부가 시장에 인위적으로 개입해 민간 유효 수요의 감축분을 보충하는 정책을 취해야 한다고 역설한다. 케인스는 특히 정부의 직접적인 투자 조정과 공공사업의 중요성을 강조하고 있다. 만약 정부의 확대 재정 정책이 이자율을 높여서 민간 투자에 부정적인 영향을 미치지 않는다면, 정부의 공공 사업이 민간 경제 주체들의 유동성 선호를 증대시키거나 자본의 한계 효율성을 줄이는 게 아니라면, 고용 창출 효과가 개방 경제 체제 아래에서 외국의 고용을 증대시키는 형태로 빠져나가지 않는다면, 정부가 세심하게 재정 정책을 편성하는 조치는 유효 수요를 증대시키고 경기를 활성화하는 데 매우 중요한 구실을 할 수 있다는 것이다(119~121쪽).[10]

특히 압도적인 다수의 노동자들이 비교적 장시간에 걸쳐 비자발적인 실업 상태에 놓여 있고, 이런 상황에 따라 "노동의 한계 반효용이 노동의 한계 효용에 견줘 작아졌을 때"(128쪽), 정부의 직접적인 투자와 고용 정책은 매우 중요한 효과를 낼 수 있다. 케인스는 이런 상황에서는 심지어 "피라미드를 짓거나, 아무 목적 없이 땅을 팠다가 그냥 다시 덮는 일" 같은 "낭비적인 지출"도 침체된 산업 순환을 역전시키는 데 의미가 있을 수 있다고 지적한다(129쪽).

이런 견해하고 다르게 케인스는 정부의 금융 정책이 발휘하는 효과에 관해서는 회의적인 태도를 취하고 있다. "단순히 금융 정책을 통해서 이자율에 영향을 미칠 수 있다고는 생각하지 않는다"고 말하는 케인스는 "국가가 더 큰 책임성을 가지고 직접적으로 생산을 조직하기를 바란다." 왜냐하면 "자본의 한계 효율성에 관한 시장의 평가가 변동하는 상태가 단순히 이자율을 바꾼다고 해서 변화될 수 있을 것 같지는 않기 때문"이다(164쪽).

2) 유효 수요와 임금 안정 정책의 중요성

케인스는 정부가 유효 수요를 진작시키고 안정화하기 위해서 취할 수 있는 정책으로 명목 임금을 보전해주는 정책을 옹호하고 있다.

잘 알려진 것처럼 신고전파 경제학자들은 명목 임금의 변동을 통해 노동 시장이 균형을 되찾을 수 있다고 주장했다. 다시 말해 명목 임금이 떨어지면 생산물

10 물론 여기서 케인스는 한계 소비 성향은 물론 각종 투자 승수와 고용 승수가 시간이 흐름에 따라 바뀔 수 있다는 점을 잊지 않고 지적하고 있다. 정부가 특정한 재정 정책을 편성하고 집행할 때 경제 여건의 변화에 따라 한계 소비 성향과 고용 승수, 투자 승수가 바뀔 수 있으므로 정부는 이 점을 고려해 주의 깊게 정책을 취해야 한다는 것이다(125~127쪽).

가격이 떨어지고, 그 결과 이윤율이 상승하면 기업들은 더 많은 노동자들을 고용할 것이며, 늘어난 고용은 다시 산출량과 고용 규모를 증대시키는 구실을 하게 될 것이라고 주장했다.

그러나 케인스는 노동 시장의 이런 자기 조정적 메커니즘이 현실에서는 전혀 찾아볼 수 없는 불합리한 가설에 불과하다고 비판한다. 다시 말해 이런 주장은 명목 임금의 감소가 노동자들의 소득, 따라서 총유효 수요에 아무런 부정적인 영향도 끼치지 않으리라고 가정하고 있다는 것이다. 한편 케인스는 명목 임금의 하락은 (한계 소비 성향이 급격하게 변동하지 않는 한) 소득의 감소와 유효 수요의 감소로 연결되고, 이것이 다시 기업의 투자와 고용률의 감소를 가져와 개별 자본의 한계 효율성을 떨어뜨리는 것은 물론 경제 전체를 더욱 악화된 상태로 몰고갈 수 있다고 분석하고 있다(260쪽).

물론 케인스는 명목 임금의 하락이 장기에 걸쳐 매우 다양한 방식으로 경제 주체들의 한계 소비 성향과 자본의 한계 효율성, 이자율에 영향을 미칠 수 있다는 점을 인정하고 있다(263~267쪽).

먼저 명목 임금의 하락이 물가 수준을 떨어뜨려 사회 계급 사이의 실질 소득을 재분배하는 효과를 가져올 수 있다. 이 경우 특정한 사회 계급과 집단의 소비 성향이 변할 수 있고, 이렇게 변화된 소비 성향이 다시 총소비 유형과 투자 관련 결정들에 영향을 미쳐 명목 임금이 하락해도 경제는 활성화될 수 있을지도 모른다.

다음으로 개방 경제 체제를 유지하고 있는 한 나라의 명목 임금의 하락이 다른 나라에서 일어나는 명목 임금의 하락보다 훨씬 더 커서 무역 수지를 개선하고, 이것이 다시 국내의 실질 소득에 영향을 미치는 경우가 있을 수 있다. 또한 명목 임금의 일시적인 하락이 경기의 호전을 이끌어내고, 이것이 투자와 소비에 우호적인 조건을 형성하는 경우가 있을 수 있다. 그리고 명목 임금의 하락이 소득과 거래 동기를 만족시키는 화폐 보유 동기를 줄여서 이자율을 떨어뜨리는 경우가 있다. 마지막으로 명목 임금의 하락이 기업가들에게 낙관주의를 불러일으키고, 이 과정을 통해 장래의 자본의 한계 효율성에 관한 비관주의적 전망을 끊는 경우도 있다.

그러나 이런 논리적 가능성이 있지만 케인스는 대체로 유연 임금 체제가 미래의 투자나 유효 수요 진작에 좋지 않은 환경을 제공하고 있다고 주장한다. 개별 기업가들은 당연히 자신이 고용한 노동자들의 임금을 줄여서 상품을 더 값싸게 시장에 내다팔고 이윤을 증대시키거나 시장 점유율을 높이려는 동기를 가지고 있다. 그러나 모든 기업가들이 동시에 명목 임금을 하락시킬 수는 없다. 왜냐하면 명목 임금의 동시 하락은 경제의 유효 수요에 부정적인 효과를 불러올 테고, 그 이전보다 경기를 더욱 악화시키게 될 것이기 때문이다.

이런 맥락에서 케인스는 명목 임금의 변화를 줄이고 안정시키는 것이야말로 가장 "최선의 정책"이라고 주장하고 있다. "안정된 임금[과 소득 보전] 정책은 물가 수준의 안정성을 기할 수 있는 정책"(271쪽)이며, 경기 순환의 국면에서 정부가 민간 부문의 유효 수요 감축분을 보충할 수 있는 매우 중요한 정책 중 하나라는 것이다.

3) 《일반 이론》은 얼마나 일반적인가 — 대안적 경제 체제 구상과 관련해

이렇게 케인스는 경기 후퇴에서 벗어나기 위해 정부의 적극적인 재정 정책과 공공 투자가 필요하다고 주장했다. 또한 안정된 소득 정책과 임금 정책의 중요성도 강조했다.

케인스의 이런 논리는 신고전파 경제학 이론에서 제시하는 처방과 극단적으로 대조된다. 고전파 경제학자들은 정부의 개입과 소득 정책이 자동으로 조정될 수 있는 시장의 흐름을 왜곡시킨다고 주장하기 때문이다. 고전파 경제학자들은 가격이 상품 시장에서 수요와 공급의 상호 작용을 통해 결정되는 시장 청산적market-clearing 균형에 다다르는 것처럼, 명목 임금의 변화도 노동 시장에서 균형을 달성한다고 믿고 있다. 이자율이 자본에 관한 수요와 공급을 일치시키는 데 중요한 구실을 하는 것처럼, 노동 시장에서 나타나는 간섭받지 않는 명목 임금의 변화가 노동에 관한 수요와 공급을 일치시키는 구실을 한다는 것이다.

신고전파 경제학자들이 견지하는 이런 믿음이 지닌 한계를 고려할 때, 우리는 케인스가 신고전파 경제학자들의 노동 시장 분석에 견줘 훨씬 더 포괄적이고 일반적인 이론을 제시한다고 말할 수 있다. 케인스의 시각에서 볼 때 신고전파 경제학자들이 지닌 '임금 변동을 통한 자동적인 수요-공급의 일치와 균형'에 관한 사고는 아주 예외적인 국면에서만 적용할 수 있는 특수 이론에 불과하기 때문이다. 더불어 경제적 안정과 균형 조건에 관한 케인스의 사고는 거시 경제적 조정 과정에서 정부가 수행해야 하는 적극적인 구실을 이론 자체 안에 포함하고 있다는 점에서 신고전파 경제학 이론에 견줘 훨씬 더 일반적이다.

이런 거시 경제적 조정의 필요성을 거론하는 맥락에서 케인스는 지배적인 형태로 나타난 자본주의 경제 체제의 대안을 제시하고 있다. 케인스가 말하는 대안적인 경제 체제 안에서 국가는 "완전 고용"을 달성하기 위해 필요한 투자 규모와 투자율을 결정하고, 이것에 걸맞게 "이자율을 조정"하며, 경기 순환 국면에서 나타나게 될 민간 부문의 유효 수요 감소를 보충하는 방식으로 "거시 경제적 안정성을 기하기 위해서" 적극적으로 개입한다(221쪽). 이 경제 체제 안에서 경제 공동체는 현대의 기술적인 자원들을 동원해 "균형 상태에 놓여 있는 자본의 한계 효율성"이 영에 가깝게 되도록 하고, 이것을 통해 "기술과 기호, 인구와 제도의 변화"를 거쳐야만 경제의 변화와 진보가 야기되는 "준정체 상태"에 다다르게 된다. 케인스는 이런 상태로 나아가는 것이야말로 "자본주의의 숱한 문제점들을 점진적으로 제거할 수 있는 가장 합리적인 방식"(221쪽)이라고 주장하고 있다.

이렇게 케인스는 현존하는 자본주의 경제 체제에서 급격하게 단절하는 이행 전략이나 자본주의하고 본질적으로 구별되는 근본적인 이상향을 염두하지 않고 있다. 그러나 케인스가 말하는 '영에 가까운 자본의 한계 효율성'이라는 개념이 무엇을 의미하느냐 하는 질문과 별개로, 우리는 이런 개혁 전망이 자본주의적 소유 관계를 바꾸지 않고도 과연 실현 가능하느냐는 의문을 던질 필요가 있다. 과연 케인스는 자본주의적 소유 관계를 근본적으로 바꾸지 않고도 자신이 말하는 "완전 고용"과 "부와 소득의 평등한 분배"(372쪽)가 가능하다고 생각한 것일까?

케인스는 평등한 소득 분배를 달성하기 위한 직간접적인 방식들을 거론하며 금융 자산가들의 "돈놀이"에 세금을 부과해야 한다고 말하고(374쪽), "이자율을 대폭 낮춰"(375쪽) 국가가 "금융 자산가 계급 또는 [경제적으로] 아무런 [생산적] 기능도 하지 않는 금융 투자자를 안락사"시켜야 한다는 말까지 했다(376쪽). 그러나 거시 경제의 안정성을 달성하기 위한 이런 목표들이 어떻게 생산수단의 자본주의적 소유 관계를 바꾸지 않고 가능하다는 것인지 케인스는 해명하지 않고 있다. 우리는 케인스가 말한 "투자의 포괄적인 사회화"(378쪽)가 어떻게 자본주의적 소유 관계의 개혁을 수반하지 않고 달성될 수 있는지 알지 못한다. 그리하여 우리는 케인스가 말한 "효율성과 자유"가 어떻게 "평등"과 어긋나지 않고 함께 달성될 수 있는지, 그것도 케인스가 염려하는 "국가 사회주의"(378쪽)의 위험에서 벗어난 다른 어떤 방식으로 성취될 수 있는지 여전히 알지 못한다.

5. 케인스에게서 무엇을 배울 것인가

1) 《일반 이론》이 한 기여

지금까지 우리는 신고전파 경제학 이론과 케인스의 접근법이 공유하고 있는 점과 구별되는 점이 무엇인지를 추적하려고 노력했다.

케인스는 신고전파 경제학 이론의 둘째 근본 가정을 철저하게 부정하면서 노동 시장의 균형 조건 중의 하나인 우상향 노동 공급 곡선을 거부했다. 그렇지만 임금 결정에 관한 신고전파 경제학 이론의 한계 노동 생산성 이론에 관해서는 무비판적인 태도를 취했다.

케인스는 또한 총저축과 총투자의 관계에 관한 신고전파 경제학자들의 해석과 물가에 관한 통화주의적 가설을 철저하게 비판했지만, 신고전파 경제학자들과 마찬가지로 '화폐의 외생성'이라는 관념을 공유하는 듯한 모습을 보였다.

마지막으로 케인스는 신고전파 경제학자들이 가정하던 금융과 실물 경제의 변수들 사이의 관계에 관한 가정을 철저하게 비판하고, 유효 수요 이론을 통해 정부의 적극적인 거시 경제 조정 정책과 임금 정책 등을 강조했지만, 자신이 지향하는 대안적 경제 체제가 자본주의적 소유 관계의 변혁을 거치지 않고서 과연 어떻게 달성될 수 있는지에 관해서 설득력 있는 해답을 제시하지 못하고 있다.

이런 문제들이 무엇을 함의하는지 살펴보기 전에 케인스의 《일반 이론》의 핵심을 요약하면 **표 8-1**과 같다.

2) 여전히 남는 의문들

신고전파 경제학 이론들의 주요 공리에 관한 케인스의 이런 비판을 고려할 때 한계 노동 생산성 개념과 화폐와 이자율 조정에 관한 외생적 접근, 정부의 적극적 경제 정책이라는 케인스의 잔여적 논지들이 《일반 이론》 체계에서 아무런 모순 없이 일관되게 연관될 수 있느냐는 의문을 여전히 던져볼 필요가 있다.

먼저 한계 노동 생산성 개념과 정부의 적극적인 소득 재분배 정책의 관계를

표 8-1. 신고전파 이론에 관한 케인스의 비판과 일반 이론

	신고전파 경제학 이론	케인스의 《일반 이론》
1. 노동 시장에 관한 분석 ① 임금 결정 ② 노동 수요와 공급 곡선의 도출 ③ 노동 시장 균형 ④ 실업의 형태	① 임금=노동의 한계 생산성과 일치(→ 노동 수요 곡선), ② 임금의 효용은 고용의 한계 반효용과 일치(→ 노동 공급 곡선), ③ 노동 시장은 노동 공급 곡선과 노동 수요 곡선이 만나는 지점에서 균형을 달성하고, 이 균형점은 완전 고용에 상응한다, ④ 일시적인 마찰적 실업과 자발적 실업만이 존재할 뿐이다.	① 임금=노동의 한계 생산성과 일치(→ 노동 수요 곡선), ② 노동 공급은 실질 임금의 함수가 아니고, 노동자들은 실질 임금을 결정할 수 있는 지위에 있지 않다(→ 단선적인 우상향 노동 공급 곡선은 존재하지 않음), ③ 따라서 완전 고용에 상응하는 노동 시장 내의 균형이란 존재하지 않는다, ④ 따라서 국가가 나서서 유효 수요 진작을 통해 완전 고용을 달성하지 않는 한 자본주의 시장 경제 안에서 비자발적 실업은 항상 존재한다.
2. 금융 시장 또는 경제의 금융 측면 ① 이자율의 정의 ② 화폐 이자율의 결정 ③ 저축과 투자의 관계 ④ 물가 변동의 원인	① 이자율은 기회비용의 대가 또는 기다림의 대가다. 이자율은 총저축과 총투사에 따라서 결정된다. 저축과 투자량의 변동을 통해 이자율이 변화하게 되면 그 변화에 상응하는 새로운 균형 조건이 달성된다(경제가 완전 고용 상태에서 운영되는 것으로 가정되기 때문에 화폐량과 이자율 변동에 따른 소득 변동 효과는 존재하지 않는다), ② 통화량의 변동은 이자율의 변동에 일대일로 영향을 미친다(통화량이 증가하면 이자율이 떨어지고, 그 반대는 반대의 효과를 불러온다), ③ 저축은 항상 투자와 같은 것이고, 이 둘은 이자율의 변동을 통해 일치된다. 저축이 투자를 이끈다, ④ 현실의 경제가 항상 완전 고용 상태에서 운영된다고 가정되기 때문에, 통화량의 증가는 그것에 비례한 물가 수준의 상승을 초래한다.	① 이자율은 미래의 불확실성에 따른 프리미엄이나. 모든 상품이 자기 이자율을 가지고 있지만 화폐가 지닌 특성 덕분에 화폐 이자율이 중요한 척도로 기능한다, ② 화폐 이자율은 화폐량뿐만 아니라 경제 주체들의 다양한 화폐 보유 동기에 따라 결정된다. 따라서 통화량이 증가한다고 해서 이자율이 반드시 하락하는 것은 아니다, ③ 저축은 투자와 항상 일치하지 않는다. 저축의 증가는 소비 성향의 급격한 증대가 수반되지 않는다면 투자와 미래의 수익률에 관한 기대에 악영향을 미친다, ④ 통화량의 변동은 경제가 완전 고용 상태에서 운용되는가에 따라 물가 수준뿐만 아니라 유효 수요에도 동시에 영향을 미친다. 통화량의 변화는 생산 비용과 경제 규모에 영향을 미치는 다양한 요인들의 상호 작용을 통해 물가에 영향을 미치기 때문에 통화량의 증가가 반드시 단선적으로 물가 상승을 초래하는 것은 아니다.
3. 금융과 실물 거시 경제 변수들 사이의 관계와 국가의 구실 ① 금융 변수와 실물 변수의 연관 ② 정책적 함의	① 통화량의 변동은 투자와 고용에 영향을 미치지 않고 물가 수준의 변동에만 영향을 미친다(금융과 실물 경제는 분리돼 있고, 인플레이션은 금융적인 현상일 뿐이다), ② 자유 방임주의(반국가 개입주의)와 유연 임금 제도를 옹호.	① 통화량의 변동은 경제의 완전 고용 상태 여부에 따라 투자와 고용, 소비에 영향을 미친다, ② 정부는 직접 투자와 공동 사업 등을 포함한 재정 정책과 금융 정책, 안정 소득 정책 등을 통해 민간 부문의 유효 수요 감소를 보완하고, 이런 정책을 통해 거시 경제적 안정성을 달성해야 한다. "투자의 사회화"와 "금융 자산가 계급의 안락사" 등등.

살펴보자. 이미 앞에서 살펴본 것처럼 한계 노동 생산성은 수확 체감의 법칙과 생산 요소들 사이의 대체 가능성을 전제로 삼고 있다. 더불어 한계 노동 생산성은 생산 요소들이 전체 생산에서 기여하는 몫만큼 정확하게 보상을 받는다는 논리에 기반을 두고 있다. 따라서 한계 노동 생산성 이론에 따르면 정부가 나서서 인위적으로 소득 재분배 정책을 취할 수 있는 논리적 근거가 존재하지 않는다. 왜냐하면 한계 생산성 개념을 따를 때 각 생산 요소들의 소유자가 최종적으로 얻는 소득은 자본과 노동이 총생산에 기여하는 상대적 기여도에 정확하게 일치하기 때문이다. 따라서 국가의 인위적인 소득 재분배 정책은 한 생산 요소 소유자의 이익을 희생해 다른 사회 계급을 지원하는 것이 된다. 물론 케인스는 나름대로 한계 생산성 개념을 수용하는 듯한 모양새를 취할 필요가 있었을 것이다. 그러나 이 논지를 따르는 순간 정부는 인위적인 소득 재분배 정책을 실시하거나 안정된 임금 체계를 유지하기 위한 조치를 취할 논리적 근거를 상실하게 된다.

더 나아가 한계 노동 생산성 개념이 기반을 두고 있는 경제적 잉여의 부재라는 가설은 경제적 잉여가 생산되고 분배되는 과정이 모든 경제 문제의 핵심이라고 본 중농학파 이래의 모든 고전파 정치경제학자들(대표적으로 스미스, 리카도, 마르크스 등)의 핵심적인 문제의식을 부정하는 일이나 마찬가지다. 이 학자들의 시각에서 보면 케인스가 말하는 완전 고용 상태나 이상적인 경제 체제가 달성된다고 하더라도, 리카도와 마르크스가 간파한 '생산 과정에서 벌어지는 자본주의적 착취'라는 근대 산업 생산의 비밀은 결코 해명되거나 극복되지 않는다는 문제가 남는다.

케인스가 말한 완전 고용의 이점에 관한 사회철학적인 주장들은 케인스가 비판하려 한 신고전파 경제학자들의 현실 변호론에 견줘 분명히 훨씬 더 진보적이고 바람직하다. 그러나 케인스가 가장 바람직하다고 말하는 경제 상태에서도 경제적 잉여의 생산과 경제적 성과 배분을 둘러싼 자본과 노동 간의 계급 투쟁은 계속해서 발생할 수밖에 없다. 이런 측면에서 케인스가 옹호한 국가 개입주의가 사실은 2차 대전을 거치면서 과도하게 성장한 국가 권력의 행정 조정력을 바탕으로 사회 계급 사이의 타협을 강제할 수 있던 특정한 역사적 국면에 실행된 정책에 불과하다는 지적은 크게 틀리지 않았다.

다음으로 케인스가 자본의 한계 효율성이 영에 가까워지는 완전 고용 상태를 언급할 때 그 말이 무엇을 의미하는지도 명확하지 않다. 케인스는 중앙은행이 통화량과 이자율을 낮춰 자본의 한계 효율성을 낮추는 일이 장기적으로는 바람직한 금융 정책이 될 것이라고 주장하고 있다. 그러나 케인스 자신이 이미 다른 맥락에서 분석한 것처럼 통화량과 이자율은 다양한 경제 주체들의 화폐 보유 동기에 따라 서로 다른 관계를 맺는다. 국가의 통화량 증감 정책이 반드시 그것에 상응하는 이자율의 조정을 야기한다는 보장이 없고, 또 설사 그렇게 된다고 하더라도 이자율의 변동이 민간 기업들의 투자 규모와 고용에 예측 가능한 방식으로 영향을 끼친다는 보장도 없다. 그렇다면 완전 고용 상태에 조응하는 중앙은행의 통화량과 이자율 조정 정책의 정확한 양태가 무엇이냐는 질문을 케인스에게 다시 던지는 것은 논리적으로 그리 부당한 처사가 아니다.

이 문제와 관련해 케인스는 중앙은행이 시중의 통화량과 이자율을 근본적으로 규정할 수 있는 위치에 있다고 가정하는 것인가? 그렇다면 재정 정책에 견줘 금융 정책이 상대적으로 효과적이지 않다고 회의한 케인스의 태도는 어떻게 이해될 수 있는 것일까? 케인스는 경기 순환의 고통을 줄이려면 정부가 확대 재정 정책과 소득 보전 정책을 대대적으로 취해야 하고, 이 정책들의 효과를 극대화하기 위해서 다만 보충적으로 조정적 금융 정책을 취해야 한다고 말하는 것인가?

안타깝게도 이런 의문들은 《일반 이론》에서는 해명되지 않고 있다. 그리고 이런 측면에서 케인스의 《일반 이론》은 거시 경제학 분석을 완결하는 책이 아니다. 오히려 케인스 이후 케인스주의 이론과 정책을 둘러싼 논쟁의 역사가 보여주는 것처럼, 케인스의 《일반 이론》은 서로 화해할 수 없는 적대적인 성격을 지닌 해석들이 서로 치열하게 경쟁하는 논쟁의 기반이 됐다.

3) 무엇을 배울 것인가

이런 한계와 의문들이 있지만 케인스의 《일반 이론》은 현대 거시 경제학의 학문적이고 정책적인 기초를 놓은 경전으로 남아 있다.

무엇보다도 케인스의 《일반 이론》은 주류 신고전파 경제학 이론의 허구성과 한계를 비판하고 더 현실주의적인 경제 분석의 방향을 고민하는 데 반드시 참조해야 할 문헌이다. 안타깝게도 케인스 사후 현대 주류 경제학의 연구 패러다임은 케인스가 《일반 이론》을 통해 근본적으로 비판하려 한 신고전파 경제학의 한계주의적 분석이 지배하고 있다. 따라서 금융 시장에서 자본의 수요와 공급이 이자율을 통해 매개되고, 노동 시장에서 노동에 관한 수요와 공급이 실질 임금의 등락을 통해서 완전 고용 상태 아래의 균형점을 찾아갈 것이라는 가설, 더 나아가 케인스가 《일반 이론》에서 처방한 국가의 개입주의 정책은 다만 예외적인 국면에서만 적용할 수 있는 특수 이론에 불과하며, 신고전파의 기본 가정들이야말로 보편적으로 타당한 일반 이론이라는 관념이 현대 경제학계를 지배하는 양상이 나타난 것이다.

조안 로빈슨과 니컬러스 칼도, 미하우 칼레츠키 등으로 대표되는 케임브리지 대학교의 경제학자들과 하이먼 민스키나 폴 데이비슨Paul Davidson 같은 미국의 포스트 케인스주의 경제학자들이 케인스의 《일반 이론》을 보편적인 이론으로 재해석하고 재구성하려고 노력해온 것은 사실이다. 그러나 오늘날의 현대 경제학이 케인스가 그토록 공박하려 한 '케인스 이전의 사고'로 회귀한 것 또한 사실이다. 이런 이론적 정세를 고려할 때 《일반 이론》을 통해 케인스가 넘어서려고 한 케인스 이전의 사고방식이 어떤 문제를 지니고 있는지를 추적하는 작업은 여전히 의미 있는 작업이 될 것이다.

다음으로 케인스의 《일반 이론》은 현실의 경제 현상을 분석하는 데 여전히 유용하다. 무엇보다도 《일반 이론》을 통해 확립된 거시 경제학 변수들 사이의 상관관계가 전후 국민 경제를 분석하는 중요한 분석틀로 자리매김했기 때문이다. 오늘날 우리가 자주 사용하는 거시 경제 지표들, 예를 들어 국내총생산과 성장률, 투자, 소비, 저축, 실업 같은 주요 지표들은 직간접으로 케인스가 《일반 이론》에서 관계를 정립한 변수들의 영향을 받은 것들이다. 따라서 아무리 이 변수들 사이의 관계 유형을 새롭게 재정의하려고 해도, 논의의 지반 자체가 케인스의 거시경제학적 분석에 근거를 두고 있다는 사실에는 변함이 없다.

더불어 금융 정책의 한계에 관한 케인스의 언급이나 다양한 화폐 보유 동기에 관한 분석은 경제 위기 국면마다 나타나는 예외적인 금융 현상들을 분석하는 데 매우 유용하다. 예를 들어 우리는 앞에서 케인스가 미래의 불확실성 때문에 예비적 동기를 만족시키는 화폐 보유가 늘어나는 현상을 일컬어 '유동성 함정'이라는 표현을 사용한 사실을 살펴봤다. 케인스 자신은 이 현상이 다만 논리적인 가능성일 뿐이라고 설명했다.

그러나 1990년대 초반 부동산 자산의 부실과 거품의 붕괴에서 시작된 일본의 복합 장기 불황 국면이나 2007년 말 역시 부동산 시장의 거품 붕괴에서 시작된 미국발 국제 경제 위기의 국면에서 나타나는 지속적인 디레버리징 현상은 케인스가 이미 80여 년 전에 말한 유동성 함정이 단지 논리적 가능성일 뿐만 아니라 현실의 금융 현상을 이해하는 데 매우 적합한 개념이라는 사실을 잘 보여준다.

국민 경제가 유동성 함정에 빠져 점차 디플레이션 상태로 침몰하는 국면을 전환하려면 추가적인 양적 완화만으로는 부족하다. 이런 국면에서는 민간 부문의 부족한 유효 수요를 대대적으로 보충하고 성장 잠재력을 확충할 수 있도록 치밀하게 고안된 확대 재정 정책이 추진돼야 한다. 케인스가 말한 그 내용대로 말이다.

또한 케인스가 《일반 이론》에서 강조한 확대 재정 정책의 효과성, 곧 민간 부문의 유효 수요 감소를 보충하기 위해 정부가 취하는 공공 투자와 일자리 창출, 안정된 소득 보전 정책 등은 산업 발전 단계(선진국이나 후진국)에 상관없이 경기 후퇴와 산업 순환의 국면에서 여전히 중요하고 강력한 정책 수단들 중 하나로 남아 있다. 신자유주의 경제 정책의 옹호자들이 주장해온 노동의 수량적 유연성하고 정반대되는, 임금과 고용의 '경직성'과 안정된 소득 재분배 정책 등은 거시 경제의 안정성을 달성하기 위해 반드시 필요한 일이다.

특히 한국처럼 한 경제가 소수의 거대 독점 기업과 여기에 수직적으로 통합된 다수의 중소기업으로 구성돼 있고, 이 소수의 거대 독점 기업이 소규모 개방 경제 체제 아래에서 수출 증대를 통해 이윤을 증대하는 구조에서는, 압도적인 다수의 중소기업과 노동자 가계의 소득 수준은 점차 악화될 수밖에 없다. 경제 전체로 봐도 그 나라의 무역 수지에 영향을 미치는 대외 경제 여건의 변화에 취약해질 수밖에 없다. 이런 체제는 관대한 신용 공급을 통해, 다시 말해 경제 주체의 일부가 채무 부담을 증대시켜 지속적으로 도래하는 체제 재생산의 위기를 일시적으로 모면할 수는 있지만, 장기적으로는 결코 지속 가능한 체제가 될 수 없다.

이런 측면에서 케인스가 거시 경제의 안정성을 위해 그토록 중요하다고 강조한 확대 재정 정책과 안정된 소득 보전 정책 등은 산업 발전 단계나 국면에 상관없이 현대의 책임성 있는 민주 정부와 정치 공동체가 반드시 따라야 할 경제 정책의 방향성을 지시해준다. 이런 문제들의 일부는 미하우 칼레츠키의 경제 사상을 고찰하는 10장에서 다시 살펴볼 것이다.

마지막으로 케인스의 《일반 이론》에는 자본주의 경제 체제의 재생산 메커니즘과 한계를 분석하는 데 매우 유용한 여러 급진적인 개념들이 들어 있다. 여전히 불명확하기는 하지만 투자의 사회화와 금융 자산가 계급의 안락사라는 사회철학적인 주장부터, 나중에 포스트 케인스주의 경제학자들이 이론화하려고 한 근본적 불확실성, 비대칭적 정보, 금융 불안정성 가설 등은 오늘날 케인스 시대보다 더욱 복잡해진 현대 금융 시스템의 역사와 제도 변화를 추적하는 데 변함없이 중요한 요소들이다.

특히 통계적 개연성으로는 결코 환원될 수 없는 현대 사회의 근본적 불확실성을 강조하거나 자본주의적 축적과 산업 순환에서 금융 시장이 차지하는 중요성에 관한 포스트 케인스주의 경제학자들의 분석은, 케인스에 관한 주류 경제학자들의 해석을 넘어서서 《일반 이론》에 내재해 있던 근본 개념들을 더욱 급진적으로 발굴하고 해석하려는 문제의식의 산물이다. 이 문제의식이 지닌 의미를 파헤치기 위해서 다음 장에서 금융 불안정성 가설로 유명한 하이먼 민스키의 케인스 해석을 살펴볼 것이다.

9장

금융 위기는 주기적이다

민스키의 기업 투자 이론과 금융 이론

1. 포스트 케인스주의?

하이먼 민스키는 미국 학계에서 활동한 저명한 포스트 케인스주의 경제학자다. 민스키는 현대 자본주의 경제의 경기 순환에서 금융 시장이 수행하는 구실을 체계적으로 이론화하려고 했으며, 이 과정에서 자본주의 금융 시장이 얼마나 불안정한 기초 위에 놓여 있는지 보여주려고 했다.

이런 측면에서 민스키는 2부에서 살펴본 여러 경제 사상가들하고 구별되는 독립적인 연구 의제와 초점을 가지고 있다. 예를 들어 프리드리히 리스트와 칼 마르크스가 급속한 자본주의적 산업화를 달성하기 위한 국가의 전략과 적대적으로 대립하는 이해관계의 조정 문제를 다뤘다면, 민스키는 현대 자본주의 경제에서 점차 지배적인 위치를 차지하고 있는 금융 부문이 어떻게 실물 산업 자본의 재생산과 축적에 커다란 (악)영향을 미칠 수 있는지 분석하려고 했다.

또한 민스키는 케인스와 마찬가지로 신고전파 경제학 이론의 근본 가정들을 철저하게 비판하려 했고, 더 나아가 케인스 사후 영미 학계에서 표준화된 케인스 해석으로 군림하던 학문 조류들을 급진적으로 비판하면서 '케인스의 혁명적 사상'을 다시 발굴하려고 노력했다. 이 과정에서 민스키는 우리가 앞에서 살펴본 《일반 이론》의 이론적 난맥상들 중 일부를 해명하려고 시도했다.[1]

민스키는 모두 3권의 책을 출간했다. 첫 번째 책은 1960년대 중반에 이르러 정점에 다다른 주류 경제학자들의 표준적인 해석에 맞서 《일반 이론》에 나타난 케인스의 문제의식을 급진적으로 재해석한 《존 메이너드 케인스John Maynard

1 '급진적인 케인스 해석을 바탕으로 한 일반 이론화'는 세부 방향은 다르지만, 민스키를 포함한 전후의 모든 포스트 케인스주의자들을 한데 묶어주는 중요한 문제의식이다. 케인스 사후 영국 케임브리지 대학교에서 활동하던 케임브리지 케인지언과 세계 각국의 포스트 케인스주의 경제학자들의 문제의식을 시계열적으로 추적한 유용한 자료로는 King(2002)이 있다. 또한 마크 라부아(Marc Lavoie)는 현대 포스트 케인스주의 경제학자들의 공통된 문제의식을 추린 뒤 이것들을 교과서 형태로 잘 정리하고 있다(Lavoie 1992; 2009).

Keynes》다(Minsky 1975).

민스키가 두 번째 출간한 책은 대공황과 2차 대전을 거치면서 미국에서 새롭게 형성된 국가(중앙은행)와 시장(금융 자본)의 관계가 변화한 양상을 추적하는 한편, 자본주의 금융 시장에 내재한 근본적 불안정성에 관한 가설을 체계적으로 이론화하려 한 《대공황은 다시 발생할 수 있는가? — 불안정성과 금융에 관한 에세이Can "It" Happen Again — Essays on Instability and Finance》다(Minsky 1982).

마지막으로 민스키는 1986년 이 모든 논의를 집대성하고 여러 가지 현실적인 경제 문제들에 관한 대안적인 분석을 제시하는 《불안정한 경제를 안정화시키기Stabilizing an Unstable Economy》라는 책을 출간한다(Minsky 1986).

이렇게 책으로 출간된 저작 말고도 민스키는 방대한 양의 논문을 왕성하게 집필했다. 민스키가 저술한 논문과 강연문 등은 1990년 대학에서 은퇴한 뒤 사망하기 전까지 몸담은 리비 경제학 연구소Levy Economic Institute of Bard College에서 지난 몇 년 사이 온라인 문서고 형태로 집대성되고 있다(Levy Economic Institute 2012).

이 장에서는 민스키의 초기 저작들, 특히 첫 책 《존 메이너드 케인스》에 나타난 핵심 문제의식을 살펴볼 것이다. 또한 민스키가 어떻게 케인스를 해석하고 급진화했는지, 그리고 그런 해석이 '금융 불안정성 가설Financial Instability Hypothesis'에서 정점에 이른 독창적인 분석과 어떻게 연계되는지를 추적할 것이다.

민스키의 이 책을 일차적인 분석 대상으로 선정한 데에는 몇 가지 이유가 있다. 먼저 이 책은 현대의 주요 경제 사상가들을 소개하고 그 사상가들이 한국 사회에 어떤 함의를 줄 수 있는지 추적하려는 문제의식에 가장 잘 부합한다. 이 책에서 민스키가 제시하고 있는 케인스의 《일반 이론》에 관한 급진적인 해석은 앞 장에서 소개한 내용과 더불어 케인스의 혁명적 사상을 좀더 잘 이해하는 데 도움이 될 것이다.

다음으로 이 책에 드러난 민스키의 핵심적인 문제의식은 뒤이은 저작들에서 풍부하게 발전하게 될 금융 불안정성 가설을 충분히 예비하고 있다. 따라서 민스키가 금융 시장의 불확실성과 금융 불안정성에 관한 논의를 발전시킨 사유의 과정을 추적하는 데 이 책만큼 적합한 텍스트는 없다.

이런 문제의식에 따라 여기서는 《존 메이너드 케인스》를 구성하는 주요 장들의 핵심 내용을 요약해 소개하고 분석하면서 민스키의 논의가 현대 한국 경제의 문제들을 파악하고 해결책을 제시하는 데 어떤 의미를 지니는지 살펴볼 것이다. 또한 현대 자본주의의 확대 재생산과 경기 순환 국면에서 자본 시장(은행과 주식 시장)이 어떤 구실을 하는지 비판적으로 분석할 수 있는 유용한 문제 틀을 모색할 생각이다.

아울러 1990년 초부터 한국 사회가 차례대로 경험한 사태들, 곧 세계화라는 이름으로 추진된 급속한 자본 시장 개방, 1997~98년의 외환 위기, 1998년부터 2000년대 후반까지 지속된 금융 시장 통폐합과 추가 자본 시장 개방 등을 거치면서 나타나기 시작한 금융 산업 분야의 비대화와 금융화 현상이 한국 기업의 투자와 고용, 장기 경제 성장과 거시 경제적 안정성에 어떤 함의를 지니는지 분석하는 이론적 단초를 마련할 수 있을 것이다.

논의의 편의를 위해 앞선 장처럼 분석 대상으로 삼은 민스키의 《존 메이너드 케인스》에 초점을 맞추고, 꼭 필요한 경우가 아니라면 2차 문헌을 참조하지 않을 것이다. 아래 나오는 쪽수는 《존 메이너드 케인스》의 원문 쪽수를 나타낸다.

2. 표준과 대안 — 케인스를 해석하는 두 가지 길

1) 《일반 이론》의 특성과 전후 케인스주의의 역사

민스키가 《존 메이너드 케인스》를 쓴 직접적인 동기는 케인스에 관한 표준화된 해석으로 제시되던 IS-LM(투자-저축/유동성-화폐 공급) 모델 식의 신고전파-케인스주의 종합에 반기를 드는 것이었다. 민스키는《일반 이론》에 내재된 케인스의 혁명적인 사상을 재발굴하고, 그 과정을 통해 "근본적 불확실성하에서 내려지는 의사 결정, 자본주의적 생산의 주기적인 경기 순환, 선진 자본주의 경제들의 금융 관계"의 중요성을 강조하려 했다(Minsky 1975: 서문 ix).

민스키에 따르면《일반 이론》을 쓰기 전까지 케인스는 통상적인 통화주의 이론에 치우쳐 있었다.《일반 이론》이 출간될 무렵 학계는 주류 신고전파 경제학자들의 압도적인 영향력 아래 소수의 마르크스주의 경제학자들이 경쟁하는 형국이었다. 신고전파 경제학자들은 자본주의 시장 경제의 주기적 위기에 따른 고통을 줄이고 사회 문제를 해결하기 위해 마땅히 개입해야 할 정부의 구실을 무시하고 있었고, 마르크스주의 경제학자들은 자본주의 체제의 종말을 예견하며 아무런 경제 정책적 대안도 제시하지 않고 있었다(5~7쪽).

이런 학문 지형 속에서 출간된 케인스의《일반 이론》은 케인스의 이전 저작들에 견줘 몇 가지 중요한 특징을 지니고 있었다. 먼저 케인스는 이 책을 통해 처음으로 소비 함수와 총수요, 투자 함수, 유동성 선호 이론, 근본적 불확실성 속에서 형성되는 기대와 자산 투자 결정이라는 문제 틀을 제시했다(7쪽).

이런 특징을 좀더 구체적으로 살펴보기 위해 케인스의《화폐론》과《일반 이론》을 비교해보자. 민스키에 따르면《화폐론》에서 케인스는 화폐량의 증가가 민간 기업들의 투자 선호를 증대시키고, 이것이 자본재에 관한 상대적 수요를 증대시켜 전반적인 물가 상승을 야기한다고 기술하고 있다. 반면《일반 이론》에서 케인스는 총산출과 고용량을 결정하는 요인들에 초점을 맞추면서, 이 중 화폐량의 변화는 그 화폐에 대한 다양한 보유 동기들 중에서 어떤 것을 증대시키는가에 따라 기업들의 투자 규모와 선호를 증대시킬 수도 있고 그렇지 않을 수 있다고 분석했다.

케인스가《화폐론》에서 총산출량과 고용량이 금융적 현상과 무관하게 실물 경제 요인들에 따라 주로 결정되고 경제가 자동으로 완전 고용 수준에 다다를 것이라고 주장하는 신고전파 통화주의자들의 가설을 거의 따르고 있다면, 《일반 이론》의 케인스는 실물 경제와 구별되는 금융 경제 현상은 독립적으로 존재할 수 없으며 경제가 자동으로 완전 고용 수준에 다다를 것이라는 보장도 없다고 주장했다.

또한 《화폐론》에서 케인스가 여전히 총생산 함수와 소비자의 선호 체계를 가지고 작업하고 있다면, 《일반 이론》에서 케인스는 총산출과 총고용량을 결정하기 위해 총수요가 결정되는 과정과 공중의 소비 성향이 결정되고 유동성 선호가 구성되는 방식에 초점을 맞췄다. 민스키에 따르면, 케인스는 이런 변화를 통해 《일반 이론》에서 금융 자산을 보유하려는 동기가 지닌 투기적 성격과 자본 자산의 가치 평가 과정에 따라 영향을 받는 투자 결정이라는 근본적으로 중요한 관념들을 암묵적으로 제시했다(9~10쪽. 이 책의 8장 3절도 참조).

그러나 《일반 이론》에 내재된 이런 혁명적 성격에도 '케인스주의 혁명'은 찻잔 속의 태풍으로 후퇴하고 말았다. '총산출과 고용량 증대를 위한 정부의 유효 수요 진작'이라는 케인스의 관념은 2차 대전을 전후한 준전시 경제 체제 아래에서 각국 정부가 취한 '총수요 관리 정책'으로 대체됐고, 전쟁이 끝난 뒤에도 '금융 불안정성 때문에 야기되는 산업 순환과 경기 순환'이라는 케인스의 급진적 관념은 '경기 변동 없는 균형'과 '항상적인 성장'이라는 관념에 밀려났다.

물론 이 과정에서 케인스의 혁명적인 사상을 부분적으로 수용하면서 순치하려 한 신고전파 경제학자들의 집합적이고 체계적인 노력이 있었다. 신고전파 경제학자들은 《일반 이론》에 내재된 급진적인 사상을 없애고 케인스의 《일반 이론》을 화석화된 모델로 재현하거나 생산 함수와 소비 함수의 계수를 찾는 수리경제학적 통계 분석으로 대체하려 했다. 그리고 이렇게 형성된 전후 케인스주의, 조안 로빈슨이 한때 '근본 없는 케인스주의Bastard Keynesianism'라고 부른 특정한 해석은, 케인스주의 신고전파 종합이라는 이름으로 불리면서 1960~70년대 미국 경제학계에서 케인스에 관한 정통화된 표준적인 해석으로 군림하기 시작했다(14~18쪽).

민스키는 결국 《존 메이너드 케인스》를 통해 케인스의 이론에 관한 표준화된 해석이 어떤 문제들을 지니고 있고, 자신이 중요하다고 생각하는 《일반 이론》에 관한 급진적인 해석이 무엇인지, 그런 대안적인 해석을 따를 경우 어떤 함의를 추출해낼 수 있는지 제시하려고 한다. 이제 우리도 민스키라는 안내자를 따라 케인스의 혁명적 사상을 추적해보자.

2) 세 개의 표준적인 해석

민스키는 먼저 2차 대전을 거치면서 미국 경제학계에서 형성된 표준화된 케인스 해석을 크게 세 가지로 나누어서 비판적으로 고찰하고 있다. 그것은 소비 함수 모델, IS-LM 모델, 노동 시장 균형 모델이다(19~22쪽).

민스키가 처음으로 손꼽은 표준화된 케인스주의 연구 풍토는 소비 함수 모델이다. 이것은 2차 대전 이후, 특히 1950년대부터 1970년대까지 소득과 소비와 물가의 상관관계를 각종 데이터를 통해 수리경제학적으로 분석하려던 일련의 흐름을 지칭한다.

민스키는 케인스가 《일반 이론》에서 그 이전의 저작들하고 구별되게 소득 수준의 변화와 정부 지출, 조세 부과 등의 변수들에 따라 복합적으로 특징지어지는 소비 함수를 도입하고 있다고 인정한다. 그러나 미국의 케인스주의자들이 케인스의 소비 함수를 모델로 원용해 정작 분석하려고 한 것은 이 변수들 사이의 상관관계를 정태적인 소비 모형에 따라 수리경제학적 계수로 환원하는 방식이었다. 그리고 바로 이런 지적 배경 아래 모디글리아니Franco Modigliani나 프리드먼 같은 학자들은 이른바 생애 주기 소비 가설life-time consumption hypothesis, 곧 경제 행위자들이 경기 순환에 따라 변화하는 소득 증감분을 감안해 일시적이 아니라 생애 주기 전체에 걸맞은 효용 극대화 전략을 추구한다는 주장을 만들어내기도 했다.

이런 정태화된 수리경제학적 케인스 해석에 맞서 민스키는 케인스가 《일반 이론》에서 정작 강조한 것은 유효 수요의 원리라고 봤다. 다시 말해 총산출과 고용량을 결정하는 데 중심적인 구실을 하는 소비와 투자 변수의 중요성을 강조하고, 소득 수준 또는 사회 계급에 따라 다르게 나타나는 소비 유형, 그리고 다시 여기에 영향을 미치는 금융 변수들과 공중의 심리적 소비 성향 등을 종합적으로 분석하려 했다고 해석한다. 소비는 투자와 함께 유효 수요의 원리에 따라 고용 계수를 유발한다. 그리고 경제 공동체 내부의 통화량과 이자율의 변동, 미래의 경기 동향에 관한 기대와 한계 소비 성향 등에 따라 소득 대비 소비 지출이 결정된다.

민스키는 소비 함수 모델을 원용해서 수리경제학적 예측을 수행하려 한 미국의 '케인스주의자'들이 결과적으로는 이자율이나 통화량의 변화 등이 어떻게 소득 규모에 영향을 미치는지 알려주는 의미 있는 계수를 발견하지 못했다고 주장한다. 또한 케인스가 그토록 중요하다고 강조한 유효 수요의 원리와 근본적 불확실성 아래에서 내려지는 자산 다변화와 투자 관련 결정이라는 핵심적인 문제의식을 이해하지 못했고, 총산출과 고용량에 영향을 미치는 금융 변수들의 중요성을 인식하지 못한 결과 거시 경제학적으로 신뢰할 만한 안정된 소비 계수를 찾는 일도 실패할 수밖에 없었다고 지적한다(23~32쪽).

다음으로 케인스에 관한 표준화된 해석으로 제시된 것은 IS-LM 모델이다. 애초 이 모델은 영국의 신고전파 경제학자 힉스John Hicks가 《일반 이론》에 관한 해석의 한 방편으로 고안한 것인데, 한센Alvin Hansen 등을 통해 미국 경제학계에 소개됐다.

힉스는 실질 이자율에 따라 조정되는 화폐의 수요와 공급이 투자에 영향을 미치는 과정을 총산출과 이자율이라는 양대 축 안의 곡선을 통해 설명하려고 했다. 그래서 투자-저축 곡선을 이자율과 산출량의 관계를 나타내는 평면 위에서 우하향 곡선으로 그렸다(우하향 투자-저축 곡선). 이자율이 상승하면 투자가 줄어들고, 이것이 다시 산출량의 감소로 이어진다는 가정 아래 말이다.

힉스는 한발 더 나아가 화폐 공급을 외부에서 주어진 것으로 가정할 때 산출량의 증가는 화폐를 찾는 수요를 늘리게 되고, 뒤이어 이자율을 끌어올리게 될 것이라고 가정한다. 이렇게 해서 우리는 실질 이자율-총산출이라는 양대 축으로 구성된 같은 평면에서 우상향하는 유동성-화폐 공급 곡선을 그릴 수 있게 된다(우상향 유동성-화폐 공급 곡선).

힉스는 이런 IS-LM 곡선들이 몇 가지 외부 변수들(예를 들어 조세의 증가, 화폐량의 증가 등)의 변화에 따라 각기 다르게 조합되는 과정을 비교 정태 분석comparative statics을 통해 보여준다. 그리고 케인스가 《일반 이론》에서 제시하려던 금융 시장과 실물 경제가 맺는 상관관계는 결국 화폐량의 증감과 이자율의 변동을 통해 기업의 투자와 산출량이 변화할 수 있다는 점을 보여주려 한 시도이고, 이것은 자신이 제안한 IS-LM 곡선을 통해 가장 잘 설명될 수 있다고 주장했다.[2]

민스키는 IS-LM을 통한 이런 케인스 해석에 매서운 비판을 가한다. IS-LM 모델에는 불확실성이나 투자의 경기 순환적 특성 그리고 실제 금융 시장이 어떤 제도들로 구성되어 있는지에 관한 고려가 전혀 없다고 비판한 것이다. 이 모델에

---

2 힉스 자신의 설명은 힉스(Hicks 1937)를 참조. 나중에 힉스는 자신이 차용한 IS-LM 모델이 케인스의 문제의식을 담기에는 부족한 게 많다고 인정했다. 힉스는 IS-LM 모델을 포함한 "균형 모델"은 "정책의 문제를 사고하거나 미래를 내다보기 시작하는 순간 바로 그 유용성을 상실"하게 될 것이라고 진단했다. 왜냐하면 이 균형 모델은 "실물 경제와 금융 경제를 분리된" 어떤 것으로 간주하는데, "이것이야말로 바로 케인스가 넘어서려고 한 것"이기 때문이다. 게다가 "균형 모델은 불확실성이라는 문제를 무시한다." 케인스가 말한 "유동성 선호란 바로 미래의 불확실성 때문에 생겨나는 것"이다. 만약 미래의 경제 상황에 관한 기대가 확정돼 있고 모든 것을 투명하게 미리 예측할 수 있다면, 굳이 경제 주체들이 "유동성"을 보유하려 할 까닭이 없지 않은가? 결국 힉스는 "IS나 LM 곡선 중에서 어떤 하나가 변하면 미래에 관한 공중의 기대에 변화가 일어날 것이고, 그 결과 다른 곡선도 변화하지 않을 수 없게 될 것"이라고 말하면서, IS-LM 모델을 통한 비교 정태 분석이 학부 학생들의 이해를 돕기 위해 사용될 수 있을지는 몰라도 케인스의 핵심 문제의식을 포괄적으로 전달하기에는 한계가 많다고 지적했다(Hicks 1980~81).

서 케인스가 말한 유동성 선호 함수는 단순한 화폐 수요로 대체됐고, 투자는 이자율의 변동에 따라 결정되는 요소로 간주되고 있다는 것이다. 이 모델에서 화폐 수요는 이자율과 소득의 함수로 나타난다. 화폐 공급량은 중앙은행을 통해 경제 시스템 외부에서 주어지는 것으로 간주되고, 이자율은 화폐 수요와 주어진 통화량에 따라 결정된다. 이 모델은 명목 임금의 변화나 물가 변동의 변화에 이 변수들이 어떤 영향을 끼치는지를 조금도 고려하지 않는다.

민스키는 케인스가 이자율이 어떻게 화폐와 채무를 통해 결정되는지, 장기 기대long-term expectation를 통해 투자의 잠재 수익과 자본의 한계 효율성이 어떻게 결정되는지, 이자율과 자본 효율성의 상호 작용을 통해 시시각각 결정되는 자본 자산의 가격이 어떻게 변화하는지, 실제의 투자가 자본재의 공급 가격과 자본 수익률 사이의 관계를 통해 어떻게 결정되는지 분석하려 했다고 주장한다. 이런 시각에서 볼 때, 힉스가 제안하고 당대 경제학자들이 케인스에 관한 정통화된 해석인 양 받아들인 IS-LM 도식은 결국 케인스가 《일반 이론》에서 그토록 강조한 투자 결정 과정의 복잡성을 제대로 이해하지 못하고 지나친 단순화를 감행한 것에 불과하다(36쪽).

민스키가 살펴보고 있는 마지막 모델은 IS-LM 공식을 원용해 노동 시장의 일반 균형을 찾으려 한 '노동 시장 균형 모델'이다. 민스키는 이 노동 시장 균형 모델이 바로 케인스에 관한 신고전파 종합의 직접적인 계기이자 집대성이라고 간주한다. 이 모델의 옹호자들은 이 모델을 통해 상품 시장과 금융 시장과 노동 시장의 균형 조건들을 동시에 만족시키는 고유한 지점을 발견할 수 있다고 주장했고, 이 측면에서 케인스가 《일반 이론》에서 제기한 비자발적 실업이나 불완전 고용 같은 특수한 문제들을 신고전파의 시각에서 일반 이론의 형태로 해명하는 길이 열렸다고 자평했다.

그러나 이 일반 균형 모델은 우리가 이미 살펴본 신고전파 경제학자들의 두 가지 근본 가정에 기반을 둔 노동 시장 모델에 불과하다. 다시 말해 이 모델의 옹호자들은 실질 임금이 노동의 한계 생산성과 일치한다는 가설에서 우하향 노동 수요 곡선을 도출하고, 임금의 효용이 노동의 한계 반효용과 일치한다는 가설에서 우상향 노동 공급 곡선을 도출한 뒤, 이 두 곡선이 교차하는 지점에서 노동 시장 안의 최적 고용량과 최적 실질 임금 그리고 여기에 상응하는 균형 산출량이 결정된다고 주장한다(이 책의 8장 참조).

물론 이 균형 모델에는 한 가지 새로운 요소가 가미돼 있다. 이 일반 균형 모델의 옹호자들이 이렇게 결정된 균형 산출량의 값을 다시 투자와 저축과 유동성 선호 함수들에 끼어 넣어 이 균형 산출량에 조응하는 고유한 이자율과 저축량과 화폐 보유량을 순차적으로 도출해낸다는 점이다. 이제 우리는 상품 시장에서 수요와 공급을 통해 결정되는 균형 가격과 여기에 조응하는 균형 산출량의 규모를 알게 됐다. 동시에 우리는 금융 시장에서 자본의 수요와 공급을 통해 결정되는 균형 이자율과 여기에 조응하는 투자와 저축과 화폐 수요 규모를 확정할 수 있게 됐다. 더 나아가 이제 우리는 노동 시장에서 수요와 공급에 따라 결정되는 균형 실질 임금과 거기에 조응하는 균형 고용과 산출량의 규모를 도출할 수 있게 됐다.

이런 방식으로 균형 산출량의 값을 거기에 조응하는 투자 규모를 확정하기 위해 사용하는 동시에 이 투자에 조응하는 이자율을 도출하는 데 사용하면, 상품 시장, 금융 시장, 노동 시장 전체의 균형 조건을 동시에 만족하는 이자율, 투자 규모, 고용량, 산출량과 거기에 해당되는 화폐량과 물가 수준도 도출할 수 있게 될 것이다. 이렇게 IS-LM을 기반으로 한 노동 시장 균형 모델, 이름하여 케인스주의 신고전파의 종합은 대수학의 변수 값을 순환적으로 끼워 넣는 방식을 동원해가며 케인스가 《일반 이론》에서 논파한 케인스 이전의 신고전파적 사고로 정확하게 회귀하게 된다.[3]

---

3 이런 균형 모델이 존재하는데도 만약 현실에서 일반 균형 모델의 옹호자들이 예측하는 조화로운 결과들이 나타나지

민스키는 이렇게 케인스에 관한 당대의 지배적인 해석들을 고찰하며 세 가지 해석이 "보잘것없거나"(소비 함수 모델), "불완전하거나"(노동 시장에 관한 분석이 없는 IS-LM 모델), 그것도 아니라면 "논리적으로 일관되지 못한"(노동 시장 균형을 제시하는 IS-LM 모델) 해석들이라고 비판한다(53쪽). 그러나 어떤 경우건 민스키에게 이런 표준화된 해석들이 낡고도 낡은 "통화주의 모델"의 변형태라는 점, 따라서 다양한 시장에서 수많은 변수들이 동시에 상호 변화를 일으켜 균형점에 도달하리라는 맹목적인 신념을 되뇌는 것에 불과하다는 점은 명확해 보인다.

3) 불확실성 아래 나타나는 주기적 경기 순환과 투자 변동

그렇다면 민스키가 제시하는《일반 이론》에 관한 대안적인 해석은 무엇인가? 케인스의《일반 이론》에 관한 거의 모든 지배적인 해석들이 케인스의 혁명적 사상을 '화석화'한 것에 지나지 않는다면, 우리가 민스키를 따라 새롭게 발견하려고 하는 케인스는 무엇을 주장하고 있다는 말인가?

결론부터 말하면 민스키는 케인스가 신고전파 종합이 제시하는 것하고 다르게 '영구적인 불균형 속에서 주기적으로 나타나는 경기 순환'을 분석하는 방법론을 제시했다고 주장한다. 다시 말해 케인스는 "실제 수요의 변동에 따라 결정되는 투자에 관한 이론" 또는 "실제 투자의 변동에 관한 금융 이론"을 만들었다. 그리고 이 이론에는 "근본적 불확실성 아래에서 금융 자산을 다변화하는 결정이 불가피하게 야기하는 불안정성"을 분석하려는 문제의식이 담겨 있다(57쪽).

않는다면, 이제 그것은 복수의 시장 변수들이 관여될 수밖에 없는 복잡하고도 느린 상호 작용의 결과이거나 노동조합이나 국가가 실질 임금의 충분한 하락을 막기 위해 취하는 인위적인 개입들, 따라서 노동 시장의 경직성을 유지하고 강화하는 반시장적 조치들의 결과 때문일 것이다. 이런 방식으로 케인스주의에 관한 신고전파적 종합에 기초한 균형 모델들은 이미 1960년대에, 곧 전면화될 국가 주도의 신자유주의적 유연 노동 시장 프로젝트의 원리적 기초를 마련했다.

이 점을 좀더 명확하게 정립하려고 민스키는 수요의 변동에 따라 어떻게 경기 순환이 나타나는지 설명하는 케인스의 논리를 재현하기 시작한다. 먼저 이미 인용한 것처럼 케인스는《일반 이론》의 서문에서 "산출량의 규모와 고용이 어떻게 결정되는지를 분석의 대상"으로 삼고 있다는 점을 명확하게 밝히고 있었다 (Keynes 1997, vii). 안타깝게도 케인스 이전의 신고전파 경제학자들은 대공황이 도래할 것이라고 예측하지 못했고, 왜 공황이 발생했고 왜 그토록 깊고 오래 지속됐는지를 제대로 설명하지도 못했다. 그 결과 신고전파 경제학자들은 대공황 국면에서 어떤 정책이 필요한지 제대로 해명하지 못하는 한계를 드러냈다.

신고전파 경제학자들은 투자의 과잉이나 과소 소비를 거론하기도 했고, 심지어는 가계가 너무 많은 채무 부담을 지고 있어서 대공황이 발생했다고 설명하기도 했다. 그러나 민스키는 이 해명 중 어떤 것도 대공황의 원인과 진행 과정, 그 깊이를 제대로 해명하지 못했다고 주장한다. 민스키는 케인스가《일반 이론》을 통해서 이 모든 부분적인 설명들을 새로운 분석 체계로 통합해 대안적인 설명을 제시하려 했다고 주장한다.

《일반 이론》이 지닌 이런 특성 때문에 케인스의 책은 단순히 경기 순환에 관한 이론일 뿐만 아니라 오히려 더 근본적으로는 지금 같은 이행기적 경제 상태가 나타나게 된 이유와 과정, 이 이행기적인 국면이 안정되게 지속될 수 있는 기간, 근본적 불안정성 아래에서 내려지는 투자와 금융에 관련된 결정들이 이 이행기적 국면에 놓인 경제 체제의 안정성을 잠식하는 과정을 분석하려 한 것이다.

따라서 케인스의《일반 이론》에는 단일한 균형점(에 관한 사고)이 존재하지 않는다.《일반 이론》에서 케인스는 한 경제 체계가 그곳으로 향하는 경향이 있는 이행기적 체계 변수들의 준거점 정도로 균형을 이해하고 있다. 그러나 경제가 그런 체계 변수들의 특정한 이행기적 접합 상태로 움직인다고 하더라도, 이 과정은 경제 체계가 새로운 균형점 주변을 끊임없이 맴돌게 하는 변화를 내재적으로 발생시킨다(61쪽). 한마디로 단일한 균형점은 결코 존재하지 않고 한 균형점에서 다른 균형점으로 끊임없이 이행하는, 따라서 체계 변수들이 영구적인 불균형 상태에 놓여 있는 과정을 기술하고 분석하는 일이 케인스가 《일반 이론》에서 중요한 과제로 삼은 것이다.

물론 케인스가 《일반 이론》에서 경기 순환이나 경기의 팽창과 후퇴, 경제 위기 등이 투자 결정을 통해 내재적으로 결정되는 과정을 완결적으로 분석하지 못했다는 점을 민스키는 인정한다. 비록 케인스가 경기 팽창 과정에서 나타나는 금융 변수들의 변화에 관해 언급하기는 했지만, 《일반 이론》에서는 이 문제를 철저하게 탐구하지 못했다는 것이다. 따라서 경기 순환의 원인과 과정, 금융 시장의 세부적인 제도적 맥락에 초점을 맞춰 금융 위기를 분석하는 작업은 자신을 포함한 포스트 케인스주의 경제학자들에게 남겨진 과제라고 주장한다(63쪽).

그런데 민스키가 보기에 이런 이론적 과제를 달성하기 위해 가장 먼저 논의돼야 할 사항은 근본적 불확실성이라는 개념이다. 왜냐하면 이 개념은 《일반 이론》을 출간하기 훨씬 이전부터 케인스가 견지하고 있던 인식론 중 하나이기 때문이다. 실제로 케인스는 《확률론A Treatise on Probability》에서 확률 이론을 통해 측정되고 계산될 수 있는 통계적 개연성이라는 개념과 근본적 불확실성을 철저하게 구별하고 있다. 이런 구별을 통해 불완전 정보와 불확실성이 경제적으로 중요한 결정을 내리는 과정에서 커다란 영향력을 행사하고, 이것이 다시 체계 변수들의 행태를 결정하는 과정을 강조하려 했다. 다시 말해 케인스는 가계와 기업과 금융 기관들이 불확실성 아래에서 자산 다변화에 관한 결정을 내리는 과정, 자본 자산을 소유한 사람들과 은행들이 근본적 불확실성 아래에서 자본 자산의 잠재적 수익에 관한 견해를 형성하는 과정을 분석하려 했다는 것이다(66~67쪽).

케인스의 경기 순환의 금융 이론을 체계적으로 구축하기 위해 다루어야 할 또 다른 사항은 기업 투자의 변동을 야기하는 다양한 요인들, 특히 금융 요인들의 중요성이다. 케인스는 《일반 이론》에서 소비가 투자를 결정하는 중요한 요인이라고 논의를 시작했다. 그리고 이 투자의 변동에 따라 다시 총산출량의 변화와 고용량의 변화가 일어난다고 강조했다. 투자가 유효 수요의 변동에 따라 주로 결정된다는 원리를 추상적인 수준에서 언급한 것이다. 그러나 투자 속도의 변화는 가계의 소비 성향의 변화나 자본의 기술적 생산성이 변화한다고 해서 자동으로 변화하지 않는다. 왜냐하면 기술적 생산성과 저축률이 확정돼 있다고 하더라도 투자는 여전히 급격하게 변동하고 있고 또 변동할 것이기 때문이다(67쪽).

그렇다면 투자의 규모와 속도를 결정하고 여기에 영향을 미치는 요인들을 어떻게 분석할 수 있을까? 이 문제와 관련해 민스키는 "분권화된 자본주의 경제" 아래의 "근본적인 불확실성" 속에서 "투자 재원을 마련할 수 있는 조건"이 어떻게 변화하고 "경제 주체들의 자산 다변화에 관한 선호 체계"가 어떻게 형성되고 변화하는지에 초점을 맞춰야 한다고 주장한다(67쪽). 다시 말해 특정한 시간 지평 속에서 특정한 자본 자산을 소유하면 어느 정도 수익을 낼 수 있는지 판단하는 주관적인 계산, 따라서 끊임없이 변화하고 변화할 수밖에 없는 이 주관주의적인 가치 평가가 투자와 자산 다변화 결정의 주된 근거가 되고, 이것들의 상호 작용이 민간 기업들의 투자 규모와 속도를 결정한다는 것이다.

이렇게 분석의 초점을 바꿀 때 우리는 케인스가 《일반 이론》에서 미처 체계적으로 발굴하지 못한, 그렇지만 현대 자본주의의 경기 순환을 이해하는 데 반드시 필요한 일련의 사고를 갖출 수 있게 된다. 미래를 완벽하게 내다볼 수 있는 위치에 있지 않은 경제 주체들은 근본적인 불확실성 아래에서 이런저런 결정을 내려야 한다. 그런데 이렇게 내린 결정은 자신이 바람직하다고 생각하는 특정한 자산 구조에 영향을 미칠 것이고, 그것은 경로 의존성을 가지고 경제 주체들의 자산 구조와 위험 인식에도 영향을 미치게 된다.

따라서 "경제 체계가 향하는 균형"은, 만약 그런 것이 존재한다면 "항상 변화할 뿐만 아니라 심지어 급격하게 변화할 수 있게 된다." "경제 체계는 이미 다다른 어떤 균형점에 놓여 있는 것이 아니라 균형을 향해 가는 다양한 경향들"로 특징지어진다. 이런 측면에서 민스키는 "불균형의 경제학으로서 케인스의 경제학"은 "영구적인 불균형의 경제학"으로 해석돼야 한다고 주장한다(68쪽).

4) 자본주의적 금융과 자본 자산 가격의 변동

민스키는 케인스가 이런 근본적인 문제의식을 지니고 있었으면서도 실제 자본 투자의 속도와 규모에 영향을 미치는 세부 사항들, 특히 자본 자산 가격의 변동과 자본주의적인 투자 재원 조달 방식을 면밀하게 분석하지 못했다고 지적한다.

민스키는 《일반 이론》의 '투자를 촉진하는 요인들'이라는 제목을 단 장에서 케인스가 "자본 자산 가격의 변동이 투자에 미치는 영향을 직접 분석"하는 대신 "유동성 선호 함수에 관한 설명에 자신의 문제의식을 응축시키고 있다"고 비판한다. 게다가 "자산 구성의 변화에 관해 언급하면서 자본 자산 가격과 채무를 통한 투자 재원 마련의 중요성을 강조했으면서도" 케인스는 이 주장을 "이자율에 관한 분석의 맥락 속에 제약"시키는 한계를 보였다(69쪽).

심지어 자본 자산의 가격에 관한 시장의 평가에 초점을 맞췄을 때도 케인스는 "경기 순환 과정에서 이 자본 자산 가격 변동"이 기업들의 투자와 채무 관계 구성의 변화에 어떤 영향을 미치는지 분석하는 데 실패하고 있다고 민스키는 주장한다(70쪽).

결국 이런 한계를 넘어서기 위해서 민스키는 케인스의 유동성 선호 이론을 자본 자산 가격의 등락이라는 현상과 관련짓고, 이것들이 영구적인 불균형을 특징으로 하는 경기 순환 국면에서 어떤 구실을 하는지 체계적으로 탐구해야 한다고 주장한다. 여기서 민스키가 시도하는 첫째 이론적 과제는 자산 구성을 결정하는 경제 행위자들의 선택과 화폐에 관한 수요의 일반적 관계를 재구성하는 것이다.

민스키는 먼저 모든 경제 행위자들이 자산과 부채를 관리해야 한다는 의미에서 자산 구성에 관한 중요한 결정을 내리고 있다고 진단한다. 그리고 이렇게 형성되는 특정한 국면의 자산과 부채는 "향후 정해진 날짜에 예측 가능한 현금 납부 흐름"(70쪽)이라는 형태로 구속력을 행사한다. 특히 여러 경제 주체들 중에서 전체 국민 경제의 향방에 큰 영향을 미치는 중요한 경제 행위자인 기업들도 다른 경제 행위자들과 마찬가지로 불확실성 아래에서 자산 구성에 관한 지속적인 결정을 내리지 않을 수 없다(71쪽).

이런 기본적인 문제의식을 바탕으로 할 때 자연스럽게 모든 경제 주체들의 자산과 채무에 관한 결정을 매개하는 수단으로서 화폐에 관해 이야기하게 된다. 민스키는 화폐가 "현금 흐름이나 복잡한 금융 약속으로 구성된 세계"에서 매우 특수한 성격을 지니는 자산이라고 설명한다. 모든 사적 채무 관계가 화폐를 매개로 맺어지고 있는 상황에서 화폐는 이런 금융 약속들을 이행하는 가장 신뢰할 만한 수단이 된다는 것이다(73쪽).

그렇다면 화폐를 매개로 진행되는 각 경제 주체들의 자산 채무 관리에 관한 고려는 케인스가 《일반 이론》에서 예시한 유동성 선호 함수에 어떤 변화를 가져올 수 있을까? 민스키는 먼저 케인스가 정식화한 M=M1+M2=L1(Y)+L2(r)이라는 대표적인 유동성 선호 함수 등식을 거론하며, 이 등식은 예비적 동기를 만족시키는 화폐를 독립적으로 고려하지 않는다고 지적한다. 다시 말해 케인스는 M1이나 L1(Y)이라는 범주에 거래 동기를 만족시키는 화폐 보유와 예비적 동기를 만족시키는 화폐 보유를 한데 묶어놓고 있다는 것이다. 또한 민스키는 이 등식이 자본 자산의 가격 변화가 투기적 동기를 만족시키는 화폐 보유량에 미치는 영향을 전혀 고려하지 않는다고 비판한다. 이런 비판적인 고찰을 통해 민스키가 대안적으로 제시하는 유동성 선호 함수들은 **표 9-1**과 같다.

표 9-1. 자산 구성의 결정이라는 시각에서 확장된 유동성 함수들

M=M1+M2=L1(Y)+L2(r, Pk)	민스키의 첫째 확장 — 자본 자산 가격의 등락이 투기적 화폐 보유 동기에 영향을 미치는 경우. 이제 L2는 대출 이자율(r)뿐만 아니라 자본 자산 가격의 예상되는 변동(Pk)의 영향도 받는다. 다시 말해 화폐에 관련된 투기적 보유 동기는 이자율의 변동뿐 아니라 자본 자산 가격의 변동에도 영향을 받는다.
M=M1+M2+M3=L1(Y)+L2(r, Pk)+L3(F)	민스키의 둘째 확장 — 예비적 화폐 보유 동기를 독립적으로 고려하는 경우. 여기서 L3은 예비적 동기를 만족시키는 화폐 보유 함수로 독립적으로 고려된다. 이 함수에 따라 결정되는 화폐 보유량 M3은 '미지불 민간 금융 약속'(F)의 상태에 따라 규모가 결정된다. 여기서 'F'는 기업 외부에서 돈을 빌리는 경우나 증대된 투자 활동 때문에 초래된 미래의 지불 약속과 그것에 따라 형성되는 현금 잔고 등을 포함한다. 민간 경제 주체들은 이제 거래 동기와 투기적 동기 이외에 예비적 동기를 만족시키기 위해 막대한 현금을 보유하려는 동기를 갖게 된다.
M=M1+M2+M3-M4=L1(Y)+L2(r, Pk)+L3(F)-L4(NM)	민스키의 셋째 확장 — 총 화폐량에 신용이나 '준화폐'가 미치는 영향을 고려하는 경우. 여기서 L4는 '준화폐'가 가져오는 유동성 효과를 고려한 것이다. 여기서 준화폐는 화폐는 아니지만 화폐와 마찬가지로 유동성이 높은 금융 자산이다. 유동성 정도가 높은 각종 신용이나 정부 채권 등이 여기에 포함된다. 이 개념을 통해 우리는 특정한 기관이 발행하는 채무가 화폐처럼 유동성 높은 자산으로 통용되는 국면을 고려할 수 있다. 민스키는 이 준화폐(량)에 관한 선호 함수의 변동을 통해 경기 순환 국면에서 어떻게 '통화량이 내재적으로 결정'되는지 분석할 수 있다고 주장한다.[4]

이런 논의를 통해 민스키는 화폐를 근본적 불확실성 아래에서 불가피하게 요구되는 유동성 선호와 관련지을 뿐만 아니라 다양한 유동성 선호 함수들의 상관관계에 관한 문제의식을 발전시키고 있다. 민스키는 기업의 채무 구조의 중요성과 투기적 화폐 보유 동기라는 문제 틀을 인식하게 되면 이내 투기적 투자 팽창과 거품의 붕괴라는 주기적인 이행 상태의 연속이 자본 자산에 관한 시장 내 평가 과정에 의존하고 있다는 점을 인식하게 될 것이라고 주장한다. 자본 자산의 가격에 관한 시장의 평가가 현재의 자산 구성과 투자에 관련된

4 앞 장에서 케인스가 화폐량과 이자율, 물가의 상관관계를 분석하는 과정에서 통화량과 이자율이 중앙은행을 통해 외부에서 결정되는 것인 양 기술하고 있다고 지적했다. 화폐가 경제 주체들을 통해 의도적으로 만들어지고 생산과 교환의 필요성에 따라 그 양과 회전의 속도가 내재적으로 결정된다는 관념과 구별되는 논의를 하고 있다는 것이다(이 책의 8장을 참조). 여기서 민스키는 준화폐의 존재와 준화폐에 관한 수요 함수를 도입함으로써 화폐의 내생성에 관한 문제의식을 살리려 노력하고 있다. 물론 민스키의 경우도 안타깝게도 더는 논의를 진전시키지 않고 있다.

결정에 지대한 영향을 미치고, 이것이 가까운 미래의 실제 투자 규모와 투자 속도에 영향을 미치며, 더 나아가 기업의 미래 수익률과 자산 가격의 변화에 관한 주관적 평가에 영향을 미친다는 것이다(80쪽).

민스키는 모든 경제 주체들이 매순간 내리는 자산 채무 관리와 관련된 중요한 결정이 미래의 수익률에 관한 주관주의적 기대에 기초하고 있다고 지적했다. 특정 채무의 이자와 원금을 갚기로 약속한 기업이나 가계, 금융 기관은 거의 매순간 잠재적인 현금 흐름 중 얼마만큼을 되갚을지 결정을 해야 한다. 이 경제 주체들은 특정한 채무 관계상의 지위를 확보하기 위해 빚을 낸다. 이렇게 형성된 채무 관계는 채무 상환의 기일과 요구 사항, 그밖에 발생하는 긴급 현금 채무 상황에 관한 일련의 조건들을 명시하고 있다. 따라서 채무자인 경제 주체들, 특히 기업은 기업의 운영을 통해 미래에 얻게 될 예상 가능한 잠재 수익률을 놓고 투기를 벌여야 하고, 현재 국면에서 얼마만큼 채무 관계를 형성하고 어떻게 되갚을지 결정하는 일련의 계획을 세워야 한다.

그러나 이 모든 경제 주체들의 행위는 근본적 불확실성 아래에서 내려지는 임시적인 결정이다. 특정한 채무 구조를 지닌 기업의 자본 자산 가치가 등락을 하게 되면 채무자인 기업이나 채권자인 대부자 모두 그 기업의 미래 수익률에 관한 재평가를 기초로 채무 한도를 결정하고, 이 결정은 다시 해당 기업의 투자 규모와 속도를 정하는 데 커다란 영향을 미치게 된다. 기업 자산 가격의 등락은 현재의 자산 구성, 투자 결정, 미래의 수익률에 관한 주관적 평가에 큰 영향을 미치고 또 영향을 받는다(87~90쪽).

5) 금융 기관, 금융 불안정 그리고 투자의 속도와 규모

그렇다면 근본적 불확실성 아래에서 내려지는 기업의 투자 관련 결정은 실제로 어떻게 나타나는가? 기업의 자본 자산에 관한 시장의 가치 평가는 구체적으로 어떤 방식으로 기업 투자의 규모와 속도에 영향을 미치는가?

이 의문들과 관련해 민스키는 먼저 자본의 한계 효율성 가설과 자본화 비율이라는 두 가지 모순되는 투자 이론이 케인스의 《일반 이론》에 나타나 있다고 주장한다.

케인스는 《일반 이론》에서 자본의 한계 효율성 개념을 자본 자산의 소유를 통해 얻게 될 미래 소득의 현재 가치로 정의하고 있다. 케인스는 별다른 설명을 제시하지 않은 채 시장의 평균 이자율을 통해 이 자본의 한계 효율성이 자본의 공급 가격과 일치된다고 가정하고 있다. 그리고 이 가정에 기초해 이자율의 상승이 기업의 투자에 부정적인 영향을 미친다는 신고전파 경제학자들의 가정을 수용하고 있는 것처럼 보였다. 이 문제에 관해서 민스키는 케인스가 "다양한 자본 자산 규모와 다양한 자본 자산의 생산율이 미치는 영향을 혼동"했고, "금융 자산에 관한 이자율을 할인율과 혼동하는" 오류를 드러냈다고 지적한다(99쪽).

그러면서 케인스가 비록 체계적으로 논파하지는 않았지만 자본 자산의 소유가 가져다주는 미래의 수익 중에서 어느 정도가 자본화되느냐 하는 문제 틀로 기업의 투자 결정을 분석할 수 있는 시각의 단초가 케인스의 문제의식에 내재해 있다고 민스키는 주장한다. 기업의 자본 스톡에 매겨지는 시장 가격은 그 기업의 자산을 소유해서 얻을 수 있는 미래의 수익률에 영향을 받는 자본화 비율과 같다. 다시 말해 자본 자산의 시장 가격이 오르면 자산 소유를 통해 얻을 수 있는 수익률에 거는 기대가 상승하고 자본화 비율도 상승한다.

여기서 자본화 비율은 상수가 아니라 자본 스톡의 가격이 변화하는 정도에 따라 늘 변화하는 변수다. 미래의 수익률에 관한 주관적 평가는 늘 변화하고, 그 결과 자본화 비율도 늘 변화한다. 주어진 시장 이자율의 조건 아래에서 기업의 주식에 관한 시장 평가가 높아지면 미래 수익률에 관한 자본화 비율도 높아진다. 이 경우 해당 기업은 자본 자산에 더 많은 투자를 할 수 있게 된다. 이렇게 자본화 비율이라는 개념은 불확실성 아래에서 미래의 수익에 관한 주관적인 평가와 자산 소유자들의 위험 선호도가 실물 기업들의 투자에 관련된 결정에 영향을 미치는 메커니즘을 분석할 수 있게 해준다(100~101쪽).

다음으로 민스키는 기업의 투자 행태에 영향을 미치는 채무 구조의 중요성을 살펴보고 있다. 자본주의 기업들은 투자에 소요되는 재원을 마련하기 위해 기업 유보금을 이용하기도 하고 자본 시장에서 채권을 발행하거나 은행에서 대출을 받기도 한다. 전자가 기업 내부에서 투자 재원을 마련하는 방법이라면, 후자는 기업 외부에서 투자 재원을 빌리는 방법이다.

기업은 대체로 생산 설비를 확장하는 데 필요한 투자 재원을 효과적으로 조달하기 위해 외부에서 자금을 빌린다. 그런데 이 기업에 대출을 해주는 은행은 이 기업이 대출금을 제때 온전하게 되갚을 수 있을지를 항상 정확하게 평가할 수 없다. 따라서 은행은 신규 투자가 가져다줄 장래 수익뿐만 아니라 대출을 요구하는 기업의 재무 구조와 신용도 등을 평가하기 위해 과거부터 지금까지 누적된 자산과 부채의 현황을 살펴보지 않을 수 없다.[5]

그런데 이 과정에는 항상 대부자와 대출자가 갖는 비대칭적인 주관적 위험 인식이 나타날 수밖에 없다. 대출이 필요한 기업들이 평가하는 시장 위험과 대부자인 은행이 평가하는 채무 불이행 위험이 항상 비대칭적으로 나타난다는 것이다. 이런 사정 때문에 대출자는 대부자의 신용도를 평가하면서 더 높은 이자율을 요구하거나 만기일을 당기며, 더 나아가 특정한 기업 자산을 담보물로 요구하기도 한다. 또한 대출자는 대출금을 정해진 날짜에 회수하기 위한 방편의 하나로

---

5 민스키는 기업들의 금융상 지위를 크게 헤지 금융, 투기 금융, 폰지 금융(Ponzi financing) 상태로 구별한다. 헤지 금융 상태는 소득으로 얻는 현금 흐름이 총부채에 따른 지불 약속을 충분히 감당할 수 있을 정도로 큰 상태를 지칭한다. 투기 금융 상태에 놓인 기업은 장기적으로는 총부채와 총부채에 따른 지불 약속을 이행할 수 있지만, 단기적으로 현금 흐름이 부족해 지불 약속을 이행하지 못할 수 있다. 마지막으로 폰지 금융은 단기 현금 흐름이 부채에 매겨진 이자율을 감당하지 못할 정도로 너무 낮아서 점증하는 부채를 감당하지 못하게 된 상태를 지칭한다. 민스키는 이 세 가지 금융 상태를 언급하면서 경기 순환의 국면마다 이 금융상의 지위가 외부 여건에 따라 어떻게 동적으로 변화하는지를 추적하고, 이런 동적인 변화가 어떻게 금융 불안정성을 야기하는지 분석하는 게 중요하다고 지적하고 있다(Minsky 1982, 22~29; 105~106)

해당 기업의 주주 배당금과 미래의 대부 등에도 제한을 두려고 한다.

그러나 더욱 큰 문제는 이런 비대칭적인 위험 인식에 따른 프리미엄이 한번 형성되면 비교적 오랫동안 지속되는 관계로 유지되면서 일종의 준거점으로 남아 있는 게 아니라 경기 순환 국면에서 끊임없이 변화한다는 데 있다. 기업 투자의 규모와 속도는 대부자와 대출자가 지니는 비대칭적인 위험 인식에 민감하게 영향을 받을 뿐 아니라 더욱 심각하게는 경기 순환 국면에서 끊임없이 변화하는 용인할 만한 수준의 자산-부채 비율에 관한 인식에도 큰 영향을 받는다는 것이다 (111~112쪽).

기업이 투자 재원을 마련하는 방안과 대부자와 대출자가 갖는 비대칭적인 위험 인식에 관한 민스키의 이런 논의는 자연스럽게 현대 자본주의 경제 체제에서 점점 더 큰 기능을 수행하는 은행과 주식 시장에 관여하는 금융 기관에 관한 분석으로 옮아간다.

은행은 기업 경영자나 일반 가계와 마찬가지로 근본적으로 불확실한 기대 환경 속에서 대부를 해주고 기업 자산의 소유권을 사고파는 기능을 한다. 이런 과정을 통해 은행은 다양한 경제 주체들(기업, 가계, 은행)의 재무 상태를 서로 연결시킨다. 그리고 이렇게 은행을 통해 연계된 경제 주체들의 재무 상태표에는 각 주체들이 벌어들이는 소득(임금, 조세, 이윤 등)의 결과로 나타나는 현금 흐름이 기재되고, 이자 지급, 배당금, 지대와 대출금 납부 등으로 구성된 금융 구조가 기재되며, 자본 자산과 각종 금융 자산들의 거래 내역이 기재된다(117~118쪽).

한편 자본주의적 주식 시장은 다양한 유동성 정도를 지닌 금융 자산들이 가치를 실현하는 장소다. 여기서 은행은 대부자들의 신용 상태를 평가하고, 대출금의 조건을 결정하며, 실제 자본 자산이나 주식을 소유하고 있는 사람들의 금융 지위를 지원한다. 따라서 은행가들이 대출자들의 신용 상태를 재평가한 결과는 주식 시장에서 재평가되는 자본 자산 가격에 큰 영향을 미치게 된다. 그리고 이것은 다시 미래의 수익률에 관한 기대와 자본화 비율에 영향을 미치고, 결과적으로는

기업의 투자율과 투자 속도를 결정하는 요인이 된다(119~120쪽).[6]

여기서 민스키는 투기를 "시장의 심리를 예측하는 행위"라고 정의하면서 "자본 자산이 가져다줄 장기에 걸친 수익을 예측하는 활동"으로 정의될 수 있는 기업가의 활동과 구별한다(120쪽). 그리고 투기를 다시 자본 자산의 소유자들이 기업 외부의 대부자에게 빚을 내 투자를 하거나 수익을 기대하며 자본 자산을 소유하는 행위, 은행을 포함한 금융 기관들이 보유하고 있는 금융 자산과 자본 자산을 다변화하고 채무 관계를 조정하는 행위, 기업이나 가계가 자신들이 소유하고 있는 금융 자산을 사고팔며 수익을 얻거나 이 자산을 소유하려고 특정한 방식으로 재원을 조달하는 행위로 나누고 있다(123쪽).

이런 시각에서 볼 때 은행은 처음부터 기업가로 활동하는 게 아니라 투기자로 다른 경제 주체들의 투기 활동을 매개하는 기관으로 존재하는 셈이다. 대부자 은행이 대출자로서 기업이나 가계하고는 처음부터 다른 위험 인식을 가지게

6 뉴케인스주의(New Keynesian)를 포함한 현대의 주류 금융 경제학자들 중 일부는 민스키의 이런 문제의식을 수용해 경기 순환 국면에서 은행과 주식 시장이 수행하는 경기 촉진적 기능을 이론화하려고 해왔다. 예를 들어 미 연준 의장이 되기 전의 벤 버냉키는 금융 경제학자로서 은행의 대리인 비용(agency cost. 대출자 모니터링에 소요되는 비용)과 대출자로서 기업 보유 자본 자산의 순가치 평가가 다양한 경기 순환 국면에서 어떻게 변화하는지를 추적하면서 금융 변수가 경기 순환에 미치는 중요한 영향을 강조했다(Bernanke et al 1989 and 1990; Bernanke et al 1996). 경기 팽창기에는 자본 자산 가치가 높아지고 해당 기업들에 관한 은행의 대리인 비용도 감소하는 현상이 발생해 은행들은 좀더 관대한 조건으로 대부를 해준다. 그러나 경기 후퇴기에는 기업의 자산 가치가 하락할 뿐만 아니라 은행의 대리인 비용도 증가하게 된다. 그 결과 정상적으로 대출을 받을 수 있던 기업들도 그 어느 때보다도 더 많은 외부 재원이 필요한 바로 그때 외부 재원을 마련하기 위해 더 많은 비용을 치르거나 아예 자본 시장에서 퇴출되는 현상이 발생한다. 이런 경기 촉진적 경향이 상쇄되지 못하면 은행을 포함한 금융 대부자들은 상대적으로 위험도가 높은 금융 자산을 경쟁적으로 내다 팔고 안전 자산을 구입하려는 행태를 보인다. 금융 채널을 통해 경기 순환이 증폭되는 것이다. 이것은 스티븐 파자리(Steven Fazzari) 등이 수행한 기업 투자와 금융에 관한 실증 분석, 곧 불완전 금융 시장 구조에서 투자를 위해 외부 재원을 마련하려는 움직임이 기업의 자본 규모에 따라 어떻게 비대칭적으로 나타나는지를 분석하려 한 시도(Fazzari et al 1988; Fazzari and Variato 1994)와 유사한 문제의식을 담고 있고, 금융 시장에서 정보의 비대칭성을 강조한 뉴케인스주의 경제학 문헌들에 중요한 영향을 끼쳤다. 한 가지 흥미로운 것은 이 경제학자들 중 아무도 민스키를 공개적으로 언급하지 않았다는 사실이다. 이 논문들의 핵심 문제의식은 모두 민스키와 포스트 케인스주의 경제학자들의 선구적인 견해에 의존하고 있으면서도, 아무도 공개적으로 민스키에게 경의를 표하지 않고 있다. 또 한 가지 지적할 사항은 이 문헌들은 모두 금융 시장의 근본적 불확실성이라는 민스키의 핵심 문제의식을 시야에서 놓치고 있다는 점이다. 근본적 불확실성 아래에서 경제 주체들이 자산 구성을 변화시키는 결정을 내리고 그 결정이 내재적으로 금융 불안정성을 가져올 수 있는 과정에 관한 민스키의 포괄적인 문제의식이 기업의 자본 규모에 따른 비대칭적인 외부 재원 마련 규모나 대리인 비용의 증감에 따른 경기 촉진적 경향의 강화라는 수리경제학적 분석으로 대체되고 있는 것이다. 이런 비판을 포함해 뉴케인스주의, 민스키로 대표되는 포스트 케인스주의, 마르크스주의의 이론적 상관관계와 차이점에 관한 좀더 자세한 논의로는 제임스 크로티(Crotty 1986; 1994)와 개리 딤스키(1994)를 참조할 것.

되고, 다양한 신용 평가 통로를 통해 채무 불이행의 위험을 줄이려고 혈안이 되는 것은 투기자 은행이 갖는 본성에서 비롯된 행동이라고 할 수 있다.[7]

그런데 문제는 현대 자본주의 체제의 재생산 과정에서 은행들이 점점 커다란 영향력을 행사하게 되면서 은행의 금융 중개 활동이 초래하는 경기 순환의 폭과 주기성도 점차 커지고 있다는 데 있다. 경기 팽창기에는 기업이나 금융 기관은 물론 심지어 가계도 자신들이 보유하고 있는 자산 구성을 다변화하면서 이전에 견줘 훨씬 더 과감한 금융상의 지위를 확보하려고 한다.

예를 들어 기업은 기업 유보금의 한도를 넘어서는 규모로 채권을 발행하거나 장단기 채무 구조를 변화시키려는 활동을 벌이게 된다. 이 과정은 곧 화폐에 관한 각 경제 주체들의 투기적 수요가 증대한다는 것을 의미한다. 이 결과 자본 자산의 가격이나 각종 금융 자산의 가격은 더욱 오르게 되고, 경우에 따라서는 투기적 수요를 더욱 부추길지도 모른다(124쪽).

그러나 어느 순간 모든 경제 주체들은 빌린 빚을 갚기 위해 보유하고 있는 자산을 팔거나 자산 보유 비중을 줄이려 할 것이다. 그러면 곧 자산 가격이 폭락하고, 기업의 투자 감소와 디플레이션에 이어 경제 위기를 초래하게 된다(125쪽).

민스키는 여기서 부채-디플레이션debt-deflation이라는 용어를 도입하고 있다. 1930년대 대공황 국면에서 지배적인 현상으로 나타난 이 디플레이션은 "순전히

7 이런 측면에서 은행을 일반 상업 은행과 투자 은행으로 구별하는 것은 별로 의미가 없다. 보통 금융 경제학자들은 일반 상업 은행이 예금 금리와 대출 금리의 차액(예대 마진)에서 수익을 얻는 반면, 투자 은행은 자산 관리와 금융 상품 판매, 채권 발행 등을 통해 수익을 얻는 은행으로 규정한다. 그러나 다양한 경제 주체들의 자산과 부채를 연동시키고 불확실성 아래에서 투기적 결정을 내리는 것을 본질로 한다는 은행 기관들에 관한 민스키의 정의는 이런 구별의 유용성을 의심하게 만든다. 더불어 은행들이 투자 자본을 조달하기 위해 예금자 계정을 유지하고 이 자금을 효율적으로 관리하고 운용해서 생산적인 실물 투자에 금융 재원을 조달하는 기능을 한다는 논리도 현대 은행의 기능이 지니는 복합성을 총체적으로 보여주기에는 낡은 관념에 지나지 않을지 모른다. 왜냐하면 은행은 예금자의 기금을 수동적으로 수탁하는 데 그치는 게 아니라 다양한 재원들을 한데 묶어 팔면서 새로운 투자 자금을 적극적으로 발굴하기 때문이다. 주택 대출금, 자동차 구입 대출금, 학자금 융자 대출금 등을 바탕으로 채권을 만들어 팔아 새로운 투자 자금을 조성하는 자산 유동화 과정은 이미 은행의 본성에 내재해 있는 것이다. 민스키는 이미 오래전에 자산 유동화에 내재한 문제점들을 상세하게 분석하는 글을 쓴 적이 있다(Minsky 1987). 미국 금융 시장에서 나타난 자산 유동화의 절차와 은행의 점증하는 기능에 관한 최근의 유용한 분석은 Cetorelli and Peristiani(2012)를 참조.

금융적인 변화가 소비재 수요를 극적으로 감소시켜 생산재 수요 감소에 영향을 미치는 현상"이다.

이런 상황을 역전시킬 수 있는 해결책으로 민스키는 "단기간에 소비 지출을 늘리고 정부가 정부 지출과 세금 부과 정책을 바꾸"며, 경제에서 "채무 관계에 긴박되지 않는 금융 자산들의 영향력을 증대"시키거나 "중앙은행이 최종 대부자 기능을 증대시키는" 등의 정책을 취하는 것 등을 지적한다. 이 모든 정책들이 효과적으로 결합해 실행될 때만 경제가 부채-디플레이션 상태로 빠져드는 흐름을 역전시킬 수 있다는 것이다(126쪽).

그러나 금융 시장을 통해 야기되는 자본주의적 경기 순환은 여기서 끝나지 않는다. "부채-디플레이션이 개별 경제 주체들에게 미친 악영향이 줄어들고, 경기 침체기를 거치며 투자가 감소하고 금융상의 지위가 재건되는 과정을 거치면서, 본격적인 경기 회복과 경기 확장이 시작된다." 물론 "이런 경기 회복은 부채-디플레이션이 지속되는 동안 노출된 채무상의 지위 때문에 감내해야 하는 경제적 손해와 처벌에 관련된 강한 기억과 함께 시작된다. 그러나 경기 확장 국면에서 성공은 무모함을 낳고, 시간이 지날수록 과거의 재앙에 관한 기억은 점차 사라진다." 이런 방식으로 "안정성은 불안정성을 낳는다. 점점 더 많은 사람들이 위험한 투자에 관여하고, 대부자들이 이 투자를 통해 이익을 얻게 되면서 다른 사람들도 그 뒤를 이어 투기 활동에 몰입하게 된다"(127쪽).[8]

---

8 민스키는 경기 팽창과 후퇴의 주기적인 순환을 특징으로 하는 이런 자본주의적 경기 순환을 나중에 '금융 불안정성 가설'로 이론화한다(Minsky 1982; 1986). 그리고 그 뒤 출간된 저작들에서 왜 현대 자본주의 경제는 1930년대의 대공황 같은 파국적인 상황을 더는 경험하지 않게 됐는지, 그 과정에서 반경기 순환에 반하는 국가의 정책들과 중앙은행의 최종 대부자 기능이 어떤 영향을 미쳤는지를 분석하고 있다. 민스키는 이것이 현대 자본주의 금융 구조의 근본적인 변화에서 기인한 것이지만, 금융 시장의 변동이 경기 팽창과 후퇴라는 주기적인 산업 순환을 야기하는 구조적 한계를 떨쳐버리지 못했다고 분석한다. 여기서 금융 불안정성은 대공황 같은 파국이 아니라 체제를 구성하는 변수들의 상호 작용의 결과로 나타나는 내재적인 주기적 불안정성을 지칭하는 것이다. 이 변수들은 이렇게 진화한다. 먼저 소비의 증대는 총수요의 증대를 가져와 빚을 내 투자를 증대시키도록 기업을 내몰며, 이 과정에서 은행과 금융 기관들은 투자 증대에 필요한 신용을 만들어낸다. 그런데 채무에 바탕을 둔 투자 규모의 확대는 기업의 수익률을 저하시키고 자본재에 관한 수요를 떨어뜨린다. 기업을 시작으로 해서 다양한 경제 주체들의 소득 대비 채무 비중이 증대하면 금융 기관들은 추가적인 여신 제공을 줄이게 된다. 이 과정이 진행되는 동안 경제 주체들이 이전에 맺은 지불 약속을 지킬 수 없게 되고 경제 주체들 중 일부가 자산을

이렇게 민스키는 케인스의 투자 이론이 자본주의적 금융이 내재적으로 가지고 있는 순환성과 투기성을 고려함으로써 급진적으로 재해석될 수 있다고 주장한다. 특정한 경제 주체들의 자산과 부채가 다양한 경제 상태 아래에서 변화하는 과정을 추적하고, 이것이 실물 기업의 투자 규모와 속도를 규제하는 방식에 초점을 맞춰야 한다는 것이다.

민스키에 따르면 모든 경제 주체들은 근본적 불확실성 아래에서 현재와 같은 경제 상태가 지속될 것이라고 가정하고 투자와 금융에 관련된 중요한 결정을 내린다. 그러나 이 가정은 미래 수익에 관한 주관적 평가가 쉴 새 없이 변동하는 것처럼 끊임없이 변동할 수밖에 없다. 그리고 경제 주체들의 자산과 채무 구조, 그것을 매개하는 금융 시장의 기능 때문에 개별 경제 주체들의 변화하는 채무 구조는 다른 경제 주체들의 채무 구조에도 불가피하게 영향을 미친다. 이제 주어진 채무 구조와 잠재적 수익 구조에 관한 주관적인 평가가 변화하고, 그 결과 자산-채무 구조를 재편성하려는 집합적인 노력이 뒤따르게 된다. 실물 기업의 투자 규모와 속도는 결국 다른 경제 주체들과 마찬가지로 근본적 불확실성 아래에서 고유한 자산과 부채 구조를 유지하고 관리해야 하는 금융 기구들을 통해 결정되고 변동한다.

6) 케인스의 사회철학이 공공 정책에 주는 함의

민스키는 이제 케인스 《일반 이론》과 자신의 대안적인 해석이 지닌 사회 철학

매각하거나 추가 비용을 지불해서라도 돈을 빌려야 하는 상황에 내몰린다. 이런 상황이 조기에 수습되지 않으면 한 경제 주체의 파산이 다른 경제 주체들의 소득 감소와 자산 감축, 나아가 소비와 투자의 감소로 이어지게 된다. 이런 방식으로 안정된 금융 시장이 그 안정성을 잠식하는 내재적인 변수들을 만들어내고, 안정된 금융 시장이 곧 불안정해진다. 여기에서 금융 시장에서 계속되는 자본 자산 평가와 경제 주체들의 자산-채무 구조는 지대한 경기 촉진적 기능을 수행한다(Minsky 1982, 6~9; 20~21; 60~69; 72~86; 92~113; 118~153; Minsky 1986, 171~220).

적 함의를 추적하기 시작한다. 케인스의 《일반 이론》은 공공 정책의 수립과 집행의 영역에서 어떤 변화된 시각을 제시했는가? 그리고 민스키 자신의 대안적인 해석은 어떤 새로운 시각을 제공하는가?

이 문제와 관련해 민스키는 먼저 케인스가 1920년대까지만 해도 사회주의 사상에 크게 기울어 있었다고 해석한다. 그러나 얼마 지나지 않아 케인스는 경제적 효율성, 사회 정의, 개인의 자유가 사회주의 전략이 아니더라도 함께 달성될 수 있다고 믿게 됐다. 정부의 적절한 고용 정책과 소득 재분배 정책이 뒷받침되면 분권화된 시장 경제 아래에서 개인의 자유와 경제적 효율성이 가장 잘 달성될 수 있다고 믿기 시작했다는 것이다(146~147쪽). 물론 케인스는 투자의 사회화와 금융 자산가 계급의 안락사를 주장했으며, 유효 수요를 증대하기 위해 정부가 안정된 소득을 보장하는 정책을 옹호했다.

민스키에 따르면 케인스는 투자의 사회화와 시장을 통한 경제 활동의 인정이 아무런 모순도 일으키지 않을 것이라고 기대했다. 1930년대 이후부터 1960년대까지 지속된 준전시 경제 체제하에서 정부가 각종 정부 지출을 통해 공공사업을 벌이고, 학교와 병원 등을 건설하며, 확대된 규모로 군대를 창설하고 유지하며, 심지어 우주 탐사까지 벌이고 있던 마당에, 기업의 사적 소유권이 민간에 일부 할당돼 있는 것은 아무런 문제를 일으키지 않으리라고 판단했다는 것이다(157~158쪽).

또한 민스키는 케인스가 창의적인 경제 활동의 결과로 나타나는 소득의 불평등을 순전히 금융 자산을 소유하고 있는 데서 비롯되는 부의 불평등과 구별했다는 점도 강조한다. 전자가 혁신을 달성하는 인간의 창의적인 활동이 가져온 자연스러운 결과이고, 따라서 어떤 측면에서는 바람직하고 필요한 요소라고 간주했다는 것이다. 반면 금융 자산을 소유하고 있다는 이유만으로 부의 불평등이 생기는 것은 생산적 자원들이 필요한 곳에 효율적으로 할당되지 못한다는 의미가 된다. 그리고 민스키는 바로 이 점 때문에 케인스가 금융 자산가 계급의 안락사를 주장했다고 해석한다(151쪽).

물론 케인스가 옹호한 정책들의 많은 부분이 케인스의 이름으로 진행된 케인스주의의 역사에서 잊혔다. 케인스가 옹호한 정부의 완전 고용 정책은 '경제의 군사화'로 대체됐으며, 거시 경제의 안정성을 달성하는 데 꼭 필요하다고 강조한 '소득의 균등 분배'라는 목표는 망각됐다. 유효 수요를 증대하기 위해 정부가 취할 수 있는 정책으로서 "조세 정책과 지출 정책은 금융 자산가 계급의 안락사가 아니라 오히려 [그들에게] 새로운 생명을 불어넣기" 위해 실행됐다(159~160쪽).

2차 대전이 끝나고 25년이 흐른 1970년대 초반까지 자신을 '케인스주의자'라고 부르는 사람들은 정부의 총수요 관리 정책과 거시 경제 조정 정책 등을 통해 자본주의적 경기 순환을 완전하게 끝장냈다고 주장했다. 그러나 그 사람들이 유지하고 있던 표준 모델은 《일반 이론》에 내재해 있던 케인스의 핵심 문제의식을 왜곡한 것에 불과했고, 자본주의 체제의 동학을 결정하는 금융 변수와 금융 시장의 근본적 불확실성을 무시한 결과물이었다(161쪽).

미국 경제는 1960년대 초반까지 심각한 경기 침체를 겪지 않고 투자를 증대시키기 위해 정부가 마련한 조세 정책과 보조금 정책들에 힘입어 지속적으로 성장했다. 금융 시장이 안정적으로 작동했기 때문이다. 그러나 1960년대의 긴 확장을 뒤로 하고 안정된 금융 체제는 깨지기 쉬운 불안정한 체제로 바뀌기 시작했다. 그 결과 금융 시장의 충격은 1966년과 1969~1970년 사이의 금융 위기를 촉발하는 원인이 되기도 했다. 미 연준은 이 금융 위기들이 폭넓은 부채-디플레이션으로 번지는 사태를 막기 위해 신속하게 대응했다. 그러나 미 연준의 정책 때문에 화폐 공급이 폭증하기 시작했다. 그리고 통화량의 증대와 기업들의 채무 부담 증대를 통한 투자 증대의 결과로 나타난 인플레이션은 임금 인상과 물가 상승이 서로 추동하는 순환적인 불안전 동학을 만들어냈다.

정책 당국자들은 이 문제를 해결하기 위해 통제된 경제 관리에 의존했다. 그러나 이런 경제적 통제는 케인스가 염두하고 있던 경제 정책과 무관한 것들이었다. 정부는 투자를 전혀 사회화하지 않았고 소득 대비 소비 비율을 증가시키기 위해 소득을 재분배하는 정책을 취하지 않았다. 오히려 미국 정부는 거대 기업의 법인세와 소득세를 역진적으로 낮추는 정책을 취해 "소득 수준에 따른 소비의 격차가 더욱 커지게" 됐고, "조세와 보조금 등의 재정 정책은 전반적인 사회 복지를 증대"시키는 게 아니라 "군사비 지출에 내재한 낭비"를 초래하거나 '사적 투자'를 증대시키는 방향으로 채워졌다(165쪽).

특히 미국 정부는 군수 산업과 중화학 공업 분야 기업들에게 각종 보조금을 지원하고 조세 감면 혜택을 제공했다. 이 분야의 성장이 다른 산업 분야의 성장을 견인하고 경제 성장을 가져올 수 있을 것이라는 기대를 하면서 말이다. 케인스가 언급한 유효 수요 진작 정책이 자본재 생산 분야, 특히 비생산적 군수 산업 분야에 국한된 배타적인 산업적 지원으로 대체된 것이다.

그런데 1970년대 중반 오일 쇼크를 거치면서 분명하게 나타나게 될 것처럼, 이 산업 분야에 관한 공급 충격은 임금 상승 압력과 물가 상승의 악순환을 불러왔다. 자본재 생산 분야의 임금 인상 압력이 자본재의 공급 가격을 인상시키는 요인으로 작용하고, 이런 흐름이 이 자본재를 생산 요소로 삼는 소비재 생산 부문에도 영향을 미쳐 물가 상승과 실질 임금 하락을 불러오고 여기에 반발하는 임금 인상 압력이 다시 기업들의 가격 이전을 통한 물가 상승 압력으로 되돌아오는 악순환을 가져오게 된 것이다.

케네디 행정부와 존슨 행정부(1960~1968)는 '케인스주의적 완전 고용 정책을 추구한다'는 미명 아래 중화학 공업과 군수 산업 분야를 대상으로 하는 노골적인 지원 정책을 공식 채택하고 적용했다. 민스키는 이런 정책과 구별되는 '진정으로 케인스주의적인 정책 대안'이 있었다고 주장한다. 경제 자원을 중화학 공업과 군수 산업 분야가 아니라 소비재 생산 분야를 발전시키는 데 사용하고, 사회 전체 수준에서 소비를 진작하는 방향으로 경제 구조를 재편하는 대안이 바로 그것이다.[9] 이 과정에서 정부는 소득 재분배를 실시해 시민들의 평균 소비 성향을 증대시키고, 이것을 정부의 공공 지출과 투자를 통해 보충하는 업무를 수행하게 된다.

민스키는 이런 대안적 경제 정책이 "경제의 주요 분야가 사회화되고, 공동생산이 민간 수요의 대부분을 만족시키며, 소득과 부에 조세를 부과해 경제적 불평등을 줄이며, 채무 구조를 대상으로 하는 투기가 법적으로 규제돼 완전 고용에 근접한 경제 상태가 더는 불안정성과 긴장을 발생시키지 않는 경제 구조"에 적합한 정책이라고 주장한다. "높은 소비, 소득 불평등의 제한, 허용되는 채무 구조에 관한 제한 등"이 "거대 기업들의 권력을 제한하는 산업 조직 전략과 함께 취해진다"면, 이런 정책들은 현재의 지배적인 자본주의 경제 체제보다 훨씬 더 활발하게 "개인적 창의와 기업가 정신"을 고양시킬 수 있을 것이라고 민스키는 기대한다(167쪽).

이런 변화를 위해 민스키는 "기업들의 채무 구조를 제한하고, 주요 경제 주체들이 부채 증대를 통해 투자 재원을 마련하거나 자본 자산을 대상으로 투기적 금융 지위를 확보하는 행위를 규제"하며, "아무런 이익도 가져다주지 않는 물건(무기와 군수 물자)을 생산하는 산업 분야의 과도한 투자와 정부 지출에 의존하는 구조"를 바꿀 것을 요구한다. 정부가 "부유한 사람들의 소득을 급격하게 증대시켜 노동자와 가난한 사람들의 소득이 간접적으로 향상되는" 낙수 효과 정책에 의존하지 말고 "가난한 사람들의 소득을 직접 증대"시키며, "부유한 사람들은 자신들에게 제공되는 사업 기회를 포착할 수 있게 하는" 대안의 정책을 취해야 한다는 것이다(167~168쪽).

---

9 민스키는 자본재 생산 부문과 소비재 생산 부문을 구별하는 논의의 이론적 중요성을 《존 메이너드 케인스》 이후의 대표적인 저작들 속에서 명확하게 밝히고 있다. 그러나 이 책에서 민스키가 자본재 생산 부문을 소비재 생산 부문과 구별하는 것은 이론적이기보다는 정책적인 차원의 고려 때문이다. 다시 말해 케인스의 유효 수요 진작에 관련된 구상이 현실에서는 중화학 공업과 군수 산업을 대상으로 하는 배타적인 지원으로 대체되고 있는 현실을 비판하는 데 초점을 맞춘 것이다. 민스키는 이어진 저작들에서 마르크스의 자본 재생산 표식을 원용하는 미하우 칼레츠키를 따라 사회 계급별 소득 분배 이론을 논의의 준거로 삼고 있다.

3. 결론을 대신해 — 케인스-민스키의 공공 정책

1) 민스키와 현대 금융 경제학

지금까지 살펴본 민스키의 핵심 문제의식, 곧 케인스의《일반 이론》에 관한 급진적인 재해석과 현대 자본주의 체제에 내재하는 주기적인 금융 불안정성에 관한 이론은 포스트 케인스주의 경제학자들은 물론 일부 마르크스주의 경제학자들, 심지어 주류 뉴케인스주의 경제학자들에게도 중요한 영향을 미쳐왔다.

우리는 이미 민스키가 분석하려 한 금융 시장을 통한 경기 순환이라는 핵심 문제의식이, 제한되고 뒤틀어진 형식이기는 하지만 벤 버냉키 등으로 대표되는 뉴케인스주의 경제학자들의 사고에 담겨 있다는 점을 확인했다(Bernanke et al 1989; 1990; 1997; Fazzari et al 1988; 이 장의 2-5절 참조). 또한 민스키의 선구적인 논의를 따르는 미국의 포스트 케인스주의 또는 민스키안 경제학자들은《존 메이너드 케인스》와 이어진 저작들에 나타난 민스키의 내생적 화폐 이론과 유효 수요론을 좇아 완전 고용을 목표로 하는 국가의 적극적인 일자리 창출 정책을 경제 위기뿐만 아니라 수정된 자본주의의 장기 지속을 위한 대안으로 제시하고 있다(예를 들어 Wray 1998; Nell and Forstater(eds.) 2005, 리비 경제학 연구소에서 출간되는 보고서들을 참조).

던컨 폴리Ducan K. Foley와 디팡커 바수Deepankre Basu 같은 현대 마르크스주의 경제학자들도 마르크스가《자본》에서 다만 간헐적으로 제시한 자본 축적 과정에서 금융의 구실이라는 문제의식을 민스키의 논의에 힘입어 '순환 자본 모델circulating capital model'로 이론화했다(Foley 1982; Foley 1986; Alemi and Foley 1997; Basu 2011 참조).

이렇게 민스키의 금융 불안정성 이론은 좌우의 이념적 스펙트럼을 뛰어넘어 주류와 비주류 경제학자들에게 커다란 영향력을 행사하며 현대 자본주의 경제의 금융 시장 동학을 분석하는 중요한 이론적 전거로 활용되고 있다.

2) 민스키와 한국 경제

이제 한국 경제를 분석하는 데 민스키의 논의가 어떤 함의를 지니는지 질문을 던져보려 한다.

한국 경제의 경우 적어도 1990년대 초반까지 금융 시장에 관한 정부의 강력한 통제를 기반으로 삼고 있었다. 프리드리히 리스트의 경제 사상을 살펴보는 과정에서 지적한 것처럼, 개발 독재 정부의 관료들은 수출 주도형 산업화 정책을 효과적으로 추진하고 뒷받침하기 위해 금융 시장의 대내외 자율성을 강력하게 억압했다.

김영삼 정부가 1990년대 초반부터 추진한 세계화 정책, 그 핵심인 금융 시장 규제 완화와 대외 개방은 이전까지 지속되고 있던 정부, 재벌, 금융 기업의 관계 유형을 재구조화하려는 시도였다. 물론 우리가 잘 알고 있는 것처럼 김영삼 정부가 추진한 금융 시장의 대외 개방과 정책 금융의 폐지, 산업 정책의 축소 등은 거대 독점 재벌의 무분별한 해외 단기 차입과 채무 부담 증대를 사전에 인지하고 조정할 수 있는 정책 수단을 송두리째 없애버렸고, 그 결과 한국 사회는 1997~1998년의 동아시아 외환 위기를 경험하게 됐다.

김대중 정부는 동아시아 외환 위기를 수습하는 과정에서 미 재무부와 미 연준의 하수인 노릇을 하고 있던 국제통화기금이 요구하는 대로 금융 시장 구조 조정과 기업 거버넌스, 한국은행의 금융 정책 집행의 규칙과 제도적 자율성, 금융 기업과 실물 기업의 관계 등 산업 구조와 금융 구조 전반을 재구조화하는 정책을 집행했다. 그리고 외환 위기가 끝났다고 공식 선언된 2001년이 한참 지난 2000년대 말까지 한국 경제의 구조 조정 과정은 지속됐다. 그런데 이렇게 길고도 고통스러운 위기 대응의 터널을 지나 한국 사회가 마주하게 된 현실은 비금융 기업의 설비 투자 감소, 노동 시장의 분절화 또는 이중 구조화, 은행을 포함한 금융 기업들의 단기 수익 극대화 행위 등이다.

먼저 금융 기업과 비금융 기업늘은 자산 채무 관리에 치중하면서 위험성이 높은 장기 설비 투자를 회피하고 보유하고 있는 금융 자산에 관련된 투자 다변화에 몰두하기 시작했다. 전통적으로 은행과 비금융 기업들이 맺고 있던 제도적 환경도 바뀌었다. 은행들은 성장 잠재력이 있는 산업 분야에서 기업들이 위험을 무릅쓰고 과감하게 투자할 수 있도록 지원하는 구실을 하는 대신 대출자가 파산하더라도 쉽게 유동화할 수 있는 상품, 곧 가계 대상 자산 담보 대출에만 열을 올리고 있다.

주식 시장을 통한 기업 자산 가치의 끊임없는 재평가는 한국 기업들의 투자 지평을 급격하게 축소하고 주주 배당금을 극대화하도록 기업 경영자들을 내몰고 있다. 이런 상황에서 장기 투자에 필요한 재원은 조달하기 힘들게 됐고, 기업들의 예비적 화폐 보유 동기도 늘어나 막대한 양의 기업 이윤 유보금이 형성됐다. 이런 변화의 자연스러운 결과 중 하나는 산업 분야와 직종을 가리지 않고 소수의 핵심 인력을 제외한 나머지 업무 분야를 비정규직 노동자로 채우는 것이었다. 정규직 대비 비정규직 노동자 비중의 급격한 증대, 실질 노동 소득의 감소, 가계의 채무 부담 증가가 바로 2010년대 한국 경제의 구조적 취약성을 설명하는 용어들이다.

이런 몇 가지 특징적인 양상을 고려하면, 외환 위기 이후 한국의 금융 시장과 기업의 관계는 민스키가 1970년대 중반 이후 미국 금융 시장의 특성을 분석하면서 제시한 상황과 유사한 형태로 재편됐다고 할 수 있다. 브레턴우즈 체제에서 강력하게 통제되고 있던 외환 시장 규제가 풀리고, 투자 은행을 중심으로 한 자산 다변화 투자에 관한 규제가 점차 의미를 잃어가며, 대공황 이후 강력하게 추진된 누진적 조세 정책들의 기반이 허물어지던 상황에서, 미국의 금융 시장은 장기 투자를 지원하는 대신 짧은 투자 지평 속에서 주주의 이익을 극대화하는 모델로 재구조화되고 있었다.

이제 우리는 오늘날의 한국 경제가, 민스키가 1970년대 미국 금융 시장을 분석하면서 기술한 것처럼, 자본 자산 가격의 변동이 경제 주체들의 자산과 채무 구조를 매개로 실물 기업의 투자 규모와 속도에 영향을 미치는 현상을 지켜보고 있다. 외환 위기라는 채무-디플레이션 과정을 경험한 뒤 한국의 주요 경제 주체들은 가용한 유동성을 계속해서 축적해두려 하고 있고, 은행과 금융 기관들은 손쉬운 가계 대출과 금융 자산 다변화 투자로 단기적인 이윤 극대화를 추구하고 있는 것이다.

3) 케인스-민스키의 공공 정책 1 — 경제 구조의 재편

이런 상황을 염두할 때 어쩌면 우리는 민스키가 케인스의 이름을 빌려 제안한 몇 가지 정책적 방향 전환을 진지하게 대안으로 검토해야 할지 모른다. 그 대안은 자본재 생산 부문 대비 소비재 생산 부문의 비중을 획기적으로 늘리고 실질 임금 상승과 정부의 소득 보전 정책을 통해 경제 구성원 전체의 소비 수준을 높이는 것이다. 그리고 높아진 소득을 기반으로 소비재 생산 부문의 기업 투자와 고용을 다시 높이는 선순환 구조가 형성될 수 있게 경제 체제를 바꿔야 한다.

더불어 기업의 장기 투자와 고용의 안정성을 유도하기 위해 기업과 은행과 정부의 관계를 재편성해야 한다. 한국의 독점 재벌은 비용은 철저하게 사회화하는 대신 이익은 철저하게 재벌 총수와 그 가계가 사유화하는 시스템이다. 따라서 기업 소유권과 거버넌스는 노동자와 이해관계자의 참여와 감시, 견제가 통용될 수 있는 방식으로 바뀌어야 한다. 이것은 외환 위기 국면에서 국제통화기금이 강요한, 미국식 주주 자본주의 모델을 한국 경제에 그대로 이식하는 것하고는 전혀 다른 문제다. 오늘날 미국발 금융 위기가 잘 보여주는 것처럼 미국식 주주 자본주의 모델이야말로 소수 대주주와 경영진의 이익을 위해 다수의 이익을 희생하는 시스템이기 때문이다.

이 점에서 우리는 오히려 7장에서 칼 마르크스의 소유 이론을 재검토하면서 제안한 자본주의적 소유 관계의 급진적인 재편 방안, 그리고 노동자들의 생산자 협동조합과 규제된 주식회사가 지배적인 기업 소유 형태로 남고 민주적으로 선출되는 정부가 국민 경제의 전략적 생산과 투자를 사회적으로 통제하는 시스템으로 재편하는 방안을 떠올릴 수 있다.

은행을 포함한 금융 기관의 기능과 금융 기관이 비금융 기업들과 맺는 관계를 개편하는 문제와 관련해서도 많은 상상력이 필요하다. 먼저 동아시아 외환 위기 이후 한국의 독점 재벌들과 재벌의 이익을 대변하는 사람들이 거론하는 금산 분리의 완화는 절대로 허용해서는 안 된다. 경제에서 금융이 차지하는 비중, 금융의 중요성을 개별 산업 자본의 이익에 종속시킬 경우 빚어질 거시 경제적 불안정성을 아무도 감당하지 못할 것이기 때문이다.

이런 제도적 선결 요건을 바탕에 두고 우리는 금융 기관들의 기능을 재편하기 위해서 허용될 수 있는 금융 기관의 종류와 투자 행태와 금융 상품들에 관련된 대안의 질서를 모색해야 할 것이다. 무엇보다도 은행은 약국이나 병원 또는 학교 기관처럼 사회의 공적 기능을 담당하는 기관으로 재편돼야 한다. 익명의 저축자들이 낸 자금을 모아 잠재적으로 수익을 낼 수 있는 생산적 사업 기회를 금융 측면에서 지원하는 기능, 그리고 이 과정에서 금융 자원이 생산적으로 활용될 수 있도록 기업이라는 생산 단위를 장기적으로 감시하고 견제하는 기능을 수행하는 공적 기관으로 바뀌어야 한다는 것이다.

금융 자산의 투기를 전문으로 하는 투자 은행과 각종 헤지 펀드와 사모 펀드들은 아무런 사회적 기능 없이 놀고먹는 비생산적 금융 자산가들을 대리해 돈놀이를 하는 기관이다. 이 기관들이 비생산적인 것은 일본 야쿠자들의 돈을 빌려 고리대업을 하는 각종 사채업자들이 비생산적인 것과 마찬가지다. 케인스의 말대로 당연히 안락사시켜야 할 대상들이며, 남아 있더라도 경제적으로 무의미한 존재가 되게 해야 한다.

4) 케인스-민스키의 공공 정책 2 — 금융 시장 개혁과 금융 거래세

현대 자본주의 경제에서 점차 그 중요성을 더하고 있는 주식 시장과 단기 자본 시장의 기능에 관해 생각할 때도 민스키의 논지는 많은 시사점을 던져준다. 케인스와 민스키는 무엇보다도 주식 시장에서 벌어지는 과도한 자산 가치 등락이 기업의 투자와 경영 행태에 미치는 악영향을 염려하고 있었다.

만약 한국에서 지금처럼 운영되는 주식 시장이 필요하고, 그나마 어떤 구실을 하고 있다면, 주식 시장에서 일어나는 자본 자산 가격의 급격한 등락이 기업들의 실물 투자 규모와 속도에 미치는 악영향을 차단할 방안을 차선책으로 모색해야 할 것이다. 이런 시각에서 자연스럽게 금융 투자자들의 투기적 거래 유인을 줄이기 위해 거의 모든 자산 투자에 금융 거래세를 도입하는 것을 생각할 수 있다.

점점 더 많은 경제학자들이 국제적인 금융 거래에 세금을 매기거나 다양한 조세 유인책을 통해 유동하는 단기 자본을 장기적으로 머무르는 자본으로 변화시킬 필요성에 공감하고 있다. 단기 자본의 급격한 유출입과 무규제가 1980년대 이후 라틴아메리카와 아시아 등지에서 벌어진 각종 외환 위기의 근본적 또는 직접적 원인이라는 점이 점점 더 명확하게 드러나고 있기 때문이다. 최근 들어서는 심지어 국제통화기금 소속 경제학자들도 세심하게 고안된 자본 통제가 가져올 이점을 소개하고 있을 정도다.

그렇다면 왜 동일하거나 유사한 자본 통제 조치들, 그리고 특히 그중 가장 유력한 방식인 금융 거래세를 도입하지 말아야 하는 걸까? 오히려 주식 시장을 포함한 각종 금융 시장에서 투기적 동기에 따라 움직이려는 유인을 아예 없애거나 크게 줄여서 투자자들이 특정한 금융 자산을 판매하거나 구매할 때 신중하게 행동하도록 유도하고, 급격한 자산 가치의 등락이 기업 투자 지평의 단기화와 투자 유인의 감소로 이어지지 않게 하는 데 보편적인 금융 거래세만큼 효과적인 방안은 없어 보인다.

밀턴 프리드먼 같은 신고전파 경세학자들 중 일부는 금융 시장에서 벌어지는 투기가 다양한 투자자들의 투자 전략을 서로 상쇄해 결과적으로는 그리고 장기적으로는 특정한 금융 자산의 가치를 그 금융 자산을 발행한 경제 주체의 경제적 펀더멘털에 조응시키는 구실을 한다고 주장한다. 어떤 사람들은 주식 시장이나 외환 시장 등에서 벌어지는 투기가 기업이나 그밖의 경제 주체들의 기업가 활동을 자극하고 나태에 빠지지 않게 한다고 주장하기도 한다.

만약 이런 주장이 부분적으로 옳다면 정부는 주식 시장을 전면 폐지하는 대신 은밀하게 벌어지는 각종 도박 행위들을 양성화하고, 경마와 경륜뿐만 아니라 거의 모든 스포츠 경기에서 내기를 걸 수 있게 허용해야 할 것이다. 프리드먼의 말대로 이 도박 행위에 참가하는 사람들은 다른 참가자들과 상호 작용을 통해 결국 내기거리의 펀더멘털에 근접하거나 적어도 인생에서 무언가 중요한 교훈을 얻을 수 있을지 모른다. 그러나 최소한 이런 내기를 거는 행위는 기업 투자와 고용에 영향을 미치지 않을 것이고, 따라서 경기 순환에 악영향을 미치지는 않을 것이기 때문이다.

5) 케인스-민스키의 공공 정책 3 — 기업 상장 절차의 개선과 기업 지배구조 개혁

더불어 우리는 기업 상장에 관한 법률을 바꿔서 단기적인 이익 극대화 이외의 다른 사회적 가치들을 기업 자산 투자자들이 감안하도록 유도할 수 있다. 기업 상장 절차를 통해 민간 기업들은 해당 기업의 자본 자산의 소유권을 공중에게 양도한다. 그리고 그 대가로 자본을 조달해 신규 투자를 하거나 생산 설비를 확장한다. 법적인 성격상 개별 사적 기업이 기업 자산과 부채의 매각, 양도, 처분 등에 공적으로 책임을 지는 '공기업'으로 탈바꿈하는 것이다.

현행 기업 상장 관련 법은 자본, 매출 규모, 자산과 부채 규모 등 일정한 요건을 갖추면 어떤 기업이라도 주식 시장에 상장할 수 있게 허용하고 있고, 그 반대급부로 분기별과 연도별로 기업의 자산과 부채 현황, 재무 구조 등을 공시하도록 명령하고 있다. 그런데 이 기업들의 공적 성격을 강화할 방안을 여러 가지 생각해 볼 수 있다. 기업의 재무 구조에 관련된 공시 의무와 함께 기업 경영에 노동자들이 참여하는 정도, 기업의 고용, 임금 지급 관행과 수준, 그밖에 사회적으로 중요한 사안들에 관한 기업의 경제적 또는 경제 외적 관계를 함께 공표하게 유도하는 것이다.

이런 과정을 통해 투자자들은 적어도 특정 기업 노동자들이 기업 경영에 어느 정도 참여하는지, 기업 내부의 임금 격차 수준이 어떤지, 고용된 노동자들 중에서 정규직과 비정규직의 비중이 어떤지, 그 기업이 빈번하게 대량 해고를 실시하는지, 그럴 경우 해고 노동자들에게 어느 정도로 재정을 지원하고 이직에 필요한 교육 훈련 서비스를 제공하는지 등을 종합적으로 고려해 기업의 자산 가치를 평가할 수 있는 기회를 갖게 될 것이다.

더불어 각종 금융 투자자 중에서 점차 더 중요해지고 있는 공적 연기금의 투자 가이드라인도 획기적으로 개편할 수 있다. 국민건강보험과 국민연금 같은 공적 기금은 국내외 금융 자산을 대상으로 하는 투자 다변화를 통해 기금을 증식하려 한다. 그리고 이 기금의 운용과 세부적인 자산 구성 원칙은 항상 공표하도록 법으로 명시돼 있다.

공적 연기금의 투자 원칙과 가이드라인을 재정비해서 단기 이익의 극대화를 조장하는 주식 시장의 자본 자산 가치 평가 과정을 변화시킬 수 있다. 새로 개정된 기업 상장 관련 법을 매개로, 한국의 연기금은 특정한 기업 발행 금융 자산을 사들이기 이전에 해당 기업이 과연 어느 정도까지 기업의 사회적 책임을 다하고 있는지 평가할 수 있을 것이다.

또한 공적 연기금을 동원해 독점 재벌의 기업 경영을 투명하게 하고 지배 구조를 바꾸는 데 영향을 미칠 수 있으며, 이 기금을 효과적으로 운영해 생태적으로나 사회적으로 의미 있는 활동을 하는 기업들의 장기 투자를 지원할 수 있다. 그리고 이 모든 구상들이 일관된 제도적 틀 안에서 세밀하게 결합돼 시행될 때, 케인스-민스키가 비관주의적으로 진단한 금융 시장의 단기적 투기화와 금융 불안정성의 악영향을 꽤 많이 완화할 수 있을 것이다.

6) 케인스-민스키의 공공 정책 4 — 소득 안정화 정책

마지막으로 케인스와 민스키가 공통으로 지적한 것처럼 한국에서도 정부가 다수 노동자 가계의 소득을 보전해주는 안정 소득 정책을 취해야 한다. 동아시아 외환 위기 이후 지금까지 나타나고 있는 상시적인 기업 구조 조정이 기업 투자의 정체, 노동 시장의 분절화, 다수 노동자 가계의 실질 소득 감소로 특징지어지고 있다는 점은 다시 말할 필요가 없다.

외환 위기 이후 역대 한국 정부는 이런 문제를 해결하기 위한 근본적인 해결책을 찾는 대신 독점 재벌들이 좀더 많은 수출을 해서 수익을 얻도록 유도하고, 이런 과정을 통해 다시 하청 중소기업에 고용된 노동자들의 명목 임금이 부분적으로 오르거나 일자리가 늘어나게 하는 것을 핵심으로 하는 낙수 효과에 기반한 경제 정책을 편성해왔다.

그 결과 불가피하게 나타나는 현상은 노동자 가계 대부분의 실질 임금의 점진적인 하락과 양극화, 수출 위주 기업과 내수 위주 기업의 양극화, 대기업과 중소기업의 양극화, 정규직 노동자와 비정규직 노동자의 분절화, 가계 부채의 폭증 등이다.

이런 경제 구조는 결코 지속 가능하지 않다. 정부가 안정된 기본 소득을 보장하고 각종 직업 훈련과 교육 프로그램을 제공해야만 경제 구조의 급격한 변동과 구조 조정에 맞서 유효 수요의 하락을 막을 수 있으며, 또 그래야만 내수 시장과 중소기업을 살릴 기반을 마련할 수 있다. 케인스와 민스키가 그토록 강조한 안정된 임금 체제와 소득 보장 정책이 일관되게 추진되지 않는 한, 오늘날 한국 경제를 휘감고 있는 대외 경제 여건의 변화에 따른 충격과 금융 불안정성, 가계 부채 증가 등의 문제는 결코 사라지지 않을 것이다.

10장

수출만이 살 길이다?

칼레츠키의 개방 경제 모델과 소득 분배론

1. 칼레츠키, '순치'와 '무시' 사이에서

미하우 칼레츠키는 케인스와 거의 비슷한 시기에 유효 수요 이론을 발전시킨 폴란드 태생의 경제학자다. 그런데 흥미롭게도 칼레츠키는 케인스와 다르게 마르크스의 계급 분석에 기초한 소득 분배 이론을 발전시켰고, 이 이론을 바탕으로 선진국과 개발도상국에 모두 적용될 수 있는, 유효 수요의 원리에 기반을 둔 장기 경제 성장 모델을 체계화했다. 때문에 칼레츠키의 문제의식은 케인스의 경제학을 급진적으로 해석하고 일반화하려고 한 전후의 포스트 케인스주의 경제학자들뿐만 아니라 다양한 성향의 네오 마르크스주의자들에게도 커다란 영향을 미쳤다.

예를 들어 조안 로빈슨과 니컬러스 칼도 등의 케임브리지 케인스주의 경제학자들은 사회 계급별로 서로 다른 소비와 저축 행태를 보인다는 칼레츠키의 경험론적 근거를 거시 경제 모델을 구성하는 과정에서 적극 수용했으며, 1960~1970년대 미국 경제학계에서 큰 반향을 불러일으킨 폴 바란과 스위지 등의 네오 마르크스주의 독점 자본주의 이론은 칼레츠키의 할증 가격markup pricing(또는 가산 가격) 이론에 큰 영향을 받았다.

그렇지만 칼레츠키의 경제 사상은 영미권의 주류 경제학계에서 철저하게 배제돼왔다. 칼레츠키가 주로 폴란드어로 글을 발표해 동시대에 영어권에 소개되지 않은 탓이 크다. 그러나 더 중요한 요인이 있다. 케인스의 이론과 마찬가지로 모든 급진적인 경제 이론적 분석을 이단으로 취급하면서 공식 경제학계에서 영원히 추방하려는 집합적인 노력이 있었기 때문이다.

우리는 앞에서 신고전파 경제학자들이 신고전파-케인스주의 종합이라는 이름으로 케인스의 급진적인 문제의식을 순치하려 한 과정을 살펴봤다. 흥미롭게도 케인스하고는 다르게 그 어떤 한계 생산성 이론에도 의거하지 않고서도 순전히 사회 계급별로 상이하게 나타나는 소득 수준과 소비 행태, 저축 행태에 관한 논의에서 유효 수요의 원리를 도출한 칼레츠키를 두고 압도적인 다수의 주류 경제학자들은 '순치'가 아닌 '무시'로 대응해온 듯하다. 따라서 칼레츠키의 경제 사상은 아주 소수의 몇몇 비주류 경제학자들의 헌신적인 연구를 제외하고는 여전히 공식 학계의 논의에서 배제의 대상이 되고 있다.

이 장에서는 칼레츠키의 경제 이론, 특히 경제 성장과 소득 분배 이론을 소개하고, 소규모 개방 경제 체제를 유지하고 있는 한국 경제의 문제점을 파악하는 데 칼레츠키의 분석이 어떻게 활용될 수 있는지 살펴보려 한다. 그러기 위해 먼저 칼레츠키의 삶과 사상을 간략하게 소개한 뒤 칼레츠키가 제시한 거시 경제 모델과 소득 분배 이론을 고찰할 것이다. 이어서 정부 부문과 대외 경제 부문이 함께 포함된 소규모 개방 경제 체제 아래에서 수출입의 증감이 경제 성장과 소득 분배에 어떤 영향을 미치는지 파악하기 위해 칼레츠키의 개방 경제 아래의 거시 경제 모형을 제시하고 간단한 비교 정태 분석을 통해 여러 가능성을 추적해 볼 것이다. 이 내용을 바탕으로 내수와 해외 시장, 경제 성장과 분배가 적절하게 조화되고 서로 선순환할 수 있는 경제 시스템을 구축하기 위해 어떤 제도 개혁과 정책 수단을 강구해야 하는지 살펴보려 한다.

여러 가지 측면에서 이 장에서 할 논의는 앞서 살펴본 주요 경제사상가들의 견해를 재평가하는 데 매우 중요한 시사점을 제공할 것이다. 지금까지 우리는 대외 무역에 관여하지 않는 폐쇄 경제 체제를 암묵적으로 전제하고 있었다. 리스트의 사상을 살펴보면서 자유 무역의 본질에 관해 언급할 때에도 정부의 성공적인 무역 진흥 정책이 개별 국민국가의 경제 규모를 증대시키는 데 어떤 구실을 하는지 논의하는 데에만 초점을 맞췄다. 그래서 개방 경제 체제 아래의 수출입 변동이 국내의 사회 계급별 소득 분배에 어떤 영향을 미치는지, 그리고 이것이 거시 경제의 안정성과 재생산에 어떤 영향을 미치는지를 체계적으로 살펴보지 못했다.

이 장에서 우리는 칼레츠키의 논의를 바탕으로 소규모 개방 경제 체제를 유지하고 있는 한국 같은 나라에서 순수출의 증감이 국내의 계급 역관계에 따라 어떻게 상이한 소득 분배 양상을 가져올 수 있는지를 추적하고, 장기에 걸친 지속적인 경제 성장을 달성하고 비교적 평등한 소득 분배 구조를 확립하기 위해서 어떻게 제도를 개편하려 노력해야 할지 살펴볼 것이다.

2. 칼레츠키는 누구인가 — 생애와 저작

1) 칼레츠키의 삶과 학문

칼레츠키는 1899년 여름 폴란드의 한 가난한 유대인 가정에서 태어났다. 칼레츠키는 바르샤바 대학교와 그단스크 공과대학교에서 도시 공학을 공부했다. 경제적인 문제로 미처 학위를 마치지 못하고 직업 전선에 뛰어든 청년 칼레츠키는 1930년부터 바르샤바에 있던 경기 순환과 물가 변동 연구소Institute of Research on Business Cycles and Prices의 연구원으로 새로운 생활을 시작했다.

칼레츠키는 이 연구소에서 축적한 여러 경험적 분석을 토대로 3년 뒤 〈경기 순환 이론에 관한 에세이An Essay on the Theory of Business Cycle〉를 발표한다. 이 글에서 칼레츠키는 경기 순환이 수요의 변동에 따라 야기되는 과정을 추적했고, 이것은 칼레츠키가 케인스와 거의 동시에 유효 수효의 원리를 이론적으로 규명하는 데 결정적인 뒷받침이 된다.

칼레츠키는 크누트 빅셀의 뒤를 이어 물가 변동 이론을 발전시키고 있던 스웨덴 학자들의 연구 지원금을 받아 1936년 스웨덴에 체류할 수 있는 자격을 얻는다. 그러나 이 기간 중 칼레츠키는 케인스가 《일반 이론》을 출판할 예정이라는 소식을 접하고 주저하지 않고 영국 케임브리지 대학으로 자리를 옮겼다. 그리고 그곳에서 칼레츠키는, 1940년 옥스포드 통계연구소Oxford Institute of Statistics로 자리를 옮길 때까지 케인스는 물론 조안 로빈슨과 리처드 칸, 피에로 스라파 등과 학문적인 교류를 했다.[1] 이곳에서 체류하는 동안 칼레츠키는 1939년에 초판이 발행된 《경기 순환론Essays in the Theory of Economic Fluctuations》을 출간한다.

옥스포드 통계연구소에서 칼레츠키가 맡은 핵심 과제는 2차 대전으로 치닫는 국면에서 영국 경제를 전시 경제 체제로 재편할 방안에 관한 보고서를 작성하는 것이었다(이 보고서는 나중에 《고용 정책 백서The White Paper on Employment Policy》(1944)로 출간됐다).

물론 이 와중에도 칼레츠키는 고유한 이론적 작업을 멈추지 않았다. 칼레츠키는 1943년 〈완전 고용의 정치적 측면Political Aspects of the Full Employment〉이라는 중요한 논문과 《경제 동학에 관한 연구Studies in Economic Dynamics》를 출간했다. 1944년에는 〈완전 고용을 달성하는 세 가지 방법Three ways to full employment〉이라는 논문을 포함해 여러 편의 서평을 발표했다.

1945년 2차 대전이 끝나갈 무렵 칼레츠키는 캐나다 몬트리올에 있던 국제노동기구International Labor Office에서 잠시 일하다가 1946년부터 미국 뉴욕에 본거지를 둔 국제연합 사무국의 경제 분과(유엔 경제사회문제 연구 분과UN DESA의 전신)에서 책임 연구원으로 일하기 시작한다.

칼레츠키는 《세계 경제 보고서World Economic Report》의 발행을 총괄하는 책임자로 일하면서 동유럽 사회주의 국가들은 물론 신생 독립국들이 마주한 경제 현실

1 존 킹은 서구 포스트 케인스주의의 형성과 발전 과정을 다룬 빼어난 책에서 칼레츠키가 조안 로빈슨과 니컬러스 칼도, 리처드 칸 등 케임브리지 케인스주의 경제학자들과 어떻게 교류했는지 자세히 소개하고 있다(King 2002, Ch. 2; Ch. 10). 조안 로빈슨은 칼레츠키의 영향을 받아 마르크스의 자본 재생산 표식을 독립적으로 연구하고 관련된 분석서를 출간하기도 했다. 전후 마르크스주의자들이 칼레츠키의 독점 가격 이론에 받은 영향에 관해서는 하워드와 킹이 함께 쓴 《마르크스주의 경제 사상사》 2권의 해당 장들(Howard and King 1992, Ch. 1; Ch. 6)과 폴 바란과 스위지가 함께 쓴 《독점 자본 — 미국의 경제 사회 질서에 관한 에세이》(Baran and Sweezy 1966)를 참조할 수 있다.

을 직간접으로 체험할 수 있었고, 이 경험을 바탕으로 개발도상국들의 경제 성장 전략과 구조적 제약 등에 관한 연구, 곧 오늘날 발전 경제학이라고 불리는 학문 분과에 해당하는 많은 글을 발표하기도 했다.

그러나 미국에서 매카시즘의 광풍이 일기 시작하고 국제연합 조직에서도 급진주의 성향의 경제학자들을 배제하려는 움직임이 일자, 칼레츠키는 1955년 고국 폴란드로 되돌아온다. 칼레츠키는 귀국 직후부터 커다란 희망을 가지고 폴란드 정부 산하 중앙계획위원회에 관여해 일하기 시작했고, 1956~1957년에는 이 중앙계획위원회의 연구 방향을 설정하고 지원하는 연구계획위원회의 의장으로 지명돼 활동하기도 했다. 사회주의 경제 아래의 계획 문제를 다룬 많은 글들은 칼레츠키가 이 위원회에 몸담고 일하는 동안에 쓴 것들이다.

이 시간 동안 칼레츠키는 아시아와 라틴아메리카 국가들(특히 인도, 이스라엘, 쿠바와 멕시코 등)을 자주 방문해 그 나라들이 직면한 경제 발전 과제들에 관해 실제적인 자문을 해주기도 했다. 더불어 '저발전 국가의 경제 발전 계획 전문가들을 위한 고등 세미나'를 조직해 정기적으로 토론회를 주관했고, 급기야 이 세미나를 확대 발전시킨 저발전 경제 연구센터Centre of Research on Underdeveloped Economies를 1961년 바르샤바 대학교에 설치하는 데 중추적인 구실을 했다. 또한 칼레츠키는 공식 직위에서는 물러났지만 유엔무역개발위원회UNCTAD나 유엔식량농업기구FAO 등에 꾸준히 정책 자문을 했다.

1960년대 중반 이후는 서구 자본주의 국가들에서 베트남 전쟁 반대 시위나 흑인 민권 운동, 신좌파 운동 같은 급진적 사회운동이 들끓는 시기였다. 칼레츠키의 고국 폴란드에서도 체코슬로바키아처럼 구소련의 스탈린주의 경제 노선하고 구별되는 개혁 공산주의 흐름이 나타났다가 소련의 침공과 위협 때문에 개혁 시도가 좌절되는 일이 벌어졌다. 폴란드의 중앙계획위원회 당국이나 정치가들과 이론적인 문제로 잦은 불화를 겪고 있던 칼레츠키도 이런 변화에서 예외일 수 없었다. 칼레츠키는 1968년 동료 연구원들의 부당 징계와 해고에 반발해

보직에서 사퇴한다. 그리고 한동안 세상에서 고립된 채 생활하다가 1970년에 생을 마감한다.[2]

2) 칼레츠키의 거시 경제학, 발전 경제학, 사회주의 경제학 이론

경제학계에서 칼레츠키가 이룩한 학문적 기여와 저작들은 크게 세 가지로 나눌 수 있다.[3] 첫째, 칼레츠키는 1930년대부터 생을 마감하는 시점까지 줄곧 당시 선진 자본주의 경제의 경기 순환의 핵심 원인과 과정을 분석하려 했다. 또한 2차 대전 이후 새로 독립국이 된 아시아와 아프리카, 라틴아메리카의 여러 나라들이 직면해 있던 독립적인 경제 성장 노선에 관해 매우 중요한 논문들을 발표했다. 마지막으로 칼레츠키는 조국 폴란드를 포함한 동유럽 사회주의 국가들의 사회주의 계획 경제가 직면한 문제들을 마르크스-레닌주의 또는 스탈린주의가 표방한 공식 노선하고 구별되는 방식으로 분석했다. 순차적으로 간략하게 소개해보자.

(1) 선진 자본주의 국가들의 거시 경제

먼저 칼레츠키는 선진 자본주의 국가의 거시 경제를 분석하기 위해 1930년대 이후 줄곧 일관된 문제의식과 분석 틀을 사용했다. 칼레츠키는 케인스와 거의 같은 시기에 유효 수요 원리를 창안하고 수요의 변동이 기업의 투자와 산출량의 변동에 어떻게 결정적인 영향을 미치는가를, 따라서 주류 신고전파 경제학자들

---

2 칼레츠키의 생애와 주요 저작에 관한 정보는 2012년 7월 30일자로 업데이트된 위키피디아 문서(Wikipedia 2012), Laski(1987), Ghosh(2005), Lopez and Assous(2010, Ch.1; Ch 3; Ch 10)에서 취합했다.

3 칼레츠키의 주요 저작은 1991년부터 지금까지 예지 오시아틴스키(Jerzy Osiatynski)의 책임 편집 아래 영문으로 번역돼 옥스포드 대학교 출판부에서 간행되고 있다. 본문에서 표기되는 인용문의 출처는 이 편집본을 따랐다.

이 간과하고 있던 비자발적 실업의 문제를 해결하기 위해 정부가 어떻게 경제에 관여해야 하는지를 제시했다.

그런데 흥미롭게도 칼레츠키는《일반 이론》의 케인스하고는 다르게 거시 경제 분석에서 한계 노동 생산성 이론에 의거하지 않았다. 그 대신 칼레츠키는 아래에서 살펴볼 것처럼 칼 마르크스가 자본주의 체제의 확대 재생산 과정을 분석하기 위해 고안한 방법론, 곧 총자본을 자본재 생산 부문과 소비재 생산 부문으로 구별하고 이 두 부문이 어떻게 상호 관계를 맺는지, 특히 자본의 확대 재생산을 위해 이 두 부문이 맺어야 할 최소한의 규제적 요건이 무엇인지 논의하는 지점에서 분석을 시작한다.

더 구체적으로 살펴보면 칼레츠키는 단기적으로는 소비재 생산 부문에 관여하는 자본의 이윤을 이 생산 부문에서 산출된 총부가가치(소비재)에서 임금 몫으로 분배되는 비용을 뺀 것으로 정의한다. 칼레츠키는 이 이윤이 정상적인 자본 순환 국면에서는 소비재 생산 부문을 포함한 전체 산업 생산 부문에 고용된 노동자들의 소비재 구입 양과 일치한다고 가정하고, 이런 과정을 통해 전체 산출량 중 이윤의 분배 몫이 어떻게 전체 생산 부문들의 투자와 정부 지출, 순수출 등의 영향을 받는지를 확정하려 했다(Kalecki 1967; 1968).

칼레츠키의 이런 분석 방법은, 노동자들의 실질 임금이 노동의 한계 노동 생산성과 일치한다는 신고전파 경제학자들의 첫째 가정을 여러 가지 이유들 때문에 수용한 듯한 모습을 보여주던 케인스의 태도와 구별된다. 칼레츠키는 자본주의 경제 안에서 이윤과 임금 소득이 각각 어떻게 자본가와 노동자들에게 분배되는지에 관한, 마르크스적인 의미에서 사회 계급선을 따른 소득 분배 이론을 기반으로 삼고 있는 것이다.

칼레츠키는 또한 케인스와 마찬가지로 총저축과 총투자가 항상 사전에 일치하고, 이것이 이자율의 변동을 통해 부드럽게 조정될 것이라는 신고전파 경제학자들의 대부 자금 가설을 철저하게 부정했다. 그 대신 칼레츠키는 경기 순환 국면에서 투자가 총산출량과 고용 규모를 결정하는 주요 변수로 기능하며 저축과 한계 소비량은 자본주의 경제 안의 사회 계급들을 결정하는 구조적 요인과 제도적 요인에 따라 상이하게 분배되는 소득의 결과물이라고 주장했다.

경기 순환과 산출량의 변동을 결정하는 기업 투자와 관련해서도 칼레츠키는 기업가들의 투자 결정과 실제 투자 집행이 항상 일정한 시간 간격을 두고 벌어진다는 점을 강조했다. 따라서 실제 투자 집행에 필요한 자본재의 생산과 구입, 신규 고용의 창출 등이 자본의 미래 수익률이 급격히 변동하는데도 쉽게 가역적이 되지 못하고, 결국 생산 가동capacity utilization의 변동에 영향을 미친다는 점을 강조했다(Kalekci 1934a; 1943a; 1954a; 1968).

칼레츠키는 기업들의 가격 정책을 해명하는 과정에서 가산 가격 이론(또는 할증 가격 이론)이라고 불리는 고유한 가격 이론을 제시했다. 칼레츠키에게 가격은 총수입을 사회 계급별로 나누는 매우 중대한 메커니즘 중 하나다. 칼레츠키는 단기 거시 경제 모델을 구성하면서 자본가들은 수입을 거의 전적으로 투자를 위해 사용하거나 사치재를 구입하는 데 사용하는 반면, 노동자들은 전혀 저축을 하지 않고 (또는 저축을 할 여력이 없이) 임금 전체를 소비재를 구입해 소비하는 데 사용한다고 가정한다.

그런데 원자재를 제외한 생산된 소비재는 대부분 그 상품을 생산한 기업의 특정한 가격 정책에 따라 가격을 부여받는다. 기업들은 해당 기업이 점유하고 있는 시장 안의 '독점화 정도'에 따라 상품 생산에 들어간 총비용을 보전하는 금액을 초과하는 몫만큼 '독점적 가격'을 더해 이윤을 얻는다.

여기서 독점화 정도는 해당 기업이 특정한 시장 안에서 얼마나 효과적으로 판매할 수 있는지를 결정하는 다양한 변수들(시장 점유율, 경쟁 상품의 존재와 판매를 위한 홍보의 효과성 등)을 가리키는 것으로, 이 정도에 따라 상품의 가격이 결정된다. 그리고 이 가산 가격의 변동은 다시 전체 총생산에서 임금 몫과 이윤 몫으로 분배되는 소득 사이의 상대적 비중과 이윤의 증감에 따라 자본가들의 소비 성향이 어떻게 변화하는가에 영향을 주고받는다(Kalecki 1940a; 1954a; 1971).

이런 논의를 바탕으로 칼레츠키는, 케인스와 마찬가지로 자본주의 경제의 주기적인 경기 순환의 고통을 줄이고 완전 고용을 달성하기 위해 정부가 적극적으로 개입해야 한다고 지적한다. 그런데 칼레츠키는 완전 고용 정책을 추진하기 위해서 반드시 정부가 재정 적자를 감내해야 하는 것은 아니라고 주장한다. 칼레츠키는 자본가들의 이윤에 누진 조세를 부과해 완전 고용 정책을 추진하는 데 드는 경제적 비용을 조달할 수 있고, 또 실제로 그렇게 하더라도 총산출량과 고용량은 줄어들지 않을 수 있다고 주장한다. 자본가 계급이 얻는 총소득 안의 이윤 몫이 줄어들고 개별 자본가들의 처지에서는 단위당 이윤율이 줄어들지 몰라도, 증대된 유효 수요가 다시 민간 기업의 투자 증대와 고용 산출을 가져올 수 있다는 것이다(Kalecki 1935; 1943a; 1944; 1945; 1956; 1962a; 1962b).

이 점은 칼레츠키의 소득 분배 이론이, 금융 자산가의 자산 구성에 관한 결정과 기업가들의 수익률 기대에 기초한 투자, 그리고 공중의 소비 성향의 역학 관계에 관한 분석을 통해 총산출량과 고용 규모를 결정하려 한 케인스의 무계급적 사회 이론하고 명확하게 구별되는 대목이다.

앞에서 1960년대 이후 미국에서 케인스의 유효 수요 진작에 관한 급진적인 문제의식이 케인스주의의 이름으로 군수 산업과 중화학 공업을 향한 배타적인 지원책으로 변질된 점을 통렬하게 비판한 하이먼 민스키의 논의를 살펴봤다. 칼레츠키는 이미 1943년에 발표한 글에서 자본주의 국가의 정부가 투자 지출을 통해 고용을 창출하고 미래의 성장 동력을 만드는 일이나 공중의 소비 지출을 보전해 유효 수요를 증대시킨다는 원리를 변질시켜 현실적으로는 군비 지출 증대를 정당화할 수 있다는 점을 잘 인식하고 있었다. 칼레츠키는 이것이 낭비적인 지출이고 파괴적인 행위지만 선진 자본주의 국가들의 노동자 대중은 군비 지출이 그나마 고용 수준을 높이고 임금 소득을 보전하는 계기가 된다는 점 때문에 적극적으로 저항하지 않고 있다며 안타까워했다(Kalecki 1943a; 1962b).

(2) 개발도상국들의 현실과 발전 전략

칼레츠키의 선진 자본주의 국가 경제에 관한 이런 분석은 동유럽의 사회주의 국가들과 아시아, 아프리카, 라틴아메리카 신생 독립국들의 경제 발전에 관한 논문들에 일관되게 적용되고 있다. 물론 칼레츠키는 선진 자본주의 국가들이 직면한 문제와 개발도상국들이 직면한 문제에는 근본적인 차이가 있다는 점을 시야에서 놓치지 않았다.

칼레츠키는 선진 자본주의 경제가 유효 수요의 부족 때문에 야기되는 자본과 노동의 불완전 고용이라는 문제에 직면하고 있다면, 많은 신생 독립국들 또는 개발도상국들은 자본 설비가 부재하고 필수 생필품이 제때에 조달되지 못하는 문제에 시달리고 있다고 지적했다(Kalecki 1954b; 1964b; 1966b).

따라서 칼레츠키는 개발도상국들이 어떻게 하면 생산재와 소비재를 균형에 맞춰 생산하고 투자를 고르게 증대할 것인가 하는 문제에 직면해 있다고 지적했다. 이 문제와 관련해 칼레츠키는 민간 자본 스스로 국민 경제를 발전시키는 데 필요한 만큼의 투자를 달성하리라는 보장이 없기 때문에 정부가 개입해 부족한 투자의 간극을 메워야 한다고 주장한다.

더불어 칼레츠키는 전 산업 분야의 투자 증대를 위해 필요한 자본재를 생산하는 데 여러 가지 구조적 제약이 있으므로 개발도상국 정부들은 해외에서 국내 투자에 필요한 자본재를 효과적으로 들여오기 위해 다양한 수단을 강구해야 하며, 특히 이 과정에서 국내에서 생산된 소비재 상품의 수출을 늘리거나 불필요한 상품의 수입을 줄이는 방향으로 정책을 고안해야 한다고 주장한다.

마지막으로 칼레츠키는 개도국들이 고용의 증대에서 비롯되는 생필품과 소비재 수요 증대를 감당하기 위해서 다양한 조치를 취해야 한다고 주장한다. 식량을 포함한 생필품이 부족해지면 물가가 오르고, 이런 물가 상승에 따른 실질 임금 하락을 보전하려는 노동자들의 투쟁이 다시 임금과 물가를 지속적으로 상승시키는 악순환을 야기할 수 있다. 따라서 칼레츠키는 개발도상국과 사회주의 국가

정부들은 적절한 계획 수단을 통해 고용 증가에 소요되는 생필품을 안정적으로 수급할 수 있는 조치를 취해야 한다고 주장한다(Kalecki 1954b; 1966b, 19).[4]

그러나 칼레츠키는 현실적으로 개발도상국 정부들이 이런 과제를 모두 효과적으로 해결하는 사례가 매우 드물다는 것을 잘 알고 있었다. 특히 기존의 대토지 소유 관계, 다시 말해 농업 생산물을 생산하는 토지의 대부분이 소수의 대토지 소유자들에게 전적으로 장악돼 있는 낡은 소유 관계를 바꾸지 않으면, 급속한 산업화를 특징으로 하는 경제 성장과 여기에 조응하는 고용과 수요 증대를 적절하게 통제할 수 없다는 점을 잘 알고 있었다. 따라서 칼레츠키는 국내 토지 소유 관계를 급진적으로 바꾸고, 정부가 식량을 대량으로 생산할 수 있게 도로와 관개 시설 등에 투자하며, 소토지 보유농에게 저렴한 신용을 대부하는 것은 물론 기술 개량과 토지 개간 등에 관한 교육과 자문을 해주는 것 등을 실행 가능한 정책으로 제안했다(Kalecki 1955, 29).[5]

더불어 칼레츠키는 개발도상국들의 경제 성장을 지원하기 위한 외부 조건에

---

4 칼레츠키는 신고전파 통화주의자들이 주장하는 물가 이론을 케인스처럼 철저하게 비판하고 있었다. 단순한 통화량의 증대가 물가 상승을 가져온다는 주장은 물가 상승의 원인과 결과를 혼동한 동어 반복에 불과하고, 물가 상승 과정에서 나타나는 중요한 거시 경제 현상을 제대로 설명하지 못한다는 것이다. 그렇지만 칼레츠키는 개발도상국에서 나타나는 물가 상승, 특히 하이퍼인플레이션의 위험성에 관해서는 여러 차례 강조하고 있다. 개도국에서 인플레이션이 발생하면 과도한 기초 식량 투기와 비생산적인 축장이 나타나고, 급속한 자본 유출과 통화 투기 현상에 이어 여기에 따른 해외 채무 부담 증대, 외환 위기 등이 발생할 수 있다. 칼레츠키는 이것이 개발도상국들의 장기적인 투자 증대에 심각한 악영향을 미치고, 경우에 따라서는 경제 성장 자체를 불가능하게 하는 영구적인 인플레이션 구조를 만들어낼 수 있다고 염려했다. 이 인플레이션 구조 아래에서 개발도상국의 지배 계급 분파들(많은 경우 대토지 소유 계급과 신흥 자본가 계급의 이익을 절충해 대변하거나 억압하는 군부와 관료 대리인 집단)은 해외 금융 자본가들이나 그 대리인들과 결탁해 소비재와 생필품을 해외에서 값싸게 수입해야 한다는 명목으로 자유 무역 정책과 대외 개방 정책을 추진할 수 있고, 결과적으로 수출 대비 수입의 증대, 사치재 수입의 증가 등에 따라 경상 수지가 악화되는 현상, 그리고 이것이 다시 주기적인 외환 위기를 야기하는 현상이 발생할 수 있다(Ghosh 2012, 9; Kalecki 1955).

5 이 점에서 흥미롭게도 칼레츠키의 발전 경제 노선은 국내의 급속한 산업 발전을 위해 봉건적 지주 계급들의 소득 기반(지대)을 근본적으로 박탈하자고 주장한 데이비드 리카도나, 뒤늦은 독일의 산업화 전략을 효과적으로 추진하기 위해 정부의 적극적인 산업 정책과 유치 산업 보호를 천명하고, 장기적으로 독일의 산업화가 국내 대토지 소유자들의 이익을 증대시킬 것이라고 설득한 프리드리히 리스트와 유사해진다. 역사적인 관점에서 보면 2차 대전 이후 신생 독립국들 중 이런 중차대한 과제들을 성공적으로 해결하고 급속한 산업화와 경제 성장을 달성한 나라들은 동아시아 발전국가들에 국한된다. 흥미롭게도 이 나라들은 식민지 체제에서 벗어나는 동시에 또는 그 뒤 전쟁을 거치면서 봉건적 대토지 소유자들이 사회 계급적으로 절멸돼 있었다는 공통점을 지닌다. 동아시아 발전국가들이 취한 다양한 산업 정책과 무역 정책의 중요성과 함께, 라틴아메리카와 아프리카의 많은 경제 성장 실패 국가들과 동아시아 국가들을 구별짓는 이런 구조적 차이점을 간과해서는 안 될 것이다.

관해서도 자세히 논의했다. 그 문제는 경제 성장에 필요한 투자 재원을 마련할 방안에 관련된다. 칼레츠키는 그때나 지금이나 주류 경제학자들과 국제 금융 기관들이 옹호하던 외국 자본의 유용성에 심각한 의문을 제기했다. 주류 경제학자들은 개발도상국들이 자본 시장을 개방하고 외국 금융 자본을 끌어들이면 개발도상국 안에서는 희소한 금융 자본의 부족분을 메워 생산적인 투자에 이용할 수 있다고 주장해왔다. 또한 외국 금융 자본가들은 자산 다변화를 통해 선진국에서는 얻을 수 없는 높은 수익률을 달성할 수 있기 때문에 모든 당사자에게 이익이 된다고 강변해왔다. 더불어 주류 경제학자들은 물론 다수의 발전 경제학자들은 외국인 직접 투자의 유용성을 거론하며 개발도상국 정부가 직접 투자를 유치할 수 있도록 다양한 조치를 취해야 한다고 역설했다.

그러나 칼레츠키는 외국인 직접 투자가 원자재(원유와 철광석 등)를 생산해서 쉽게 수출할 수 있는 몇몇 나라와 산업 분야에 국한되는 경향이 있어서 해당 개발도상국의 기본적인 경제 성장에 부합하지 않을 수 있다고 지적한다. 게다가 설사 외국인 직접 투자를 유치해서 특정 산업 분야를 발전시킨다고 해도 외국 기업이 해외의 본사로 이전하는 이윤이 해외 차관이나 외국인 투자를 유치하는 데 들어가는 부대 비용보다 클 수 있다는 점을 들어 개발도상국 정부가 이 직접 투자에 관해서도 환상을 가져서는 안 된다고 경고한다. 마지막으로 칼레츠키는 해외에서 빌려온 차관 또는 민간 신용 대부의 이자 비용도 개발도상국들의 미래에 매우 큰 부담을 지울 수 있다고 지적한다(Kalecki 1951; 1954b; 1966b).

이런 맥락에서 칼레츠키는 해외 차관과 자본 유입의 유용성을 평가하는 두 가지 기준을 제시한다. 첫째, 개발도상국이 이 자본을 이용해 자국의 경상 수지를 개선할 수 있는 정도, 그리고 이런 개선이 자본재나 생필품, 중간재를 공급하는 과정에서 나타나는 병목 현상을 제거할 수 있는 정도다. 둘째, 해외에서 들여온 추가적인 금융 재원이 국내 저축 수준의 한계를 뛰어넘어 장기에 걸쳐 투자를 증대시켜 경제 성장을 달성하는 데 쓰일 수 있는지, 그리고 그럴 수 있다면 유휴화된 국내 저축이 생필품을 소비하는 데 쓰이는지 아니면 사치재를 소비하는 데 쓰이는지, 그리하여 더 높은 사회 서비스의 공급과 소비를 위해 사용될 수 있는지 여부다(Kalecki 1954b).

칼레츠키는 이런 요건들을 고려할 때 현실적으로 개발도상국들에게 이로운 해외 자본을 찾기가 대단히 어렵다는 사실을 지적한다. 따라서 직접적인 자본 유출뿐만 아니라 국내의 희소한 금융 자본이 해외로 빠져나가는 것을 규제할 수단들을 고려해야 한다고 주장한다. 예를 들어 내국인이 해외에서 생산된 사치재를 구입한다든가 해외 계좌로 자금을 이체하는 행위부터 시작해 은폐된 형태의 자본 유출, 예를 들어 소비재 수출로 벌어들인 외환을 해외에서 생산된 자본재를 쓸데없이 높은 가격에 구입하면서 낭비하는 행위 등을 철저하게 규제해야 한다고 제안한다. 칼레츠키는 또한 외국 기업들의 배당금 송금도 개발도상국의 경상 수지를 악화시키지 않도록 규제돼야 한다고 주장한다. 물론 장기적으로 개발도상국들은 국제 교역의 조건을 개선하고, 이런 개선을 통해 산업 구조를 고도화하는 데 필요한 모든 조치를 취해야 한다(Kalecki 1954b).

(3) 사회주의 경제 수립의 과제와 발전 전략

칼레츠키의 경제 사상을 구성하는 마지막 분야는 동유럽 사회주의 국가는 물론 쿠바와 인도 등에서 실험되고 있던 사회주의적 경제 발전 전략에 기여하기 위해 쓴 많은 논문이다. 칼레츠키는 강력한 중앙 집권적 권력 기구에 바탕을 둔 거의 모든 중앙 계획은 불가피하게 장기적인 경제 성장 과정에서 나타나는 병목 현상을 극복할 방법의 문제를 야기한다고 지적한다. 다시 말해 칼레츠키는 제한된 자연 자원과 특정한 숙련 노동의 부족, 기술 변화를 도입하는 데 따른 어려움을 해결해야 하는 문제를 발생시킨다고 주장했다.

사회주의 계획 경제 아래의 경제 성장 전략과 관련해 모리스 돕Maurice Dobb과 아마르티아 센Amartya Sen 등은 사회주의 경제의 급속한 자본 축적을 달성하기 위해 노동자들이 실질 임금을 고정하고 노동 생산성을 획기적으로 발전시켜 산업 생산력을 높여야 한다고 주장했다. 사실상 스탈린을 포함한 거의 모든 구소련 볼셰비키들의 주장을 정당화한 것이었다.

여기에 관해 칼레츠키는 돕과 센의 모델에 전제돼 있던 고정된 생산 기술이라는 가정을 비판하면서 자본 집약적 산업을 급속하게 육성한다는 전략에 내재한 문제점을 비판했다. 칼레츠키는 자본 집약적 기술은 대부분 해외에서 수입돼야 하는 물품이고, 따라서 이 기술을 도입하려고 다른 산업 분야를 희생하면 자국의 유효 수요를 침체시키는 효과가 있을 뿐만 아니라 해당 국가들의 경상 수지도 악화하는 문제를 불러올 것이라고 염려했다(Ghosh 2012, 12; Kalecki 1970).

이런 맥락에서 칼레츠키는 자본 집약적 기술 도입을 통한 급속한 산업화 여부가 아니라 어떤 자본 집약적 기술을 도입하는가가 훨씬 더 중요한 문제라고 지적했다. 칼레츠키는 경우에 따라서는 총산출량과 고용을 증대하기 위한 목적에서 인위적으로 노동 집약적 산업을 육성하거나 보호할 필요가 있다고 주장했다. 방대한 유휴 노동력이 존재하고 여러 산업 분야가 균형 있게 성장하지 못한 상황에서 국가의 목표는 잉여 생산물을 증대하는 데 맞춰질 게 아니라, 고용과 실질 소득을 증대할 방법과 증대된 고용과 소득이 경제 전반의 균형 잡힌 성장에 밑거름이 될 수 있게 제도를 설계할 방법을 찾는 방향으로 나아가야 한다는 것이다.

이런 시각에서 칼레츠키는 중앙 계획 당국이 설정한 경제 성장 목표를 포괄적인 계획 수립과 집행을 통해 달성하려 할 게 아니라, 다양한 산업 분야의 병목 현상을 장기적으로 줄여가면서 생산재 생산 부문과 소비재 생산 부문의 균형 잡힌 성장, 점진적인 기술 변화와 생산 방식의 도입, 고용과 실질 소득의 점진적인 증대에 필요한 온전하고 현실주의적인 계획을 수립하자고 제안했다.

안타깝게도 사회주의 발전 전략에 관한 이런 현실주의적 접근은, 영미권의 정통 마르크스주의 경제학자들과 구소련의 스탈린주의 당 관료들은 물론 고국 폴란드에서도 제대로 인정받지 못했다. 칼레츠키는 이론적으로나 사회적으로 철저하게 고립된 상황에서 홀로 쓸쓸한 죽음을 맞이해야만 했다.

3. 단순 거시 경제 모델과 소득 분배 이론

이제 우리는 논의의 범위를 좁혀 칼레츠키가 선진 자본주의 국가의 거시 경제를 어떻게 분석하고 이 과정에서 어떻게 소득 분배 이론을 구축했는지 살펴보려 한다. 칼레츠키는 논의의 편의를 위해 정부 부문과 대외 경제 부문이 존재하지 않는 소규모 민간 폐쇄 경제에 관한 모형을 제시하고, 이것을 통해 소득 분배의 기본 동학을 추출해낸다. 그 뒤 조세 징수권과 정부 지출을 통해 정부가 민간 경제에 미치는 영향을 분석하거나 대외 경제 부문이 포함된 개방 경제 모형 아래에서 자본 축적과 소득 분배가 수정되는 방식을 살펴보는 식으로 기본 모델을 순차적으로 복잡화한다.

먼저 칼레츠키를 따라 정부 부문이 존재하지 않는 소규모 폐쇄 경제에 관한 모형을 요약해서 소개하고, 칼레츠키의 소득 분배 이론의 핵심 논지를 살펴보자. 그리고 정부의 조세와 지출을 통한 개입이 자본의 이윤과 노동의 임금 소득에 각각 미치는 영향을 비교 정태 분석을 통해 추적하려 한다. 이것을 바탕으로 다음 절에서는 정부 부문과 대외 경제 부문이 함께 존재하는 소규모 개방 경제 체제 아래에서 정부의 조세 정책, 지출 정책과 무역 수지의 변동이 이 경제의 유효 수요와 소득 분배에 미치는 영향과 장기 경제 성장에 주는 함의에 관해 논의할 것이다.

1) 정부 부문이 존재하지 않는 소규모 폐쇄 경제 모형 — 거시 경제 변수들의 관계

칼레츠키는 단기에서 총산출량과 소득, 임금과 이윤이 각각 어떻게 결정되는지 분석하기 위해 몇 가지 가정을 도입하고 있다. 무엇보다도 칼레츠키는 총산출량에 영향을 미치는 기술 변화를 잠정적으로 도외시하고 있다. 더불어 소득 분배에 영향을 미치는 구조적, 제도적 배열 상태가 적어도 단기에는 이미 주어진 형태로 유지될 것이라고 가정하고 있다. 칼레츠키는 이런 조건들을 이미 주어진 것으로 가정할 경우, 다음 같은 총산출량과 총이윤, 총임금 소득 결정에 관한 순차적인 등식을 얻을 수 있다고 주장한다.

먼저 유효 수요의 원리를 따라 총산출량(Y)은 총투자(I)와 자본가들의 소비(C_k), 노동자들의 소비(C_w)에 따라 결정된다.

$$Y = I + C_k + C_w \qquad (3\text{-}1\text{-}1)$$

이 조건 아래에서 총소득(Y)은 자본가들이 얻는 총이윤(P)과 노동자들에게 지급되는 총임금(W)으로 나뉜다.

$$Y = P + W \qquad (3\text{-}1\text{-}2)$$

따라서 총소득은 총산출량과 같다는 것을 알려주는 아래의 등식이 성립할 것이다.

$$P + W = I + C_k + C_w \qquad (3\text{-}1\text{-}3)$$

만약 케임브리지 케인스주의 경제학자들이 공유하던 중요한 가정, 곧 노동자들은 전혀 저축하지 않고 노동의 대가로 벌어들인 임금을 전적으로 소비재를 구입해 소비하는 데 사용한다고 가정할 경우($W = C_w$), 자본가의 총이윤은 자본가의 총투자와 소비에 따라 결정된다고 할 수 있다.

$$P = I + C_k \equiv G_k \qquad (3\text{-}1\text{-}4)$$

이 등식은 자본가의 총이윤은 자본가의 총지출 (G_k)과 동일하다는 것을 의미한다. 여기서 칼레츠키는 자본가들의 총지출을 주어진 것으로 간주한다. 그리고 자본가들의 총이윤은 이전에 결정된 총지출의 규모에 따라 결정되는 것으로 간주한다. 더 나아가 칼레츠키는 총국민소득이 자본가들의 총이윤, 곧 이전에 집행된 총지출과 전체 국민소득 중 자본가의 이윤 몫으로 분배되는 비율(e)에 따라 결정된다고 가정한다. 이런 가정을 종합하면, 우리는 다음과 같은 등식을 얻게 된다.

$$Y = \frac{P}{e} \qquad (3\text{-}1\text{-}5)$$

덧붙여 단기에서 자본가들의 소비가 두 가지 구성 부분, 곧 이전 투자의 규모를 유지하거나 기존의 생산 실비 등을 보수하기 위해 자동으로 집행해야 하는 투자 지출 부분(A)과 자본가들의 소득(이윤)이 변동하면 함께 변화하는 소비 지출 부분(λP_{t-n})으로 나뉠 수 있다고 가정할 수 있다(이 등식에서 ($t - n$)로 표기된 부분은 이윤 수입의 변동에 따라 변화하는 소비 지출의 변화가 일정한 시간 간극을 두고 발생할 수 있다는 점을 나타낸다).

$$C_k = A + \lambda P_{t-n} \qquad (3\text{-}1\text{-}6)$$

이런 등식을 바탕으로 삼아 이제 자본가들의 자동적 또는 가변적 소비 지출에 관한 등식을 이윤 구성에 관한 (3-1-4)의 등식에 넣어보자. 이 경우 우리는 자본가의 이윤이 자본가의 총투자와 자본가의 두 가지 지출 구성 부분의 합계가 된다는 것을 알 수 있다.

$$P = I + A + \lambda P_{t-n} \qquad (3\text{-}1\text{-}7)$$

만약 자본가들이 이윤의 변화에 따라 함께 변동하는 소비 지출을 거의 아무런 시차도 두지 않고 곧바로 소비에 사용한다고 가정할 경우, 다시 말해 ($t-n$)이 영에 가깝다고 가정할 경우, 자본가의 총이윤은 자본가의 총투자와 이 투자에 관련된 자동적 지출에 따라 결정되고, 더 나아가 자본가의 가변 지출의 규모가 커지면 커질수록 총이윤이 증대한다는 것을 알 수 있다.

$$P = \frac{I + A}{(1-\lambda)} \qquad (3\text{-}1\text{-}8)$$

이 등식을 앞의 (3-1-5) 등식에서 살펴본 총소득과 이윤 분배 몫에 관한 등식과 결합할 경우 다음 같은 총산출과 총소득에 관한 등식을 얻게 된다.

$$Y = \frac{I + A}{e(1-\lambda)} \qquad (3\text{-}1\text{-}9)$$

결국 정부 부문이 없는 소규모 폐쇄 경제 체제 아래에서 총산출과 총소득이 자본가의 총투자와 자동적 지출의 규모에 따라 결정되고, 더 나아가 자본가의 소비 지출 성향(λ)과 총소득 중에서 자본가의 이윤 몫으로 분배되는 비율(e)에 따라 영향을 받는다는 것을 알 수 있다.

2) 정부 부문이 존재하지 않는 소규모 폐쇄 경제 모형 — 단순 재생산 표식을 통한 소득 분배량의 결정

이제 칼레츠키는 이상의 논의를 구체화하고 총산출(수입)과 상대적 소득 분배 수준을 결정하기 위해 마르크스의 재생산 표식을 원용하고 있다(Kalecki 1939b; 1967; 1968; Lopez and Assous 2010, Ch. 2).[6]

앞선 논의와 마찬가지로 기술 변화를 도외시하고 소득 분배에 영향을 미치는 여러 가지 매개 변수들이 단기에서는 변하지 않는다고 가정한다. 또는 정부 부문이 존재하지 않는 폐쇄 경제 체제라는 가정도 그대로 유지된다. 이 경우 총수입과 상대적 소득은 어떤 메커니즘을 거쳐 결정되는가?

앞에서 케인스가 상대적 소득 분배 문제에 관해 명확한 견해를 표명하지 않은 점을 살펴봤다. 다시 말해 케인스는 실질 임금의 결정과 관련해 자신이 신고전파 경제학 이론의 첫째 근본 가정이라고 부른 한계 노동 생산성 임금 결정 이론을 수용하고 있었다. 이 한계 노동 생산성에 따른 임금 결정 이론이 케인스가 사회철학적으로 옹호하기도 한 정부의 소득 보전 정책 또는 소득 재분배 정책과 어떻게 아무런 모순 없이 연결될 수 있는지는 여전히 해명되지 않은 채로 남아 있다(이

6 마르크스 자신의 재생산 도식에 관해서는 Marx(2012, Ch. 21)를 참조. 이 문제에 관한 마르크스 이후의 논쟁을 소개하고 논평한 초기의 유용한 자료로 Sweezy(1970, Ch. V, 특히 75~79쪽; Ch. VII; Ch. X, 특히 162~189쪽; 부록 365~374쪽)를 참조. 이 문제에 관한 칼레츠키 자신의 해석과 논평은 Kalecki(1967; 1968)를 참조할 것. 칼레츠키는 "마르크스가 자본주의적 축적의 동학에 유효 수요가 미치는 영향에 많은 주의를 기울였지만, …… 자신의 재생산 표식을 통해 유효 수요 문제에서 비롯되는 자본주의의 내재적 모순을 체계적으로 탐구하지 않았다"고 비판한다(Kalecki 1968, 465).

책의 8장 참조).

더 나아가 우리는 심지어 민스키도 《존 메이너드 케인스》라는 책에서 이 문제를 명확하게 설명하지 않고 있다는 점을 살펴봤다. 그 이유는 부분적으로 민스키가 케인스의 《일반 이론》에 관한 지배적인 해석을 뛰어넘어 투자 변동에 영향을 미치는 금융 변수들의 구실을 강조하는 데 주로 초점을 맞췄기 때문이다. 물론 민스키는 한계 노동 생산성에 관한 임금 결정 이론에 케인스가 모호한 태도를 취한 것을 일종의 이론적 실수, 또는 별로 중요하지 않은 이론적 설득 전략 중 하나에 불과하다고 간주했다. 그러나 그러면서도 민스키는 자본주의 경제의 경기 순환 국면에서 이윤과 임금이 어떤 상호 관계를 맺으며 상대적으로 분배되는지, 그리고 소득 분배의 변화가 자본의 투사 규모와 속도에 영향을 미치지는 않는지에 관한 일련의 의문들을 해명하지 않았다(이 책의 9장 참조).

이런 점들을 고려할 때 마르크스의 자본 재생산 표식을 원용해 이윤 소득의 원천과 소득 분배 메커니즘을 해명하려 한 칼레츠키의 논의는 매우 중요한 시사점을 제공할 수 있다. 이제 칼레츠키를 따라 마르크스의 자본 재생산 표식이 어떻게 활용될 수 있는지 살펴보자.

칼레츠키는 먼저 마르크스의 단순 재생산 표식에 암묵적으로 전제된 가정을 따라 모든 생산된 상품 재화들이 특정한 시간(한 번의 생산 주기가 완료되고 새로운 생산이 시작되기 전까지) 안에 다 판매된다고 가정한다. 마르크스의 표현을 빌리자면, 칼레츠키는 확대 재생산이 아니라 단순 재생산 표식을 원용하고 있는 것이다. 더불어 칼레츠키는 마르크스와 마찬가지로 노동자들이 노동을 통해 벌어들인 임금을 소비재를 구입하는 데 다 사용하고 저축을 하지 않는다고 가정하고 있다. 또한 전체 경제는 대외 무역에 개방돼 있지 않고 정부도 존재하지 않는다고 가정한다.

이런 편의상의 가정을 바탕으로, 칼레츠키는 경제 전체가 자본재를 생산하는 생산 부문과 중간재 또는 자본가들이 소비하는 사치재를 생산하는 부문, 임금 소비재를 생산하는 생산 부문으로 나뉜다는 전제 아래 **표 10-1**과 같은 단순 재생산 도식을 도입한다.

이 도식에서 P_i 와 W_i (i =1, 2, 3)는 각 생산 부문에 조응하는 총이윤과 임금을 나타내고, P 와 W 는 각 생산 부문의 총이윤과 임금을 합계한 것이다. Y 는 경제 전체의 국내 총소득을, 그리고 I, C_k, C_w 는 각 생산 부문에서 생산된 산물(각 생산 부문의 총 부가가치)을 나타낸다. 이 도식에서 우리는 한 경제의 총소득이 총이윤과 총임금 수입의 합계와 같고, 산출의 측면에서는 각 생산 부문에서 생산된 부가가치의 합계와 같다는 것을 알 수 있다.

$$Y = P + W = I + C_k + C_w$$

이제 소비재를 생산하는 생산 부문에서 발생하는 이윤의 크기를 확정해보자. 이 생산 부문에서 생산된 소비재 중 일부는 이 생산 부문에 종사하고 있는 노동자들에게 임금(W_3)으로 지급될 것이다. 그리고 나머지 생산물은 다른 생산 부문, 곧 생산재를 생산하는 부문과 중간재를 생산하는 생산 부문에 종사하는 노동자들의 소비를 통해 전부 팔려나갈 것이다. 이 경우 소비재를 생산하는 생산 부문에 종사하는 자본가들의 이윤(P_3)은 소비재를 생산하는 데 소요된 총생산 비용, 이 경우 총노동 비용(임금)을 제외하고 나머지 생산 부문에 고용돼 일하는 노동자들의 소비를 통해 얻어질 것이다.

앞서 이미 언급한 것처럼 단순 재생산을 염두에 두고 있기 때문에 이 생산 부문에서 생겨날 수 있는 총임금과 이윤을 제외한 나머지 잉여에 관해서는 생각하지 않아도 되고, 더불어 모든 생산물이 주어진 시간 안에 다 팔려나갈 것이라고 가정하고 있기 때문에 미처 팔리지 못해 이 생산 부문에 종사하는 자본가들이 이윤을 실현하지 못할 가능성도 배제된다. 또한 노동자들이 임금 소득 전체를 소비재를 구입하는 데 사용할 것이라고 가정하고 있기 때문에 이 생산 부문

표 10-1. 마르크스-칼레츠키의 단순 재생산 도식

생산 부문	자본재 생산 부문 (I)	중간재 (또는 사치재) 생산 부문(II)	소비재 (또는 임금재) 생산 부문(III)	합계
총이윤	P_1	P_2	P_3	P
임금	W_1	W_2	W_3	W
총부가가치	I	C_k	C_w	Y

노동자들의 저축 문제를 논의에서 배제할 수 있다.

이런 가정을 따를 경우 이 생산 부문에서 발생하는 총이윤은 생산재 생산 부문과 중간재 생산 부문에 고용돼 있는 노동자들의 총임금의 합계와 같다는 것을 알게 된다.

$$P_3 = W_1 + W_2 \tag{3-2-1}$$

이 등식이 갖는 의미를 파악하기 위해 이 등식 좌우변에 다른 생산 부문들에서 자본가들이 얻게 될 총이윤의 합계(P_1+P_2)를 더해보자. 이 경우 우리는 각 생산 부문에서 얻게 될 이윤의 총합계가 산출 면에서는 자본재 생산 부문에서 생산된 총자본재(투자재)와 자본가들의 소비를 위해 생산된 중간재(사치재)의 합계와 같게 된다는 것을 알게 된다. 왜냐하면 $P_1+P_2+P_3=(P_1+W_1)+(P_2+W_2)=I+C_k$이기 때문이다. 이것은 이미 (3-1-4)에서 살펴본 것처럼 자본가들의 총이윤은 자본가들의 총투자와 소비 지출에 따라 결정된다는 것을 말해준다.

이제 각 생산 부문에서 나타나는 소득 분배 상황을 고찰하기 위해 임의의 매개 변수를 도입해보자. 그러기 위해 w_i (i =1, 2, 3)를 각 생산 부문에서 생산된 총부가가치 중 '임금 몫의 크기wage share'를 나타내는 변수로 정의하려 한다. 다시 말해 매개 변수 w_i (i =1, 2, 3)는 세 가지 생산 부문에서 노동자들이 전체 부가가치 중 어느 정도의 분배 몫을 임금 형태로 지급받는지를 나타낸다. 여기에 따라 $w_1=W_1/I$, $w_2=W_2/C_k$, $w_3=W_3/C_w$라는 정의에 따른 등식이 성립한다는 것을 알 수 있다.

그런데 소비재를 생산하는 생산 부문에 종사하는 자본가들이 얻는 총이윤이란 이 생산 부문에 고용돼 일하는 노동자들에게 지급되는 총임금을 이 생산 부문에서 생산된 총부가가치에서 차감한 것과 같다. 다시 말해 $P_3=C_w-W_3$이다. 덧붙여 소비재 생산 부문에서는 임금 분배 몫에 관한 정의($w_3=W_3/C_w$)에서 $W_3=w_3*C_w$라는 또 다른 등식이 성립한다는 것을 알 수 있다. 이 등식을 소비재 생산 부문의 총이윤 규모를 결정하는 등식($P_3=C_w-W_3$)에 대입할 경우, 이 생산 부문의 총이윤의 크기가 이 생산 부문에서 생산된 총소비재의 양과 임금 몫 ($w_3=W_3/C_w$) 또는 '이윤 몫profit share'($1-w_3$)이라는 매개 변수 값에 따라 결정된다는 것을 알 수 있게 된다.

$$P_3=C_w-W_{3*}C_w=(1-w_3)C_w \qquad (3\text{-}2\text{-}2)$$

더 나아가 (3-2-1) 등식, $P_3=W_1+W_2$에서 $(1-w_3)C_w=W_1+W_2=w_1*I+w_2*C_k$라는 또 다른 등식이 파생될 수 있다는 것을 알 수 있다. 이 등식에서 소비재 생산 부문의 이윤 몫의 크기를 나타내는 매개 변수로 좌우항을 나누면, 우리는 결과적으로 다음 같은 등식이 성립한다는 것을 알 수 있다.

$$C_w=\frac{W_1I+W_2C_k}{(1-w_3)} \qquad (3\text{-}2\text{-}3)$$

이 등식은 소비재를 생산하는 생산 부문의 총소비재 산출량은 자본재를 생산하는 생산 부문과 자본가를 위한 사치재 또는 중간재를 생산하는 생산 부문의 산출량이 증대할수록 커지고, 더불어 이 두 생산 부문에 종사하는 노동자들의 임금 분배 몫이 커질수록 더욱 늘어난다는 것을 보여준다. 또한 우리는 소비재 생산 부문에 종사하는 노동자들의 임금 분배 몫이 커질수록 이 생산 부문의 산출량에 긍정적인 효과를 가져다준다는 것을 알 수 있다.

지금까지 이 경제의 총수입을 투자와 자본가들의 소비 지출, 노동자들의 소비의 합계로 정의해왔다. 곧 $Y = I + C_k + C_w$이 성립한다. 이 등식에 소비재 생산 부문의 부가가치량에 관한 (3-2-3) 등식을 대입할 경우, 우리는 다음 같은 새로운 소득 등식을 갖게 된다.

$$Y = I + C_k + \frac{W_1 I + W_2 C_k}{(1 - w_3)} \tag{3-2-4}$$

이 마지막 등식은 이미 살펴본 총소득의 결정에 관한 등식들, 곧 (3-1-1)과 (3-1-9)를 세 가지 생산 부문의 임금 분배 몫에 관한 매개 변수를 도입해 재정의한 것에 불과하다. 따라서 총산출량과 총소득은 투자와 자본가들의 소비 지출의 함수라는 사실에는 변함이 없다. 이 등식을 통해 우리는 만약 자본가들의 소비 지출이 증대하거나 투자가 증대하면 (다른 조건들이 동일할 때) 생산 요소들의 활용도가 높아질 것이고, 고용량도 증대할 것이라는 점을 알 수 있다.

칼레츠키는 여기서 자본가들의 소비 지출 증대 말고 다른 변수들의 변동이 총산출과 총소득 증감에 어떤 변화를 불러올 것인지 살펴보지는 않고 있다. 그러나 명목 임금과 물가 변동을 다룬 1939년의 논문에서는 다음 같은 두 가지 가능성을 논리적으로 추론하고 있다(Kalecki 1939b).

첫째, 명목 임금이 하락할 때 여기에 조응해 물가도 함께 떨어지는 경우다. 명목 임금과 물가의 동시 하락은 노동자들의 실질 임금과 이윤에 아무런 변동도 야기하지 않을 것이다. 오히려 명목 임금의 하락이 더 싼 노동력을 더 많이 구입해 생산 규모를 확장하려는 자본가들의 투자 유인을 증대시켜 더 많은 노동량이 고용될 가능성이 생길지도 모른다. 만약 이렇게 된다면, 명목 임금의 하락은 물가 하락이라는 통로를 통해 더 많은 고용을 창출하는 메커니즘으로 작용할 수 있다.

그러나 전혀 다른 현실적 가능성도 존재한다. 명목 임금의 하락이 불완전 경쟁이나 그밖의 요인들 때문에 비례적인 물가 하락으로 연결되지 못하는 경우다. 이 경우 명목 임금의 하락은 낮아진 총국민소득 중 자본가의 분배 몫을 증대시키는 구실을 하게 된다. 그러나 동시에 하락한 실질 임금 때문에 노동자들은 소비를 줄이게 되고, 줄어든 소비가 다시 자본가들의 총투자와 산출량에 악영향을 줄 수도 있다. 다시 말해 명목 임금의 하락이 실질 임금의 하락을 가져오고, 줄어든 임금이 노동자들의 소비를 줄여 결과적으로는 자본가들의 이윤을 떨어뜨리는 현상이 발생한다. 이렇게 하락한 이윤은 다시 일정한 승수 값만큼 증폭돼 추가적인 투자 축소와 생산량, 고용량의 감소를 가져오는 것이다.[7]

---

7 우리는 칼레츠키가 살펴보고 있는 이 두 가지 조정 메커니즘 중 케인스가 《일반 이론》에서 오직 둘째 가능성만을 강조했다는 것을 알고 있다. 이미 8장에서 살펴본 것처럼, 케인스는 명목 임금의 하락이 기업가의 이윤율을 떨어뜨려 추가적인 투자와 생산의 감축과 고용 감소를 가져온다고 진단했다. 이것이 바로 신고전파 경제학자들이 전혀 인식하지 못한, 대공황 같은 경기 침체 국면에서 나타나는 일반적인 현상이라는 것이다. 그러나 케인스는 자신이 신고전파 경제학자들의 첫째 근본 가정이라고 부른 한계 노동 생산성 임금 이론에 관해서는 모호한 태도를 취했다. 이 이론을 따를 경우 명목 임금의 하락은 결코 자본과 노동의 상대적 소득 분배에 영향을 미치지 않고 다만 물가 하락을 가져올 뿐이다. 노동자들이나 자본가들은 자신에게 돌아가는 실질 소득이 변화하지 않기 때문에 소비를 줄이거나 저축을 줄이려 하지 않을 테고, 오히려 낮아진 노동 비용 덕분에 추가적인 고용 유인을 가지게 될 것이다. 명목 임금이 하락하면 고용이 증대할 것이라는 신고전파 경제학자들의 상투적인 주장은 이런 논법에서 비롯된 것이다. 그렇다면 문제는 왜 케인스가 신고전파의 한계 노동 생산성 임금 결정 이론을 수용했는가 하는 점이다. 이 문제와 관련해 에드워드 넬은 칼레츠키가 언급한 이 두 가지 거시 경제 조정 메커니즘은 단순히 논리적인 가능성일 뿐만 아니라 근본적으로 상이한 경제 시스템에 조응하는 현실적인 조정 메커니즘이라고 주장하고 있다. 다시 말해 넬은 칼레츠키가 언급한 첫째 가능성은 자신이 '수공업 경제'라고 부른 경제 상태에 조응하며, 둘째 가능성은 '대량 생산 경제'라고 부른 경제 상태에 각각 조응하는 거시 경제 조정 메커니즘이라고 특징짓는다. 전자의 경제 체제 아래에서는 총산출량과 고용이 변하지 않는 상태에서 거시 경제 구조의 조정이 명목 임금과 물가의 변동을 통해 달성되는 반면, 대량 생산 경제 체제 아래에서는 명목 임금과 물가 수준은 좀처럼 변동하지 않는 상태에서 거시 경제가 총산출량과 고용량의 변동을 통해 조정되고 있다는 것이다(Nell 1998). 이런 시각을 따를 경우 케인스가 수공업 경제 아래의 조정 메커니즘을 이론적으로 수용하기는 했지만, 새롭게 형성되고 있던 대량 생산 경제 체제 아래의 조정 메커니즘을 실제로 관찰하고 이 문제를 《일반 이론》에서 해명하려고 노력을 기울인 게 아닐까 추정해보게 된다. 칼레츠키는 케인스하고 다르게 마르크스의 재생산 표식과 계급 분석을 원용해서 경제 문제를 사고하기 때문에 한계 노동 생산성 개념에 의거할 필요가 전혀 없었고, 따라서 이론적 모순에도 빠질 이유도 없었다.

3) 정부 부문이 존재하는 소규모 폐쇄 경제 모형 — 정부 지출과 조세 정책의 효과

이제 칼레츠키의 공공 정책 이론과 직접 관련돼 있는 단기 거시 경제 모형을 살펴보자. 칼레츠키는 확대 재정 정책과 금융 정책의 거시 경제적 효과를 살펴보기 위해서 정부 부문이 존재하는 단기 경제 모형을 이용하고 있다(Kalecki 1935; 1943a; 1944; 1945; 1956; 1962a; 1962b; Lopez and Assous 2010, Ch. 6).

칼레츠키는 총산출이 투자와 소비, 정부 지출에 따라 결정되는 폐쇄 경제 모델에서 논의를 시작한다. 마찬가지로 총산출(Y)은 자본가들의 투자(I), 소비 지출(C_k), 노동자들의 소비(C_w)에 따라 결정된다. 그러나 앞서 살펴본 모델들하고 다르게, 이제 정부 부문의 투자와 소비 지출(G)을 이 총산출 등식에 독립적인 변수로 포함시킬 수 있다.

$$Y = I + C_k + C_w + G \qquad (3\text{-}3\text{-}1)$$

앞 절에서는 칼레츠키가 총산출과 총수입이 일치하는 조건 아래 각 생산 부문별로 생산된 부가가치의 총량이 어떻게 자본가와 노동자 계급의 상대적 소득으로 나눠지는가를 추적하기 위해 마르크스의 재생산 표식을 원용해왔다는 점을 살펴봤다. 마찬가지로 정부 부문이 포함된 단순 재생산 표식을 **표 10-2**처럼 구성할 수 있을 것이다.

칼레츠키는 정부가 각종 지출에 필요한 재원을 조달하는 방식을 크게 두 가지로 나눠서 살펴보고 있다. 하나는 정부가 조세 부과를 통해 거두어들인 수입에 견줘 더 많은 지출을 하는 경우다. 많은 경우 확대 재정 정책 편성이 그런 것처럼, 이 경우는 정부가 단기적으로 재정 적자 폭을 늘려서 민간 기업들이 생산한 상품들을 구입하거나 민간 소득을 보전해주는 경우가 될 것이다. 또 다른 방법은

표 10-2. 칼레츠키의 단순 재생산 도식(정부의 수입과 지출을 포함함)

부문	자본재 생산 부문(I)	중간재 또는 사치재 생산 부문(II)	소비재 생산 부문(III)	정부 부문(IV)	합계
총임금	W_1	W_2	W_3	W_b	W
총이윤	P_1	P_2	P_3	P_b	P
총부가가치 또는 총소득	I	C_k	C_w	B	Y

정부가 자본가들의 이윤 소득에 조세를 누진적으로 부과해 그렇지 않았을 경우보다 초과 수입을 얻는 경우다. 이런 방법을 통해 정부는 재정 적자 폭을 늘리지 않으면서도 민간 소득을 보전해주는 등 투자와 소비 지출을 늘릴 수 있다. 이 두 가지를 순서대로 살펴보자.

먼저 정부가 적자 재정을 편성해서 각종 투자와 소비 지출 예산을 늘리는 경우다. 이 경우 경제 전반에 걸쳐 자본가들의 투자와 노동자들의 소비 등은 어떤 영향을 받는가? 앞에서 살펴본 것처럼 정부 부문이 포함된 재생산 표식에서도 아래 같은 등식들이 성립한다. 일단 소비재 생산 부문에서 발생하는 총이윤은 그 생산 부문의 총부가가치 또는 총소득 중 노동자들의 임금 비용을 제외한 값이 될 것이다.

$$P_3 = C_w - W_3 \qquad (3\text{-}3\text{-}2)$$

그리고 이 총이윤은 다른 생산 부문들과 정부 부문에 종사하는 노동자들의 총임금 소득의 합계와 일치할 것이다. 왜냐하면 여기에서도 노동자들이 임금 소득 전액을 소비에 지출할 것이라고 편의상 가정하고 있기 때문이다. 따라서 다음 같은 등식이 성립한다.

$$P_3 = W_1 + W_2 + W_b = W - W_3 \tag{3-3-3}$$

여기서 위 등식의 좌우변에 다른 생산 부문과 정부 부문에서 산출되는 총이윤의 합계($P_1 + P_2 + P_b$)를 더하고, 이것을 다시 분류하면 이 경제 체제의 총이윤이 자본가들의 투자와 소비 지출, 정부 부문이 발생시키는 총부가가치 또는 총소득의 합계와 같다는 것을 알 수 있다. 다시 말해 아래 같은 등식을 얻게 된다.

$$P_1 + P_2 + P_3 + P_b = P = W_1 + P_1 + W_2 + P_2 + W_b + P_b = I + C_k + B \tag{3-3-4}$$

이 등식은 모든 생산 부문에 걸쳐 있는 자본가 계급의 이윤이 자본가들의 총투자와 총소비 지출 그리고 정부의 투자와 소비 지출이 증대하는 만큼 증가한다는 것을 말해준다. 또한 정부가 조세 부과 비율을 바꾸지 않는다는 가정 아래, 적자 재정을 편성해 투자와 소비 지출을 늘리게 되면 그만큼 자본가의 총이윤도 증가하게 된다는 것도 명확해진다.

그렇다면 정확히 어느 정도까지 정부 지출의 증가가 총이윤의 변동에 영향을 미치는가? 이 문제를 살펴보기 위해, 앞선 논의를 원용해 총산출과 총이윤 등식을 순서대로 각각 구성해보자.

$$Y = \frac{I + C_k + B}{e} \tag{3-3-5}$$

$$P = \frac{I + A + B}{1 - \lambda} \tag{3-3-6}$$

$$Y = \frac{I + A + B}{e(1 - \lambda)} \qquad (3\text{-}3\text{-}7)$$

이 등식은 결국 정부의 추가적인 재정 지출(ΔB)이 총이윤(ΔP)을 $\Delta P = \Delta B/(1-\lambda)$만큼 증가시킨다는 것을 말해준다. 다시 말해 한 단위의 정부 지출이 증가할 때마다 자본가의 총이윤은 늘어난 정부 지출 단위 대비 자본가의 한계 소비 지출 성향(λ)의 비율만큼 늘어난다는 것을 알 수 있다. 이것을 정부 재정 지출이 야기하는 이윤 승수profit multiplier라고 부를 수 있다.[8]

이제 정부가 적자 재정을 편성해서 지출을 늘리는 방식이 아니라 이윤에 매기는 조세를 증가시켜 주어진 시점에서 투자와 소비 지출을 늘리는 경우를 분석해 보자. 그러기 위해 먼저 이윤에 부과되는 새로운 조세 또는 조세 증가분이 물가를 상승시키지 않는다고 가정하자. 자본가들이 인상된 조세 납부 부담을 상쇄하기 위해서 상품 가격을 올리는 경우가 있을 수 있는데, 이런 일이 발생하지 않는다고 가정하자는 말이다.

그러면 조세를 납부하기 이전에 자본가들이 보유하는 총이윤(세전 총이윤 P^b)은 다음처럼 구성될 것이다.

---

8 이 이윤 승수 개념은 정부의 재정 지출이 총이윤량의 증대에 미치는 영향을 가리키는 개념이다. 신고전파 경제학자들은 정부의 추가적인 재정 지출이 한 나라의 총저축량을 차감해 대부 시장에서 이자율을 끌어올리고 민간 자본의 신규 투자를 가로막는다고 주장한다. 또한 그 학자들 중 일부는 정부의 재정 적자가 완전 고용 상태 아래의 경제에 추가적인 화폐량 도입이 야기하는 것과 같은 물가 상승을 일으켜 경제적 불안정성을 증대시킨다고 주장한다. 만약 정부의 재정 적자 지출이 물가 상승을 야기한다면 대부 시장의 실질 이자율은 전혀 변동하지 않을 것이고, 민간 기업의 투자 비용도 증대하지 않을 것이다. 다시 말해 신고전파 경제학자들의 둘째 주장이 옳다면 첫째 주장은 부정돼야 옳다. 그런데 실제로 정부의 추가 재정 지출이 금융 시장에서 이자율을 끌어올린다는 주장을 입증하는 근거는 전혀 존재하지 않는다. 반대로 금본위제에서 벗어난 현대 금융 시스템 아래에서 추가적인 재정 지출을 위한 정부의 채권 발행은 금융 시장에서 이 채권 수익률에 연동된 일련의 민간 부채 이자율을 떨어뜨리는 효과가 있고, 정부 채권을 소유한 가계의 소득을 증대시켜 소비를 증가시키는 효과를 지닌다. 따라서 신고전파 경제학자들 중 일부가 정부의 재정 적자가 민간 자본 투자를 막아 제조업의 공동화를 야기하고 따라서 무역 수지 적자를 야기한다는 논리로 정부의 재정 지출을 반대하는 것(쌍둥이 적자론)은 전혀 실증될 수 없는 주장이다. 반대로 칼레츠키의 이윤 승수 개념은 케인즈와 포스트 케인스주의 경제학자들이 강조해온 것처럼 정부의 재정 지출이 불러일으키는 다양한 긍정적 효과들을 논리적으로 분석할 수 있게 해준다.

$$P^b = I + C_K + B + H = P + H \quad (3\text{-}3\text{-}8)$$

여기서 P는 조세를 납부한 뒤 자본가들이 얻게 될 총이윤(세후 총이윤)을 가리키고 H는 자본가들의 총이윤에 부과된 조세 수입액을 가리킨다.

따라서 소득 분배율을 나타내는 위의 등식들((3–3–5)과 (3–3–6))은 이제 다음처럼 바뀌게 될 것이다.

$$Y = \frac{P^b}{e} \rightarrow e = \frac{P^b}{Y} \quad (3\text{-}3\text{-}9)$$

여기서 노동자들이 임금을 소비에 다 충당하고, 정부가 총이윤에 부과한 신규 조세 수입으로 재정 지출을 전부 충당한다고 가정하자. 그러면 $C_W = W$; $H = G$라는 등식이 성립하게 된다. 이것은 위의 총산출량 등식 (3–3–1), $Y = I + C_K + C_W + G$에서 다음 같은 총수입 등식을 추론할 수 있다는 사실을 알려준다.

$$Y = P + W + H \quad (3\text{-}3\text{-}10)$$

더 나아가 이 등식에서 총이윤이 자본가들의 투자와 소비 지출에 전적으로 달려 있다는 사실을 말해주는 다음 같은 등식을 확인할 수 있게 된다.

$$P = I + C_K \quad (3\text{-}3\text{-}11)$$

이 등식은 자본가들의 세후 총이윤이 자본가들의 투자와 소비 지출에 전적으로 의존한다는 것을 말해준다. 다시 말해 정부가 총이윤에 새로운 조세를 누진적으로 부과해 정부 지출 비용을 조달하더라도 자본가들의 세후 총이윤에는 아무런 영향을 미치지 않는다.

더 나아가 자본가들의 총지출이 세후 순이윤에 따라 변동한다는 점을 인정하더라도 여전히 자본가의 소비 지출에 관한 이전과 같은 등식을 그대로 유지할 수 있게 된다는 것을 알 수 있다. 다시 말해 자본가의 총지출은 자동으로 지출하는 부분과 세후 순이윤의 변동에 따라 함께 변화하는 한계 소비 성향의 변화량에 따라 결정되는 가변적인 소비 지출의 합계라는 등식이 그대로 성립하는 것이다.

$$C_k = A + \lambda P \tag{3-3-12}$$

이 등식에 등식 (3-3-11)을 대입한 뒤 좌우변항을 총이윤량을 결정하는 등식으로 재배열하면, 우리는 앞에서 이미 여러 차례 살펴본 총이윤 등식을 발견하게 된다. 그리고 최종적으로는 자본가들의 세후 총이윤과 정부 부문의 이윤세 수입이 증가하면서 함께 증가하는 총산출량(총소득)에 관한 아래의 등식을 확인하게 된다.

$$P = \frac{A + I}{1 - \lambda} \tag{3-3-13}$$

$$Y = \frac{\left[\frac{A + I}{1 - \lambda} \right] + H}{e} \tag{3-3-14}$$

4. 개방 경제 모델과 소득 분배론

지금까지 우리는 마르크스의 재생산 표식을 원용해 폐쇄 경제 체제 아래에서 소득이 어떻게 분배되는가를 결정하려 한 칼레츠키의 논의를 살펴봤다. 정부 부문이 존재하건 존재하지 않건 칼레츠키의 이 거시 경제 모형의 특징은 경제의 총산출과 총이윤이 자본가의 투자와 소비 지출의 변동과 총소득 중 이윤 몫으로 분배되는 비율에 따라 결정된다는 사실을 드러낸다는 데 있다.

또한 정부 부문이 존재하는 단순 거시 경제 모형에서 적자 재정을 편성해 투자와 소비 지출을 늘리는 정부의 정책 또는 자본가의 총이윤에 조세를 부과해 신규 지출 비용을 감당하는 경우 모두 총산출과 총소득을 증대시키는 구실을 한다는 점도 살펴봤다.

그렇다면 이런 거시 경제 소득 분배 모형에 대외 경제 부문을 포함시키면 어떤 변화 양상이 나타날까? 칼레츠키는 상이한 생산 부문과 정부 부문의 구실이 포함된 폐쇄 경제 모형에 수출입을 통한 무역 수지의 변동이라는 항목을 추가해 소규모 개방 경제 체제 모형을 제시하고 있다. 이 모형을 통해 칼레츠키는 수출입의 변동이 상이한 생산 부문에서 이윤과 임금의 분배를 결정하는 매개 변수들을 통해 국내의 소득 분배에 어떤 영향을 미치는지를 분석하려 하고 있다(Kalecki 1933b; 1938; 1939b; 1943b; 1946; Lopez and Assous 2010, Ch. 7).

여기서는 칼레츠키의 논의를 따라 이 문제를 추적해보자. 칼레츠키는 여러 변수들의 상호 작용 중 특히 첫째, 수입 증가가 개방 경제 체제의 총산출과 총수입, 이윤 분배 몫에 어떤 영향을 미치는지, 둘째, 명목 임금의 상승이 이윤의 증감과 총산출량의 변동, 수출입의 변동에 어떤 영향을 미치는지 등을 비교 정태 분석을 통해 순차적으로 살펴보고 있다.

표 10-3. 칼레츠키의 단순 재생산 표식(수출과 수입을 통한 대외 경제 부문이 포함됨)

부문	자본재 생산 부문(I)	중간재 또는 사치재 생산 부문(II)	소비재 생산 부문(III)	대외 경제 부문: 수출입(IV)	합계
임금	W_1	W_2	W_3	W_e	W
이윤	P_1	P_2	P_3	P_e	P
총산출 또는 총수입	I	C_k	C_w	E	Y

1) 단순 개방 경제 모형

칼레츠키는 정부 부문을 제외한 채 대외 무역 부문이 포함된 소규모 개방 경제 체제 아래의 총산출을 규정하는 것으로 논의를 시작한다.

이 경제 체제 아래에서 총산출(Y)은 자본가의 총투자(I)와 소비 지출(C_k), 노동자들의 총소비(C_w)와 순수출(E)에 따라 결정된다. 여기서 순수출은 이 경제의 수출(X)에서 수입(M)을 뺀 것($E = X - M$)으로, 통상적인 국민 계정에서는 국내 통화로 정산되는 무역 수지와 동일하다. 따라서 다른 국내 지출량이 변화하지 않는다고 가정할 때, 국내의 총산출과 총수입은 순수출이 증가하면 증대하고 무역 수지가 적자가 될 때 줄어든다.

$$Y = I + C_k + C_w + E \qquad (4\text{-}1)$$

이제 국내의 생산 부문 사이의 소득이 어떻게 분배되는지 살펴보기 위해 대외 경제 부문이 포함된 단순 재생산 표식을 구성해보자. 이것은 **표 10-3**처럼 요약될 수 있다.

이제 소비재를 생산하는 생산 부문의 이윤 결정에 관해 살펴보자. 먼저 이 생산 부문의 총이윤은 총부가가치 중 이 부문에 종사하는 노동자들에게 지급되는 임금을 뺀 것과 같을 것이다. 더불어 이 총이윤은 다른 생산 부문들과 대외무역에 종사하는 노동자들이 구매한 소비재의 합계와 같을 것이다. 마찬가지로 노동자들은 소비재를 구입하는 데 임금 전액을 사용할 것이라는 가정을 도입하면, 이것이 다시 다른 부문에 종사하는 노동자들에게 지급되는 임금의 합계와 같다는 것을 알 수 있다. 따라서 다음 같은 첫 번째 등식을 얻게 된다.

$$P_3 = C_w - W_3 = W_1 + W_2 + W_e \quad (4\text{-}2)$$

마찬가지로 분석의 편의를 위해 위 등식의 좌우변에 다른 부문에서 산출되는 총이윤들($P_1 + P_2 + P_e$)을 더할 경우, 우리는 자본가의 총이윤이 자본가의 투자와 지출, 대외 무역상의 순수출에 따라 결정된다는 것을 알 수 있다.

$$P = I + C_k + E \quad (4\text{-}3)$$

이 등식을 통해 순수출의 증가가 국내 유효 수요를 증가시켜 이윤을 증대시킨다는 것을 알 수 있다. 또한 순수출이 증가해도 만약 국내의 소득 분배를 결정하는 매개 변수들의 값이 변하지 않을 경우 노동자들에게 지급되는 총임금도 순수출의 증가와 함께 증대할 것이라고 추정할 수 있다.

이것은 위에서 정식화한 재생산 표식에서 직접 도출되는 결과다. 다시 말해 순수출의 증가는 국내 총산출의 증가를 뜻하고, 다른 모든 조건들이 같다면 이것은 더 많은 고용이 창출된다는 것을 뜻한다. 그리고 이렇게 증대된 국내 고용량은 노동자들에게 지급되는 임금과 소비를 증대시킨다.

그러나 순수출의 증가에서 비롯되는 국내 유효 수요의 증대는 이것과 다른 효과를 불러올 수 있다. 무엇보다도 수출의 증가는 중간재와 소비재의 수입을 비례적으로 증가시킬 수 있다. 이전에는 국내에서 생산되던 중간재와 자본재를 해외에서 수입하게 되면 이 중간재와 생산재를 생산하는 생산 부문의 산출량과 고용량은 그 이전에 견줘 떨어지게 될 것이다. 그리고 국내의 소득 분배 구조가 바뀌지 않을 경우 이 과정은 국내의 생산 부문에서 얻게 되는 총이윤과 임금, 고용의 양이 과거에 견줘 줄어든다는 것을 의미한다.

더불어 순수출의 증가는 국내의 소득 분배에 영향을 주는 매개 변수들의 변화를 통해 전체 소득 중 임금 소득 분배 몫을 떨어뜨릴 수 있다. 명목 임금을 낮춰 수출을 증대시키려는 압력이 작동할 때 전형적으로 나타나는 현상으로, 경우에 따라서는 임금 비용의 감소와 여기에 따른 수출 가격의 하락이 기대하는 만큼의 순수출 증가로 연결되지 못할 때 심각한 문제로 번질 수 있다.

이런 가능성들을 염두하고, 이제 다시 등식 (4-3), 곧 $P = I + C_k + E$ 을 자본가의 소비 지출과 총소득 결정에 관한 등식들과 함께 고려해보자. 앞서 자본가의 지출이 자동적 부분과 총이윤의 증감에 따라 변하는 가변적인 부분으로 구성돼 있다는 점을 살펴봤다. 다시 말해,

$$C_k = A + \lambda P$$

더불어 우리는 총소득이 총이윤과 총소득 중 이윤으로 분배되는 몫의 함수라는 점을 살펴봤다. 다시 말해 이 두 개의 등식을 결합하면 총소득 또는 총산출량이 자본가의 투자와 지출, 순수출에 관한 총이윤 분배 몫 비율에 따라 결정된다는 것을 알게 된다.

$$Y = \frac{P}{e} \tag{4-4}$$

$$\frac{Y = I + C_k + X - M}{e}$$

또한 (4-3)의 총이윤 등식 $P = I + C_k + E$ 에 자본가의 지출에 관한 등식 $C_k = A + \lambda P$ 을 대입해 넣은 뒤 총이윤을 결정하는 변수들로 재정렬하면, 우리는 각각 $P = I + A + \lambda P + E$ 와 $(1-\lambda)P = I + A + E$ 라는 등식들을 거쳐 최종적으로 아래 같은 등식을 얻게 된다(4-5). 그리고 이것을 이용해 다시 총산출 등식(4-6)을 얻을 수 있게 된다.

$$P = \frac{I + A + E}{1-\lambda} \tag{4-5}$$

$$Y = \frac{I + A + E}{e(1-\lambda)} \tag{4-6}$$

이 두 개의 등식은 총이윤과 산출이 자본가의 투자와 자동적 지출, 순수출을 총이윤 소득의 증감에 따라 변화하는 자본가들의 한계 소비로 나눈 것과 같다는 것을 보여준다. 이 최종 등식들은 순수출이 한 단위 증가하면 아래와 같은 비율로 총이윤과 총산출량이 증가한다는 것을 알려준다. 다시 말해 한 단위 순수출의 증가는 총이윤이 변화하면서 함께 변화하는 자본가들의 한계 소비 지출 성향이 커지면 커질수록 더 많은 이윤과 산출을 발생시킨다.

$$\Delta P = \frac{\Delta E}{1-\lambda} \tag{4-7}$$

$$\Delta Y = \frac{\Delta E}{e(1-\lambda)} \quad (4\text{-}8)$$

2) 수출 대비 산출량의 비율 그리고 이윤 분배 몫의 변화

이제 수출의 증감이 국내의 총산출과 상대적 소득 등에 미치는 효과를 더 구체적으로 살펴보기 위해 몇 가지 매개 변수를 도입해보자. 이미 알고 있는 것처럼 수출의 증가는 이윤과 국민 소득을 증가시킨다. 동시에 수출의 증가를 통해서 증대된 국내의 유효 수요는 더 많은 수입을 발생시키는 경향이 있다.

여기서 매개 변수 γ 이 총수입 대비 총산출의 비율을 나타낸다고 가정하자. 논의를 단순화하기 위해 이 비율이 모든 생산 부문에서 늘 같은 값을 지닌다고 가정한다. 그렇다면 위에서 살펴본 총산출량의 결정에 관한 등식 (4-4)를 아래처럼 다시 고쳐 쓸 수 있을 것이다.

$$Y = \frac{I(1-\gamma) + C_k(1-\gamma) + X(1-\gamma) - C_w\gamma}{e} \quad (4\text{-}9)$$

이 등식에서는 논의의 편의를 위해 자본가들의 소비가 단기에서는 주어져 있다고 가정한다. 다시 말해 총이윤이 증가함에 따라 변화하게 될 가변적 소비 지출의 항목이 변화하지 않는다고 가정하는 것이다. 그러면 수출의 증감에 따라 변화하는 소득의 변화를 정식화할 수 있게 된다.

$$\Delta Y = \frac{X(1-\gamma) - C_w\gamma}{e} \quad (4\text{-}10)$$

이 등식은 수출이 증가하면 그 일부만이 국내의 유효 수요 증대와 총산출에 긍정적인 효과를 미친다는 것을 보여준다. 수출 증가의 다른 부문들은 수출 증가가 불러오는 추가적인 수입을 사들이는 데 사용되는 것이다. 따라서 만약 총소득 중 이윤의 분배 몫을 지칭하는 변수(e)가 변화하지 않는다고 가정하면, 수입 대비 산출량의 비율(γ)이 작으면 작을수록 수출을 통한 이윤과 산출량 증대 효과가 커진다는 것을 알 수 있다. 이 비율이 낮을수록 국내의 유효 수요가 국내 경제에서 유출되는 몫이 줄어드는 것이다.

이제 수출의 변화와 수입의 변화가 맺는 관계를 이 매개 변수를 동원해 정식화할 수 있다. 수입 대비 산출량의 비율을 나타내는 매개 변수(γ)가 일시적으로 고정돼 있다고 가정할 때, 총산출량의 변화가 수입의 변화에 관한 이 매개 변수 값의 비율이라는 것을 알 수 있다.

$$\Delta Y = \frac{\Delta M}{\gamma} \tag{4-11}$$

더 나아가 자본가들의 소비에 아무런 변화가 없다고 가정할 때 총산출량의 변화가 수출 변화에 따라서 결정된다는 것을 알 수 있다.

$$\Delta Y = \frac{\Delta E}{e} \tag{4-12}$$

다른 변수들이 변화하지 않는다고 가정할 때, 이 두 개의 등식을 통해 결국 총산출의 변화가 수출량과 수입량의 변화의 비율, 또는 총이윤 분배 몫과 수입 대비 총산출량의 비율 사이의 비율이라는 점을 알게 된다.

$$\Delta Y = \frac{\Delta E}{e} = \frac{\Delta M}{\gamma} \quad 또는 \quad \Delta Y = \frac{\Delta E}{\Delta M} = \frac{e}{\gamma} \qquad (4-13)$$

이런 논의는 결국 다음 같은 경향들을 알려준다. 먼저 한 나라가 수출을 증가시키면 이 나라는 무역 수지를 개선할 수 있다. 그런데 이 수출 증가는 수입 또한 증가시킨다. 수출 증가와 수입 증가의 비율은 결국 전체 국민소득 가운데 이윤 분배 몫(e)과 총산출량 중 수입이 차지하는 비율(γ)과 동일하다. 만약 국내 총소득 중 이윤 분배 몫이 고정돼 있다고 가정할 때, 수출 증가와 수입 증가의 비율은 수입이 국내총생산에서 차지하는 비율(γ)이 낮으면 낮을수록 증가할 것이다.

결론적으로 한 경제는 순수출을 늘리면서 상대적으로 적은 양을 수입할 수 있고, 반면 수출 증가보다 더 많은 비중의 수입 증가를 경험할 수도 있다. 이 비율은 현실에서는 생산 부문에서 사용하기 위해 해외에서 수입하는 자본재와 원자재가 국내 총산출량에 견줘 어느 정도 비율을 차지하는가를 나타내는 것일 수 있고, 아니면 해외 수입 물품을 구매하는 내국인의 전반적인 소비 성향을 국내 총산출량으로 나눈 비율일 수도 있다.[9] 이 상대적 비중이 주어진 시점에서 나라별로 어떻게 다르게 나타나는지, 그리고 한 나라 안에서도 시점의 변화에 따라 이것이 어떻게 변모하는지는 매우 중요한 실증 분석의 대상이 될 것이다.

9 프리드리히 리스트가 옹호한 국가의 중상주의적 산업 진흥 정책과 무역 진흥 정책은, 칼레츠키의 시각에서 볼 때 국내의 해외 수출품에 관한 한계 소비 성향 또는 국내 생산에 필요한 해외 수입 자본재와 원자재의 비중을 대폭 줄이는 동시에 수출 증대를 통해 국내의 유효 수요와 산출량을 획기적으로 증대시키기 위한 일련의 조건들을 기술한 것이라고 할 수 있다. 실제로 한국을 포함한 동아시아 발전 국가들 대부분이 취한 '수출 주도형 산업화 정책'의 핵심은 칼레츠키가 분석하고 있는 수출의 국내 산출 증대 효과를 극대화하기 위한 정책들을 지칭하는 것이다. 케인스와 칼레츠키가 시사하고 있는 이 발전 노선에 따라 개발도상국의 수출 주도형 산업화 정책을 논리적으로 체계화한 이론이 '국제수지 제약 발전 이론'이다. McCombie and Thirlwall eds.(1993; 2004)를 참조할 것.

3) 임금의 변화가 이윤에 미치는 영향

이제 마지막으로 이 개방 경제 체제 아래에서 임금의 변화가 이윤과 총산출량의 변화에 어떤 영향을 미치는지를 살펴보자.

임금이 상승하면 국내에서 생산된 상품들의 소비(ΔC_{wn})가 증가하고, 그만큼 판매가 늘어날 것이다. 더불어 임금 상승은 국내에서 생산된 중간재 또는 사치재의 소비(ΔBI_n)를 증대시킬 것이다.

그러나 동시에 국내의 생산 부문들은 임금 인상분에 해당하는 만큼 생산 비용의 증가를 경험하게 될 것이다. 노동자들이 임금 소득을 전적으로 소비에 충당한다고 가정하면, 이 임금 인상에 따른 생산 비용의 증가분은 국내 소비재에 관한 소비의 증가분(ΔC_{wn})과 해외에서 수입된 소비재에 관한 소비 증가분(ΔC_{wm}), 그리고 국내에서 생산되거나(ΔBI_n) 해외에서 수입된 중간재의 변화량(ΔBI_m)을 합한 값에 준할 것이다. 이것을 등식으로 표현하면 아래와 같다.

임금 인상에 따른 판매의 증가분 = $\Delta C_{wn} + \Delta BI_n$

임금 인상에 따른 비용의 증가분 = $\Delta C_{wn} + \Delta C_{wm} + \Delta BI_n + \Delta BI_m$

이 등식은 임금 인상에 따른 판매의 증가가 임금 인상이 야기하는 생산 비용의 증가보다 항상 작을 수밖에 없고, 다른 조건들이 같다면 결국 국내 총수입에서 이윤이 차지하는 분배 몫과 총이윤량이 감소하게 될 것이라는 점을 보여준다.

그렇다면 이런 임금 인상은 국내의 고용과 총산출량의 변화에 어떤 영향을 미치게 될까? 이 문제를 살펴보기 위해 몇 가지 새로운 매개 변수를 도입해 분석해보자. 먼저 변수 k 는 특정한 생산 부문에서 생산하는 개별 기업들이 시장 안에서 과연 어느 정도까지 자유롭게 가격을 책정할 수 있는지를 나타내는 '독점의 정도'를 나타낸다. 변수 j 는 생산에 소요되는 원자재 비용이 총임금 대비 어느 정도의 비율을 지니는지를 나타낸다.

이미 앞에서 살펴본 총이윤 결정 등식을 논의의 출발점으로 삼아보자.

$$P = I + C_k + (X - M) \tag{4-14}$$

그리고 지금까지 총이윤의 분배 몫으로 정의하던 매개 변수(e)를 총임금의 분배 몫에 관한 새로운 매개 변수를 이용해 정의해보자.

$$e \equiv 1 - \omega$$

이 임금 분배 몫은 개별 기업들의 독점화 정도와 생산에 소요되는 원자재 비용이 총임금에 관해 갖는 비율에 따라 결정된다. 개별 기업들이 독점적 가격을 높이 책정하면 할수록, 그리고 생산에 소요되는 원자재의 비용이 증가하면 할수록 총소득에서 임금이 차지하는 비중은 낮아진다.

$$\omega = \frac{1}{1 + (k - 1)(j + 1)}, \quad k > 1 \tag{4-15}$$

이미 총이윤 분배 몫을 $e \equiv 1 - \omega$ 로 정의했으므로, 총소득과 총이윤의 관계를 나타내는 등식에서 아래 같은 새로운 등식을 얻을 수 있다.

$$Y = \frac{P}{e} = \frac{P}{1 - \omega} = \frac{I + C_k + (X - M)}{1 - \omega} \tag{4-16}$$

이 등식은 총산출량이 총이윤과 임금 분배 몫에 따라 결정된다는 것을 나타낸다. 그렇다면 명목 임금의 변동은 총이윤과 총산출량에 어떤 영향을 미치는가? 먼저 명목 임금이 하락하는 경우를 가정해보자. 수출입에 영향을 미치는 환율이 변동하지 않고 고정돼 있다고 가정하고, 또한 자본가의 소비 지출도 단기에는 변화하지 않는다고 가정할 경우, 명목 임금의 하락이 수출 증대 효과를 가져올 수 있다는 것을 알 수 있다. 명목 임금의 하락이 수출 상품의 생산 비용과 가격을 하락시키면 수출 상품의 국제 경쟁력이 높아진다. 그리고 수출 상품의 가격 하락 때문에 해외 소비자들이 더 많은 수출 상품을 구매하게 되면, 이 개방 경제는 다시 총산출량과 총소득을 증대시킬 수 있는 것이다.

그러나 이 명목 임금의 하락은 이런 이점을 상쇄하는 또 다른 경향을 불러온다. 임금의 하락이 총국내소득 중 임금 분배 몫에 부정적인 영향을 미치게 된다는 것이다. 먼저 명목 임금의 하락은 생산에 소요되는 원자재의 임금 대비 비율(j)을 증대시킨다. 경제 구조가 소수의 독점 대기업에 장악돼 있고, 이 기업들이 준독점적 가격 정책을 펴게 될 때, 임금 분배 몫을 결정하는 또 다른 매개 변수(k) 값이 커질 것이라고 추론할 수 있다. 결국 임금 분배 몫(ω)이 떨어져 등식 (4-15)와 (4-16)의 분모가 커진다는 의미가 된다.

이렇게 명목 임금과 임금 분배 몫이 지속적으로 하락하는 조건에서, 총이윤과 순수출이 증대하지 않는다면, 이 개방 경제 체제는 총산출과 소득의 감소를 경험하게 되고, 다시 고용량의 감소와 추가적인 임금 하락 현상을 경험하게 된다. 경제 전체가 침체 국면으로 빠져드는 것이다.

그런데 현실에서 흔히 관찰되는 것처럼 국내 생산 비용과 노동 비용의 감축을 통한 가격 하락이 반드시 순수출의 증대를 가져다주리라는 보장은 없다. 다른 조건들이 같다면, 국내의 명목 임금과 임금 분배 몫이 하락하는 조건에서 순수출이 증대하려면 국내에서 생산된 상품들의 가격 하락 덕분에 해외 소비자들이 더 많은 상품들을 구매할 것이라는 조건이 충족돼야 한다. 다시 말해 수출 상품 가격의 하락에 관한 해외 소비자들의 가격 탄력성이 대단히 높을 것이라는 조건이 충족돼야 하는 것이다. 그렇지 않다면 국내 명목 임금과 임금 분배 몫의 하락은 순수출의 증대를 불러오지 못하고 오히려 국내 유효 수요를 감소시켜 총이윤과 총산출량을 하락시키는 결과를 가져오게 될 것이다.

물론 이런 와중에도 특정 자본 분파들이 전유하는 이윤의 총량에는 변함이 없을 수 있다. 그래서 특정 자본의 축적이 심각한 가치 실현의 위기를 경험하지 않고서도 상당 기간 지속될 수 있다. 그런데 이 가능성은 자본의 독점화 정도, 대기업과 중소기업이 맺는 관계, 자본과 노동의 상대적 소득을 결정하는 세력 관계의 편제 상태, 국내 금융 기관을 통한 신용의 용이성 여부와 신용의 사용처, 무역 체제와 환율 체제 등 자본 축적에 영향을 미치는 많은 변수들이 한 사회에 어떻게 편제돼 있는가에 따라 종합적으로 결정될 것이다.

5. 논란 — 칼레츠키의 유산과 좌파 경제학 내부의 논쟁

지금까지 우리는 칼레츠키가 어떻게 소득 분배에 관한 계급론적 분석을 바탕으로 유효 수효 이론을 발전시켰는지 살펴봤다. 논의의 편의를 위해 우리는 칼레츠키를 따라 정부 부문이 존재하지 않는 폐쇄 경제 모형에서 출발해 소규모 개방 경제 모형을 재구성하고, 정부 지출의 변화와 순수출의 증감이 국내의 총산출과 소득에 어떤 변동을 불러오는지를 고찰했다. 또한 개방 경제 체제 아래에서 임금의 변동이 총산출과 소득 분배 구조에 어떤 영향을 미치는지도 비교 정태 분석을 통해 살펴봤다.

그러나 이 모든 논의는 어디까지나 칼레츠키의 핵심적인 문제의식을 소개하려는 목적에서 시도된 단기 유효 수요 이론에 불과하다. 칼레츠키 자신은 케인스나 민스키와 마찬가지로 경기 순환의 원인과 과정에 큰 관심을 가지고 있었다.

칼레츠키가 처음으로 출간한 논문과 책이 모두 자본주의 경기 순환을 다룬 점을 고려하면 이 점은 명확해 보인다.

더불어 칼레츠키는 단기 거시 경제 모형뿐만 아니라 장기 경제 성장 모형을 구성하는 데 필요한 매우 중요한 이론적 단초들을 많이 제시했다. 그리고 칼레츠키가 제시한 이론적 단초를 바탕으로 해서 훗날의 칼레츠키주의 경제학자들은 정부 부문과 대외 경제 부문, 금융 시장이 함께 포함된 장기 경제 성장 모형을 발전시키려고 노력해왔다(Lavoie 2009, Ch. 5 참조).

더 나아가 네오 칼레츠키주의 경제학자들 중 일부는 개방 경제 체제 아래의 축적 구조 동학을 분석하기 위한 다양한 방법을 개발하기도 했다. 예를 들어 로버트 블레커R. Blecker 등은 더트(Dutt 1990), 마글린S. A. Marglin과 바두리(Bhaduri 1990a; 1990b), 테일러(Taylor 1991; 2004; 2006) 등이 칼레츠키를 원용해 개발한 폐쇄 경제 체제 아래의 자본 축적 동학(생산 가동률과 유효 수요의 변화가 총산출과 이윤에 어떤 영향을 미치는가에 따라 '이윤 중심적' 축적 구조와 '임금 중심적' 축적 구조로 나뉜다)을 개방 경제 체제에 관한 분석 모델로 확장했다. 이런 논의를 통해 블레커는 환율의 변동, 수출입의 변동 등이 어떻게 국내의 자본 축적 구조를 매개로 분배 구조에 영향을 줄 수 있는지를 분석하고 나라별로 유형화하려 했다(Blecker 1989a; 1989b; 1999; 2002; 2011).

또한 매컴비와 털월 등은 칼레츠키가 개방 경제 체제 모델을 분석하면서 사용한 수출 대비 총산출량, 수입 대비 총산출량, 그리고 수출입품에 관한 가격 탄력성 등 주요 매개 변수들의 중요성에 주목해 개발도상국들의 수출 주도형 산업화 정책을 분석했고, 이것을 일반화해 '국제 수지 제약 경제 성장 모형'을 구축하기도 했다(McCombie and Thirlwall 1994; 2004).

마지막으로 칼레츠키가 1930~1940년대 영미권의 네오 마르크스주의자들에게 끼친 학문적 영향도 결코 과소평가해서는 안 될 것이다. 칼레츠키의 가산 가격 이론은 독점적 초과 이윤의 형성과 근거를 둘러싸고 전개된 마르크스주의 내부의 많은 논쟁들과 맞닿아 있으며, 실제로 1960년대부터 형성되기 시작한 마르크스주의적 독점 자본주의 이론의 형성에 큰 영향을 미치기도 했다. 특히 마르크스주의적 시각에서 미국의 독점 자본주의 현상을 처음으로 분석한 논자들이 칼레츠키의 가산 가격 이론에 의지하고 있다는 점은 이미 잘 알려져 있다(Baran and Sweezy 1966; Steindl 1952).

그렇지만 칼레츠키의 몇 가지 개념들은 마르크스주의자들을 포함한 좌파 경제학자들 내부에 다양한 논쟁을 불러일으키기도 했다. 무엇보다도 먼저 칼레츠키가 이론화하려 한 기업들의 가격 책정 이론, 또는 가산 가격 이론은 자본주의적 경쟁과 전형 문제에 관한 마르크스주의자들의 통상적인 해석과 거리가 멀어 보인다. 마르크스 이후의 마르크스주의자들은 자본주의적 생산 과정에서 어떻게 잉여 가치가 착취되고 이 가치가 어떻게 시장 교환을 통해 실현되는지에 초점을 맞춰왔다. 이른바 가치의 '전형 문제transformation problem'를 둘러싼 마르크스주의자들 내부의 논쟁이 바로 그것이다.

반면 칼레츠키는 독점 자본가가 산업 분야 안의 독점적 지위를 이용해 생산 비용을 보전하는 것보다 높은 가격을 책정하는 것에 초점을 맞췄다. 개별 기업들은 이른바 '독점의 정도'에 따라 자유롭게 가격을 책정할 수 있는 행위자로 간주되고, 이 기업들의 가격 정책의 결과로 총소득 안에서 임금으로 분배되는 몫이 결정되는 것처럼 기술되는 식이다.

이 과정에서 칼레츠키는 가치 법칙이라는 말을 전혀 사용하지 않았고, 이것을 통해서 어떻게 잉여 가치가 자본의 규모와 유기적 구성도, 경쟁의 정도에 따라 가격으로 전환되면서 이윤율을 실현하는지를 설명하려고 하지도 않았다. 오히려 칼레츠키는 개별 기업들이 임금을 포함한 단위당 총 생산 비용에 가산 가격을 부과해 얻는 수익을 잉여라고 불렀고, 이 잉여는 특정 산업 분야에서 관철되는 불완전 경쟁이나 독점의 정도에 따라 결정된다고 주장했다. 고전적 마르크스주의자들이 보기에 이것은 신고전파 경제학자들이 무비판적으로 전제하는 완전 경쟁에 대비된 '불완전 경쟁'을 이론화하는 것으로서, 원하건 원치 않건 간에 어느 순간 이상화된 완전 경쟁 상태의 존재를 인정해주는 것이 된다(Shaikh 2008).

또한 임금과 이윤의 상관관계에 관해서도 칼레츠키의 견해는 전통적인 마르크스주의자나 스라파주의 경제학자들과 구별된다. 물론 칼레츠키도 다른 좌파 경제학자들처럼 임금과 이윤의 상대적 분배 메커니즘이 자본주의 생산 과정에 내재한 비대칭적인 권력 구조의 영향을 받고 재생산된다는 점을 강조한다. 이 과정에서 칼레츠키는 총소득 중 임금과 이윤 분배 몫이 어떻게 나누어지는가는 결국 소득 분배를 둘러싼 집합적이거나 개별적인 계급 투쟁에 따라 결정된다는 점을 명확히 하고 있었다.

그러나 칼레츠키는 마르크스주의자들이나 스라파주의 경제학자들하고는 다르게 폐쇄 경제 체제 아래에서 임금의 상승이 바로 이윤의 하락을 야기하는 것은 아니라고 분석했다. 기업들은 임금의 상승에 대처하면서 경우에 따라 생산량을 줄일 수도 있고, 또 어떤 때는 자신들이 과거에 누리던 이윤 폭을 그대로 유지하기 위해 상품 가격을 올릴 수도 있기 때문이다.

따라서 칼레츠키는 임금의 상승은 그 자체로 이윤의 하락을 가져오지 않을 수 있으며, 국내 유효 수요의 변동에 자본가들이 어떻게 대처하는가에 따라 오히려 이윤이 증대될 수도 있다고 강조한다. 고전적 좌파 경제학자들이 강조하는 자본과 노동, 이윤과 임금의 적대적인 상호 관계 사이에 케인스주의자들이 강조하는 생산 가동률과 유효 수요의 변동이라는 매개 범주들을 도입하는 것이다.

이 점에서 칼레츠키는 당시 좌파 경제학자들과 사회주의자들 사이에서 지배적이던 파국론적인 자본주의관, 곧 노동자 계급의 궁핍화와 이윤율의 저하, 여기에 따른 자본주의 경제의 장기적인 정체 등에 관한 가설을 받아들이지 않았다. 자본의 유기적 구성이 고도화되면서 잉여 가치량이 줄어들면 노동자 계급이 궁핍해지면서 불가피하게 '가치 실현의 위기'가 초래될 것이라는 파국론적인 가설을 수용하는 대신, 칼레츠키는 유효 수요를 조정하고 관리하는 국가의 구실과 개입 여하에 따라 자본주의의 주기적인 공황이 다른 경로를 통해 조정될 수 있다고 주장했다. 칼레츠키는 노동 계급이 강력한 집합적 힘을 행사해 새로운 정치 질서와 사회 질서를 구축하고, 이 질서를 통해 주기적으로 찾아오는 경기 순환의 고통을 획기적으로 줄여나가는 게 장기적으로 추구해야 할 사회적 과제라고 주장했다(Kalecki 1943a, 356).

이런 시각에서 볼 때, 칼레츠키가 추구한 대안적인 사회 체제는 자본주의 경제 체제와 급격히 단절한 어떤 가상의 체제가 아니라 점증하는 노동 계급의 힘을 바탕으로 자본주의 경제 체제의 문제들을 점진적으로 해결하는 체제였다. 어떤 측면에서 이 점은 케인스가 옹호한 '국가의 안정된 소득 정책과 유한 계급의 안락사'라는 핵심 논지와 일맥상통한다. 케인스가 칼레츠키하고는 다르게 계급론적 사회 분석의 틀을 전혀 사용하지 않았다는 점에서 이 두 사람 사이에 여전히 중대한 차이가 있기는 하지만 말이다.

이 수정된 자본주의 체제 아래에서 민주적으로 책임성 있는 정부는 첫째, 대대적으로 공공사업에 투자하고 빈곤한 대중들의 소비 지출을 지원하며, 둘째, 이런 정책을 통해 민간 자본을 통해서는 결코 달성되지 못하는 수준의 고용과 소득을 창출하고, 셋째, 민간 자본의 축적을 유도하고 이윤율의 급격한 변동을 줄이는 데 필요한 여러 정책을 집행해 민간 자본이 활성화될 수 있도록 지원하며, 넷째, 이 과정에서 누진적 조세 제도를 통해 적극적으로 소득을 재분배하고, 다시 이 소득을 통해 유효 수요를 확대하는 구실을 한다(Kalecki 1944; 1945, 383).

6. 결론을 대신해 — 칼레츠키와 한국 경제의 진보적 개혁 방향

이제 논의를 마감하며 칼레츠키의 소득 분배 이론이 한국 경제의 현재 문제들을 파악하는 데 어떤 함의를 던져줄 수 있는지 살펴보자.

이 문제와 관련해 무엇보다도 먼저 거론해야 할 내용은 1997~1998년의 동아시아 외환 위기 이후 재구조화된 축적 체제의 변동이다. 한국 경제는 동아시아 외환 위기를 거치면서 그 이전 시기보다 더욱 깊게 국제 금융과 무역 체제에 통합돼왔다.

누군가는 과거의 개발 독재 정부가 사치재를 포함한 해외 수입 물품의 소비와 자본 시장을 강력하게 통제하고 각종 산업 정책, 무역 정책, 환율 정책을 동원해 수출 주도형 산업화 정책을 추진할 때부터 이미 한국 경제는 국제 무역 체제에 깊숙이 편입된 게 아닌가 하는 의문을 던질지도 모른다.

그러나 동아시아 외환 위기 이전과 이후의 한국 경제는 국제 금융 체제와 무역 체제에 통합된 정도와 대처 수단이라는 측면에서 근본적으로 다르다. 동아시아 외환 위기가 시작되기 이전에 한국의 금융 시장은 1990년대 초중반부터 시작된 자유화 정책 시기를 제외하고는 대부분 국가를 통해 강력하게 통제되고 있었다. 1990년대 초반부터 급속하게 추진된 '세계화' 정책의 결과 한국의 자본 시장은 최소한의 대비책도 없이 무분별하게 개방됐으며, 그 부정적 후과로 나타난 것이 바로 동아시아 외환 위기였다.

이 외환 위기를 거치면서 한국 정부는 국제통화기금과 세계은행이 강요하는 대로 자본 시장을 완전히 개방했으며, 국내 금융 자산과 금융 기업들의 외국인 소유 지분 한도도 근본적으로 폐지됐다. 금융 기업과 비금융 기업들의 지배 구조는 여전히 과거 재벌 체제의 강력한 유제에 영향을 받고 있지만, 대부분 영미식 주주 자본주의 모형을 이식하고 모방하는 구조로 바뀌었다. 수출 주도형 산업화를 효과적으로 달성하기 위해 정부가 추진한 각종 산업 정책과 관세 정책, 무역 보조금 정책, 환율 통제 등은 사실상 완전히 철폐돼 한국의 금융 경제와 실물 경제는 대외 경제의 급속한 변동에 거의 아무런 대책 없이 그대로 노출돼 있는 상태다.

더불어 외환 위기 국면에서 외부의 지렛대를 이용해 재벌 체제를 해체하려던 김대중 정부의 노력은 사실상 수포로 돌아갔으며, 기업 지배 구조나 경제적 집중도 측면에서 과거의 독점 재벌은 한국 경제의 일상사를 지배하는 강력한 집단으로 자리매김한 상태다.

이런 와중에 한국은 점점 더 대외 무역에 의존하고 있다. 소수의 독점 재벌이 다수의 중소기업을 하청 기업으로 거느리면서 경영과 노동 조직 편제에 강력한 영향력을 행사하고 있다. 수출 경쟁력을 강화한다는 미명 아래 수직적으로 통합된 하청 기업들의 노동 시간과 임금을 쥐어짜는 구조가 거의 아무런 제재도 받지 않고 오랫동안 지속되고 있는 것이다.

이런 상황에서 기업들은 생산 조직을 유연화하고 경량화한다는 미명 아래 소수의 핵심 역량을 제외한 나머지 업무 분야를 저임금과 장시간 노동으로 특징지어지는 비정규직 노동자로 채우고 있다. 이 현상은 다수의 중소기업이 소수의 대기업에 종속되면 종속될수록, 이 소수의 대기업이 얼마만큼 수출을 늘리는가에 경제 전체의 명운이 달려 있는 현재 상태가 강화되면 강화될수록 더욱 심각한 문제로 부각될 것이다.

동아시아 외환 위기 이후 더욱 명확하게 나타나고 있듯이, 전체 노동 시장의 60퍼센트 이상이 불안정 비정규직 노동자로 채워지고 있는 현실은 노동자 가계가 짊어지고 있는 부채의 급속한 증가와 동전의 양면이다. 노동 시장이 소수의 정규직과 압도적인 다수의 불안정 비정규직으로 이중화 또는 분절화되고, 압도적인 다수 노동자의 실질 임금이 하락하면서 가계 부채가 증가하는 것은 자연스러운 일이기 때문이다.

이미 많은 학자들이 지적하고 있는 것처럼 이런 경제 구조는 장기적으로 지속가능하지 않다. 과거와 다르게 어떤 제도적 또는 정책적 대비책도 가지고 있지 않은 상태에서 국제 금융 체제와 무역 체제에 깊숙이 통합되는 것은 거시 경제의 안정성을 심각하게 위협할 소지가 있다. 소수의 독점 재벌들이 수출 증대를 위해

하청 기업에게 납품 단가를 낮추라고 강요하고, 결과적으로는 다수의 노동자들에게 저임금을 강요하는 행태를 용인하는 것은 '경제 성장을 통해 소득을 증대하고 사회 복리를 증진한다'는 거시 경제학의 근본적인 목적과 수단을 혼동하는 일이며, 장기적으로 경제 구조의 안정성을 심각하게 해치는 행위다. 이것은 국내의 유효 수요가 심각하게 감소한다는 것을 의미하며, 장기적인 성장 잠재력을 갉아먹는 일이기도 하다.

지금까지 살펴본 칼레츠키의 경제 성장과 소득 분배 이론은 이 점에서 현재 한국 경제가 직면한 문제들을 진단하고 해결 방향을 찾는 데 시사하는 바가 크다. 칼레츠키는 산업 분야가 수직으로 통합돼 있는 독점적 기업 지배 구조를 분석 대상으로 삼았다. 특정한 산업 분야에서 기업들의 가격 책정 결정이 어떤 요인들에 영향을 받는지, 그리고 이것이 주어진 자본과 노동의 소득 분배 메커니즘에 어떤 영향을 미치는지를 주된 연구 대상으로 삼았다.

더 나아가 칼레츠키는 정부가 자본주의 경기 순환의 국면에서 나타나는 민간 부문의 유효 수요 감축을 재정 정책을 통해 보완할 방법과 경제 성장의 선순환 구조를 형성할 방법에 관해서도 깊은 관심을 가졌다. 대외 무역에 노출된 개방 경제가 수출입의 변동, 임금의 변동 등의 요인에 따라 어떻게 산출량과 소득의 변화를 경험할 수 있는지도 칼레츠키의 주된 연구 주제였다.

현재 직면하고 있는 여러 문제들을 고려할 때, 한국 경제에는 칼레츠키의 논점들 중 명목 임금 인상을 통한 국내 유효 수요의 증대, 완전 고용을 달성하기 위한 정부의 적극적인 투자 정책과 소득 안정 정책 등이 반드시 필요하다. 또한 칼레츠키가 효과적으로 지적한 대로, 대외 무역에 종속될 경우, 국내의 수직적 산업 구조를 재편하거나 소득 분배 구조를 대폭 개선하려는 노력이 뒷받침되지 않는다면 불가피하게 실질 임금을 떨어뜨려 국내 소득 분배 구조를 악화시키고 국내 유효 수요를 감축시키는 부정적 효과가 있다.

따라서 한국 경제가 나아가야 할 장기적인 성장 경로는 지나치게 높은 수출입

의존도를 낮추고 자본 시장의 개방 폭을 줄여 내수와 수출입이 적절한 균형을 잡고, 대외 경제 환경의 급속한 변화가 국내 거시 경제의 안정성에 심각한 악영향을 미치는 통로를 차단하는 방향으로 경제 구조와 제도를 바꾸는 게 될 것이다.

11장
결론
한국 경제의 진보적 개혁 방향을 생각한다

1. 다시, 왜, 마르크스는 옳은가

지금까지 우리는 미국발 국제 금융 위기의 기원과 전개, 현황을 진단하고, 유로존의 존폐 문제까지 불러온 남유럽의 재정 위기가 무분별한 자본 시장 개방과 부동산 시장의 거품 붕괴, 적절한 금융 규제의 실패 또는 부재에서 비롯된 문제라는 점을 살펴봤다.

그리고 자국의 금융 위기에 대처한다는 미명 아래 미 연준과 재무부가 취한 여러 정책들이, 그 기관들이 그동안 제3세계 국가들에게 신성불가침한 보편적 경제 원리라고 설교하고 강요한 정책들과 어떻게 근본적으로 구별되는지를 비판적으로 분석했고, 긴축 위주의 구조 개혁 노선이 어떻게 재정 적자 문제를 악화시키고 경제 전반을 극심한 경기 침체 상황에 빠뜨릴 수 있는지를 살펴봤다.

더불어 그동안 미국식 주류 경제학의 공식 담론에서는 철저하게 배제됐지만, 한국 경제의 여러 구조적이고 제도적인 문제들을 파악하는 데 매우 중요한 시사점을 제공해준다고 생각되는 몇몇 경제 사상가들의 견해를 살펴봤다.

프리드리히 리스트의 산업정책론을 고찰하면서 경제 성장에서 국가의 적극적 산업 정책이 지니는 중요성을 살펴볼 수 있었으며, 오늘날의 선진국뿐만 아니라 한국을 포함한 동아시아 발전 국가들의 과거와 현재를 추적하는 데 리스트의 논의가 어떤 혜안을 제공하는지 살펴보려고 노력했다.

또한 리스트의 논의가 지닌 이념적이고 시대적인 한계를 고찰하면서 현대 민주주의의 요건에 맞는 산업 정책의 구성과 방향에 관한 견해를 제시하려고 노력했다. 현대 민주주의 사회에서 산업 정책은, 첫째, 최소한의 민주적이고 절차적인 정당성과 정책 집행의 투명성을 확보해야 하고, 둘째, 민주적 책임성의 원리에 따라 집행돼야 하며, 셋째, 보편적 인권과 시민권, 노동권을 준수하는 범위 안에서 구상되고 집행돼야 하고, 넷째, 이해관계자들이 정부 정책의 구상과 집행 과정에 최대한 참여하고 감시하며 견제할 수 있는 구조를 갖춰야 한다.

또한 우리는 리스트가 전혀 성찰하지 못한 문제, 곧 성공적인 산업화 과정과 그 결과인 경제 성장의 과실을 사회 전체에 평등하게 분배하는 문제의 중요성을 강조했다. 칼 마르크스가 정확하게 지적한 것처럼, 리스트는 산업화 과정에서 발생하는 사회 계급 간의 적대적 이해 상충의 문제를 전혀 인식하지 못했고, 더 나아가 이 산업화 과정에서 형성된 구조적이고 제도적인 외부성의 문제를 파악할 수 있는 개념적 수단을 제시하지 못했다. 따라서 리스트류의 산업 정책을 통해 속성 재배된 독점 재벌 체제가 오늘날 한국 경제의 분배 구조와 성장 잠재력을 해칠 수 있고 또 실제로 해치고 있다는 사실을 파악하는 데 리스트의 논의는 별로 도움을 주지 못한다.

칼 마르크스, 존 메이너드 케인스, 케인스 이후의 포스트 케인스주의 경제학자들의 논의를 선별적으로 소개한 이유는 바로 이 측면을 이론 차원에서 보충하고 성찰할 수 있는 계기를 갖기 위한 것이다. 특히 7장에서 재해석하려고 한 칼 마르크스의 소유 이론과 사회주의 경제 이론은 이런 측면에서 한국 사회의 구조 개혁 방향을 설정하는 데 중요한 지침을 제공해준다.

7장에서는 칼 마르크스의 사회주의 사상을 어떤 모순된 주장들의 집합체로 묘사하려 했다. 다시 말해 마르크스는 자신이 사회주의 체제라고 부른 자본주의 이후의 경제 체제의 운영 원리에 관해 체계적으로 분석하지 않았고, 설사 적극적으로 몇 가지 원리를 제시한 경우에도 간헐적인 진술은 논리적으로 일관된 체계를 형성하지 못하고 있다. 사회주의 체제의 소유와 조정 양식들에 관한 마르크스의 모순된 진술들을 소개하고 논평하면서, 생산수단의 소유 형태 측면에서 노동자들의 생산자 협동조합 기업과 규제된 주식회사가 다른 소유 형태들에 견줘 지배적인 기업 소유 형태로 나타나고, 이것이 중앙 정부의 적절한 산업 정책과 투자 정책 그리고 시장 규제책들을 통해서 조정되는 시장 경제와 결합된 어떤 시스템을 '실현 가능한 사회주의'라고 지칭했다.

이런 해석에 관해 아마도 국내외의 정통 마르크스주의자들은 물론이고 신자유주의 또는 시장 근본주의의 옹호자들이 격앙된 반응을 보일 것이라고 예상하기는 그렇게 어렵지 않다. 미국의 신자유주의자들은 물론이고 미국식 산업 시스템과 금융 시스템을 국제 기준인 양 모방하고 한국 사회에 그대로 이식하려고 안달하는 한국의 지배 엘리트들은 독점 재벌의 소유권을 대상으로 하는 철저한 재분배 정책을 호소하는 듯한 제안을 실현 불가능한 공상이라고 비난하거나 대부분의 경우 철저하게 무시하려 할 것이다.

그러나 그중 일부나마 무엇이 자기(가 속한 집단)에 이익이 되는가에 앞서 무엇이 사회적으로 필요한가, 따라서 무엇이 옳은가를 먼저 생각하려는 사람들이 있다면, 한국의 독점 재벌 체제가 야기하는 구조적 문제점들을 어떻게 해석해 해결책을 찾을 것인지 논의하는 이 책의 주장을 한번쯤은 진지하게 경청해주기를 부탁드린다. 논지를 전개하는 과정에서 부분적으로 논리의 비약이 있을 수 있고, 세부 영역에서는 현실성이 없는 주장을 펴는 것처럼 보이더라도, 결국 큰 틀에서는 이 중대한 문제를 해결하는 데 조금이나마 의미 있는 제안들이 있을 수 있지 않겠는가!

1980년대 이후 형성된 한국의 진보 진영, 또는 지배적인 사유 형태로 이해되던 마르크스-레닌주의를 유일하게 정통화된 마르크스 해석으로 간주해온 한국의 정통 마르크스주의자들도 마르크스의 소유 이론과 사회주의관에 관한 이 책의 해석을 비난하려 할 것이다. 그중 일부는 내가 제안한 마르크스 해석은 '사회주의'가 전혀 아닐 뿐만 아니라 '자본주의적 주식회사'에 관한 모종의 변호론에 지나지 않는다고 주장할지도 모른다.

이 경우 나는 기꺼이 그 제안을 받아들여 '사회주의'라는 용어를 더는 사용하지 않을 용의가 있다. 마치 알렉 노브가 에르네스트 만델의 거듭되는 비난을 수용하는 듯한 태도를 취하며 의견의 차이를 인정하기 위한 수단으로 사회주의라는 용어를 철회할 용의가 있다고 말한 것처럼 말이다. 다만 붕괴한 구소련과 동유럽의 현실 사회주의 체제의 역사에 관해 그리고 북한과 쿠바 등 잔존하는 비자본주의 경제 체제의 난맥상과 본질적인 문제들에 관해 깊이 있게 연구하고 성찰할 것을 제안한다. 구소련과 동유럽 사회 체제가 붕괴한 지도 벌써 20여 년도 더 지난 지금 한국에서도 이제 제대로 된 연구서 한 권 나올 때가 되지 않았는가!

8장부터 시작되는 케인스와 포스트 케인스주의 경제학자들, 특히 민스키와 칼레츠키의 문제의식은 동아시아 외환 위기 이후 빠른 속도로 발전하고 있는 한국의 금융 시장과 대외 개방에 관련돼 점증하는 종속의 문제를 어떻게 파악하고 어떤 제도적 해결책을 모색할 수 있을까 하는 의문을 해결하는 데 일정한 시사점을 제공할 수 있을 것이다. 민주적으로 선출되는 책임성 있는 정부가 각종 산업 정책과 투자 정책, 적극적인 노동 시장 정책과 소득 안정 정책 등을 통해 민간 자본의 운용만으로는 결코 달성될 수 없을지 모르는 완전 고용 상태를 달성하고 유지하기 위해 다양한 재정 정책들을 통해 유효 수요의 기반을 증대시킨다는 구상은, 제 아무리 이론적으로 파산한 신자유주의라는 광풍이 활개를 친다고 하더라도 '인간의 얼굴을 한(?)' 현대 체제의 운영과 재생산에 필수불가결한 요소다.

특히 민스키가 강조한 금융 시장의 지나친 발전 또는 금융화 과정이 경기 증폭에 끼치는 영향은 동아시아 외환 위기 이후 한국 경제 전체를 휘감고 있는 기업 투자 지평의 단기화, 주주 자본주의 경향의 가속화, 국제 금융 시장의 변동성에 극도로 취약해진 국내 금융 시장의 현 상황을 고려할 때 반드시 경청해야 할 지점들이다. 또한 지나친 대외 무역 종속이 가져오는 문제, 특히 국내 소득 분배에 수출입의 변동이 끼치는 영향에 관한 칼레츠키식의 분석은 전통적으로 대기업 위주의 수출 증대 노선을 추구한 한국 정부의 거시 경제 정책을 근본적으로 되짚어보는 데 일정한 의미를 지닐 수 있다. 수출만이 살 길이고, 수출을 위해서는 대기업들의 조세를 감면할 뿐만 아니라 환율까지 인위적으로 조작해도 상관없다는 한국 정부 관료들의 사고와 정책은, 대외 경제 부문과 내수의 괴리, 대기업과 중소 하청 기업 수익 구조의 분절화, 노동 시장의 이중 구조화와 실질 가계 소득의 하락에 따른 가계 부채의 폭증이라는 신자유주의 시대 한국 경제를 특징짓는 많은 문제들을 직접적으로 야기하거나 악화시킨 정책적 원인들 중 하나다.

이 책 전체를 통해 여러 차례 강조한 것처럼, 이런 경제 구조와 정책들은 바람직하지도 않을 뿐만 아니라 결코 지속될 수도 없다. 따라서 금융 부문의 지나친 발전이 국내 제조업 기반을 잠식하지 않고 그 실물 기업들의 질적 성장을 지원할 수 있는 방안, 수출의 증대 또는 대외 경제 부문의 성장이 국내 유효 수요의 성장과 함께 가고 점진적이나마 소득 분배를 개선할 수 있는 방안을 모색하는 것은 너무나 시급한 일이다. 바로 이 과정에서 케인스-민스키-칼레츠키가 강조한 유효 수요론, 정부의 거시 경제적 기능, 금융 시장 규제의 필요성, 지나친 대외 경제 종속이 야기하는 악영향에 관한 주의 깊은 분석 등이 매우 중요한 참조점이 될 수 있을 것이다.

2. 한국 경제 성격 논쟁과 진보적 개혁 방향

이제 한국 재벌 체제의 개혁 방안과 좌표를 둘러싼 최근의 논쟁을 살펴보고, 이 논쟁의 의미를 정리해보자.

흥미롭게도 '한국 경제 성격 논쟁'이라는 이름이 붙은 최근의 논쟁에서 한국을 대표하는 진보 또는 개혁 성향의 경제학자들은 현 단계 한국 경제가 직면하고 있는 구조적인 문제점, 독점 재벌 체제의 해체와 경제 민주화를 달성하기 위한 세부 과제들, 한국 경제가 나아가야 할 중장기적 좌표 등을 둘러싸고 열띤 논의를 이어가고 있다.

그런데 현재 진행되고 있는 이 논쟁은 1980년대 말과 1990년대 초반 한국의 사회과학계를 뜨겁게 달군 이른바 '사회구성체 논쟁'과 동아시아 외환 위기 직후 불거진 대안 체제 관련 논쟁들에 견줘 논의의 이념적 지반과 지향이 대단히 협소해졌다.

잘 알려져 있는 것처럼 과거 사회구성체 논쟁은 한국 자본주의의 성격과 정치 체제의 성격을 규정하고 당면한 사회 변혁의 과제를 도출할 목적 아래 전개됐으며, 이론사 측면에서는 한국 사회의 변혁 운동 과정에서 마르크스-레닌주의가 수용되는 과정과 궤를 같이하기도 했다. 따라서 논쟁 당사자들은 암묵적으로 한국 자본주의를 대체하는 근본 변혁을 추구했으며, 변혁을 위한 이론적 규명 작업을 최우선 과제로 삼고 있었다. 또한 외환 위기 국면부터 2000년대 초반까지 제시된 비판적 현실 진단과 대안 경제 모형에 관한 다양한 의견들은 외환 위기의 수습을 넘어서 경제 구조의 전환까지 포괄하는 야심찬 기획이었다.[1]

반면 현재 진행 중인 한국 경제 성격 논쟁은 사회주의적 변혁(어떤 의미로 이해되든 상관없이)이 아니라 어떤 자본주의를 달성할 것인가를 둘러싼 논쟁이라는 점에서, 그리고 한국의 독점 재벌 체제를 대체할 대안적인 자본주의 상이 논의의 초점이라는 점에서 정책과 제도 개선 문제를 좀더 강조하고 있다.[2]

또한 현재 진행되고 있는 논쟁은 1990년대 말 한국이 경험한 동아시아 외환 위기 이후의 경제 구조 재편과 그 결과로 관철된 신자유주의적 구조 조정의 문제를 어떻게 파악할 것인가를 두고 벌어지는 설전이라는 특징을 지니고 있다.

---

1 여기서 염두하는 자료들은 이병천·김균 편(1998), 김성구 편(2000), 이병천·조원희 편(2001), 전창환·조영철 편(2001), 그리고 전창환·김진방 외(2004) 등이다.

2 이 측면에서 《무엇을 선택할 것인가》의 공동 대담자인 정승일과 이종태가 그 책의 서평자인 남종석과 함께 《레디앙》 지면을 통해 나눈 대담은 매우 흥미롭다. 이 대담은 《무엇을 선택할 것인가》라는 책에서는 소개되지 않은 과거의 사회구성체 논쟁과 그 뒤에 이어진 경제 개혁 논쟁을 대담자 중 일부가 어떻게 인식하고 평가하고 있는지 파악하는 데 도움을 준다. 정승일·이종태·남종석 대담(2012) 참조.

다시 말해 재벌 체제를 해체하자는 '경제 민주화론'의 적실성과 신자유주의적 주주 자본주의 또는 금융 자본주의의 폐해의 중요성을 둘러싸고 논자마다 다른 견해를 취하고 있다는 것이다.

따라서 동아시아 외환 위기의 원인과 전개 과정 그리고 위기 이후 김대중, 노무현, 이명박 정부가 취한 각종 경제 정책들의 성격을 규명하는 작업이 암묵적이거나 직접적으로 전제돼 있으며, 구조화된 재벌 체제 또는 신자유주의적 주주 자본주의의 폐해의 조합을 어떻게 파악하고 대안을 마련할 것인가에 논의에 초점이 맞춰져 있다.

이런 논의 지형을 고려할 때 여러 비판 경제학자들을 소개하고 그 과정에서 현재 한국 경제에 시사하는 요소를 찾는다는 이 책 전체의 문제의식은 한국 경제 성격 논쟁에 잘 부합하지 않는다. 한국 경제가 당면한 많은 문제점을 고찰하는 과제는 몇몇 경제 사상가들의 논의를 살펴보는 것만으로는 결코 해결될 수 없으며, 설사 그런 목적을 추구한다고 해도 이론과 정책의 영역은 서로 차원을 달리하는 고유한 논의 지형을 지닐 수 있기 때문이다.

그렇기는 해도 최근의 논쟁에서 우리가 무엇을 배우고 또 어떤 점을 새롭게 제시할 수 있는지 살펴보는 작업은 중요하다. 이 장에서는 한국 경제 성격 논쟁에 직간접으로 참여한 경제학자들의 주요 저서들을 시간 순서대로 살펴보고, 이 책 전체에 걸쳐서 전달하려고 한 문제의식이 논쟁 참여자들의 핵심 주장과 어떻게 부합할 수 있는지 또는 화해할 수 없는지 논의할 것이다.

1) 2007년 김상조, 유종일, 홍종학, 곽정수의 《한국경제 새판짜기》

먼저 김상조, 유종일, 홍종학, 곽정수의 대담을 엮은 《한국 경제 새판짜기》(2007)를 살펴보자. 이 대담집의 핵심 논지를 한마디로 요약하면, '합리적 시장개혁론자' 또는 '중도 개혁 성향의 경제학자'들이 제안하는 '경제 민주화론'이라고 할 수 있다. 대담자들은 한국 경제의 문제를 '천민 자본주의', 곧 고전적 자유주의를 거치지 않고 압축 성장을 달성한 데 따른 문제들과 여기에 덧붙여 무분별하게 신자유주의를 도입한 것으로 특징짓는다. 특히 미국과 비교할 때 한국 경제는 최소한의 합리적인 시장 규칙이 존재하지 않고, 여기에 동아시아 외환 위기 전후 급속하게 도입된 신자유주의가 여러 문제를 야기하고 있다(김상조 외 2007, 29).

또한 대담자들은 합리적인 시장 규칙이 존재하지 않는 상황에서 '중상주의적 관치'가 나타난다고 지적한다. '천민 자본주의'에서 '개혁 자본주의'로 나아가는 과정을 거치지 못하고, '신자유주의의 문제를 통제할 국가의 공공성도 확립되지 않은' 상태가 지속되고 있다는 것이다(같은 책, 34; 37; 40; 43).

이런 상태에서 한국 경제는 소수 재벌에 경제력이 집중돼 중소기업의 성장을 저해하는 상태가 지속되고 있다. 특히 외환 위기 이후 '명목상'의 개혁 조치가 취해지지만 재벌의 경제력 집중은 더욱 심해졌고, 그 결과 신생 기업이 성장하고 발전할 수 있는 토대가 사라진 게 큰 문제라는 것이다.

이런 문제를 해결하기 위해 김상조 등은 크게 세 가지 제안을 하고 있다. 첫째, 포괄적 집단 소송제, 이중 대표 소송제, 이자 제한법, 파산법 개정, 개인 회생 제도, 금융 소비자 보호 제도, 약탈적 대출 행위에 관한 추심 제한법 등을 도입하고, 둘째, 재벌 체제를 해체하고 재벌의 경제력 집중을 막기 위해 출자 총액 제한, 지주회사법 개정, 기업집단법 제정, 금산법 강화, 징벌적 손해배상 제도, 기업 집단 해체를 위한 이중 과세, 의무 공개 매수제 등을 도입하며, 셋째, 중소기업을 지원하기 위해 다양한 법과 제도, 인프라를 제공하자고 제안하고 있다.

특히 중소기업 지원과 관련해 유종일은 '구조 조정 촉진형 복지(동기 부합적인 복지 정책)', 영세 기업이나 한계 기업을 빨리 퇴출시키고 다른 일을 찾도록 정부가 지원하는 방안, 예를 들어 실업연금을 포함한 적극적 노동시장 정책을 펼 것을 주문하고, 중소기업 경영 관리 인프라를 확충하기 위해 회계, 세무, 법률, 경영 컨설팅을 지원하는 시스템을 구축하며, 전반적인 금융 인프라를 마련하기 위해 다양한 기업 금융 상품을 도입할 것을 제안한다.

유종일은 심지어 중소기업 육성을 목적으로 하는 기업 금융 상품과 관련해 "파생금융상품을 활성화하고, 장기채 시장 및 자산담보부증권 시장을 육성하며, 신용평가사에 대한 신뢰도를 제고"할 필요성을 언급한다. 더 나아가 혁신 클러스터-기업 네트워크와 산학 협동 지원, 정부-대기업-중소기업 간의 기술과 교육훈련 협력을 강화하고, 필요하다면 중소기업부를 신설하거나 중소기업 육성을 지원하기 위해 정부 조달에서 특혜를 제공하는 방안 등을 거론하고 있기도 하다.

논리적인 차원에서 이런 주장에는 충분히 일리가 있다. 김상조 등이 강조하고 있듯이 한국의 자본주의가 고전적 자유주의 단계를 거치지 않고 발전 국가 또는 개발 독재 국가의 지원에 힘입어 지금 같은 재벌 중심의 경제 체제로 단기간에 팽창했다는 지적에 이의를 제기할 사람은 없을 것이기 때문이다.

또한 무엇보다도 경제 민주화를 위한 과제로 기층 시민사회의 개혁 운동과 법과 제도의 개혁, 이런 과제를 달성하기 위한 정치적 리더십의 강화 등을 거론하는 것을 볼 때, 장하준 등의 개혁론자들에 견줘 경제 민주화 방안과 관련해 훨씬 더 포괄적인 구상을 지니고 있다는 판단을 하게 된다. 경제 민주화를 위한 개혁과제를 소수 전문가나 책임자들에게 위임할 의향이 결코 없으며, 사회운동과 제도 개선의 영역에서 동시에 일관되게 추진해야 할 지난한 과정으로 이해하고 있기 때문이다.

그러나 한국의 재벌 체제가 지니는 문제를 거론하기 위해 '천민 자본주의'라는 시대 규정이 필요한지는 의문이다. 한국 자본주의의 성격을 천민 자본주의로 규정할 경우 우리는 논리적으로 천민적이지 않은 자본주의 체제에 관한 이상화된 담론에 의거하게 된다. 이 경우 김상조 등이 거론하는 것처럼 그런 체제는 영미식 주주 자본주의가 되거나, 사회민주주의 운동이나 사회주의 운동의 영향력 아래 적절하게 변용되고 수정된 개혁 자본주의의 어떤 모델이 현실적으로 존재한다는 관념에 빠지게 되는 것이다.

그러나 고전적 자유주의의 이상화된 모델인 양 이해되는 영국의 자본주의도 오늘날의 관점에서 보면 많은 한계를 지니고 있다. 세계 경제의 표준으로 선전되던, 그리고 2007년 이후 국제 금융 위기를 불러일으킨 미국식 주주 자본주의 모델과 금융 시스템 중에서 어느 것을 재벌 개혁을 위해 수용해야 할지도 쉽게 판단이 되지 않는다.

따라서 한국의 재벌 체제가 지니는 지나친 경제력 집중, 기업 지배 구조의 불투명성, 공정거래위원회를 포함한 정부 기구들의 무능력과 비책임성 같은 문제의 심각성을 강조하려고 '천민 자본주의'라는 비유적인 표현을 쓴 게 아니고, 지고 불변의 이상향인 영미식 주주 자본주의 모델을 한국 사회가 하루라도 빨리 수용해야 할 어떤 것이라고 암암리에 주장하기 위해 이 표현을 즐겨 쓴 것이라면 문제가 많다.

그런데 대담자들은 약간은 다른 의견을 갖고 있는 것처럼 보인다. 홍종학과 유종일 등은 미국식 주주 자본주의 체제를 한국식 재벌 체제의 진정한 대안으로 생각하고 있는 것 같고, 김상조는 여기에 어느 정도 거리를 두고 있는 듯한 모습을 보이기 때문이다.

예를 들어 홍종학의 경우 한국의 재벌 체제, 스스로 천민 자본주의라고 비난하고 있는 시스템은 관치 경제를 통해 재생산되거나 점점 더 왜곡되고 있는 어떤 것이라고 보며, 동아시아 외환 위기와 관련해 국제통화기금 등이 노골적으로 한국 등을 비난하기 위해 사용한 정실 자본주의라는 표현도 전혀 거리낌 없이 사용하고 있다. 특히 장하준 등이 강조하는 적극적 산업 육성 정책, 무역 증진 정책, 기술 육성 정책 등은 시대착오적인 요소 투입형 성장 정책에 불과하고, 재벌 개혁의 방안으로 거론한 '재벌 총수 대타협론'은 사회민주주의가 아니라 국가사회주의일 뿐이라고 비난까지 한다(같은 책 114~115; 118~119; 202 등).

그러나 홍종학이 이상화하고 있는 것처럼 보이는 오늘날의 선진 자본주의 국가들도 자본주의적 산업화의 초기 국면에서는 박정희 정권이 추진한 정책과 크게 다르지 않은 요소 투입형 성장 정책을 추진한 점은 이미 널리 알려져 있다.

한때 폴 크루그먼은 동아시아 발전 모델의 한계를 논하기 위해 한국을 포함한 동아시아 국가들이 노동 생산성이나 총요소 생산성을 증대시켜 경제 성장을 달성한 게 아니라 고정 자본을 지나칠 정도로 많이 투입해 외형적인 성장을 하려 했다고 비난한 적이 있다. 크루그먼은 이런 산업화 유형이 장기적으로 지속 가능하지 않을 것이고 자본의 이윤율이 떨어져 위기에 봉착하게 된다고 주장했다. 1990년대 말에 발생한 동아시아 외환 위기는 크루그먼과 영의 예측을 실증하는 사례로 받아들여졌다.

그러나 요소 투입형 성장 정책을 향한 비난만큼 어리석은 주장도 없다. 오늘날 성숙기에 접어든 선진 자본주의 국가들이 산업화 국면에서 이런 요소 투입형 성장 정책을 취하지 않은 경우가 없고, 거의 모든 산업화 또는 자본 축적 과정 자체가 요소 투입형 성장 정책 과정의 다른 이름이기 때문이다.

크루그먼은 미국을 포함한 선진 자본주의 국가들의 산업화 과정을 제대로 살펴보지 않은 채 주어진 시점에서 동아시아 국가들의 경제 성장 유형을 피상적으로 추출한 뒤 이것을 마치 선진 자본주의 국가들과 전적으로 다른, 따라서 암묵적으로 저열한 어떤 시스템으로 간주한 것이다. 이런 논의를 거의 아무런 비판적 의심 없이 수용하는 모습을 보여주고 있는 홍종학은 자본주의 발전 단계와 국면에 상관없이 정부가 거시 경제의 안정성과 투자 조정을 위해 마땅히 추진해야 할 산업 정책을 시대착오적인 것으로 비난하기에 이른다.

앞서 케인스를 포함한 포스트 케인스주의 학자들의 논의를 살펴보면서 일관되게 주장한 것처럼, 홍종학이 시대착오적인 것 또는 국가 사회주의적인 것이라고 비난한 적극적 산업 육성 정책, 무역 증진 정책, 기술 육성 정책 등은 재벌 중심의 독점 자본주의 체제를 바꾸기 위해서, 홍종학이 적어도 겉으로는 육성하기를 원하는 듯한 중소기업과 각종 생산자 산업이나 사회 서비스 산업을 지원하고 보호하기 위해서 반드시 필요한 일이다. 아니 좀더 정확하게 말하면, 스스로 원하건 원하지 않건 간에 홍종학이 이상적인 경제 체제의 모델로 삼고 있는 것처럼 보이는 영국과 미국의 정치와 경제야말로 그 시스템이 보여주는 외면적인 자유주의적 법치주의의 원리에서 한참 벗어나 철두철미하게 산업계의 이익을 대변하는 구조로 짜여 있다는 점을 인식해야 한다.

한편 유종일은 중소기업을 육성할 방편으로 "파생금융상품을 활성화하고, 장기채 시장 및 자산담보부증권 시장을 육성하며, 신용평가사에 대한 신뢰도를 제고"할 필요성을 언급하고 있다. 해외 금융 자본의 도입이나 자본의 국적 문제에도 무척 관대한 태도를 취하고 있다. 해외 금융 자본의 도입은 그것 자체로 아무 문제가 없다는 것이다. 자본의 국적 문제도 세계 경제의 통합이 진전될수록 별로 중요하지 않다고 주장한다.

물론 홍종학과 유종일은 금융 소비자 보호나 외환 정책 등에 심각한 문제가 있다고 지적하면서 이 문제를 해결할 제도를 구비해야 한다고 말한다. 또한 급속하게 변모하는 금융 상품과 기술의 특성을 고려해 거시 경제의 안정성을 확보할 수 있는 정책 수단을 강구해야 한다는 말도 잊지 않는다(같은 책, 268~269; 270; 275쪽).

그러나 두 사람은 중소기업을 육성하고 금융 소비자를 보호하거나 외환의 안정성을 달성하기 위해 "적극적인 산업 정책, 무역 증진 정책, 기술 육성 정책" 등을 취하면 안 되는 이유를 전혀 생각해보려 하지 않는다. 또한 어떻게 "파생금융상품을 활성화하고 장기채 시장 및 자산담보부증권 시장을 육성"하는 것, 그리고 이 과정을 촉진하기 위해 "외국 금융 자본"을 도입하는 것 등이 "한국 거시 경제의 안정성을 확보하는 정책 수단들"과 한데 어우러질 수 있는지, 그리고 "금융 소비자를 보호"하고 "외환 시장의 안정성"을 달성하는 것과 아무런 모순 없이 연계될 수 있는지 답하지 않는다.

따라서 나는 "연기금이나 종업원 지주제를 활용"하거나 "국내 기관 투자가들의 적극적인 행동주의"를 촉구하고, "시장규율 강화, 소액주주운동, 사적 소송 활성화 등"을 통해 한국의 재벌 체제를 개혁하자는 주장에 한편으로 공감하면서도, 다른 한편으로 이 주장의 진정성을 미심쩍어하게 된다. 김상조의 주장대로 이 운동들이 "이데올로기적인 측면에서는 자유주의 운동이지만, 한국에서는 진보의 의미를 가질 수 있다"(같은 책, 340)는 주장에 공감하지 않아서 그런 게 아니다. 오히려 나는 "한국사회 진보운동이 이와 같은 자유주의적 과제를 방기하지 말고 적극적으로 수용할 필요"(같은 책, 349)가 있다는 김상조의 주장을 적극 환영한다.

그러나 문제는 홍종학과 유종일도 장하준 등과 마찬가지로 자신들이 서 있는 협소한 이념적 지반에서 벗어날 생각을 전혀 하지 않는다는 데 있다. 예를 들어 은행의 공공성에 관련된 요구, 김상조의 표현을 빌리면 "민간 금융기관에 금융의 공공성이란 논리로 정책 금융의 역할을 담당하라고 요구하는 것"이 "금융이 원래 수행해야 하는 효율성이라는 상업적 목표와 금융이 보완해야 할 공공성의 목표, 이 두 가지를 모두 무너뜨리는 결과를 낳고"(같은 책, 209) 결과적으로는 새로운 "관치경제를 합리화할 뿐"이라는 주장이나, "투자 결정의 사회적 효율성과 위험성을 관리하는 관료기구의 능력"이 민간 기업 경영자들보다 뛰어나다고 장담할 수 없기 때문에 정부의 적극적인 산업 정책이 "개발독재 시스템의 연장"일 뿐이라는 주장(같은 책, 207) 등은 이 사람들이 암암리에 가정하고 있는 바람직한 경제 모델이 지극히 제한된 이념형에 기반을 두고 있다는 사실을 드러낸다.

어쩌면 바로 그렇기 때문에 "외국인 직접 투자를 통해 경제적 효과를 극대화하기 위해, 산업정책상 발전전략상 어떤 산업 부문에 외국인 직접 투자가 필요한지를 검토한 후 각종 유인책들을, 예컨대 실제 고용 창출이나 기술 이전 성과와 연계하는 방안을 검토해야 한다"(같은 책, 293)고 말하면서도, 정작 소수의 독점 재벌에 지배되고 있는 중소기업을 육성하기 위해 왜 정부가 "산업정책상 발전전략상" 특정한 산업 부문을 선별하고 국내 산업 투자를 활성화하기 위해 "각종 유인책들"을 마련하며 "실제 고용 창출과 기술 이전 성과" 등을 공유하는 정책들을 취하면 안 되는지 전혀 생각해보지 않는 것 같다. 다시 말해 외국인 직접 투자를 유인하려는 목적 때문이 아니라 국내 중소기업들의 성장과 발전을 지원하기 위해 취해지는 정부의 이런 정책이 바로 자신들이 "시대착오"적인 "국가 사회주의" 전략이라고 비난하는 장하준 등의 현대판 산업 정책이 될 수 있다는 사실을 전혀 생각해보지 않은 것이다.

그리고 어쩌면 바로 그렇기 때문에 "기업의 사회적 책임성이 강조"되고 있는 현실을 감안해 "한국형 이해관계자 자본주의 모형"을 구축할 필요가 있다고 주장하면서 "종업원지주제를 확대발전시키고 국민연금 등 연기금의 주식투자 확대에 따른 일정한 경영참여를 통해서 이들이 각각 종업원 이익과 공공의 이익을 기업 경영에 반영시키는 방안"(같은 책, 213)을 모색하자고 말하면서도, "인내 자본으로서의 은행의 성격을 강화"하고(은행의 공공성) 이것을 통해 기업 지배 구조를 개혁하자는 장하준 등의 주장을 시대착오적인 국가 사회주의 전략의 하나로 치부하고 있는지도 모른다. 은행의 공공성을 강화하자는 주장이나 이것을 통해 기업 소유권과 지배 구조를 통제하자는 주장이 시대착오적이거나 실현 불가능하다면, 연기금 등을 동원해 재벌 체제에 영향을 미치는 방식은 더더욱 실현 불가능한 구상이 될 것이다.

2) 2012년 김상조의 《쾌도난마 한국경제 — 재벌과 모피아의 함정에서 탈출하라》

이런 측면에서 볼 때 2012년에 출간된 김상조의 책은 이전에 나온 책에 견줘 훨씬 더 명확해진 시각을 보여주고 있다.

한국 재벌 체제의 문제와 관련해 김상조는 독점 재벌 기업의 문제를 독점의 문제와 낙후된 지배 구조의 문제로 규정한다. 그리고 낡은 지배 구조 문제를 구자유주의의 원리에 따라 해결하지 않는다면 결과적으로 재벌의 시장 지배력을 해체하는 과제를 제대로 실행하기 어렵다고 주장한다(김상조 2012, 195~196).

기업 지배 구조를 합리화하는 방법들 중에서 김상조는 영미식 주주 자본주의와 독일과 일본식 이해관계자 자본주의를 대비시킨다. 전자가 잔여 청구권자로서 주주들의 이익을 극대화하려는 모델이라면, 후자는 주주는 물론 노동자, 협력기업, 소비자, 지역 주민 등 여러 이해관계자들을 포함한 확정 청구권자들의 이익을 법과 계약을 통해 동시에 고려하는 모델이다(같은 책, 199). 이해관계자 자본주의 모델은 "현실적으로 주주와 여타 이해관계자들 간의 경계를 무너뜨리고 그들의 이익을 사전 또는 사후적으로 조정하는 다양한 제도와 암묵적 관행을 보유"하고 있다는 것이다(같은 책, 200).

2000년대 초반 소액 주주 운동 등을 통해 한국 재벌들의 낡은 지배 구조를 개선하려고 한 자신의 노력을 영미식 주주 자본주의 또는 신자유주의로 비난하던 진보적 성향의 지식인들을 염두하고, 김상조는 이 운동이 소액 주주들의 이익만을 배타적으로 옹호하려고 한 게 아니라 "상법이 보장하는 소수 주주들의 권리를 이용하여" 재벌 기업들의 천민적 지배 구조를 바꾸려고 한 운동이었다고 항변한다(같은 책, 198).

그리고 자신이 보기에 "투명성과 책임성" 강화라는 기업 지배 구조 개선의 핵심 목표를 달성하지 못하는 한 주주 자본주의 모델이건 이해관계자 자본주의 모델이건 한국 재벌 체제의 낙후한 지배 구조 문제는 그대로 남아 있게 된다고 주장한다. 다시 말해 "주주 자본주의와 이해관계자 자본주의 사이의 선택은 기본적으로 각 개인의 가치관 세계관의 문제"일 뿐, "어느 한쪽을 선택하는 것과 그것을 제대로 작동시키는 것은 전혀 별개의 문제"라고 지적하는 것이다(같은 책, 200~201).

여기서 김상조는 마치 한국 재벌 체제를 해체하고 기업 지배 구조를 개선하는 지난한 '경로 의존적 제약에서 벗어난 진화' 노력을 기울이는 과정에서 궁극적으로 지향해야 할 어떤 단일한 이념적 좌표를 설정하는 게 어떤 의미를 지닐까 회의하고 있는 것처럼 보인다. 또는 적극적으로 말하면, 김상조는 영미식 주주 자본주의건 유럽식 이해관계자 자본주의건 현재의 독점 재벌 체제의 낙후한 기업 지배 구조를 개선하는 데 도움이 된다면 어떤 것이라도 수용할 의지가 있는 듯하다. 그만큼 방법 측면에서 실용적인 태도를 보이고 있다.

그렇지만 김상조는 "(1) 적대적 인수합병 시장의 활성화, (2) 금융위와 공정위 등 감독 기구에 의한 행정 규율, 그리고 (3) 주주 대표 소송 등을 통한 사법 규율" 등을 강화해서 일상적으로 재벌 기업들을 대상으로 하는 외부 통제 장치를 강화하는 게 유일한 대안이라고 주장하고 있다(같은 책, 206). 한국 재벌의 기업 지배 구조를 개선하는 과제는 "혁명적인 상황이 아니면 불가능"하다고 판단하기 때문이다.

동아시아 외환 위기 때 한국은 재벌 체제를 개혁할 수 있는 절호의 기회를 얻었다. 그러나 한국에는 부실 기업을 구조 조정할 수 있는 파산 관련 제도와 시장 기구가 제대로 구축돼 있지 않았고, 따라서 채권 은행을 통한 부실 기업 워크아웃에 의존할 수밖에 없었다. 김대중 정부는 국민이 납부한 세금을 이용해 은행들에 공적 자금을 투입한 뒤 부실 기업들을 간접 규율하는 방법을 택할 수밖에 없었다. 그런데 채권 은행들을 통해 성공적으로 워크아웃을 끝낸 기업들을 매각하는 과정에서 다시 재벌에 의존하지 않을 수 없었다. 결국 생존한 재벌들이 주요 워크아웃 기업들을 인수함으로써 경제력 집중의 문제는 더욱 심화되고 말았다.

이 문제와 관련해 장하준 등은 출총제 폐지 등을 통해 총수 일가의 경영권과 경영권 승계를 보장하는 대신 재벌 기업들이 투자를 확대하고 고용을 창출한다는 약속을 이끌어내는 '대타협론'을 대안으로 제시했다. 그러나 김상조는 "재벌 총수들이 경영권 유지를 위해 노동자들을 협력의 파트너로 인정하기보다는 정치인과 관료를 구워삶아 그 알량한 규제마저 없애버리는 쪽을 선택한다는 데" 문제

표 11-1. 독점 재벌 체제의 기업 지배 구조 개선을 위한 개혁 방안과 과제

적대적 인수 합병 시장의 활성화	재벌 기업의 지배 구조를 개선하는 효과를 노림
주주 행동주의 강화 (소액 주주 운동, 연기금의 적극적인 의결권 행사)	투자신탁회사와 생명보험회사 등 기관 투자가의 재벌 의존도를 줄이고, 연기금 투자 운용에 관한 지침을 대폭 강화할 것
규제 감독 기구의 엄정한 법 집행	2003년 도입된 새로운 회계 공시 제도에 따라 엄정하게 법을 집행 민사소송 절차법 개정에 증거 개시 제도를 도입해 기업의 회계 관련 비위 사실을 적발할 수 있도록 함 내부 고발자 보호 조치 강화
법원과 검찰의 사법 규율	주주 대표 소송제 제기 요건 완화하고 기업을 상대로 소송을 제기하는 전문 법무 법인을 설립해 운용할 것
법치주의 확립, 기업집단법 제정, 이중 대표 소송제의 도입	

가 있다고 지적한다. 따라서 김상조는 "사회적 대타협론"은 "그 목적지가 틀려서가 아니라, 거기에 도달할 현실적인 방법을 찾기가 어렵기 때문에" 선뜻 동의할 수 없다고 주장한다(같은 책, 204). 이런 진단을 바탕으로 김상조가 제안하는 재벌 개혁 방안을 정리하면 **표 11-1**과 같다.

한국의 독점 재벌 체제에서 비롯되는 또 다른 문제는 대기업과 중소기업이 맺고 있는 관계다. 김상조는 다양한 통계 자료를 분석한 뒤 매출액 대비 80퍼센트 안팎의 중소기업들이 모기업에 납품을 하는 구조에서 발생하는 중층화된 불공정 하도급 거래 구조를 개선하는 것이 문제 해결의 핵심이라고 지적한다. 특히 납품 단가 후려치기, 원자재 가격 상승분 미반영, 원가 산정 방식의 일방성, 납품 대금 결제 기일 장기화와 어음 할인료 미지급 등의 문제를 개선하는 게 핵심 과제다. 또한 불합리한 납품 계약 관행, 특히 거래선 변경 시도와 납품 기일 단축 등 협상력의 비대칭성을 바탕으로 대기업이 저지르는 전횡을 철저히 처벌하고 규제해야 한다.

김상조는 일차적으로는 공정거래법과 하도급법만이라도 엄정하게 집행해야 한다고 주장한다. 그러나 공정거래법도 시장 지배력 남용에 관한 포괄적인 해석에 따라 개정돼야 한다고 덧붙인다. 다시 말해 좁은 의미의 시장 경쟁과 효율성에 기반을 두는 대신 하도급 관행에서 드러나는 약탈적 행위, 차별 행위, 불공정 행위를 포괄적으로 심의하고 처벌할 기준을 마련해야 한다는 것이다(같은 책, 246~248).

더불어 김상조는 중소기업의 수평적 네트워크를 활성화할 방안을 마련해야 하며, 공정거래법 19조 담합 금지 규정의 예외를 인정해야 하고, 하도급 거래 구조의 현실을 좀더 정확하게 파악할 수 있도록 관련 정보를 축적하고 공개하는 시스템을 도입해야 한다고 촉구하고 있다. 특히 대기업의 하도급 기업 유지와 변경에 관한 정보를 공개하도록 강제하는 조치가 급선무라고 주장한다.

이 모든 지적들은 대단히 중요한 의미를 지닌다. 한국 경제의 장기 개혁 모델을 영미식 주주 자본주의로 보든 독일식의 이해관계자 자본주의로 보든, 독점 재벌과 하청 중소기업이 맺고 있는 중층화된 불공정 하도급 관계를 청산하지 않으면 결코 미래가 없기 때문이다.

7장에서 우리는 한국의 중소기업들을 생산자 협동조합으로 개편하는 방안을 살펴봤다. 중소기업의 소유권을 해당 기업 노동자들이 나누어 가지고, 기업 경영, 노동 조직 편제, 성과 공유 등에 관한 중요한 결정을 노동자들이 스스로 통제하고 관리한다는 구상이다.

마르크스의 사회주의적 소유 이론에 관한 해석상의 논란을 잠시 접어둔 상태에서 이런 소유 구조 개혁을 달성하려면 김상조가 지적하고 있는 대기업과 중소기업 사이의 중층화된 불공정 하도급 거래 관행을 없애지 않으면 안 된다. 소수 대기업에 수직적으로 통합돼 있으며, 납품 단가와 기일 등에 관련해 아무런 자율적인 결정권도 갖지 않은 상태에서 협동조합 기업들이 생존하기를 기대하는 것은 사실상 불가능하기 때문이다.

마지막으로 한국의 금융 시장 개혁 방향과 관련해서도 김상조는 대단히 유용한 준거점을 마련해주고 있다. 금융 거래의 지속성 여부, 금융 서비스의 세분화와 감시 기능에 따라 금융 시스템을 크게 영미식 자본 시장 중심제와 독일과 일본식

은행 중심제로 구분하는 데서 논의는 시작된다. 시장 중심 체제에서는 차입자와 대부자 사이의 금융 거래가 원칙적으로 일회적이고 단기적인 성격을 띤다. 반면 은행 중심 체제에서는 차입 기업과 주거래 은행이 장기간 지속되는 거래 관계를 유지한다. 시장 중심 체제가 차입 기업에 관한 사후적 평가와 관리에 치중한다면, 은행 중심 체제는 사전적 조정을 중시한다.

이런 유형화된 특성들 때문에 은행 중심 체제에서는 특수한 금융 서비스를 전담하는 전문 회사들이 발전하지 못하고 상업 은행과 투자 은행 업무를 결합한 겸업 은행 제도가 정착한 반면, 미국식 자본 시장 중심 체제에서는 상업 은행과 구별되는 투자 은행은 물론 신용평가사, 회계 법인 등 전문 업무를 담당하는 기관들이 발전하게 됐다.

그런데 이 둘은 모두 장점과 단점을 가지고 있기 때문에 둘 중 한 시스템을 이념적 좌표로 설정하기는 쉬운 일이 아니다. 김상조는 마치 영미식 주주 자본주의 모델이냐 아니면 이해관계자 자본주의 모델이냐를 정하는 문제가 재벌 중심의 독점 지배 체제를 개혁하는 과정에서 당장 중요하지 않은 것처럼, 이 이상화된 두 가지 금융 시스템 중에서 하나를 선택하는 것도 현실의 문제를 바꾸는 데 별로 도움이 되지 않는다고 주장한다.

다만 이 두 유형을 기준으로 할 때 한국의 시스템은 그 어느 것도 아니라고 주장한다. "한국의 금융 부문은 경제 전체의 자원 배분 과정에서 주도적인 역할을 수행한 적이 없다. 기업의 의사결정 과정에 참여해 사전적 조정 기능을 수행한 바도 없고, 기업의 성과가 나쁠 경우 그 책임을 묻는 사후적 제제 기능을 발휘한 바도 없다"(같은 책, 268)는 것이다. "한국의 금융 부문은 다른 주체가 내린 결정을 충실히 집행하거나, 그로 인한 후유증을 뒤치다꺼리하는 역할만 수행"해왔다. 따라서 김상조는 현재 한국의 금융 체제가 "시장 중심 체제와 은행 중심 체제의 단점들만 동시에 나타나는 최악의 상황에 있다"(같은 책, 268; 279)고 진단한다.

김상조는 국내 주식 시장의 거래 회전율이 개인, 국내 기관, 외국인에 따라 어떻게 다르게 나타나는지 추적하면서, 증권사, 보험사, 투신사 등 제2금융권 기관 투자가들이 보이는 높은 거래 회전율을 비판하고 있다. “흔히 핫머니라고 불리는 외국인 투자자들이 한국에서는 가장 장기로 투자”(같은 책, 278)하는 서글픈 일이 벌어지고 있다는 것이다. 이런 상황은 기관 투자가들이 그 기관들을 소유한 재벌 기업들을 위해 과당 매매를 하는 데서 비롯됐으며, 결과적으로는 기업 주식을 장기간 보유하면서 기업 지배 구조를 개선하는 기능을 하지 못하는 문제를 낳고 있다고 지적한다(같은 책, 277~278).

이 문제와 관련해 우리는 현대 자본주의 금융 시스템에 내재한 불안정성을 이론화하려고 한 민스키의 논의를 살펴보면서 금융 시장의 변동과 자본 자산에 관한 가치 평가가 비금융 기업들의 투자 규모와 속도에 악영향을 미치는 문제를 해소할 몇 가지 방안을 살펴봤다. 여기에는 은행 기관을 학교와 병원 같은 공공시설로 만들고, 단기적 자산 구성 변화를 목적으로 하는 주식 매매 등에 자본 거래세를 도입해 높은 세율을 매기는 조치들이 포함돼 있다. 또한 기업 상장 요건과 공시 제도를 대폭 개편해 한 기업이 이해관계자들과 맺고 있는 다양한 경제적 또는 경제외적 관계에 관련된 정보가 투명하게 유통되게 만들고, 연기금 등이 장기 투자 과정에서 이 정보를 참조할 수 있게 하자는 제안을 하기도 했다.

한국의 금융 시장 개혁을 둘러싼 현안들 중 하나가 바로 금산 분리 문제다. 김상조는 한국처럼 법적 또는 사회적 통제 장치(고객의 권익을 보호하기 위한 금융 회사 내부의 통제 장치, 집단 소송과 이중 대표 소송 등)가 미흡한 상태에서는 산업 자본의 금융 자본 지분 한도를 특정한 범위 안에서 묶어두는 것을 골자로 하는 사전적 소유 규제를 철폐할 수 없다고 강조한다(같은 책, 280). 이런 전제 아래 금융 정책 당국은 산업 자본의 은행 주식 보유 한도를 추가로 높이면 안 되고(같은 책, 285), 사모 펀드를 통해 재벌 기업이 은행을 간접 지배하는 상황에 관한 규제를 강화해야 한다고 강조한다(같은 책, 285).

또한 비은행권에서 나타나는 재벌의 지배력 문제와 관련해 재벌들이 출자한

"금융 계열사의 수 및 자산 규모가 일정 기준을 초과할 때에는 반드시 중간 금융 지주회사를 설립하여 그 밑에 금융 계열사를 모두 관할하도록" 하고, 금융 감독 당국이 이 중간 금융 지주회사 산하 기업들을 상대로 엄격한 통합 감독을 실시하는 것을 방안으로 제시하고 있다(같은 책, 292).

3) 2012년 장하준, 정승일, 이종태의 《무엇을 선택할 것인가》

김상조 등이 하는 주장과 다르게 장하준, 정승일, 이종태의 책은 이념적인 문제에 훨씬 더 민감하고, 영미식 주주 자본주의의 허구성을 폭로하고 비판하는 유용한 메시지를 전달하고 있다. 장하준 등은 김상조 등 '경제 민주화론'자들을 때로는 시장주의자로 부르고, 때로는 금융 자본주의론자이자 주주 자본주의의 옹호자로 부르며 '재벌 해체론-경제 민주화론'을 신랄하게 비판하고 있다.

먼저 장하준 등은 경제 민주화론자들이 말하는 고전적 자유주의 또는 '정상적인 자본주의'가 서구 자본주의 역사에서도 결코 존재하지 않는다고 강조한다. 결국 '법치주의에 기반을 둔 고전적 자유주의'를 이상화하는 것은 현실적으로 영미식 주주 자본주의를 옹호하는 논리에 불과하다는 것이다(장하준 외 2012, 178~179).

재벌 개혁 문제와 관련해서도 장하준 등은 규모의 경제 문제를 고려하면서 대기업의 해악을 막을 방법을 고민해야 한다고 주장하면서 재벌 해체론자들과 선을 긋는다(같은 책, 190). 경제 민주화론자들이 말하는 공정한 시장 규칙이란 환상에 불과하며, 재벌 체제를 해체하고 기업 집단을 쪼갤 때 결과적으로 이익을 보는 쪽은 해외 금융 자본이지 한국의 중소기업과 노동자들이 아니라는 경고의 말도 주저하지 않는다(같은 책, 192).

대기업과 중소기업이 맺고 있는 중층 하도급 구조의 문제가 악화한 것도 주주 자본주의라는 상위 질서가 한국 사회에 도입되면서 불거진 문제다. 한국의 재벌 기업들은 이미 영미식 주주 자본주의의 논리에 충실하게 움직이고 있고, 이 과정에서 해외 주주들에게 막대한 배당금을 지급하고 사내 유보금을 쌓아두는 행태를 보이고 있다. 그리고 바로 이것이 원하청 관계를 맺고 있더라도 그나마 대기업들과 함께 성장할 수 있던 구조를 악화시킨 주범이다(같은 책, 194~195; 215~216).

경제 민주화론자들 중에서 유종일 등은 중소기업을 대상으로 정책 금융 지원은 물론이고 각종 세무, 회계, 경영 컨설팅 등의 서비스를 지원하는 방안을 거론한 적이 있다. 장하준 등도 이런 지원책들이 필요하다는 점에는 공감하지만, 좀더 본질적으로는 재벌 뒤에 있으며 경제 민주화론자들이 이상화해온 국제 금융 자본의 냉혹한 신자유주의 논리를 비판하고 그 영향력을 최소화하기 위한 노력이 절실하다고 주장하고 있다(같은 책, 274~275).

결국 중소기업의 성장 환경을 조성한다는 미명 아래 재벌 체제를 해체하는 데 초점을 맞추는 것은 현실을 잘못 진단한 주장이고, 결과적으로도 중소기업에 필요한 성장 환경을 조성하는 게 아니라 해외 금융 자본가들에게만 이익을 주는 꼴이라고 비판한다(같은 책, 212; 419~420).[3]

장하준 등은 경제 민주화론자들이 말하는 '공정한 시장 규칙' 또는 '공정한 경제 체제'를 확립하려면 재벌 뒤에 있는 국제 금융 자본을 규제하는 데 초점을 맞춰야 하고, 영미식 주주 자본주의 체제를 정당화하거나 이상화하고 다양한 형태로 관련 제도를 이식하고 모방하던 노선에서 벗어나야 한다고 강조한다. 특히 은행과 금융 회사들의 자기 자본 비율을 동태적으로 관리하고 감독하며, 은행 최고 경영자들에게 주는 보너스와 스톡옵션 등을 규제하며, 각종 파생 금융

3 정승일은 《레디앙》에 실린 대담에서 이렇게 말하고 있다. "진보적 자유주의를 주장하는 …… 경제학자들은 엄청난 착각을 하면서 마치 출자총액제한제 강화 등 재벌 개혁을 잘해서 현대차 그룹의 힘을 빼면 1차 하청업체들의 영업과 수익성이 높아질 것처럼 과장한다. …… 자꾸 문제를 정몽구나 이건희 회장의 도덕적 인간성 문제로 환원시키는데, 실은 그게 문제의 핵심이 아니다. 자동차 산업에, 전자 산업에 경쟁 논리가 작용하고 있고, 그 경쟁의 룰을 하나의 시스템으로 만드는 논리가 작동하고 있다. 그리고 그 논리와 룰, 시스템을 우리는 신자유주의 세계 체제라고 부른다. 그리고 그 신자유주의의 핵심에 월스트리트의 룰, 월가의 논리가 있다"(정승일, 이종태, 남종석 2012, 17쪽).

상품의 종류와 유통 등을 철저하게 규제해야 한다(같은 책, 140~144).

경제 민주화론자들은 한국 재벌 체제의 '천민성'을 강조하려고 '관치 경제'라는 말을 즐겨 사용한다. 그러나 현대 중앙은행이 이자율을 조정하거나 통화량을 조정하는 행위도 엄밀히 말하면 관치에 해당한다. 한국의 재정경제부가 거시 경제 조정을 위해 집행하는 거의 모든 정책도 인위적인 시장 개입이라는 측면에서 관치에 해당한다. 따라서 관치는 불가피한 것이고, 그 자체로 나쁜 게 아니다.

김상조 등의 경제 민주화론자들은 외환 시장 개입과 한국은행 독립성 같은 문제와 관련해 정부가 절대 관여해서는 안 된다는 견해를 보여왔고, 한국은행이 제도와 정책 측면에서 독립성을 확보해야 한다는 태도를 취하고 있다. 그러나 거시 경제적 성과와 안정을 달성하기 위해 한국은행이 재경부와 협의하고 상호 비판과 견제를 거쳐 정책을 구사하는 것은 무척 자연스러운 일이다(같은 책, 114~118).

또한 동아시아 외환 위기 이후 한국에서 주주 자본주의의 첨병 노릇을 하고 있는 민간 은행들의 대출 행태, 자기 자본 관리, 위험 자산 관리에 엄격한 가이드라인을 적용해 규제하고, 금융 기관들의 보너스와 스톡옵션 지급 관행에 제동을 거는 일 등은 거시 경제적 안정성을 달성하는 데 반드시 필요한 것 중 하나다(같은 책, 128). 더불어 전략적으로 중요한 특정한 산업 분야를 육성하거나 지원하는 데 필요한 산업 정책, 정책 금융 등은 여전히 중요하며, 재벌과 은행 등을 대상으로 하는 규율화도 반드시 필요하다(같은 책, 134~135; 166~167; 205~207).

이런 시각에서 보면 경제 민주화론자들이 말하는 민주적 통제 대상에는 재벌뿐만 아니라 금융 시장도 포함돼야 하며, 효과적인 규제를 위해 정부가 관료 제도를 이용해 개입하는 것은 아주 당연한 정부의 의무에 해당한다(같은 책, 163). 이런 조치들을 '관치'라는 이름으로 비난하고 배격하면서 '공정한 시장 규칙'을 운운하는 태도는 시장 만능주의에 빠져 있는 주장이거나, 경제 민주화라는 이름으로 한국 경제를 해외 투기 자본의 놀이터로 재편하겠다는 것하고 다를 게 없다(같은 책, 169).

따라서 장하준 등은 한국의 재벌 체제를 해체해 경제 민주화를 달성한다는 경제 민주화론자들이 한국 재벌 기업의 지배 구조 개선에 집착한 나머지 영미식 주주 자본주의를 이상화하고 있거나, 자신들이 믿고 있는 시장 만능주의를 재벌 해체-경제 민주화라는 말로 포장하고 있을 뿐이라고 강하게 비판한다(같은 책, 196; 198).[4] 이미 한국의 재벌들은 경영권을 방어하고 유지하기 위해 주주 자본주의 논리에 타협하고 있는 상태이며, 이런 상황을 제대로 개혁하려면 영미식 기업 지배 구조를 도입하는 게 아니라 차라리 국유화를 단행하는 편이 가장 빠른 길이라는 것이다(같은 책, 218).

물론 장하준 등은 현실적으로 재벌 총수 집안의 경영권을 용인하되 더 많은 세금을 내고 투자와 고용을 늘리라고 요구하는 일종의 타협안을 제시하고 강제하는 게 낫다고 주장한다. 기업 집단법을 제정해 재벌 기업들의 부채와 자산 현황을 총괄 관리하고, 경우에 따라 공익 법인을 설립해서 거대 기업 집단들을 관리하고 통제하는 방안도 생각할 수 있다(같은 책, 265).[5] 그리고 이것을 정부의 복지 정책, 임금 정책, 소득 보장 정책, 산업 정책 등과 연계해서 추진하자는 것이다(같은 책, 271~274).

지금까지 살펴본 장하준 등의 논의는 여러 가지 측면에서 시사하는 게 많다. 동아시아 외환 위기 이후 지속되고 있는 한국 경제의 신자유주의적 재편의 현황, 재벌 체제 해체론 또는 재벌 기업의 지배 구조를 개선하려는 노력들이 결과적으

---

4 이 논점과 관련해 흥미롭게도 한국의 재벌 체제 형성에 관한 중요한 책을 쓴 김진방은 '재벌 해체-경제 민주화론'에 비판적인 태도를 취하고 있다. 재벌 해체 문제는 매우 중요한 과제이기는 하지만, 어디까지나 경제 민주주의를 달성하는 과정의 일부에 불과하다는 것이다. 김진방은 현재 시점에서 더욱 중요한 것은 대기업과 중소기업의 관계와 노동 문제의 개혁이라고 진단한다. "재벌 개혁은 선결과제가 아니다. 핵심과제라고는 보지만 선결이라고는 안 본다. 시급하다는 말도 삼가는 편이다"(김진방 2012).

5 정승일은 "대자본 중에서 국유화할 것은 하고, 그렇지 않은 대자본은 사회적, 국가적 통제를 해야 한다"고 강조한다. "은행이나 철도, 전기 같은 유틸리티 산업은 국유화하고, 재벌 같은 일반 산업 자본의 경우 국가적, 사회적 통제 장치를 통해 규율하는 것이 필요하다고 본다"는 것이다(정승일, 이종태, 장하준 2012, 27쪽). "자본에 대한 사회적 통제 기구에는 노동조합도 있고 협동조합도 있고, 시민운동과 중앙은행, 금융 감독 기구, 국회, 대통령도 있다. 자본을 사회적으로 통제한다는 것은 협동조합과 노동조합, 중앙은행, 국회, 대통령, 시민단체, 소비자운동, 공정거래위원회 등 다양한 차원에서 다차원적으로 이루어져야 한다"(같은 글, 33쪽)

로는 경제 민주화를 달성하는 게 아니라 해외 투기 자본에게 분할된 기업들을 갖다 바치는 꼴이 될 수 있다는 지적, 따라서 민주적 통제의 대상과 목표가 재벌 해체만이 아니라 국제 금융 자본과 국내 금융 산업 분야 전체를 겨냥해야 하며, 관치라는 이름으로 비난의 대상이 되던 정부의 시장 개입은 반드시 필요하다는 주장, 그리고 더 나아가 산업 정책 또는 기업 육성 정책과 이 정책을 지원하기 위한 다양한 정책 금융 제도와 경영 지원 제도가 한국에서도 여전히 중요하다는 지적 등이 그렇다. 또한 장하준 등이 강조하는 복지국가의 필요성도 한국 경제가 나아가야 할 좌표를 설정하는 데 대단히 의미 있는 주장이다.

이 모든 지적들은 이 책에서 살펴본 다양한 경제 사상가들의 논의에 비춰 논리가 일관되고 타당하다. 프리드리히 리스트의 산업 정책론을 살펴보면서, 리스트의 논의가 박물관에 전시돼 있는 과거의 유물이 아니라 오늘날 선진 자본주의 국가들 대부분이 실제로 집행하고 있는 전략적 정책 중 하나이고, 따라서 한 국가가 어떤 산업 정책을 취하는 것은 선택의 문제가 아니라 필수 과제라는 점을 강조했다. 또한 케인스와 칼레츠키 등의 논의를 고찰하면서 완전 고용과 유효 수요의 증대를 위해 정부가 소득 보전 정책과 거시 경제적 개입 정책을 취하는 것은 반드시 필요하다는 점을 명확하게 살펴봤다. 장하준 등이 언급하고 있는 복지국가론의 이론적 기초와 정책 수단의 대부분은 이미 좌파 케인스주의자들이 강조하고 실험한 어떤 모형을 따를 수밖에 없을 것이다. 마지막으로 하이먼 민스키가 강조한 금융 시장의 경기 증폭적 구실에 관한 비판과 규제의 필요성 등은 장하준 등이 영미식 주주 자본주의의 허구성에 가하는 신랄한 비판의 논리적 근거가 될 수 있다.

그러나 한 가지 아쉬운 것은 장하준 등이 재벌 기업들의 타협을 강제하고 복지국가로 나아가기 위한 이행의 전략을 조금이라도 더 구체적으로 고민할 수 있지 않았을까 하는 점이다. 복지국가에 관한 논의는 장하준이 계속 언급한 것처럼 격세지감을 느낄 정도로 빠른 시간 안에 한국의 주요 담론으로 부상했다.

그리고 대부분의 사람들이 복지국가의 필요성과 이점에 공감하고 있는 것처럼 보인다.

그러나 현실적으로 대타협을 달성할 구체적인 방법이 명확하지 않다. 심지어 경영권을 보장하되 투자, 고용, 세금 문제에 관해서는 양보를 얻어내야 할 대타협의 대상인 재벌들이 타협 자체를 한사코 거부하고 있고, 사회적 세력 관계의 측면에서 이런 '빅 딜'을 강제할 만한 여건이 마련돼 있지 않은 게 현실이다. 이런 점에서 장하준 등이 경제 민주화론자들의 주장에 맞서는 대안으로 제시한 복지국가론은 현실에서 공허한 메아리처럼 들린다. 김상조가 토로한 대로 사회적 대타협론은 "그 목적지가 틀려서가 아니라, 거기에 도달할 현실적인 방법을 찾기가 어렵기 때문에" 선뜻 동의할 수 없는 주장인 것이다(김상조 2012, 204).

나는 여기서 침체된 노동운동을 활성화하고, 대기업과 중소기업 사이의 중층적인 하도급 관행의 문제를 극복하며, 독점 재벌 기업들의 기업 지배 구조를 개선하기 위한 풀뿌리 사회운동 전략의 하나로 협동조합 기업 설립 운동과 종업원 지주제 또는 우리 사주제의 확대 개편 등을 제안하고 싶다. 장하준 등이 강조하는 산업 정책, 특히 중소기업 육성을 위한 다양한 세제와 경영상의 지원을 바탕으로 공정거래법과 하도급법을 전향적으로 개편하는 작업을 동시에 진행하면서 민간 기업과 공기업에서 노동자 경영권을 점진적으로 실현하는 운동을 펼치는 것이다.

만약 이런 운동이 지역 공동체 운동과 진보적 시민사회 운동 등과 결합해 폭넓게 펼쳐질 수 있다면, 재벌 기업들의 지배 구조를 개선하는 효과를 달성하는 동시에 경제 민주화론자들이 시야에서 놓치고 있다고 장하준 등이 비판하는 주주 자본주의의 폐해와 해외 금융 자본의 영향력을 줄이는 데도 기여할 수 있을 것이다. 더불어 노동운동의 이런 새로운 전략은 정치 체제의 진보적 변화 또는 급격한 사회적 세력 관계의 변동 없이는 결코 실현되지 못할 것처럼 보이는, 복지 정책의 확대 개편을 앞당기는 지름길이 될 수 있을지도 모른다.

4) 2012년 김상봉의 《기업은 누구의 것인가》

현재 진행되고 있는 한국 경제 성격 논쟁에서는 한발 물러나 있지만, 매우 중요한 논점을 제시한 이가 있다. 《기업은 누구의 것인가》라는 책을 쓴 철학자 김상봉이다. 김상봉은 철학자답게 지금까지 우리가 살펴본 경제학자들의 논의에 견줘 훨씬 더 근본적인 질문을 던진다. 기업의 경영자를 왜 노동자들이 선출해서는 안 되느냐는 질문이 바로 그것이다.

이 질문을 통해 김상봉은 마르크스-레닌주의의 국유화(또는 국가주의) 전략을 넘어서서 기업 독재 체제를 해체하기 위한 방법을 고민하려 한다. 특히 현대 자본주의에서 지배적인 기업 형태로 등장한 주식회사 제도를 바꾸고 민주화할 방법을 집중적으로 다루고 있다. "경제적 이윤추구를 배제[또는 배격]하지 않으면서 지금과 같은 기업경영과는 다른 어떤 방식을 통해 기업에 의한 노동의 노예적 예속을 막을 수 있을 것인지를 내재적으로 탐구"(김상봉 2012, 53)하는 것, 또는 "기업의 지배구조를 민주적으로 바꾸어버리는 것"(같은 책, 54)을 목표로 삼고, 이 목표를 위해 주식회사 제도의 법률적 특징을 탐구하며 노동자 경영권의 철학적 원리를 탐구하는 게 이 책의 목적이다.

물론 김상봉은 노동자 경영권에 관한 주장이 한국의 독점 재벌 체제의 문제를 근본적으로 해결하는 유일한 방안이라고 강변하지는 않는다. 또한 김상조 등 재벌 해체-경제 민주화론자들이 강조하는 여러 가지 현실적인 어려움들에 관해 해답을 제시하지도 않는다. 다만 "기업 경영자가 해당 기업 노동자들의 위임에 의해 경영권을 행사하고, 그 경영의 결과에 대해 노동자들에게 직접적인 책임을"(같은 책, 57) 지는 게 왜 그리고 어떻게 타당한지 살펴보고, 그런 변화가 가져다줄 해방적 잠재력을 강조하는 데 많은 지면을 할애하고 있다.

먼저 김상봉은 "국가에 의한 부분적인 계획경제의 수립과 필요에 따른 독점적 공기업의 운영의 필요성은 인정"하지만 "처음부터 시장경쟁을 배제하고 오로지

국가권력에 의한 계획경제를 통해 자본주의를 극복하려는 마르크스주의적 처방에는 동의하지 않는다"(같은 책, 62; 99)고 자신의 견해를 분명히 한다. 마르크스-레닌주의자들의 주장하고는 다르게 김상봉에게 시장은 "경제적 교환을 통해 [인간이] 서로간의 결핍을 채워주는 공간, 근원적인 의미에서 자유"(같은 책, 73)를 실현하는 공간이다.

그런데 김상봉은 본원적 자유의 공간으로서 시장이 지니는 지위를 회복하기 위해서라도 시장 경제의 지배적인 행위자로서 기업, 특히 주식회사가 관철하는 착취와 억압의 장치를 없애야 하고, 그러려면 "기업의 경영권을 노동자들이 가지고 기업이 산출하는 잉여 가치를 노동자들 자신이 관리하게 되는" 경제 시스템을 구상해야 한다고 주장한다(같은 책, 74~75).

물론 김상봉이 현대 자본주의 시장 경제의 복잡성을 제대로 파악하지 않고 어느 한편으로만 이상화한 게 아니냐는 의문을 제기할 수 있다. 특히 단순 상품 시장이 아니라 다른 어떤 요인들보다 더 경기 순환을 촉진하거나 증폭하는 기능을 하는 장단기 자본 시장의 성격을 제대로 파악할 필요가 있을 것이다. 그리고 그래야만 우리는 비로소 김상봉이 말하는 대로 노동자 경영권이 관철된 현대의 주식회사 기업들을 어떤 방식으로 사회적으로 통제할지, 만약 주식 시장을 폐지한다면 기업의 지배 구조를 어떻게 통제할지, 그리고 다른 어떤 자본 시장을 염두한다면 어떻게 주식회사 기업의 성장을 촉진할 수 있게 금융 시장의 제도들을 설계할지 고민할 수 있을 것이다.

이런 의문들이 들기는 하지만 김상봉의 논의는 강력한 장점을 갖고 있다. 현대 주식회사가 지니는 법인격적 성격의 복잡성을 잘 드러내고, 노동자 경영참가의 근거가 되는 철학적 원리들을 비교적 상세하게 소개하고 있다는 점이다.

물론 이 과정에서 김상봉은 선뜻 동의할 수 없는 주장을 하는 대목도 있다. 예를 들어 "주식회사에서 소유와 경영이 분리될 수밖에 없는 까닭은 주식이 너무 광범위하게 분산되어 있다는 사실 때문이 아니라, 주식회사의 본질상 주식의 소유와 기업의 경영권 사이에 아무런 필연적 관계도 없기 때문"이라는 주장이 그렇다(같은 책, 170).

그러나 주식회사에서 소유와 경영이 분리될 수밖에 없는 까닭은 주식이 너무 넓게 분산돼 있기 때문이다. 다시 말해 주식 소유라는 사실에서 기업 경영의 권리가 자연스럽게 연역될 수 있는데도, 주식회사 제도의 역사와 변천 과정에서 주식 소유와 기업 경영이 통합될 수 있는 시스템이 제대로 발전되지 못했기 때문이다. 또한 모든 집합 행위에 따르는 무임 승차자 문제와 거래 비용도 소유와 경영의 분리를 촉진한 요인이 된다. 따라서 주식을 매개로 한 소유권 행사와 기업 경영권을 구별하는 것은 현실에 존재하는 주식회사 제도의 특성을 파악하는 데 별반 도움이 되지 않으며, 더 나아가 자신이 옹호하고 있는 노동자 경영권의 소유 이론적 근거도 스스로 잠식하는 결과를 초래하게 된다.

김상봉은 주식회사라는 법인격의 특성을 강조하기 위해 미국식 주주 자본주의에서 나타나는 주인-대리인 문제를 거론한다. 이 문제가 "주주 자본주의의 본질 속에 내재한 모순"(같은 책, 202)이라고 지적하며, "주주들을 대표하는 이사회와 그들이 임명하는 전문 경영인 사이엔 회사의 실질적인 지배권을 두고 '이상한 권력 투쟁'이 상시적으로 일어난다"(같은 책, 202)고 고찰하고 있다.

그런데 이 문제는 기업 소유권의 분산이 불가피하게 가져오는 내재적인 문제의 일부다. 이 문제는 주식회사 제도가 유지되는 한, 경영자를 노동자들이 선출하건 소수 거대 주주가 선출하건 또는 경영진이 뽑은 이사회의 독재를 통해 기존 경영진이 선출하건 늘 발생하는 불가피한 문제다. 다시 말해 '회사의 실질적인 지배권을 두고 발생하게 될 이상한 권력 투쟁'은 설사 노동자들이 경영권을 갖는다고 하더라도 결코 사라지지 않을 문제라는 말이다.

김상봉은 칸트의 유기체 개념과 서로주체성이라는 개념을 가지고 노동자 경영권의 철학적 근거를 찾으려 한다. 그러나 기업 소유권(주식)을 매개로 하지 않는 노동자 경영권 허용은 김상봉이 아무리 노력한다고 해도 논리적으로 설득력을 갖지 못한다. 기업의 공동체적 성격에 기반한 호소는 노동자 경영권을 추구하는 저자의 견해를 설명하는 수단이 될 수 있을지는 몰라도, 거기에서 노동자 경영권을 연역하기에는 충분하지 않은 논리다. 특히 김상봉의 말대로 주식회사 제도에 내재한 본질적인 모순인 주주와 경영의 분리, 경영진과 주주들 사이의 상시적인 투쟁 등을 고려할 경우 노동자들이 경영권을 전적으로 장악한다고 해서 소유와 경영의 분리에서 비롯되는 주인-대리인 문제가 자동으로 해결될 것 같지 않기 때문이다.

물론 김상봉은 마르크스를 포함해 마르크스-레닌주의자들이 소유 문제의 중심성에 얽매인 나머지 소유권의 이전(예를 들어 국유화)이 자연스럽게 생산 수단을 실질적으로 운용할 수 있는 통제권을 가져다줄 수 있으리라는 환상을 가졌다는 점을 알고 있었고, 따라서 이 환상과 구별되는 방식으로 주식회사 자본주의 체제의 대안을 찾으려고 한 것 같다. 김상봉의 이런 문제의식에는 적극 공감하지만, 마르크스의 사회주의적 소유에 관한 정통화된 낡은 해석을 고집하지 않는 시각에서 보면 이런 논의는 목욕물을 버리려다가 아이까지 내다버리는 결과를 초래한 것 같다.

이 책 7장에서 자세히 살펴본 대로 마르크스의 사회주의에 관한 전망은 김상봉이 넘어서려고 하는 마르크스-레닌주의자들의 정통화된 해석만을 지지하는 것은 아니다. 이런 측면에서 볼 때 김상봉은 현대 주식회사 제도의 법인격적 성격의 특성에 관한 논의에서 아무런 매개 없이 직접 노동자들의 경영권 장악에 관한 전망을 이끌어내려다가 논리적인 비약을 저지르고 있는 게 아닐까 생각하게 된다.

그러나 이 모든 의심들에도 김상봉이 노동자 경영권 실현을 위해 제안하는 실천 과제들은 재벌 체제 개혁 방안에 많은 시사점을 던져준다. 제안의 핵심은 "주식회사의 이사와 경영진을 종업원 총회에서 선임한다"(같은 책, 308)는 것과 "주식회사의 감사는 주주총회에서 선임한다"(같은 책, 309)는 것이다.

김상봉은 이 제안을 실천하기 위해서 다음과 같은 제안들을 추가하고 있다. 먼저 "공기업에서부터 사장 선출권을 노동자들에게 위임하는 것"을 생각해볼 수 있다(같은 책, 311). 물론 그 구체적인 방법에 관련해서는 다양한 의견이 있을 수 있다. "원칙적으로 노동자들에게 사장의 선출권을 부여하되, 처음에는 종업원들이 추천하고 국가 또는 지방자치단체가 임명하는 절차를 밟거나 국가 또는 지자체가 복수로 추천하면, 종업원들이 그 가운데서 선출하는 식으로 노동자 경영권을 단계적으로 도입"(같은 책, 313~314)할 수 있을 것이다.

김상봉은 민간 주식회사들의 경우에는 우선순위를 정해서 단계적으로 노동자 경영권을 실현하자고 제안한다. "다른 어떤 주식회사보다 먼저 노동자 경영권을 도입해야 할 회사는 회사나 기업의 형태를 띠고 있기는 하지만 그 본질적 성격상 공공적이고 공익적인 기관이라 간주해야 할 회사이다"(같은 책, 317). 대표적인 기업이 바로 언론사다.

그 밖의 다른 민간 기업의 경우 노동자 경영권을 법제화하기 전이라도 "기관투자가들이 주주권을 행사함으로써 노동자 경영권 도입을 앞당기는 방안도 생각해 볼 수 있다"(같은 책, 318). "기관투자가들이 최대주주인 기업에서 기업의 경영권을 노동자에게 위임하도록 압박함으로써 기업의 경영권에 대한 낡은 관습을 바꾸어 나가는" 노력을 기울이고, "노동 현장에서 반장이나 조장을 노동자들이 선출하게 하는 것부터 시작"(같은 책, 319)할 수 있다는 것이다.

김상봉은 "각 회사의 사정에 따라 적합한 방식으로 노동자의 자치권과 노동자 경영권이 도입되도록 노동운동과 시민운동 그리고 정당운동 차원에서의 다양한 노력들이 경주되고 그것들이 작은 결실들을 거두어 나간다면, 우리 사회에서 기업 경영의 관행이 서서히 변할 것이고, 노동자 경영권을 법제화하는 것 역시 자연스럽고 당연한 결과로 뒤따라올 수 있을 것"이라고 주장한다(같은 책, 319).

김상봉의 이런 제안들을 전폭 지지하면서 다음과 같은 사항들을 덧붙이고 싶다. 먼저 종업원들이 해당 주식회사를 종업원뿐만 아니라 주주 자격으로 관계하지 않는 한, 주주가 아닌 종업원이 회사의 이사와 경영진을 선출하는 행위는 주주 권한 침해일 수 있다. 이 문제를 해결하기 위해서 종업원 지주제, 우리사주 제도 등을 확대하고 개편해, 노동자들이 단지 종업원에 그치지 않고 주주로 동시에 회사에 관계해야 한다.

또한 주식 시장 상장 요건과 공시 제도를 개편해서 기업의 재무 상태뿐만 아니라 경영 방침과 노사 관계 등에 관해서도 사회적으로 감시하고 견제할 수 있는 시스템을 갖춰야 한다. 비록 지금 당장은 기관 투자가들의 구실이 미미하고 연기금을 통한 의결권 행사 등이 크게 제한돼 있는 게 사실이지만, 이런 정보들이 존재하게 되면 앞으로 큰 변화가 일어날 것이다.

마지막으로 각종 공적 연기금을 통해 기업 지배 구조에 영향력을 행사하고 세제 혜택과 정부 조달 특혜 등을 통해 노동자 경영권 참가를 추구하는 기업들에게 각종 인센티브를 제공하는 방안도 설계할 수 있다. 이 과정에서 연기금 투자 가이드라인을 개편하고, 특히 중소기업들의 이익을 대변하는 수평적 네트워크와 협력해 정책 금융, 경영 지원 등 다양한 서비스를 설계하고 지원할 수 있을 것이다.

5) 2007년과 2012년의 곽노완 — 연기금을 통한 사회화 방안

이런 논의가 진행되고 있지만 한국 독점 재벌의 경제력 집중(독과점 문제)은 어쩌면 별도의 해결 방안을 찾아야 하는 사안일지 모른다. 소유 구조의 분산을 매개로 한 노동자들의 경영 참가와 경영권 확보, 주식회사 제도의 개편만으로는 거대 독점 기업들의 독과점 문제를 자동으로 해결할 수 없을 것이기 때문이다. 그리고 이런 점에서 전통적인 좌파 세력들이 이미 오래전부터 강조해온 생산수단의 국유화-사회화론을 검토하는 게 의미가 있을지도 모른다. 이 문제와 관련해 2007년과 2012년에 곽노완이 제안한 연기금을 통한 사회화론을 검토해보자.

2012년에 발표한 〈연기금 사회주의의 한계와 가능성〉이라는 글에서 곽노완은 은행을 국유화하고, 각종 공적 연기금을 동원해 공공 부문 기업의 소유와 지배 구조를 통제하며, 이 기업들의 배당(자본 소득)을 기본 소득제를 바탕으로 한 사회 연대 소득(가칭)으로 통합하는 방안을 거론하고 있다.

그런데 곽노완이 지적한 것처럼 이런 연기금을 통한 공공 부문 사회화 방안은 결코 새로운 제안이 아니다. 각종 공적 연기금의 규모가 커지고 주식 시장을 통한 자산 다변화가 일상적인 투자 활동으로 그 중심성을 더해가는 현대 자본주의 국면에서 영미식 주주 자본주의 또는 금융 주도 자본주의에 맞선 대안으로 이미 오래전부터 거론되던 방안이다.

지금까지 소개된 연기금을 동원한 여러 사회화 방안들의 이점으로는, 강조점에 약간의 차이가 있기는 하지만 다음 세 가지가 주로 언급된다. 첫째, 대주주로서 공공 부문 기업들을 효과적으로 통제할 수 있고, 둘째, 주식의 장기 보유를 통해서 전략적으로 중요한 기업들을 육성할 수 있으며, 셋째, 금융 주도 자본주의가 경향적으로 강제하는 투자 지평의 단기화와 높은 주주 배당 성향을 제어하는 데 효과가 있다는 점이다.

이 중에서 곽노완이 의존하고 있는 로빈 블랙번의 연기금 사회주의론은 연금 제도와 각종 사회보험을 통폐합해 정부가 제공하는 기본 소득 제도와 결합하며, 연기금이 지배 주주인 주식회사를 해당 기업 노동자들과 이해관계자들이 경영하는 것을 골자로 한다. 이 과정을 통해 블랙번은 노동자들이 주주로서 단기적으로 배당금을 올려 받으려 할 때 모순된 지위 때문에 나타나는 이해관계 상충을 줄이고, 기업 규모가 작은 개별 기업들을 대상으로 협동조합적 소유나 참여 경영(자주 관리)을 할 때 불가피하게 빠지게 되는 시야의 협소함을 넘어설 수 있는 가능성을 갖게 될 것이라고 기대했다.

7장에서 우리는 마르크스의 사회주의 소유 이론을 재해석하면서 노동자들의 생산자 협동조합 기업과 규제된 주식회사 제도가 가지는 해방적 잠재력에 관해 살펴봤다. 그 과정에서 산업 분야의 규모와 기술적 성격, 산업 정책상의 전략에 따라 다양한 소유 형태가 필요할 수 있다는 점을 강조했다. 이런 측면에서 블랙번과 곽노완이 언급하는, 연기금을 동원해 특정 산업 부문을 통제하자는 논의는 앞서 살펴본 생산자 협동조합 기업들과 주식회사들에 관한 노동자들의 소유와 통제에 관련한 논의와 논리적으로 모순되지 않는다.

그러나 문제는 곽노완이 블랙번의 논의에서 더 나아가 모든 주식회사 제도와 신용 제도를 폐지하고 적립 연기금을 주식회사의 완전한 사회화 재원으로 사용하자고 제안하는 데 있다. 블랙번의 사회화론을 '자본 관계와 자본주의적 주식회사 제도'의 폐지로 연결시키자는 주장이다. 이 체제 아래에서 기존의 연금 소득, 자본 자산 소득은 폐지돼 이른바 '사회 연대 소득'으로 통폐합된다. 곽노완이 그리는 이상적인 대안 체제, 연기금을 통한 사회주의는 주식회사의 배당을 폐지하고, 주식회사의 자산을 모두 '사회 기금'이라는 단일 자산으로 귀속시키며, 개별 기업들을 노동자들이 '자주 관리'하는 것이다.

그러나 곽노완의 연기금 사회주의론은 국가 기간산업과 공공 산업에 대한 사회적 통제 방안으로 의미가 있을지 몰라도, 사회경제 구조 전체의 재편을 노리는 방안으로는 현실성이 없다. 이 사회주의론은 본질적으로 '자신의 것이 아닌 것에 관한 노동자들의 무관심' 또는 '공공재의 비극'이라는 문제를 결코 해결할 수 없을 것이다.

곽노완은 사회 기금을 통해 통제되는 기업들로 구성된 이 사회주의 체제 아래에서 노동자-시민들이 '성과별 노동 소득'과 '사회 연대 소득'을 받을 것이라고 말하고 있다. 그러나 주식회사와 주식시장, 더 나아가 은행과 신용 제도가 완전히 폐지되거나 국유화된 상황에서 어떻게 성과별 노동 소득을 측정할 수 있다는 것인지, 그리고 거대 주식회사들을 통제하는 '사회 기금'을 누가 또 어떻게 통제할 수 있다는 것인지 전혀 설명하지 않고 있다.

곽노완은 노동자들의 '자주 관리'라는 표현을 사용하고 있다. '사회 기금'이 통제하는 특정 생산 단위인 기업의 경우 해당 기업에 소속된 노동자들이 기업을 운영하고 경영한다는 것이다. 그러나 기업 자산에 관한 소유권과 점유권이 모두 '사회 기금'이라고 불리는 국가 기구에 장악돼 있는 상황에서 노동자들이 실시할 수 있는 제대로 된 '자주 관리'란 전혀 존재하지 않을 것이다.

마지막으로 설사 이런 사회화 또는 사회주의화 방안이 실현 가능하고 지속 가능한 체제라고 해도, 왜 굳이 연기금을 통해 기업의 소유와 지배 구조를 통제해야 하는지도 명확하지 않다. 연기금을 통한 소유와 지배 구조 통제는 다양한 형태의 사회화 방안 중 하나일 뿐이다. 오히려 국유화 또는 사회화 방안 중에서 가장 효과적인 것은 굳이 연기금을 통하지 않고 정부가 직접 특정 기업의 주식을 사들이거나 공적 자금을 투입해 소유권을 양도받는 방식이다. 특히 이것은 은행과 주식회사들의 소유권을 장악할 수 있는 가장 효과적인 수단이다. 왜 굳이 연기금을 동원해야 하는지, 그런 방식이 어떤 측면에서 유용한지 곽노완은 전혀 설명하지 않는다.

물론 현실적으로 그 규모와 중요성을 더하고 있는 각종 연기금을 동원해 국가적으로 중요한 기간산업과 공공 부문을 통제하자는 제안으로 곽노완의 연기금 사회주의론을 이해할 수는 있다. 만약 이런 해석을 수용하고 또 자신의 제안을 수정할 의향이 있다면, 흥미롭게도 곽노완은 자신의 주장이, 추상화 수준에서 어느 정도 거리가 있을지 몰라도, 장하준 등이 거론한 '재벌의 사회적 타협론'에서 그리 멀리 떨어져 있지 않다는 사실을 발견하게 될 것이다. 장하준 등이 제안하는 재벌 대타협론은 재벌 국유화 방안이 현실적으로 실현 가능하지 않다는 판단에서 제시된 것이기 때문이다. 심지어 장하준 등은 필요하다면 공익 법인을 설립해서 거대 재벌들의 소유와 경영 구조를 감시하고 관리하는 방안을 거론하기도 했다(장하준 외 2012, 218; 265; 정승일, 이종태, 남종석 2012, 12).

특히 장하준과 함께 대담에 참여한 정승일의 경우는 "사회민주주의 또는 북유럽식 복지국가로 나아가고자 할 경우 대자본 중에서 국유화할 것은 하고, 그렇지 않은 대자본은 사회적, 국가적 통제를 해야 할 것이다. 은행이나 철도, 전기 같은 유틸리티 산업은 국유화하고, 재벌 같은 일반 산업 자본의 경우 국가적, 사회적 통제 장치를 통해 규율하는 것이 필요하다고 본다"(정승일, 이종태, 남종석 2012, 27)고 말할 정도로 특정 기업과 산업 부문의 사회화 방안에 대단히 개방적인 태도를 취하고 있다.

이런 측면들을 고려할 때 정작 중요하게 논의해야 할 문제는 '계획과 시장'의 범위와 대상을 명확하게 확정하는 일이다. 그리고 국가적 또는 사회적 통제의 범위와 대상을 정하고, 어떤 방식으로 사회적 이행을 추진할 것이냐 하는 문제를 적어도 자신의 논의 안에서 명확하게 규정해야 한다. 과연 어떤 산업 분야에서, 어떤 목적을 위해, 어떤 기업들을, 어떤 원리와 원칙에 따라 국유화할지, 그리고 공기업들의 소유 관계와 경영을 어떤 기준에 따라 개혁할지 논의를 시작해야 한다.

3. 결론을 대신해

지금까지 한국 경제 성격 논쟁이라는 이름으로 최근 한국 사회에서 진행되고 있는 논의들을 살펴봤다. 그리고 이 책에 담긴 문제의식을 바탕으로 이 논의의 세부 쟁점들을 평가했다. 이 책의 추상화 수준과 논쟁의 문제의식이 일대일로 대응하지는 않지만, 이 책에 소개된 경제 사상가들에 관한 논의가 한국 경제 성격 논쟁에서 거론되고 있는 한국 경제의 진보적 개혁 방향을 조감하는 데 다양한 차원에서 도움이 되기를 기대한다.

참고 문헌

2장

Altman, Roger. 2009. "How to avoid greenback grief." *Financial Times* October 11.

Bowley, Graham. 2010. "Cheap debt for corporations fails to spur economy." *New York Times* October 3.

Blanchard, Olivier et. al. 2010. "Rethinking Macroeconomic Policy." *IMF Staff Position Note SPN/10/03.* February 12.

Bretton Woods Project(BWP). 2009. "World Bank-IMF annual meeting." October 08(http://www.brettonwoodsproject.org/art—565422).

Brown, Kevin. 2010. "Emerging Asia toys with capital controls." *Financial Times* July 01.

Bryant, Chris. and Guha, Krishna. 2008. "IMF rejects criticism over global turmoil." *Financial Times* April 10.

Chang, Ha-Joon. 2002. *Kicking Away the Ladder: Development Strategy in Historical Perspective.* London: Anthem Press.

Dyer, Geoff. 2009. "China's dollar dilemma." *Financial Times* February 23.

Epstein, G. 2003. "Alternatives to Inflation Targeting Monetary Policy for Stable and Egalitarian Growth: A Brief Research Summary." *Political Economy Research Series* No. 62. MA: PERI, University of Massachusetts at Amherst.

European Network on debt and development(Eurodad). 2009. "Bank Fund Istanbul annual meetings discuss governance, conditionality, tax and debt." October 07(http://www.eurodad.org/whatsnew/articles.aspx?id=3860).

Friedman, M. 1960. *A Program for Monetary Stability.* New York: Fordham University Press.

__________. 1968. "The Role of Monetary Policy." *American Economic Review* Vol. 58-1. pp. 1~17.

Gallagher, Kevin P. 2010. "Capital controls back in IMF toolkit." *The Guardian* March 01.

Greider, W. 1989. *Secrets of the Temple: How the Federal Reserve Runs the Country.* New York: Simon & Schuster.

Harris, Alexandra. 2010. "Muni bond sales hit 10-month high as New York State borrows $1.4 billion." *Bloomberg* October 05.

Kelleher, Ellen. 2009. "Inflation hedges driving prices upwards." *Financial Times* June 11.

Keynes, J. M. 1997[1936]. *General Theory of Employment, Money and Interest.* New York: Prometheus Books.

List, Friedrich. 1983[1837]. *The Natural System of Political Economy.* Translated and edited by W. O. Henderson. 1983. London: Frank Cass and Company.

Lopez, Jose. 2009. "Gauging Aggregate Credit Market Conditions." *FRBSF Economic Letter.* San Francisco: FRB San Francisco(Oct. 19).

Mill, John S. [1884]. *Principles of Political Economy.* New York: D. Appleton and Company.

__________. [1874]. "Essay 2: of the Influence of Consumption upon Production." *Essay on Some Unsettled Questions of Political Economy.* London: Longmans.

Meulendyke, Ann-Marie. 1989. *US Monetary Policy and Financial Markets.* New York: Federal Reserve Bank of New York.

Muenchau, Wolfgang. 2009. "The case for a weaker dollar." *Financial Times* October 11.

O'Connor, Sarah. 2009. "Slow recovery blamed on low demand." *Financial Times* October 13.

Oliver, Christian. 2010. "S Korea considers more capital controls." *Financial Times* October 27.

Ostry, Jonathan D. et. al. 2010. "Capital Inflows: The Role of Controls." *IMF Staff Position Note SPN/10/24* February 19.

____________________. 2011. "Managing Capital Inflows: What Tools to Use?" *IMF Staff Discussion Note SDN/11/06* April 5.

Palley, Thomas. 2008. "The Fed and Crony Capitalism." *Economics for Democratic and Open Societies* March 24.

______________. 2009. "Another Depression is still on the cards." *Financial Times* October 13.

Pittman, M. and Bob Ivry. 2009. "Financial Rescue Nears GDP as Pledges Top $12.8 Trillion." *Bloomberg* April 1.

Ricardo, David. [1817]. *The Principles of Political Economy and Taxation.* ed. by Piero Sraffa. 1962. *The Collected Works and Correspondence of David Ricardo* Vol. 1: Introduction and Chapters 1~8 of *The Principles of Political Economy and Taxation.*

Roubini, Nouriel. 2009. "Mother of all carry trades faces an inevitable bust." *Financial Times* November 1.

Slaughter, Matthew. 2009. "Time to tackle America's widening inequality." *Financial Times* October 6.

Taub, Daniel. 2009. "US Foreclosure filing top 300,000 for sixth straight month." *Bloomberg* September 10.

Torres, Hector. 2008. "Why the IMF missed the subprime story." *New York Sun* April 7.

US FDIC. 2009. Bank Closure Notice CERT #27197. August 28.

US FRB. 2009a. "Chairman Ben S. Bernanke at the Stamp Lecture" at London School of Economics, London, England. January 13.

______. 2009b. "US Response to Economic Crisis." The FRB Board of Governors(July).

Wade, Robert. 2009. "Income inequality had a role in creating crisis." *Financial Times* October 12.

Weisbrot, Mark. 2009. "CEPR responds to the IMF's defense of its policies during the world recession." *Real World Economic Review* No. 51. pp. 70~75.

Wicksell, K. 1936[1898]. *Interest and Prices.* Translated into English by R. F. Kahn. London: Macmillan.

Wray, L. R. 2007. "A Post-Keynesian View of Central Bank Independence, Policy Targets, and the Rules-versus-Discretion Debate." *The Levy Economics Institute Working Paper Series, No. 510.* New York: The Levy Economics Institute of Bard College.

3장

Altman, R. 2009. "How to avoid greenback grief." *Financial Times* October 11.

Bell, S. A and Nell, E. J.(eds). 2003. *The State, the Market and the Euro: Chartalism Versus Metallism in the Theory of Money.* New York: Edward Elgar.

Braithwaite, T. 2009. "New Monetary Target." *Financial Times* October 07.

Bretton Woods Project(BWP). 2009. "World Bank-IMF annual meeting." Washington, D.C.: Bretton Woods Project(October 08)(http://www.brettonwoodsproject.org/art-565422).

Cato Institute. 2009. "With all due respect Mr. President, that is not true." Washington, D.C.: Cato Institute(Online Petition for Opposing the Obama Administration's Deficit-financed Fiscal Policy(January 28, 2009) available at http://www.cato.org/special/stimulus09/alternate_version.html).

Davidson, P. 1978. *Money and the Real World.* New York and London: Macmillan.

__________. 1982. *International Money and the Real World.* New York: Wiley.

Dyer, G. 2009. "China's dollar dilemma." *Financial Times* February 23.

Eichengreen, B. 1996. *Globalizing Capital: A History of the International Monetary System.* New Jersey: Princeton University Press.

Epstein, G. 2003. "Alternatives to Inflation Targeting Monetary Policy for Stable and Egalitarian Growth: A Brief Research Summary." *Political Economy Research Series.* No. 62. MA: PERI, University of Massachusetts at Amherst.

European Network on debt and development(Eurodad). 2009. "Bank Fund Istanbul annual meetings discuss governance, conditionality, tax and debt."(October 07)(http://www.eurodad.org/whatsnew/articles.aspx?id=3860).

Friedman, M. 1960. *A Program for Monetary Stability.* New York: Fordham University Press.

__________. 1968. "The Role of Monetary Policy." *American Economic Review* Vol. 58-1. pp. 1~17.

Greider, W. 1989. *Secrets of the Temple — How the Federal Reserve Runs the Country.* New York: Simon & Schuster.

Guha, K. 2009. "Paulson says crisis sawn by imbalance." *Financial Times* January 2.

Harcourt, G. C. 1972. *Some Cambridge Controversies in the Theory of Capital.* Cambridge: Cambridge University Press.

Humphrey, T. M. 2005. "Alfred Marshall and the Quantity Theory of Capital" in *The Elgar Companion to Alfred Marshall.* Cheltenham: Edward Elgar.

Johnson, P. A. 1998. *The Government of Money — Monetarism in Germany and the United State.* Ithaca, New York: Cornell University Press.

Kelleher, E. 2009. "Inflation hedges driving prices upwards." *Financial Times* June 11.

Keynes, J. M. 1997[1936]. *General Theory of Employment, Money and Interest.* New York: Prometheus Books.

Lipsey, R. G. 1960. "The Relation between Unemployment and the Rate of Changes of Money Wage Rates in the United Kingdom, 1862-1957: A Further Analysis." *Economica*(New Series) Vol. 27, No. 105. pp. 1~31.

__________. 1974. "The Micro Theory of the Phillips Curve Reconsidered: A Reply to Holmes and Smyth." *Economica*(New Series) Vol. 41, No. 161. pp. 62~70.

Lucas, R. E. & Rapping, L. A. 1969. "Price Expectations and the Phillips Curve." *The American Economic Review* Vol. 59, No. 3. pp. 342~350.

Lucas, R. E. 1972a. "Expectations and the Neutrality of Money." *Journal of Economic Theory* Vol. 4(Apr.). pp. 103~124(reprinted in Lucas, R. E. 1982. *Studies in Business-Cycle Theory.* Cambridge: MIT Press. pp. 66~89).

_________. 1972b. "Econometric Testing of the Natural Rate Hypothesis." in Eckstein, Otto.(ed). 1972. *The Econometrics of Price Determination Conference*. Washington, D.C.: Board of Governors of the Federal Reserve System(reprinted in Lucas, R. E. 1982. *Studies in Business-Cycle Theory*. Cambridge: MIT Press. pp. 90~103).

Macesich, G. 1984. *The Politics of Monetarism*. New Jersey: Rowman & Allanheld Publishers.

McCallum, B. T. 1993. "Discretion versus policy rules in practice: two critical points — A comment." *Carnegie-Rochester Conference on Public Policy* No. 39(December). pp. 215~220.

Marshall, A. 1982[1890]. *Principles of Economics*. Philadelphia: Porcupine press(8th edition in 1920 & reprinted in 1982).

Marx, K. 1986[1867]. *Capital — A Critique of Political Economy* Vol. 1. London: Lawrence & Wishart.

Malikane, C., and Semmler, W. 2007. "The Role of the Exchange Rate in Monetary Policy Rules: Evidence from a Dynamic Keynesian Model." *Mimeo*. New York: Department of Economics, New School for Social Research.

Mill, J. S. 1990[1884]. *Principles of Political Economy*. New York: D. Appleton and Company.

________. 1874. "Essay 2: of the Influence of Consumption upon Production." *Essay on Some Unsettled Questions of Political Economy*. London: Longmans.

Minsky, H. P. 1975. *John Maynard Keynes*. New York: Columbia University Press.

___________. *1984. Can 'It' Happen Again? — Essays on Instability and Finance*. Armonk, New York: M. E. Sharpe, Inc.

___________. 1986. *Stabilizing an Unstable Economy*. New Haven and London: Yale University Press.

Muenchau, W. 2009. "The case for a weaker dollar." *Financial Times* October 11.

Nell, E. J. 1967. "Wicksell's Theory of Circulation." *Journal of Political Economy* Vol. 75. No. 4. pp. 386~394.

Phillips. A. W. 1958. "The Relation between Unemployment and the Rate of Change of Money Wage Rates in the United Kingdom, 1861-1957." *Economica*(New Series) Vol. 25, No. 100(Nov.). pp. 283~299.

Pittman, M. and Ivry, B. 2009. "Financial Rescue Nears GDP as Pledges Top $12.8 Trillion." *Bloomberg* April 1.

Ricardo, David. 1962[1817]. *The Principles of Political Economy and Taxation*. in Piero Sraffa(eds). 1962. *The Collected Works and Correspondence of David Ricardo* Vol. 1: Introduction and Chapters 1~8 of *The Principles of Political Economy and Taxation*.

Robinson, J. 1969[1937]. *Introduction to the Theory of Employment*. London: Macmillan St. Martin's Press.

Sargent, T. J. 1973. "Rational Expectations, the Real Rate of Interest, and the Natural Rate of Unemployment." *Brookings Papers on Economic Activity* Vol. 1973, No. 2. pp. 429~480.

Sargent, T. J. & Wallace, N. 1973. "Rational Expectations and the Dynamics of Hyperinflation." *International Economic Review* Vol. 14, No. 2(Jun.). pp. 328~350.

Sargent, T. J. 1999. *The Conquest of American Inflation*. New Jersey: Princeton University Press.

Semmler, W., Greiner, A., and Zhang, W. 2005. *Monetary and Fiscal Policies in the Euro-Area*. Berlin: Elsevier Science.

Sraffa, P. 1960. *Production of Commodities by Means of Commodities: Prelude to a Critique of Economic*

Theory. London: Cambridge University Press.

Strange, S. 1986. *Casino Capitalism*. Manchester and New York: Manchester University Press.

Taylor, J. B. 1993. "Discretion versus policy rules in practice." *Carnegie-Rochester Conference on Public Policy* No. 39(December). pp. 195~214.

__________. 2000. "Using Monetary Policy Rules in Emerging Market Economies." Presentation paper at the 75th Anniversary Conference "Stabilization and Monetary Policy: The International Experience" held on November of 2000 at the Bank of Mexico(http://www.stanford.edu/~johntayl/; accessed on July 2008).

Taylor, J. B. 2009a. "Exploding debt threatens America." *Financial Times* May 26.

__________. 2009b. "Fed does not need more powers." *Financial Times* August 9.

Taylor, L. 2004. *Reconstructing Macroeconomics — Structuralist Proposals and Critiques of the Mainstream*. Cambridge & London: Harvard University Press.

US FDIC. 2009. Bank Closure Notice CERT #27197. Washington, D.C.: US FDIC(August 28).

US FRB. 2009a. "Chairman Ben S. Bernanke at the Stamp Lecture." At London School of Economics. London, England(January 13).

______. 2009b. "US Response to Economic Crisis." Washington, D.C.: The FRB Board of Governors(July).

US Treasury. 2009a. *Financial Regulatory Reform — A New Foundation: Rebuilding Financial Supervision and Regulation*. Washington, D.C.: US Treasury(June).

__________. 2009b. *Financial Regulation Fact Sheet 1~5*. Washington, D.C.: US Treasury.

__________. 2009c. *Report to Congress on International Economic and Exchange Rate Policies*. Washington, D.C.: US Treasury(October 15).

Wicksell, K. 1936[1898]. *Interest and Prices*. in Kahn, R. F.(trans.). London: Macmillan.

Wolf, M. 2009. "The rumours of the dollar's death are much exaggerated." *Financial Times* October 14.

Wray, L. R. & Innes, A. M.(eds). 2004. *Credit and State Theories of Money: The Contributions of A. Mitchell Innes*. New York: Edward Elgar.

Wray, L. R. 2007. "A Post-Keynesian View of Central Bank Independence, Policy Targets, and the Rules-versus-Discretion Debate." *The Levy Economics Institute Working Paper Series*. No. 510. New York: The Levy Economics Institute of Bard College(http://www.levy.org/vdoc.aspx?docid=945)

4장

Atkins, R. 2012a. "Greek exit from eurozone 'possible'." *Financial Times* May 13.

________. 2012b. "Fear grows of Greece leaving euro." *Financial Times* May 13.

BBC. 2011. "Eurozone crisis explained." October 3, 2011.

Boell, S. 2011. "Consequences of Debt Restructuring: What Would a Greek Haircut Mean for Germany?" *Spiegel Online* May 27, 2011.

El-Erian, M. A. 2012. "Who is responsible for the Greek Tragedy." *Project Syndicate* May 17, 2012.

Gainsbbury, S., and Whiffin, A. 2011. "Greek austerity plans threaten growth." *Financial Times* October

17, 2011.

Giles, C., Spiegel, P., and Hope, K. 2012. "Eurozone: If Greece goes…" *Financial Times* May 13, 2012.

Habermas, J., Bofinger, P., and Nida-Rümelin, J. "Only deeper European unification can save the eurozone." *The Guardian* August 06, 2012.

Johnson, M. 2012. "Spain's borrowing costs rise sharply." *Financial Times* May 17, 2012.

Peel, Q. 2012. "German opposition backs fiscal union." *Financial Times* August 06, 2012.

Smith, H. 2012a. "Greece to hold more coalition talks." *The Guardian* May 14, 2012.

________. 2012b. "Alexis Tsipras interview." *The Guardian* May 21, 2012.

Spiegel, P. 2011. "Devil is in the detail with Greek bondholder deal." *Financial Times* October 28, 2011.

________. 2012. "Markets fret that austerity medicine will kill patient." *Financial Times* May 9, 2012.

Spiegle, P., and Barker, A. 2011. "A weekend to save the euro." *Financial Times* October 19, 2011.

Stevenson, A. 2012. "Bankia hit by report of withdrawals." *Financial Times* May 17, 2012.

Stiglitz, J. E. 2012. "After Austerity." *Project Syndicate* May 07, 2012.

Thomas Jr, L. 2012. "Europe's Worst Fear: Spain and Greece Spiral Down Together." *New York Times* May 20, 2012.

The Economist. 2012. "The Eurozone Crisis — Capital flight." May 21, 2012.

그리스 재정 위기가 전개되는 과정에서 국제통화기금이 한 구실, 그리고 구제 금융 신청 이후 그리스가 강요받은 긴축 요구들에 관해서는 국제통화기금의 그리스 경제 상황과 관련된 자료 페이지(http://www.imf.org/external/country/GRC/index.htm), 특히 다음의 자료들을 참조할 것.

- IMF Executive Board Concludes 2006 Article IV Consultation with Greece Public Information Notice (PIN) No. 07/10 January 25, 2007.
- Greece-2007 Article IV Consultation; Preliminary Conclusions of the Mission December 10, 2007.
- IMF Executive Board Concludes 2007 Article IV Consultation with Greece Public Information Notice (PIN) No. 08/49 April 30, 2008.
- Greece: 2009 Article IV Consultation Concluding Statement of the Mission, May 25, 2009.
- Staff-level agreement: Europe and IMF Agree €110 Billion Financing Plan With Greece (http://www.imf.org/external/pubs/ft/survey/so/2010/car050210a.htm).
- IMF Reaches Staff-level Agreement with Greece on €30 Billion Stand-By Arrangement Press Release No. 10/176 May 2, 2010.
- Statement by the EC, ECB, and IMF on the Interim Review Mission to Greece Press Release No. 10/246 June 17, 2010.
- Greece — Letter of Intent, Memorandum of Economic and Financial Policies, Technical Memorandum of Understanding, and Memorandum of Understanding on Specific Economic Policy Conditionality European Commission and European Central Bank), August 06, 2010.
- Greece: First Review Under the Stand-By Arrangement Published: September 14, 2010 Country Report No. 10/286.

• Statement by the EC, ECB, and IMF on the Second Review Mission to Greece Press Release No. 10/454 November 23, 2010.
• December 08, 2010 — Greece — Letter of Intent, Memorandum of Economic and Financial Policies, and Technical Memorandum of Understanding, December 08, 2010.
• February 28, 2011 — Greece — Letter of Intent, Memorandum of Economic and Financial Policies, and Technical Memorandum of Understanding, February 28, 2011.
• March 16, 2011 — Greece: Third Review Under the Stand-By Arrangement-Staff Report; Informational Annex; Press Release on the Executive Board Discussion; Statement by the Staff Representative on Greece; and Statement by the Executive Director for Greece.
• July 04, 2011 — Greece — Letter of Intent, Memorandum of Economic and Financial Policies, and Technical Memorandum of Understanding, July 04, 2011.
• July 08, 2011 — Press Release: IMF Executive Board Completes Fourth Review Under Stand-By Arrangement for Greece and Approves €3.2 Billion Disbursement.
• EUROPE SOVEREIGN DEBT CRISIS: IMF Welcomes Agreement to Tackle Eurozone Crisis IMF Survey online July 22, 2011.
• Statement by the European Commission, the ECB and IMF on the Fifth Review Mission to Greece Press Release No. 11/320 September 2, 2011.
• Statement by the European Commission, the ECB and IMF on the Fifth Review Mission to Greece Press Release No. 11/359 October 11, 2011.

5장

박만섭. 2007. 〈비주류 경제학: 해외 동향과 국내 연구〉. 고려대학교 경제학연구소 Discussion Paper No. 07-26 (Oct. 2007). 서울: 고려대학교.

박만섭 엮음. 2005. 《경제학, 더 넓은 지평을 향하여 — 신고전파에 대한 12 대안》. 이슈투데이.

Alemi, P., and Foley, D. K. 1997. "The Circuit of Capital, U. S Manufacturing and Non-Financial Corporate Business Sectors, 1947~1993." *Mimeo*. Department of Economics. New School for Social Research (available at http://homepage.newschool.edu/~foleyd/circap.pdf).

Baran, Paul A., and Sweezy, Paul M. 1966. *Monopoly Capital: An Essay on the American Economic and Social Order*. New York: Monthly Review Press.

Basu, D. 2011a. "Financialization, Household Credit, and Economic Slowdown in the U.S." *Political Economy Research Institute Working Paper Series*. No. 261. (June 2011).

Basu, D. 2011b. "Comparative Growth Dynamics in a Discrete-Time Marxian Circuit of Capital Model." *Department of Economics Working Paper* 2011~12. University of Massachusetts Amherst.

Bourdieu, P. 1977. *Outline of a Theory of Practice*. Translated by Richard Nice. Cambridge: Cambridge University Press.

__________. 1992. *The Logic of Practice*. Translated by Richard Nice. Stanford University Press.

Blaug, Mark. 1996. *Economic Theory in Retrospect*. Cambridge: University of Cambridge(6th edition).

Carter, Scott. 2011. "Occupy Economics! The Occupy Movement and Economic Theory," *Red State: The Journal of Socialist Thought from the Heartland* Volume 1: Issue 3(November 2011).

Carroll, Toby., and Hameiri, Shahar. 2011. "Where are they now?" *Le Monde Diplomatique* English Edition December 05, 2011.

Crotty, James. 1994. "Is New Keynesian investment theory really "Keynesian"? — Reflections on Fazzari and Variato." *Mimeo.* Department of Economics. University of Massachusetts Amherst(available at http://people.umass.edu/crotty/JP.pdf ; accessed on Aug. 2011).

__________. 2002. "The Effects of Increased Product Market Competition and Changes in Financial Markets on the Performance of Nonfinancial Corporations in the Neoliberal Era." *Political Economy Research Institute Working Paper.* No. 44(Oct. 2002).

__________. 2005. "The Neoliberal Paradox: The Impact of Destructive Product Market Competition and Impatient Financial Markets on Nonfinancial Corporations in the Neoliberal Era." *Review of Radical Political Economics* Vol. 35. No. 3. pp. 271~279.

__________. 2011. "The Realism of Assumptions Does Matter: Why Keynes-Minsky Theory Must Replace Efficient Market Theory as the Guide to Financial Regulation Policy." *Political Economy Research Institute Working Paper Series.* No. 255 (March 2011).

Dymski, G. 1994. "Asymmetric Information, Uncertainty, and Financial Structure: 'New' versus 'Post' Keynesian Microfoundation." in Gary Dimsky and Robert Pollin(eds.) 1994. *New Perspectives in Monetary Economics: Explorations in Honor of Hyman Minsky.* Ann Arbor: University of Michigan Press. pp. 77~103.

Debreu, Gerard. 1959. *Theory of Value — An Axiomatic Analysis of Economic Equilibrium.* Cowles Foundation Monograph 17. New Haven and London: Yale University Press.

Deleplace, G., and Nell, E. J.(eds.) 1996. *Money in Motion: The Post Keynesian and Circulation Approaches.* London and New York: Palgrave Macmillan.

Dos Santos, P. L. 2011. "Production and Consumption in a Continuous-time Model of the Circuit of Capital." *Research on Money and Finance Discussion Paper.* No. 28. Department of Economics, School of Oriental and African Studies(Jan. 2011) (available at http://researchonmoneyandfinance.org/media/papers/RMF-28-dos-Santos.pdf).

Dumenil, G. and Levy, D. 2004a. "The Real and Financial Components of Profitability(USA 1952~2000)." *Review of Radical Political Economics* Vol. 36. No. 1. pp. 82~110.

__________. 2004b. *Capital Resurgent: Roots of the Neoliberal Revolution.* Cambridge: Harvard University Press.

__________. 2011. *The Crisis of Neoliberalism.* Cambridge: Harvard University Press

Economists stand with Occupy Wall Street. 2011. "Occupy Economics — Statement on Occupy Wall Street" (available at www.econ4.org).

Foley, D. K. 1982. "Realization and Accumulation in a Marxian Model of the Circuit of Capital." *Journal of Economic Theory* Vol. 28. No. 2. pp. 301~319.

__________. 1986. *Understanding Capital: Marx's Economic Theory.* Cambridge: Harvard University Press.

Friedman, M. 1960. *A Program for Monetary Stability*. New York: Fordham University Press.

__________. 1968. "The Role of Monetary Policy." *American Economic Review* Vol. 58-1. pp. 1~17.

Greider, W. 1989. *Secrets of the Temple: How the Federal Reserve Runs the Country*. New York: Simon & Schuster.

__________. 1998. *One World Ready or Not: The Manic Logic of Global Capitalism*. New York: Simon & Schuster.

Habermas, J. 1985. *The Theory of Communicative Action. Vol. 1: Reason and the Rationalization of Society*. Translated by Thomas McCarthy. New York and London: Beacon Press.

Harcourt, G. C. 1972. *Some Cambridge Controversies in the Theory of Capital*. Cambridge: Cambridge University Press.

Hicks, J. R. 1946. *Value and Capital — An Inquiry into Some Fundamental Principles of Economic Theory*. Oxford: Clarendon Press.

Kalecki, Michal. 1971. *Selected Essays on the Dynamics of the Capitalist Economy 1933~1970*. Cambridge: Cambridge University Press(reprinted in Kalecki, Michal. 1991. *Collected Works of Michal Kalecki. Volume II*. Capitalism — Economic Dynamics. Oxford: Clarendon Press).

Keynes, J. Maynard. 1936. *The General Theory of Employment, Interest and Money*. London: Macmillan.

King, J. E. 2002. *A History of Post Keynesian Economics Since 1936*. Cheltenham, UK: Edward Elgar.

Howard, M. C., King, J. E. 1992. *A History of Marxian Economics. Vol. 2. 1929~1990*. London: Macmillan.

Kurz, Heinz D., and Salvadori, Neri. 1995. *Theory of production: a long-period analysis*. Cambridge: University of Cambridge.

Lavoie, Marc. 1992. *Foundations of Post-Keynesian Economic Analysis*. Cheltenham, UK and Northampton, MA, USA: Edward Elgar.

__________. 2009. *Introduction to Post Keynesian Economics*. London: Palgrave Macmillan(2nd revised edition).

Lipton, Michael., Griffith-Jones, Stephany., and Wade, Robert. 2011. "A three-step programme to re-civilise capitalism." *The Guardian* December 07, 2011.

Lucas Jr, Robert. 1983. *Studies in Business Cycle Theory*. Boston: MIT Press.

Macesich, George. 1984. *The Politics of Monetarism — Its Historical and Institutional Development*. New Jersey: Rowman & Allanheld Publishers.

Marshall, Alfred. 1982[1890]. *Principles of Economics*. Philadelphia: Porcupine press[8th edition in 1920 & reprinted in 1982].

Mill, John Stuart. 1990[1884]. *Principles of Political Economy*. New York: D. Appleton and Company.

Minsky, H. P. 1975. *John Maynard Keynes*. New York: Columbia University Press.

__________. 1982. *Can "It" Happen Again? — Essays on Instability and Finance*. Armonk, New York: M. E. Sharpe.

__________. 1986. *Stabilizing an Unstable Economy — A Twentieth Century Fund Report*. New Haven and London: Yale University Press.

Nell, Edward J. 1998. *The General Theory of Transformational Growth — Keynes After Sraffa*. Cambridge:

Cambridge University Press.

____________. 2012. *Rational Econometric Man: Transforming Structural Econometrics*. Cheltenham, UK and Northampton, MA, USA: Edward Elgar.

Ricardo, David. 1962[1817]. *The Principles of Political Economy and Taxation*. ed. by Piero Sraffa. *The Collected Works and Correspondence of David Ricardo. Vol. 1*. Cambridge: Cambridge University Press.

Samuelson, Paul Anthony. 1948. *Foundations of Economic Analysis*. Cambridge: Harvard University Press.

Schumpeter, Joseph. 1954. *History of Economic Analysis*. London: Allen & Unwin.

Steindl, Josef. 1952. *Maturity and Stagnation in American Capitalism*. Oxford: Blackwell(2nd edition in 1976 New York: Monthly Review Press).

Sraffa, Piero. 1960. *Production of Commodities by Means of Commodities*. Cambridge: Cambridge University Press.

Sweezy, Paul M. 1970[1942]. *The Theory of Capitalist Development — Principles of Marxian Political Economy*. New York: Monthly Review Press.

Brewer, Anthoney. 1990. *Marxist Theories of Imperialism: A Critical Survey*. London: Routledge(2nd Edition).

Taylor, Lance. 2004. *Reconstructing Macroeconomics — Structuralist Proposals and Critiques of the Mainstream*. Cambridge and London: Harvard University Press.

Wray, L. Randall. 1998. *Understanding Modern Money: The Key to Full Employment and Price Stability*. Cheltenham, UK and Northampton, MA, USA: Edward Elgar.

6장

Amsden, A. H. 1992. *Asia's Next Giant: South Korea and Late Industrialization*. London and New York: Oxford University Press.

____________. 2003a. *The Rise of "The Rest" — Challenges to the West from Late-Industrializing Economies*. London and New York: Oxford University Press.

____________. 2003b. *Beyond Late Development: Taiwan's Upgrading Policies*. Boston: MIT Press.

Anderson, Perry. 1974. *Lineages of the Absolutist State*. New York: New Left Books.

Chang, Ha-Joon. 1996. *Political Economy of Industrial Policy*. London and New York: Palgrave Macmillan.

____________. 2002. *Kicking Away the Ladder — Development Strategy in Historical Perspective*. London: Anthem Press.

____________. 2003. "Kicking Away the Ladder: The 'Real' History of Free Trade." *Foreign Policy in Focus(FPIF) Report*(Dec. 2003). Silver City, NM: Inter-hemispheric Resource Center.

____________. 2007. *The East Asian Development Experience: The Miracle, the Crisis and the Future*. London: Zed Books.

____________(ed.) 2003. *Rethinking Development Economics*. London: Anthem Press.

Evans, Peter. 1995. *Embedded Autonomy: States and Industrial Transformation*. New Jersey: Princeton University Press.

Hamilton, Alexander. 1791. Reports of the Secretary of the Treasury on the Subject of Manufactures.

Harrod, Roy. 1933. *International Economics*. London: Macmillan

Hobsbawm, Eric. 1987. *The Age of Empire: 1875-1914*. New York: Vintage Books.

List, Friedrich. [1837]. *The Natural System of Political Economy*. Translated and edited by W. O. Henderson. London: Frank Cass and Company, 1983.

___________. [1841]. *The National System of Political Economy*. Translated by Sampson S. Lloyd. London: Longmans, Green and Co., 1885; reprinted in 1904, 1966, 1977)(also available at http://books.google.com/books?id=4uuc7tdk0Z8C&pg=PP1#v=onepage&q&f=false).

Marx, Karl. [1845]. "Draft of an Article on Friedrich List's book: *Das Nationale System der Politischen Oekonomie*." *MECW* Vol. 4(also available at http://www.marxists.org/archive/marx/works/1845/03/list.htm).

McCombie, J. S. L. and Thirlwall, A. P. 1994. *Economic Growth and the Balance of Payments Constraint*. London: Macmillan.

_____________. 2004. *Essays on Balance of Payments Constrained Growth: Theory and Evidence*. London: Routledge.

Ricardo, David. 1996[1817]. *Principles of Political Economy and Taxation*. New York: Prometheus Books.

Shin, Hee-Young. 2012. *Essays on the Causes and Consequences of the Asian Financial Crisis — Financialization, Stagnant Corporate Investment, and Alternative Measures of the Asian Labor Markets*. New York: New School for Social Research, Department of Economics. PhD dissertation.

Smith, Adam. 1999[1776]. *An Inquiry in the Nature and Causes of the Wealth of Nations*. London and New York: Penguin.

Wade, Robert. 2003. *Governing the Market: Economic Theory and the Role of Government in East Asian Industrialization*. New Jersey: Princeton University Press.

Woo-Cumings, Meredith. 1999. *The Developmental State*. Ithaca: Cornell University Press.

7장

김창근. 2007. 〈유고슬라비아의 노동자 자주관리에 대한 이론들〉. 경상대학교 사회과학연구원 엮음. 《대안적 경제체제의 이론과 역사》. 한울아카데미. 108~134쪽.

조원희. 1991. 〈시장 사회주의의 체제동학에 관한 일고찰〉. 한국인문사회과학회. 《현상과 인식》 제15권(1991년 겨울호).

______. 1994. 〈시장 사회주의론의 성과와 전망〉. 한국사회과학연구소. 《동향과 전망》 통권 제23호(1994년 가을호).

______. 1997. 〈개혁 사회주의를 넘어선 새로운 시장 사회주의 모형 연구〉. 한국비교경제학회. 《비교경제연구》 제5권.

주무현. 2007. 〈시장 사회주의 모델의 마르크스주의적 재평가〉. 경상대학교 사회과학연구원 엮음. 《대안적 경제체제의 이론과 역사》. 한울아카데미. 74~107쪽.

Adaman, F. & P. Devine. 1997. "On the Economic theory of Socialism." *New Left Review* Issue. 221. pp.

54~80.

Blackburn, R. (ed.) 1991. *After the fall — the failure of communism and the future of socialism.* London and New York: Verso(originally published as "Fin De Siecle: Socialism after the Crash." *New Left Review* Issue. 185. January~February 1991)

Foley, D. K. 1986. *Understanding Capital — Marx's Economic Theory. London and Cambridge*, Mass.: Harvard University Press.

Hegel, G. W. F. 1967. *Hegel's Philosophy of Right.* translated by T. M. Knox. London and Oxford: Oxford University Press.

Kornai, J. 1980. *The Economics of Shortage,* Vol. 2. North Holland and Publishing Company.

________. 1990. "The Affinity between Ownership Forms and Coordination Mechanisms: The Common Experience of Reform in Socialist Countries." *Journal of Economic Perspectives* Vol. 4. No. 3. pp. 131~147.

Mandel, E. 1986. "In Defence of Socialist Planning." *New Left Review* Issuc. 159. September~October 1986.

__________. 1988. "The Myth of Market Socialism." *New Left Review* Issue. 169. May~June 1988.

Marx, K. 1973. *Grundrisse — Foundations of the critique of Political Economy.* Translated by Martin Nicolaus. New York: Vintage Books.

__________. 1975. "Economic and Philosophical Manuscripts of 1844." *Marx-Engels Collected Works. Vol. 3.* London: Lawrence & Wishart.

__________. 1976a. "The German Ideology." *Marx-Engels Collected Works. Vol. 5.* London: Lawrence & Wishart.

__________. 1976b. "The Poverty of Philosophy." *Marx-Engels Collected Works. Vol. 6.* London: Lawrence & Wishart.

__________. 1976c. "Manifesto of the Communist Party." *Marx-Engels Collected Works. Vol. 6.* London: Lawrence and Whishart.

__________. 1982. "Letter to P. V. Annenkov on 28 December." *Marx-Engels Collected Works. Vol. 38.* London: Lawrence & Wishart.

__________. 1985. "On Proudhon *Letter to J. B. Schweitzer.*" *Marx-Engels Collected Works. Vol. 20.* London: Lawrence & Wishart.

__________. 1986a. *Capital — A Critique of Political Economy. Vol. 1(MECW. Vol. 34).* London: Lawrence & Wishart.

__________. 1986b. *Capital — A Critique of Political Economy, Vol. 2(MECW. Vol. 35).* London: Lawrence & Wishart.

__________. 1986c. *Capital — A Critique of Political Economy. Vol. 3(MECW. Vol. 36).* London: Lawrence & Wishart.

Macpherson, C. B. 1962. *The Political Theory of Possessive Individualism: Hobbes to Locke.* Oxford: Clarendon.

Medvedev, R. A. 1973. *Let History Judge — The Origins and Consequences of Stalinism.* Translated by

Colleen Taylor, New York: Vintage Books.

Nove, Alec. 1983. *The Economics of Feasible Socialism.* London: G. Allen & Unwin.

_________. 1987. "Markets and Socialism." *New Left Review* Issue. 161. January~February 1987.

_________. 1989. *An Economic History of the U.S.S.R.* London: Penguin Books.

_________. 1991. *The Economics of Feasible Socialism — Revisited.* London and New York: HarperCollins Publisher[대안체제연구회 옮김, 《실현 가능한 사회주의의 미래》, 도서출판 백의, 2001].

Roemer, John E. 1994. *A future for socialism. Cambridge.* Mass.: Harvard University Press.

8장

Balug, M. 1987. *Economic History and the History of Economics.* New York: New York University Press.

________. 1997. *Economic Theory in Retrospect.* London and New York: Cambridge University Press.

Davidson, P. 2009. *The Keynes Solution: The Path to Global Economic Prosperity.* London: Palgrave Macmillan.

Deleplace, G., and Nell, E.J.(eds.). 1996. *Money in Motion: The Post Keynesian and Circulation Approaches.* London and New York: Palgrave Macmillan.

Dobb, M. 1975. *Theories of Value and Distribution since Adam Smith: Ideology and Economic Theory.* Cambridge: Cambridge University Press.

Harcourt, G. C. 1972. *Some Cambridge Controversies in the Theory of Capital.* Cambridge: Cambridge University Press.

Hunt, E. K. and Lautzenheiser, M. 2011. *History of Economic Thought: A Critical Perspective.* Armonk, New York: M. E. Sharpe(3rd edition).

Keynes, J. M. 1997[1936]. *General Theory of Employment, Money and Interest.* New York: Prometheus Books.

Lavoie, M. 2009. *Introduction to Post Keynesian Economics.* London: Palgrave Macmillan(2nd revised edition).

Minsky, H. P. 1976. *John Maynard Keynes.* New York: Columbia University Press.

Moor, Basil J. 1988. *Horizontalists and Verticalists: the Macroeconomics of Credit Money.* Cambridge: Cambridge University Press.

Nell, E. J. 1998. *The General Theory of Transformational Growth — Keynes After Sraffa.* Cambridge: Cambridge University Press.

Sraffa, Piero. 1960. *Production of Commodities by Means of Commodities.* Cambridge: Cambridge University Press.

Taylor, L. 2004. *Reconstructing Macroeconomics — Structuralist Proposals and Critiques of the Mainstream.* Cambridge, Massachusetts: Harvard University Press.

________. 2011. *Maynard's Revenge: The Collapse of Free Market Macroeconomics.* Cambridge, Massachusetts: Harvard University Press.

Wray, R. L. 1996. *Understanding Modern Money: The Key to Full Employment and Price Stability.*

Cheltenham, UK: Edward Elgar.

9장

Alemi, P., and D. K. Foley. 1997. "The Circuit of Capital, U.S Manufacturing and Non-Financial Corporate Business Sectors, 1947~1993." *Mimeo.* Department of Economics. New School for Social Research (available at http://homepage.newschool.edu/~foleyd/circap.pdf).

Basu, D. 2011. "Financialization, Household Credit, and Economic Slowdown in the U.S." *Political Economy Research Institute Working Paper Series.* No. 261.(June 2011).

Bernanke, B., and Gertler, M. 1989. "Agency Cost, Net Worth, and Business Fluctuations." *American Economic Review* Vol. 79 (Mar. 1989). pp. 14~31.

__________. 1990. "Financial Fragility and Economic Performance." *Quarterly Journal of Economics* Vol. 105(Feb. 1990). pp. 87~114.

Bernanke, B., Gertler, M., and Gilchrist, S. 1996. "The Financial Accelerator and the Flight to Quality." *Review of Economics and Statistics* Vol. 78. No. 1(Feb. 1996). pp. 1~15.

Cetorelli, N., and Peristiani, S. 2012. "The Dominant Role of Banks in Asset Securitization." *Liberty Street Economics Online Blog.* NY: Federal Reserve Bank of New York(July 19, 2012) (available at http://libertystreeteconomics.newyorkfed.org/2012/07/the-dominant-role-of-banks-in-asset-securi-tization-.html; accessed on August, 05, 2012).

Crotty, J. 1986. "Marx, Keynes, and Minsky on the Instability of the Capitalist Growth Process and the Nature of Government Economic Policy." *Mimeo.* Department of Economics. University of Massachusett s Amherst (available at http://people.umass.edu/crotty/MarxKeynesMinsky.pdf; accessed on Aug. 2011).

________. 1994. "Is New Keynesian investment theory really "Keynesian"? — Reflections on Fazzari and Variato. *Mimeo.* Department of Economics. University of Massachusetts Amherst (available at http://people.umass.edu/crotty/JP.pdf; accessed on Aug. 2011).

Dymski, G. 1994. "Asymmetric Information, Uncertainty, and Financial Structure: 'New' versus 'Post' Keynesian Microfoundation." in Gary Dimsky and Robert Pollin (eds.) 1994. *New Perspectives in Monetary Economics: Explorations in Honor of Hyman Minsky.* Ann Arbor: University of Michigan Press. pp. 77~103

Fazzari, S. M., Hubbard, R. G., and Peterson, B. C. 1988. "Financiing Constraints and Corporate Investment." *Brookings Papers on Economic Activity* Vol. 1. pp. 141~195.

Fazzari, S., and Variato, A-M. 1994. "Asymmetric Information and Keynesian Theories of Investment." *Journal of Post Keynesian Economics* Vol. 6. No. 3. pp. 351~370.

Foley, D. 1982. "Realization and Accumulation in a Marxian Model of the Circuit of Capital." *Journal of Economic Theory* Vol. 28. No. 2. pp. 301~319.

_______. 1986. *Understanding Capital.* Cambridge and New York: Cambridge University Press

Hicks, J. R. 1937. "Mr. Keynes and the Classics — A Suggested Interpretation." *Econometrica* Vol. 5(April). pp. 147~159.

_______. 1980~81. "IS-LM: An Explanation." *Journal of Post Keynesian Economics* Vol. 3. pp. 139~155.

Keynes, J. M. 1997[1936]. *General Theory of Employment, Money and Interest.* New York: Prometheus Books.

King, J. E. 2002. *A History of Post Keynesian Economics Since 1936.* Cheltenham, UK and Northampton, Massachusetts, US: Edward Elgar Publisher.

Lavoie, M. 1992. *Foundations of Post Keynesian Economic Analysis.* Aldershot, UK and Brookfield, US: Edward Elgar.

_________. 2009. *Introduction to Post Keynesian Economics.* London: Palgrave Macmillan(2nd revised edition).

Levy Economic Institute. 2012. *Minsky Archive.* Annandale-on-Hudson, New York: Levy Economic Institute of Bard College (available at http://www.bard.edu/library/archive/minsky/).

Minsky, H. P. 1975. *John Maynard Keynes.* New York: Columbia University Press.

___________. 1982. *Can "It" Happen Again? — Essays on Instability and Finance.* Armonk, New York: M.E. Sharpe.

___________. 1986. *Stabilizing an Unstable Economy.* New Haven: Yale University Press.

___________. 1987. "Securitization." Levy Economics Institute Policy Note Series. 2008/2. (Preface and Afterword by L. Randall Wray). Annandale-on-Hudson, New York: Levy Economic Institute of Bard College.

Nell, E.J. and Forstater, M.(eds.) 2005. *Reinventing Functional Finance: Transformational Growth and Full Employment.* Cheltenham, UK and Northampton, MA, USA: Edward Elgar Publisher.

Wray, L. R. 1998. *Understanding Modern Money — The Key to Full Employment and Price Stability.* Cheltenham, UK and Northampton, MA, USA: Edward Elgar Publisher.

10장

Barbosa-Filho, N.H. and Taylor, L. 2006. "Distributive and demand cycles in the US economy: a structuralist Goodwin model." *Metroeconomiea* Vol. 57-3. pp. 389~411.

Baran, P. A. and Sweezy, P. M. 1966. *Monopoly Capital: An Essay on the American Economic and Social Order.* New York: Monthly Review Press.

Blecker, R. A. 1989a. "International competition, income distribution and economic growth." *Cambridge Journal of Economics* Vol. 13-3. pp. 395~412.

___________. 1989b. "Markup pricing, import competition, and the decline of the American steel industry." *Journal of Post Keynesian Economics* Vol. 12-1. pp. 70~87.

___________. 1999. "Kaleckian macro models for open economies." in J. Deprez and Harvey, J. T.(eds.). 1999. *Foundation of International Economics — Post Keynesian Perspectives.* London: Routledge.

___________. 2002. "Demand, distribution, and growth in neo-Kaleckian macro models." in M. Setterfield (ed.). 2002. *The Economies of Demand-Led Growth: Challenging the Supply-Side Vision of the Long Run.* Cheltenham: Edward Elgar.

__________. 2011. "Open economy models of distribution and growth." in Eckhard Hein and Engelbert Stockhammer(eds.). 2011. *A Modern Guide to Keynesian Macroeconomics and Economic Policies.* Cheltenham, UK: Edward Elgar.

Dutt, A. K. 1990. *Growth, Distribution and Uneven Development.* Cambridge: Cambridge University Press.

Ghosh, J. 2005. "Michal Kalecki and the Economics of Development." in Jomo, K. S.(ed.) 2005. *Pioneers in Development Economics: Great Economists on Development.* London: Zed Books; republished in *Monthly Review Magazine* (available at http://www.mrzine.monthlyreview.org/2011/ghosh270511.html; accessed on July 30, 2012).

Howard, M. C. and King, J. E. 1992. *A History of Marxian Economics.* Vol. 2. London and New York: Palgrave Macmillan.

Kalecki, M. [1933b]. "On foreign trade and domestic exports." in Osiatynski, J.(ed.). 1990. *Collected Works of Michal Kalecki. Vol. I.* Oxford: Oxford University Press.

__________. [1935]. "The essence of the business upswing." in Osiatynski, J.(ed.). 1990. *Collected Works of Michal Kalecki. Vol. I.* Oxford: Oxford University Press.

__________. [1938]. "Foreign trade and the national forces of production." in Osiatynski, J.(ed.). 1990. *Collected Works of Michal Kalecki. Vol.* I. Oxford: Oxford University Press.

__________. [1939a]. "Essays in the theory of economic fluctuations." in Osiatynski, J.(ed.). 1990. *Collected Works of Michal Kalecki. Vol. I.* Oxford: Oxford University Press.

__________. [1939b]. "Money and real wages." in Osiatynski, J.(ed.). 1991. *Collected Works of Michal Kalecki. Vol. II.* Oxford: Oxford University Press.

__________. [1943a]. "Political aspects of full employment." in Osiatynski, J.(ed.). 1990. *Collected Works of Michal Kalecki. Vol. I.* Oxford: Oxford University Press.

__________. [1943b]. "International clearing and long-term lending." in Osiatynski, J.(ed.). 1997. *Collected Works of Michal Kalecki. Vol. VII.* Oxford: Oxford University Press.

__________. [1944]. "Three ways to full employment." in Osiatynski, J.(ed.). 1990. *Collected Works of Michal Kalecki. Vol. I.* Oxford: Oxford University Press.

__________. [1945]. "Full employment by stimulating private investment?" in Osiatynski, J.(ed.). 1990. *Collected Works of Michal Kalecki. Vol.* I. Oxford: Oxford University Press.

__________. [1946]. "Mutilateralism and full employment." in Osiatynski, J.(ed.). 1990. *Collected Works of Michal Kalecki. Vol. I.* Oxford: Oxford University Press.

__________. [1956]. "The economic situation in the USA as compared with the pre-war period." in Osiatynski, J.(ed.). 1991. *Collected Works of Michal Kalecki. Vol. II.* Oxford: Oxford University Press.

__________. [1962a]. "The economic situation in the USA, 1956-1961." in Osiatynski, J.(ed.). 1991. *Collected Works of Michal Kalecki. Vol. II.* Oxford: Oxford University Press.

__________. [1962b]. "Economic aspects of West Germnay rearmament." in Osiatynski, J.(ed.). 1991. *Collected Works of Michal Kalecki. Vol. II.* Oxford: Oxford University Press.

__________. [1967]. "The problem of effective demand with Tugan-Baranovsky and Rosa Luxemburg." in Osiatynski, J.(ed.). 1991. *Collected Works of Michal Kalecki. Vol. II.* Oxford: Oxford University

Press.
__________. [1968]. "The Marxian equations of reproduction and modern economics." in Osiatynski, J.(ed.). 1991. *Collected Works of Michal Kalecki. Vol. II.* Oxford: Oxford University Press.
__________. [1971]. "Observation on the 'Crucial reform'." in Osiatynski, J.(ed.). 1990. *Collected Works of Michal Kalecki. Vol. I.* Oxford: Oxford University Press.
King, J. E. 2002. *A History of Post Keynesian Economics Since 1936.* Cheltenham, UK: Edward Elgar.
Laski, K. 1987. "Kalecki, Michal." in J. Eatwell, M. Milgate, and P. Newman(eds.). 1987. *The New Palgrave: a dictionary of economics.* London: Macmillan. pp. 8~14.
Lopez, G. J. and Assous, M. 2010. *Michal Kalecki*, London: Palgrave Macmillan.
Maglin, S. A. and Bhaduri, A. 1990a. "Unemployment and the real wages: the economic basis for contesting political ideology." *Cambridge Journal of Economics* Vol. 14-4. pp. 375~393.
__________. 1990b. "Profit squeeze and Keynesian theory." in S. A. Marglin and J. B. Scholr(eds.). 1990. *The Golden Age of Capitalism.* Oxford: Oxford University Press.
Marx, K. 2012[1885], *Capital — Critiques of Political Economy. Vol. II.* (available at http://www.marxists.org/archive/marx/works/cw/index.htm).
McCombie, J. S. L., and Thirlwall, A. P.(eds.). 1994. *Economic Growth and the Balance of Payments Constraint.* London: Palgrave Macmillan
__________.(eds.). 2004. *Essays on Balance of Payments Constrained Growth: Theory and Evidence.* London: Routledge.
Nell, E. J. 1998. *The General Theory of Transformational Growth — Keynes After Sraffa.* Cambridge: Cambridge University Press.
Shaikh, A. 2008. "Competition and Industrial Rates of Return," in P. Arestis and J. Eatwell(eds.). 2008. *Issues in Finance and Industry: Essays in Honour of Ajit Singh.* New York: Palgrave Macmillan.
Steindl, Josef. 1952. *Maturity and Stagnation in American Capitalism.* Oxford: Blackwell(2nd edition in 1976 New York: Monthly Review Press).
Sweezy, P. M. 1970[1942]. *The Theory of Capitalist Development — Principles of Marxian Political Economy.* New York: Monthly Review Press.
Taylor, L. 1991. *Income Distribution, Inflation and Growth.* Cambridge, Massachusetts: MIT Press.
__________. 2004. *Reconstructing Macroeconomics: Structuralist Proposals and Critiques of the Mainstream.* Cambridge, Massachusetts: Harvard University Press.
Wikipedia. 2012. "Michał Kalecki." (http://en.wikipedia.org/wiki/Micha%C5%82_Kalecki; accessed on July. 30 2012)

11장

김상봉. 2012. 《기업은 누구의 것인가》. 꾸리에.
김상조, 유종일, 홍종학, 곽정수. 2007. 《한국경제 새판짜기 — 박정희 우상과 신자유주의 미신을 넘어서》. 미들하우스.

김상조. 2012. 《종횡무진 한국경제 — 재벌과 모피아의 함정에서 탈출하라》. 오마이북.
김성구 엮음. 2000. 《사회화와 이행의 경제 전략》. 이후.
곽노완. 2012. 〈연기금 사회주의의 한계와 가능성〉. 《노나메기》 토론회 발표문.
김진방. 2012. 〈재벌개혁이 선결과제? 정말 시급한 건…〉. 《프레시안》 7월 18일.
장하준, 정승일, 이종태. 2012. 《무엇을 선택할 것인가 — 장하준, 정승일 이종태의 쾌도난마 한국경제》. 부키.
전창환, 김진방 외. 2004. 《위기 이후 한국 자본주의》. 풀빛.
전창환, 조영철 엮음. 2001. 《미국식 자본주의와 사회민주적 대안》. 당대.
정승일, 이종태, 남종석. 2012. 〈한국 경제 성격 관련 좌담회〉. 《레디앙》. 7월 6~10일.
이병천, 김균 엮음. 1998. 《위기 그리고 대전환 — 새로운 한국 경제 패러다임을 찾아서》. 당대.
이병천, 조원희 엮음. 2001. 《한국 경제, 재생의 길은 있는가 — 구조조정 실험의 평가와 전망》. 당대.

찾아보기

ㄹ

ㅁ

ㅂ

ㅅ

ㅇ

ㅎ

기타